Kritische Studien zur Geschichtswissenschaft 60

Kritische Studien zur Geschichtswissenschaft

Herausgegeben von
Helmut Berding, Jürgen Kocka
Hans-Ulrich Wehler

Band 60
Gerald D. Feldman
Vom Weltkrieg zur Weltwirtschaftskrise

Göttingen · Vandenhoeck & Ruprecht · 1984

Vom Weltkrieg zur Weltwirtschaftskrise

Studien zur deutschen Wirtschafts- und Sozialgeschichte
1914–1932

von

Gerald D. Feldman

Göttingen · Vandenhoeck & Ruprecht · 1984

HANS ROSENBERG

dem verehrten Freund und Kollegen
zum 80. Geburtstag

CIP-Kurztitelaufnahme der Deutschen Bibliothek

Feldman, Gerald D.:
Vom Weltkrieg zur Weltwirtschaftskrise: Studien zur dt. Wirtschafts- u. Sozialgeschichte 1914–1932 / von Gerald D. Feldman. – Göttingen: Vandenhoeck und Ruprecht, 1984.
(Kritische Studien zur Geschichtswissenschaft; Bd. 60)

ISBN 3-525-35719-2

NE: GT

Satz: Tutte Druckerei GmbH, Salzweg-Passau
Schrift: 10/11 p Garamond auf der Lasercomp (Monotype)
Druck und Einband: Hubert & Co., Göttingen

Inhalt

Vorwort

Die vorliegende Sammlung von Aufsätzen und Artikeln ist ein Querschnitt meines intellektuellen und historischen Interesses, das bis in das Jahr 1959 zurückreicht, in dem ich ein Forschungsseminar bei dem mittlerweile verstorbenen Historiker William L. Langer an der Harvard University besuchte und als »graduate student« an einem Referat über Ludendorffs Bemühungen um einen Waffenstillstand im Herbst des Jahres 1918 arbeitete. Im Verlauf dieser Forschung wurde meine Aufmerksamkeit zunehmend auf die Probleme industrieller Beziehungen und deren Rolle in der politischen und Militärgeschichte Deutschlands während des Ersten Weltkrieges gelenkt. Infolgedessen beschloß ich ohne Zögern, diese Problemkreise in meiner Dissertation aufzugreifen, die unter der Leitung von Franklin L. Ford durchgeführt und unter dem Titel *Army, Industry and Labor in Germany, 1914–1918* (Princeton 1966) veröffentlicht wurde. Ähnlich wie jene jungen Enthusiasten, die in der Erwartung eines kurzen siegreichen Feldzuges im August 1914 an die Front marschierten, bin auch ich überraschenderweise viel länger als erwartet bei diesem Thema hängengeblieben und habe mich seitdem in der politischen Ökonomie des Ersten Weltkrieges und der Weimarer Republik langsam von einem Schützengraben zum anderen vorgearbeitet. Ich kann nur hoffen, daß dieses Unterfangen nicht nur nützlichere, sondern auch erkenntnisreichere Ergebnisse gezeitigt hat als die der Kämpfer in dem großen Stellungskrieg des 20. Jahrhunderts. Einige dieser Forschungsergebnisse enthält der vorliegende Band. Er gliedert sich in drei Teile.

Der I. Teil behandelt gewisse wissenschaftliche – um bei der militärischen Metaphorik zu bleiben – Strategien, anhand derer jene umfassenden Zentralfragen durchleuchtet werden, die für das Jahrzehnt von 1914 bis 1923 typisch waren und zugleich für meine eigenen Forschertätigkeiten grundlegend sind. Die drei diesbezüglichen Aufsätze umfassen die Spannbreite sowie den Entwicklungsgang meiner Forschungsinteressen: Zunächst werden die Fragen der politischen Ökonomie des Ersten Weltkrieges aufgegriffen, darauffolgend jene Kontinuitätslinien analysiert, die einen Brückenschlag von der Kriegs- zur Nachkriegsinflation erlauben, und abschließend werden in einem mehr allgemein gehaltenen Aufsatz die Probleme der politischen und sozialen Geschichte der deutschen Inflation erörtert, ein Thema, das mich gegenwärtig am meisten beschäftigt. Zwar thematisieren diese Aufsätze soziale und wirtschaftliche Sachfragen, jedoch dominiert das Interesse an politischen Fragen. Das grundlegende Ziel ist, ebenso wie in den anschließenden Aufsätzen, die sozio-ökonomischen Determinanten der politischen

Entwicklung Deutschlands – punktuell auch Europas – im 20. Jahrhundert zu erhellen. Daß dieses Ziel in keiner Weise mit dem eines ökonomischen Determinismus oder einer dogmatischen Theoriebildung zu verwechseln ist, sollte eindeutig aus dem Inhalt selbst hervorgehen. Vielmehr entspricht es den pragmatischen und eklektischen Traditionen der amerikanischen Geschichtsschreibung, die der Ausbildung des Autors zugrundeliegen, der wie seine deutschen Kollegen stark dazu neigt, geschichtswissenschaftliche Interpretationen aus der Sozial-, Wirtschafts- und politischen Geschichte mit einer kritischen und analytischen Sichtweise im Sinne von Eckart Kehr und Hans Rosenberg zu verbinden. Freilich heißt dies nicht, daß man demzufolge mit diesen Historikern oder mit jenen, die sich mit ihren Thesen identifizieren, vollends übereinstimmen muß; es bedeutet jedoch, deren schrittmachende Rolle in der deutschen Geschichtsschreibung, für die sie befreiend gewirkt haben, anzuerkennen. Ebenso wichtig ist es, bestimmten derzeitigen Tendenzen der Historiographie entgegenzuwirken: so z. B. konservativen Versuchen, die Uhrzeiger zurückzudrehen, oder, was vielleicht noch schlimmer ist, Geschichte aus einem rein anthropologischen Blickwinkel zu betrachten; dann die an sich lobenswerten Bemühungen, den historischen Alltag zu erhellen, soweit sie zur antiquarischen Ansammlung trivialer Fakten verkümmern, und schließlich die Tendenz, historische Sachverhalte allein aufgrund der sogenannten Mentalität einer Gesellschaft zu erklären und dabei die politische Komponente ins Abseits zu drängen.

Der II. und III. Teil dieser Sammlung befaßt sich mit einzelnen Problemen, die ich auf breiter Quellengrundlage – aus staatlichen und Wirtschaftsarchiven der Bundesrepublik Deutschland und den Archiven der DDR – zu analysieren suche. Unter dem Titel »Industrie und Arbeiterschaft in der Krise 1917/20« werden im II. Teil die Vorgehensweisen organisierter Interessengruppen sowohl der Arbeiterschaft als auch der Industrie untersucht, die nicht nur die durch den Ersten Weltkrieg und die Russische Revolution entfesselten revolutionären Kräfte in Schranken hielten, sondern auch den Tendenzen des staatlichen Interventionismus Grenzen setzten und damit das charakteristische Gepräge industrieller Beziehungen in der Zwischenkriegszeit bestimmten. Gleichzeitig ist es, insbesondere in den ersten Aufsätzen des II. Teils, auch mein Ziel gewesen, die Wechselbeziehungen zwischen dem Scheitern korporativer Regelungen im Industriesektor und dem Aufkommen des Faschismus anzudeuten.

Der III. und letzte Teil, der sich größtenteils auf meine Forschungsarbeiten in Unternehmens- und Verbandsarchiven stützt, behandelt die verschiedenen Aspekte der deutschen Unternehmerschaft, deren Unternehmensgeschichte und des Beziehungsgeflechts von Industrie und Politik im Kaiserreich und der Weimarer Republik. Das verbindende Element dieser Aufsätze ist, abgesehen von den offensichtlich ähnlichen Themenbereichen, die methodologische Prämisse, daß ein Verständnis der Rolle der Industrie nur möglich ist, wenn sie aufgrund der tatsächlichen geschäftlichen Interessen der Unternehmer sowie der dynamischen Kräfte innerhalb der Industriewirtschaft betrachtet wird. Die Frage, ob diese These auch allgemein gültig ist, bedarf noch weiterer empirischer Untersuchungen. Doch im Fall der hochorganisierten deutschen Industriewirtschaft kann sie m. E. mit stichhaltigen Argumenten begründet werden.

Ein Aufsatzband, der Arbeiten eines ganzen Jahrzehnts versammelt und sich außerdem mit Fragen befaßt, die laufend zum Gegenstand wichtiger Forschungsarbeiten werden, verlockt in nicht geringem Maße zu Veränderungen und Ergänzungen, um ihn auf den neuesten Stand zu bringen. Ich habe davon abgesehen, da sonst zusätzlicher Text einem ohnehin umfangreichen Buch hätte hinzugefügt werden müssen und, was noch wichtiger ist, die Ergänzungen die grundsätzliche Argumentationsweise dieser Aufsätze nicht wesentlich verändern würden. Statt dessen habe ich, wo immer es angemessen erschien, kurze Nachträge unter Berücksichtigung neuer Forschungsergebnisse beigefügt oder die Anmerkungen des Originals ergänzt.

Meinen Dank möchte ich vor allem Jürgen Kocka und Hans-Ulrich Wehler für ihren Vorschlag sowie ihre Unterstützung aussprechen, eine deutsche Ausgabe meiner Aufsätze vorzubereiten. Das Committee on Research of the University of California in Berkeley hat in großzügiger Weise die finanziellen Mittel zur Übersetzung eines Großteils der Texte bereitgestellt. Mit Ausnahme der drei Aufsätze, die von Irmgard Steinisch übersetzt wurden, waren Ulla Chapin, Karin J. MacHardy, Norma von Ragenfeld, Martin Geyer und Paul Erker an den Übersetzungen der übrigen Aufsätze beteiligt. Mein besonderer Dank gilt Frau von Ragenfeld, ohne deren Engagement die Arbeiten an diesem Band nicht hätten abgeschlossen werden können. Schließlich möchte ich auch Dorothy Shannon vom Fachbereich Geschichte in Berkeley und Elsa Lang vom Historischen Kolleg in München für ihre Schreibarbeiten an dem Manuskript danken.

I.

Zur Geschichte der Periode 1914–1923

1. Die sozialen und politischen Grundlagen der wirtschaftlichen Mobilmachung Deutschlands 1914–1916

Eine der beunruhigendsten Erscheinungen dieses Jahrhunderts war der »Dezisionismus«, der siegreich aus der »totalen Mobilmachung« während der großen Kriege hervorging und das soziale und wirtschaftspolitische Handeln der Nationen bestimmte. Die Neigung kriegführender Völker, ausschließlich aus unmittelbaren Zwängen heraus zu handeln sowie ihre im Frieden gewonnenen Errungenschaften zu opfern und auf diese Weise ein leichtfertiges Spiel mit ihrer Zukunft zu treiben, ist dermaßen gefahrvoll, daß einem die Vorstellung schwer fällt, kriegswirtschaftliche Maßnahmen seien nicht allein von der tiefen Sorge um die nationale Verteidigung angeregt und von den sachlichsten Erwägungen dessen, was die militärische Lage erfordert, bestimmt worden.[1] Eine Erklärung für die Vergeudung von Material und Verwüstung infolge solcher Maßnahmen wird üblicherweise in den unmittelbaren Notlagen des Krieges gefunden, ebenso wie Fehleinschätzungen eher der Unfähigkeit der Handelnden als deren böswilliger Absicht zugeschrieben werden. Im allgemeinen ist man sich schon darüber im klaren, daß es Kriegsgewinnler und Schleichhändler gibt, die sich, gleichsam wie Plünderer nach einer Katastrophe, Vorteile aus dem Unglück der Nation zu schlagen versuchen. Doch alleine die Namensgebung läßt darauf schließen, daß diese Männer eine Gruppe für sich außerhalb der Gesellschaft bilden und eher die Ausnahme als die Regel sind: Das System der kriegswirtschaftlichen Mobilmachung selbst wird, unbeschadet seiner Fehlschläge und unglückseligen Auswirkungen, gewöhnlich als ein Streben, die nationalen Interessen optimal zu verfolgen, verstanden.

Kein Staat im 19. Jahrhundert Europas brüstete sich mehr als das kaiserliche Deutschland mit der Behauptung, die Apotheose der reinsten Statsraison zu verkörpern. So wurden die autoritären Wesensmerkmale der Bismarckschen Verfassung, von der die Beamtenschaft und das Heer ihre unabhängige Stellung vom Reichstag erhalten hatten, mit dem Argument begründet, daß eine autoritär ausgerichtete Außen- und Militärpolitik für die Nation notwendig sei, da Deutschlands Lage im Herzen Europas es besonders anfällig für die feindliche Haltung der Staaten, die es umringten, mache. Selbst angesichts der schwerwiegenden Versäumnisse des Reiches, wieder eine intelligent konzipierte Außenpolitik und tragfähige Militärpolitik zu entwickeln, fehlt es trotzdem nicht an prominenten Historikern, die weiterhin die Schuld dafür bei den unfähigen Nachfolgern Bismarcks suchen oder diese in dem verhängnisvollen Triumph sehen, den das »Kriegshandwerk« über die »Staatskunst« erzielte.[2]

Es war der früher einmal vernachlässigte Historiker Eckhart Kehr, der lange Zeit praktisch allein die These vertrat, daß weder die zweckdienlichen Erfordernisse der Staatskunst noch die der Kriegführung erfüllt werden könnten, da diese mit den Wirtschafts- und Sozialstrukturen, auf denen das Reich gründete, kollidierten. Wie Kehr zeigte, war das gewaltige, von dem Admiral von Tirpitz geplante Flottenbauprogramm, das sich für Deutschlands Außenpolitik als so nachteilig und selbst für die Kriegsbemühungen als so wertlos erwies, mit Hilfe eines Bündnisses zwischen den zwei herrschenden Gruppen des Reiches zustande gekommen: den Großindustriellen, die von dem Programm profitierten und den Großagrariern, die die Flotte akzeptierten, weil sie als Gegenleistung für ihre Agrarzölle die industrielle Unterstützung erhielten. Der Militarismus, für den das Reich eine so zweifelhafte Berühmtheit genoß, war primär ein soziales und politisches Phänomen, das den Erfordernissen der modernen Kriegführung vielfach zuwiderlief. Zum Beispiel weigerte sich das preußische Kriegsministerium wiederholt, die Vorkriegsarmee erheblich zu vergrößern, denn dies hätte zum einen die Rekrutierung sozialdemokratisch gesinnter Arbeiter aus den Städten vorausgesetzt, und zum anderen, was noch wichtiger war, hätte eine solche Heeresreform die Zersetzung des Offizierskorps, jener sonderbaren Mischung von Junkern und feudalisierten Bürgern, nach sich gezogen. Zudem, um ein weiteres Beispiel zu nennen, funktionierten die drei zuständigen Stellen des militärischen Führungsstabs völlig unabhängig voneinander, wenngleich dessen einheitlicher Aufbau aus offenkundigen Gründen wünschenswert war. So trug der Generalstab die Verantwortung für die Strategieplanung, das Militärkabinett beriet den Kaiser bei der Besetzung militärischer Posten und das Kriegsministerium war damit beauftragt, das Heer mit Rekruten und Material zu versorgen. Die jeweiligen Chefs dieser Behörden hatten auch direkten Zugang zum Kaiser. Der Zweck dieser Vorkehrung war, die »Kommandogewalt« des Kaisers vor jeglicher Einmischung des Parlaments zu schützen, indem gewährleistet wurde, daß der Kriegsminister, der dem Reichstag das Heeresbudget vorzulegen hatte, nicht in der Lage sein würde, Fragen über die grundsätzliche Heerespolitik beantworten zu müssen. An diesen Beispielen, die noch beliebig vermehrt werden könnten, veranschaulichte Kehr seine Behauptung, daß sich das kaiserliche Regime in widersprüchliche Positionen verwickelte, die nicht mehr zu vereinen waren: Wohl erhob es Anspruch darauf, neutral über den Klassen und Parteien zu stehen, doch einerseits verweigerte es der Arbeiterklasse praktisch die politische und soziale Gleichberechtigung, während es andererseits eine Politik betrieb, die die Interessen des Bündnisses zwischen Großagrarier und Industriellen begünstigte.[3]

Kehr hatte keine Möglichkeit mehr, seine These am Beispiel des Verhaltens des Regimes während der größten Krisis, mit der das Reich in der Form des Ersten Weltkrieges konfrontiert wurde, zu überprüfen. Ziel dieses Aufsatzes ist es, anhand einer Analyse der Beziehungen zwischen den Großindustriellen und dem Heer die Hauptthese Kehrs, – daß die vom Reich betriebene Militär- und Außenpolitik mehr von gewissen Sonderinteressen eingeengt als von dem allgemeinen nationalen Interesse bestimmt wurde – zu verifizieren. Damit soll aber keineswegs behauptet werden, daß die Marxisten, die argumentieren, daß der Staat nicht in der Lage war, autonom zu handeln und seine Aktionen ausschließlich oder doch größtenteils von dem Willen der herrschenden Klassen geleitet wurden, sehr viel richtiger liegen. Tatsächlich trachteten die Militär- und Zivilbehörden danach, wenn auch ohne Erfolg, die durch den Krieg verursachte Aushöhlung der Sozialordnung aufzuhalten und die konkurrierenden sozialen Gruppen in der deutschen Gesellschaft im Gleichgewicht zu halten. Daß sie dabei scheiterten, ist kennzeichnend dafür, daß sie keine Mittel und Wege fanden, die sozialen Auswirkungen des Krieges, speziell aber das Erstarken und den Einfluß von Arbeiterschaft und Industrie, in Grenzen zu halten, was schließlich dazu führte, daß Deutschlands wirtschaftliche Mobilmachung deren Interessen und Gutdünken unterworfen wurde.

I

Bei Kriegsausbruch rechneten weder die Heeresleitung noch die Industrieführer damit, daß die Wirtschaft zum Zweck der Kriegführung mobilisiert werden müsse. Der strategischen und wirtschaftlichen Kriegsplanung in Deutschland lag nicht nur die Annahme zugrunde, daß der Krieg von kurzer Dauer sein würde, sondern daß er auch kurz sein *müsse*. Nach Ansicht des Grafen von Schlieffen – dessen verhängnisvoller Plan, in Belgien einzumarschieren, um Frankreichs Niederlage so schnell wie möglich zu bewirken, der einzige Strategieplan der Vorkriegszeit war – war ein langanhaltender Krieg in einer Zeit, »wo die Existenz der Nation auf einem ununterbrochenen Fortgang des Handels und der Industrie beruhte«,[4] ganz ausgeschlossen. Mit der Annahme, die moderne Wirtschaft sei inkompatibel mit einem Krieg, wurde zugleich die Möglichkeit unterbunden, Maßnahmen zur industriellen Mobilmachung in großem Umfang vorauszuplanen. Die Militärbehörden hofften, sich weitgehend auf die staatseigenen und die unter staatlicher Regie geführten technischen Institute für die Rüstungsproduktion verlassen zu können und obschon private Firmen 1914 das Heer mit 60% seines militärischen Bedarfs belieferten, bekamen nur wenige der großen Rüstungsfirmen, wie z. B. Krupp, die maßgeblichen Verträge.[5]

Daß es nicht den Erwartungen der Heeresleitung entsprach, ihr Rüstungsmaterial größtenteils aus der Privatwirtschaft zu beziehen, wird auch daran deutlich, daß zum einen die erfahrensten Beschaffungsoffiziere im August 1914 an die Front geschickt und zum anderen keinerlei Vorkehrungen für die Zurückstellung von Facharbeitern getroffen wurden. Die vorherrschende Auffassung des Militärs über die Rolle, die dem Rüstungsmaterial bei den zukünftigen Vorbereitungen für den Krieg zufallen würde, war von einer eigenartigen Mischung von Unbeschwertheit und Unwissenheit geprägt. Der Generalstab wies allenthalben die Ratschläge von sich, daß mit der Munition zunächst sparsam umzugehen sei, denn, wie es hieß, »der Feldzug dauere nicht so lange, es brauche nicht gespart zu werden.«[6] Wenn sich das preußische Ministerium für Handel und Gewerbe nicht energisch dagegen verwahrt hätte, hätte die Armee nach dem deutschen Rückzug aus Warschau im November 1914 die Kohlengruben in Oberschlesien zerstören lassen.[7]

Es muß allerdings auch betont werden, daß die Industriellen vor dem Krieg keinen besonders großen Wert darauf gelegt hatten, für das Heer zu produzieren. Sowohl die Eisen- und Stahlindustriellen als auch die Rüstungsproduzenten fanden ein lukrativeres Geschäft in der Produktion für die Flottenbauprogramme, und die großen Rüstungsfirmen konnten von dem regen Außenhandel, der mit Deutschlands Verbündeten und sogar mit einigen seiner zukünftigen Feinde betrieben wurde, nur profitieren.[8] Bei Kriegsausbruch gab das Verhalten der Industriellen in keiner Weise zu erkennen, daß sie mit einer weitgehenden Rüstungsproduktion für das Heer rechneten oder eine solche beabsichtigten. Auch sie sahen einem Krieg von nur kurzer Dauer entgegen, und dementsprechend waren sie kaum von einer Umstellung auf neue Produktionsformen sowie einer betrieblichen Produktionsausweitung, um die vorübergehende Notlage zu bewältigen, begeistert. Im allgemeinen war ihnen der Krieg ungelegen, denn er störte ihren Außenhandel, führte zu Arbeitslosigkeit und entzog ihnen aus ihren Betrieben viele Facharbeiter und technische Beamte, die zur Front abberufen wurden.[9]

Lediglich im neuesten und am weitesten fortgeschrittenen Sektor der deutschen Industrie hielt man es für notwendig, von den herkömmlichen Organisationsformen der Wirtschaft abzuweichen. Der Präsident der Deutschen Allgemeinen Elektrizitätsgesellschaft (AEG), Walther Rathenau und einer seiner Hauptbeamten, Wichard von Moellendorff, wußten, daß Deutschlands Vorrat an wichtigen Rohstoffen äußerst knapp bemessen war. Sie überredeten das Kriegsministerium, eine Kriegsrohstoffabteilung zu gründen, um die Verteilung wichtiger Rohstoffe in den ersten Kriegswochen zu überwachen. Die neue Organisation spiegelte den Wunsch von Rathenau und Moellendorff wider, eine korporative Wirtschaftsordnung, in der sich industrielle Selbstverwaltung und staatliche Aufsicht verbanden, zu schaffen. Auf diese Weise wurden die eigentlichen Aufgabenbereiche der Rohstoffbeschaffung und Rohstoffverteilung den staatlich beaufsichtigten und von Unternehmern geleiteten Kriegsgesellschaften überlassen.[10]

Die Gründung der Rohstoffabteilung war zwar ein wichtiger Schritt in

Richtung wirtschaftlicher Mobilmachung, aber seine Bedeutung während der ersten zwei Kriegsjahre sollte nicht überschätzt werden. Weder die Zivilnoch die Militärbehörden waren gewillt, die Wirtschaftsstruktur durch kriegsbedingte Notlagen zu verändern. Die Textilindustrie z. B. litt unter einer ernsthaften Rohstoffknappheit, die durch die Blockade entstanden war. Zudem mußten zahlreiche Betriebe stillgelegt werden oder ihre Produktion einschränken, und infolgedessen nahm die Arbeitslosigkeit beträchtliche Ausmaße an. Statt die Textilindustrie sowie andere Firmen, denen es ähnlich ging, zur Rationalisierung anzuregen, bemühte sich die Regierung angestrengt darum, den Betrieb so vieler Industrien wie möglich aufrechtzuerhalten, indem Arbeitsstunden reduziert, arbeitssparende Maßnahmen abgeschafft und Produktionsquoten aufgestellt wurden. Ein Ergebnis dieser Vorgehensweise war, daß die Baumwollindustrie 1916 mit nur 7% ihrer Kapazität arbeitete. Wenngleich diese Politik ebenso teuer wie aufwendig war, schien sie in der Sicht der Regierung aufgrund langfristiger wirtschaftspolitischer Überlegungen gerechtfertigt.[11]

Deutschlands wirtschaftlicher Mobilmachung haftete etwas bemerkenswert Prosaisches an, insbesondere wenn man sie mit dem großen wirtschaftlichen Aufwand der späteren Jahre und den »Produktionsschlachten« des Zweiten Weltkrieges vergleicht. Tatsächlich sollten dem Kriegsministerium noch heftige Vorwürfe gemacht werden, daß es versagt habe, den kriegswirtschaftlichen Erfordernissen mit einer »totalen Mobilmachung« zu entsprechen. Nichtsdestoweniger läßt eine genaue Untersuchung der Politik dieses Ministeriums zwischen 1914 und 1916 darauf schließen, daß es trotz aller Irrtümer durchaus in der Lage war, eine Politik zu formulieren, die sich in wirtschaftlicher und militärischer Hinsicht als tragfähig und zugleich bemerkenswert unabhängig von den Wünschen der Industriellen erwies.

Eine der Höchstleistungen der militärischen Führung Deutschlands zeigte sich an dem hohen Grad der Koordinierung, den der Generalstab und das Kriegsministerium in den ersten beiden Kriegsjahren erreichten. Der Generalstabschef General von Falkenhayn hoffte zwischen dem 25. Oktober 1914 und dem 11. Januar 1915, seinen Posten mit seinem früheren Amt als preußischer Kriegsminister verbinden zu können. Als Bethmann Hollweg diesen Plan mit der Begründung ablehnte, daß es politisch unklug sei, die Befehlsgewalt des Kaisers dadurch zu gefährden, daß ein dem Reichstag gegenüber verantwortliches Amt mit einem solchen verbunden werde, das sich allein dem Kaiser gegenüber zu verantworten hatte, legte Falkenhayn sein Amt als Kriegsminister nieder. Sein Nachfolger wurde General Wild von Hohenborn, der sich ebenfalls eine einheitlich straffe Führung wünschte und der die Genehmigung erhielt, wie er in farbigen Worten äußerte, seinen »Wigwam im Gebäude des Generalstabs aufzuschlagen«.[12] Er blieb mit Falkenhayn an der Front, während der stellvertretende Kriegsminister General von Wandel die Verwaltungsaufsicht in Berlin übernahm.

Falkenhayns enge Beziehung zum Kriegsministerium sowie seine Einsicht in dessen Politik waren von außerordentlicher Bedeutung, zumal gewisse Stimmen bei der Obersten Heeresleitung (OHL) das Ministerium nach wie vor als übertrieben bürokratisch und konservativ bezeichneten. Technische Militärexperten, wie z. B. der ehemalige Chef der Operationsabteilung, Oberst Erich Ludendorff, und Major Max Bauer, ein Experte der Schwerartillerie, hatten ihre vollkommene Ignoranz gegenüber den sozialen und politischen Grundlagen des deutschen Militarismus demonstriert, indem sie unaufhörlich gefordert hatten, daß Deutschland den gleichen Stand wie die Entente, und zwar Mann für Mann und Gewehr für Gewehr, erreichen müsse.[13] Nach dem August von 1914 konnte sich das preußische Kriegsministerium seine Abwehrhaltung gegen eine Massenarmee nicht länger erlauben. Ebensowenig konnte es, nachdem sich im November eine ernsthafte Knappheit des Rüstungsmaterials abzuzeichnen begann, die Tatsache außer acht lassen, daß eine ausgedehnte Rüstungsproduktion unerläßlich war. Trotzdem wurde das Ministerium aufgrund seiner konservativen Tradition daran gehindert, übermäßig rasch auf das Munitionsproblem zu reagieren, und so überredete Oberst Ernst von Wrisberg, der Leiter des Allgemeinen Kriegsdepartements im Ministerium, Falkenhayn dazu, die Vorschläge Bauers, ein massives Munitions- und Waffenprogramm im Herbst 1914 aufzustellen, abzulehnen.[14]

Das Ministerium widersetzte sich Bauers Ideen aus einsichtigen technischen Gründen. Es erkannte, daß ein Programmentwurf, der nicht auch die Koordinierung der Sprengstoffherstellung mit der Munitions- und Waffenproduktion anvisierte, nur verschwenderisch sein würde. Nachdem nämlich Deutschlands Einfuhren von Chilesalpeter durch die Blockade abgeschnitten wurden, konnte die Nitratproduktion nur noch auf das neue Haber-Bosch-Verfahren der Stickstoffgewinnung aus Luft zurückgreifen. Aber dieses Verfahren setzte die Errichtung großer industrieller Anlagen voraus. Angesichts des hohen Zeitaufwandes für derartige Unternehmungen war die Bestellung enormer Mengen von Waffen und Munition solange sinnlos, bis auch die deutsche Industrie die nötigen Sprengstoffe liefern konnte. Zugleich legte das Ministerium größeren Wert auf Qualitätsarbeit als auf Massenproduktion. Zwar sah es sich gezwungen, in Notlagen auch minderwertigen Stahl für Patronenhülsen zu benutzen, aber trotzdem versuchte es, die Verwendung der härtesten und wirksamsten Sorte von Stahl, den von Siemens-Martin, zu fördern. So bürgerte sich beim Ministerium die Praxis ein, Verträge für minderwertige Sorten aufzukündigen, sobald der Vorrat an hochwertigem Stahl ausreichend zu sein schien. Auf ähnliche Art und Weise wurden, anstatt riesige Mengen jeglicher Sorte Patronen, Zünder und Waffen zu bestellen, Aufträge nur für begrenzte Mengen gegeben, die außerdem entsprechend dem Bedarf an der Front abgeändert wurden.[15]

Diese vorsichtige Politik wurde nicht nur aus technischen und finanziellen Gründen, sondern auch wegen der Einsparung von Arbeitskräften als notwendig erachtet. Die ständig steigenden Anforderungen an die Produktion führten dazu, daß die Kriegs- und Heimatfronten um ihre Arbeitskräfte konkurrieren mußten. Ein massives Produktionsprogramm hätte die Zurückstellung einer großen Anzahl von Facharbeitern oder ihre Heimkehr von der Front erforderlich gemacht. Aber schon die begrenzteren Produktionsprogramme des Ministeriums stellten eine Gefährdung für die Schlagkraft des Heeres dar. Das Ministerium mußte die Beschäftigung von zurückgestellten Arbeitern weitgehend einschränken und gleichzeitig die Industrie auffordern, sich mehr auf die Arbeitskraft von ungelernten Arbeitern sowie von Frauen und Jugendlichen zu stützen. Wenngleich sich die Zahl der ungelernten Arbeiter bis Anfang 1916 insgesamt auf 1 200 000 belief, war das Ministerium in der Lage, diese Zahl bis zum Herbst desselben Jahres beizubehalten und dabei gleichzeitig einen erheblichen Zuwachs des Heeres zu bewerkstelligen.[16]

Schließlich betrieb das Kriegsministerium auch eine Sozialpolitik, die erstaunlich progressiv war. Der zunehmende Mangel an Arbeitskräften, verbunden mit häufigem Arbeitsplatzwechsel infolge der Konkurrenz der Arbeitgeber um Arbeiter, führte zu öffentlichen Diskussionen von Vorschlägen, die eine obligatorische Mobilmachung der zivilen Arbeiterschaft sowie die gesetzliche Einschränkung ihrer Freizügigkeit zum Inhalt hatten. Doch war es andererseits die Überzeugung des Ministeriums, daß befriedigende Löhne und die hohe Nachfrage den Arbeitern hinreichende Anreize boten, um von selbst in die Kriegsindustrien zu gehen. Das Ministerium wollte vermeiden, bei den sozialistischen Gewerkschaften, die die Kriegsanstrengungen unterstützten, Anstoß zu erregen. So wurden Arbeitgeber und Gewerkschaften dazu veranlaßt, Kriegsausschüsse mit einer paritätischen Mitgliedschaft von Arbeitgebern und Arbeitnehmern zu bilden, um den Arbeitsplatzwechsel unter Kontrolle zu halten. Die Kriegsausschüsse sollten nach freier Übereinkunft der beiden Seiten die Fälle nachprüfen, in denen Arbeiter einen Arbeitsplatzwechsel wünschten. Wenn ein Ausschuß entschied, daß der Wunsch eines Arbeiters, seine Stellung zu verändern, gerechtfertigt war, wurde ihm ein Abkehrschein bewilligt. Umgekehrt wurde, wenn der Arbeiter seine gewünschte Veränderung nicht stichhaltig begründen konnte, ihm der Schein verweigert; verließ er aber dennoch seinen Arbeitsplatz, durfte ihn kein Betrieb innerhalb einer bestimmten Zeitspanne wieder beschäftigen. Bis zum Herbst 1916 waren Kriegsausschüsse in Berlin, Bayern, Sachsen und Frankfurt entstanden. Auf ähnliche Art und Weise regte das Ministerium die Einführung von Arbeitsnachweisen und Schlichtungsstellen an, die auf der Parität von Arbeitnehmern und Arbeitgebern gründeten; ferner griff es in Streiks ein, um sicherzustellen, daß angesichts der Schwerarbeit und unzureichenden Nahrung gerechte Abkommen getroffen wurden, und schließlich empfahl es der Industrie, den Arbeitern, die unter Erschöpfungszuständen litten, von Zeit zu Zeit Urlaub zu gewähren.[17]

Wenn einerseits die Tatsache nicht zu leugnen ist, daß diese fortschrittliche Sozialpolitik von den Mitgliedern der »Gesellschaft für Soziale Reform«

stammte, d.h. einer Akademikergruppe politischer Ökonomen, die im Kriegsministerium Beraterfunktionen innehatten,[18] wäre es andererseits ungerecht zu behaupten, daß diese Politik nicht auch die durchdachten Entscheidungen der militärischen Führung im Ministerium widerspiegelte. General von Wandel war ein Militarist der alten Schule, der 1912 Ludendorff gewarnt hatte, daß die Einführung der Sozialdemokraten in das Offizierskorps zu einer Revolution »binnen weniger Jahre«[19] führen würde. Wenn aber die soziale Integrität des Offizierskorps die Aufrechterhaltung der Klassenstruktur verlangte, galt es andererseits auch, die Truppe von Klassenkonflikten fern zu halten – und dies insbesondere in Kriegszeiten, als die Fiktion, die deutsche Armee verkörpere das höchste Gut und Interesse der Nation, in die konkrete Realität umgesetzt werden mußte. In einem Brief an General von Falkenhayn äußerte sich Wandel folgendermaßen:

»Die Arbeiter erfüllen gegenwärtig ihre Kriegspflicht auch daheim in der Berufsarbeit mit größter Bereitwilligkeit. Hierin werden sie durch ihre Gewerkschaften bestärkt und angetrieben. Ein militärischer oder gesetzlicher Zwang zur Arbeit würde auf diesen Willen und auf die Hilfsbereitschaft der Gewerkschaften lähmend und zerstörend wirken. Der Hinweis auf die glänzende Bewährung des militärisch disziplinären Zwanges bei der Truppe verkennt den grundlegenden Unterschied zwischen dem Dienst der Landesverteidigung, in dem alle Glieder ohne persönlicher Vorteile nur für das gemeine Wohl arbeiten, und dem kapitalistischen Arbeitsverhältnis, bei dem durch die Leistung des Arbeiters für den Unternehmer ein Kapitalzins entsteht. In dieses Verhältnis ... in der Form einzugreifen, daß der eine durch *behördliche Anordnung* zur Hergabe seiner Leistung gezwungen wird, während der andere dafür von derselben Behörde höchste *Bezahlung* erhält, würde von der Arbeiterschaft und darüber hinaus von anderen Kreisen des Volkes als Parteinahme zu Gunsten des Unternehmers empfunden werden und das Vertrauen weiter für die Kriegführung entscheidender Volksschichten für die Heeresverwaltung aufs Spiel setzen«.[20]

So erweisen sich die Bemühungen des Ministeriums um eine wirksame Zusammenarbeit zwischen Arbeitgebern und Gewerkschaften gleichsam als ein Versuch, die Neutralität des Heeres im Klassenkonflikt aufrecht zu erhalten. Damit soll freilich nicht gesagt sein, daß Wandel und ein paar seiner Kollegen nicht bereits zu der Einsicht gelangt waren, daß die Gewerkschaften aufgrund ihrer Unterstützung der Kriegsmaßnahmen ein gutes Recht auf Anerkennung hätten, zumal die Arbeiterschaft für die Kriegswirtschaft mittlerweile unentbehrlich geworden war. Die Sozialpolitik wie auch die Handhabung der Probleme der Produktion und der Arbeitskräfte durch das Ministerium stellen den Versuch dar, rationale Strategien, die den Anforderungen des Krieges gerecht wurden, zu entwickeln, wobei die Sonderinteressen den militärischen Interessen untergeordnet werden sollten.

II

Leider enthielt, wie das Kriegsministerium feststellen mußte, die kapitalistische Privatwirtschaft eine immanente Logik, die keineswegs automatisch mit der Rationalität der Kriegsbedürfnisse einherging. Zwar taten sich die Führer der Industrie besonders mit ihrem patriotischen Wortschwall und ihren Forderungen nach Annexionen sowie Kriegsentschädigungen hervor, doch ließen sie es nicht dazu kommen, daß der Patriotismus ihren gesunden, wenn auch nicht immer besonders ethischen Geschäftspraktiken im Wege stand. Als sich das Ministerium nach der Munitionskrise im November 1914 gezwungen sah, die Dienste der Industriellen in Anspruch zu nehmen, entdeckte es eine Reihe unangenehmer Tatsachen. Die großen Rüstungsindustrien waren nicht geneigt, ihre Betriebsanlagen zu vergrößern und aus ihrer Sicht unrentable Mengen zu produzieren, während sie es genausowenig zulassen wollten, daß andere Firmen bei der Herstellung bestimmter Kriegsgüter ihr eigenes Monopol durchbrachen. Noch viel schwieriger erwiesen sich die großen Eisen- und Stahlindustriellen, die sich zusammenschlossen, um hohe Preise zu fordern. Die Situation verschlimmerte sich insofern, als diese außerdem eine Exportpolitik betrieben, die der deutschen Seite bei den Kriegsanstrengungen nicht gerade sehr dienlich war. Zu Beginn des Krieges überredeten sie die Behörden dazu, keine Ausfuhrkontrollen auf solche Eisen- und Stahlprodukte zu erheben, die für neutrale Länder bestimmt waren. Sie begründeten dies mit dem Argument, daß die Industrie ausreichend syndikalisiert sei, um den Export alleine regulieren zu können und zu gewährleisten, daß deutsche Produkte nicht in die Hände der Feinde fielen. Das Ergebnis dieser Politik war, daß deutsches Eisen und Stahl über Umwege nach Frankreich und Italien gelangte, bis das Ministerium schließlich selbst die Verantwortung für die Kontrolle dieser Exporte im Herbst 1916 übernahm.[21]

Eine solche Kontrolle war umso wichtiger, als einige Eisen- und Stahlindustrielle durch das ganze Jahr 1916 hindurch den Außenhandel gegenüber dem Binnenmarkt bevorzugten. Nachdem die britische Regierung am Anfang des Jahres die Ausfuhr seiner eigenen Eisen- und Stahlprodukte in die neutralen Länder verboten hatte, war auf dem neutralen Markt die Nachfrage nach deutschen Produkten gestiegen. Um die sich verschlechternde Zahlungsbilanz Deutschlands zu verbessern, hatte das Reichsschatzamt beschlossen, diese Situation auszunutzen und forderte die Industriellen auf, Preissyndikate zu bilden, damit Maximalprofite aus dem Verkauf nach dem Ausland erreicht werden konnten. Die Industriellen fügten sich bereitwillig, insbesondere auch weil sie erwarteten, den gesamten Gewinn in ihre eigenen Kassen fließen lassen zu können. Dies hatte zur Folge, daß die Gütererzeugung für das Heer vielfach an Anziehungskraft einbüßte. Die Firma Thyssen war unpünktlich mit ihren Lieferungen an das Heer und machte den Eindruck, als ob sie es vorzöge, alleine für den Export zu produzieren. Das

Phoenix Unternehmen hielt sich dermaßen zäh an seine neutralen Kunden, daß es von anderen, wohl freundlich gesinnten, aber doch irritierten Industriellen gemahnt werden mußte, seinen Obliegenheiten im Dienste des Krieges nachzukommen. Erwartungsgemäß beschwerte sich das Kriegsministerium über solche Praktiken. Es unterstütze die Vorhaben des Reichsamtes des Inneren sowie des Reichsschatzamtes, die Anreize zum Export dadurch zu reduzieren, daß die Industriellen gezwungen werden sollten, einen erheblichen Teil der Differenz zwischen Inlands- und Auslandspreisen für deutsches Eisen und Stahl an das Schatzamt abzuführen. Derartige Überlegungen lehnten die Industriellen vehement ab, indem sie argumentierten, daß ihnen der gesamte Gewinn aus den Exporten als Entschädigung für die vom Heer bezahlten »niedrigen« Preise und für das Versäumnis der Kriegsstellen, viele der Firmen mit Hilfe von Kriegsaufträgen voll auszulasten, berechtigterweise zustände. Das Reichsamt des Inneren seinerseits hütete sich, die Industriellen zu verärgern, insbesondere nachdem Karl Helfferich, der ehemalige Direktor der Deutschen Bank sowie Staatssekretär des Reichsschatzamtes, im Mai 1916 die Leitung des Inneren übernommen hatte. Letztendlich kam lediglich ein unwirksamer Kompromiß zustande, demzufolge die Industriellen nur fünf Prozent des Preisunterschiedes abführen mußten.[22]

Die Art und Weise, mit der die Industriellen an das Kriegsministerium herantraten und darauf insistierten, daß seine Politik so weit wie möglich den Interessen der Industrie entsprach, war nicht gerade durch Zurückhaltung geprägt. Während der gesamten ersten beiden Kriegsjahre überfluteten sie das Ministerium mit einem unaufhaltsamen Strom ungezügelter Anschuldigungen hinsichtlich seiner »bürokratischen« Vorgehensweise in Fragen der Produktion sowie in bezug auf die Arbeitskräfte: Das Kriegsministerium sei ein schwankender und unzuverlässiger Kunde; statt regelmäßig hinreichend große Mengen von ein und demselben Material in Auftrag zu geben, neige das Ministerium dazu, nur in begrenzten Quantitäten zu bestellen und seine Aufträge mit erschreckender Häufigkeit abzuändern. Daß man mit dieser Vorgehensweise Arbeitskräfte einsparen und zugleich den Erfordernissen an der Front entsprechen konnte, machte keinen allzu großen Eindruck auf die Industriellen. Den Beschwerden über die Produktionspolitik folgten Klagen über die Vielzahl der Beschaffungsämter, an denen sich zeige, daß das Ministerium ein einheitliches System von Beschaffungsmaßnahmen mit klaren Prioritäten nicht durchzusetzen vermöge. Fernerhin legten die Industriellen dem Ministerium zur Last, eine unzureichende Anzahl von Facharbeitern zurückgestellt zu haben, mit der Folge, daß sich der Facharbeiterstamm, der von der Großindustrie im Laufe der Jahre rekrutiert und mit so viel Mühe ausgebildet worden war, in Nichts aufgelöst habe.[23]

Diese Vorwürfe entbehrten nicht jeglicher Grundlage. Die Konsolidierung der Beschaffungsämter war ein dringend notwendiges Anliegen geworden; die Produktionspolitik des Kriegsministeriums stützte sich keineswegs, wie es hieß, auf »gute Geschäftsgrundsätze«; die ministerielle Politik der Arbeiterbeschaffung verlangte den Industriellen tatsächlich Opfer ab. Doch wenn sowohl die Argumente wie das Verhalten der Industriellen näher untersucht werden, zeigt es sich, daß ihre Objektivität ernsthaft zu hinterfragen ist. Auffallend ist, daß die Industriellen ihr besonderes Augenmerk auf die mangelnde Koordination der verschiedenen Ämter richteten, aber von selbst nicht die Alternative vorschlugen, daß die Beschaffungsämter sich legitimer Zwischenhändler für die Verteilung der Verträge bedienen könnten, um auf diese Weise die Abhängigkeit des Heeres von den führenden schwerindustriellen Betrieben zu verringern. Gerade die weniger gut bekannten Firmen, deren Kapazität und Arbeitskräfte genauso ausreichten, um für die Rüstung zu produzieren, wurden des öfteren von den Beschaffungsämtern des Heeres übergangen. So konnte die Schwerindustrie die wichtigsten Sektoren der militärischen Produktion monopolisieren, wobei dieses Monopol dazu ausgenutzt wurde, hohe Preise zu fordern. Bei den Großindustriellen wurde es zur Gewohnheit, Nebenverträge an diejenigen kleineren Firmen, die keinen direkten Zugang zu den Beschaffungsämtern hatten, zu vergeben und ihnen möglichst niedrige Preise anzubieten, um anschließend die Differenzsumme, die sich aus dem Militärvertrag und ihrem mit den Firmen abgeschlossenen Vertrag ergab, für sich zu kassieren, – obwohl eigentlich diese Firmen die Güter herstellten. Ihre eigenen Betriebe lasteten die Großindustriellen für die lukrativeren Exportmärkte aus; als das Heer sie daran zu hindern versuchte, die zurückgestellten Arbeiter für eine andere als die Rüstungsproduktion zu beschäftigen, reagierten sie mit der Antwort, daß, solange das Heer ihnen nicht hinreichend große Aufträge erteile, um damit ihre Kapazitäten auszufüllen, auch ihre Praktiken vollends gerechtfertigt seien.[24] Dieses Argument wirkt etwas befremdlich, wenn man bedenkt, daß viele Industrielle ihre Produktion für das Heer auf die lange Bank schoben oder aber Subverträge abschlossen, um für den Exportmarkt zu produzieren. Mit Sicherheit war es für die Industriellen von unschätzbarem Vorteil, so zu argumentieren, denn auf diese Weise konnten sie unbeschadet der vorhandenen oder ausbleibenden Verträge mit dem Heer, weiterhin an ihren Forderungen nach Zurückstellung von Arbeitern festhalten. Zweifellos kollidierte hier das Grundprinzip der Kriegswirtschaft mit dem der Industriewirtschaft. Das Kriegsministerium hatte seine Aufträge in Grenzen gehalten, um so Arbeitskräfte zu schonen; unter diesen Umständen mußte die Beschäftigung zurückgestellter Arbeiter in Betrieben, die nichtmilitärische Produkte herstellten, als bloße Verschwendung betrachtet werden. Demgegenüber konnten die Industriellen nur in einem Bezugsrahmen der Maximalproduktion denken. Die Verwendung zurückgestellter Arbeiter in der Produktion nicht-militärischer Güter war aus ihrer Sicht ein legitimes Unternehmen, da das Ministerium Arbeitskräfte durch Produktionseinschränkung zu sparen versuchte. Diese konkurrierenden »funktionalen Rationalitäten« erklären die bitteren Konflikte zwischen dem Kriegsministerium und den Industrieführern.

Mit Ärger betrachteten die Industriellen auch die »sozialen Experimente«, die von den »sozialen Akrobaten« im Kriegsministerium durchgeführt wurden. Das offizielle Wohlwollen gegenüber den Gewerkschaften sowie die Versuche, im Ruhrgebiet und in Schlesien Kriegsausschüsse einzuführen – in Gegenden also, wo es den Industriellen früher gelungen war, den Beitritt zu den Gewerkschaften mit allen erdenklichen und von ihnen organisierten Druckmitteln und Schikanen niedrig zu halten – bedeutete für sie, daß sich eine »Bresche« abzeichnete, die in die »soziale Stellung« der Arbeitgeber geschlagen werden sollte. Zwar wünschten sich viele Industrieunternehmer, daß das Heer die Zivilarbeiterschaft unter militärische Disziplin stellte und die Arbeiter dazu zwang, ihren Arbeitsplatz in den Kriegsindustrien zu suchen und dort auch beizubehalten, aber den Gedanken, daß den Arbeitern und ihren Organisationen als Gegenleistung auch Rechte und Sicherheit zustanden, wiesen sie von sich.[25] Die Sozialpolitik des Ministeriums schreckte die Führer der Schwerindustrie desto mehr auf, als sie fürchteten, daß der Krieg die Fabrikdisziplin erschüttern, den Arbeitern und Gewerkschaften ein neues Machtgefühl vermitteln und zu Forderungen nach Sozialreformen führen könnte. Dies war ein Grund dafür, daß sie die Forderungen nach Annexionen sowie Kriegsentschädigungen unterstützten. Sie hofften damit, wie dies der Direktor der Kruppwerke, Alfred Hugenberg, zum Ausdruck brachte, »die Aufmerksamkeit des Volkes abzulenken und der Phantasie Spielraum zu geben in Bezug auf die Erweiterung des deutschen Gebietes«.[26] Deshalb wundert es kaum, daß die Industriellen fortwährend nach »mehr Produktionspolitik und weniger Sozialpolitik« riefen.[27]

Mit kaum weniger Zurückhaltung beschworen sie das Kriegsministerium, »mehr Produktionspolitik und weniger Preispolitik« zu betreiben. Sie empörten sich über die Bemühungen des Ministeriums, Preise niedrig zu halten, die Kostenberechnungen zu ermitteln, auf deren Grundlage die Industriellen ihre Preise festsetzten und schließlich solche Aufträge zu revidieren, die extrem hohe Gewinne brachten. In einer sehr aufschlußreichen Rede vom 16. November 1916 wies der Geschäftsführer des Vereins deutscher Eisen- und Stahlindustrieller (VdESI) darauf hin, daß die Industriellen mit dem Bau neuer Fabrikanlagen sowie neuer Maschinen, die ja unter Umständen nach dem Krieg nicht mehr zu gebrauchen waren, furchtbare Risiken eingingen und erklärte dann:

»*Wer außerordentliches leistet unter außergewöhnlichen Umständen, hat Anspruch auf außerordentliche Vergütung*! Hohe Kriegsgewinne sind also durchaus begründet. Sie gestatten, hohe Arbeitslöhne zu zahlen; sie ermöglichen, die wachsenden Steuern und sonstigen Lasten zu tragen; sie erleichtern die Steigerung der industriellen Leistungsfähigkeit; sie festigen den Stand unserer Volkswirtschaft gegenüber dem ausländischen Wettbewerb und stärken die Hoffnung auf unseren Sieg im künftigen Weltwirtschaftskampf«.[28]

Wenn diese Aussage eher einem Inflationsprogramm als Überlegungen zur nationalen Wohlfahrt gleichkommt, so soll daran erinnert werden, daß die Industriellen den von Karl Helfferich vertretenen Standpunkt, die Kriegskosten seien aus den Kriegsentschädigungen zu finanzieren, begeistert aufnahmen.[29] Wie gewöhnlich sahen die Großindustriellen im totalen Sieg die Zauberformel, durch die sie allen sozialen und wirtschaftlichen Problemen enthoben sein würden.

III

Die Materialschlachten an der Somme im Sommer 1916 spitzten den Konflikt zwischen den Führern der Schwerindustrie und dem Ministerium drastisch zu. Das Kriegsministerium war überrascht von der Materialüberlegenheit, die die Alliierten an der Somme demonstrierten und beschloß, im Juli 1916 sein Munitionsprogramm voranzutreiben, wobei seiner Planung wie auch sonst das Programm der Sprengstoffproduktion zugrundelag: Das monatliche Produktionsziel des Ministeriums hatte sich von 6000 Tonnen Sprengstoffen im Dezember 1914 bis auf 8000 Tonnen im Dezember 1914 erhöht. Die eigentliche Produktion war von 4000 Tonnen im Juli 1915 bis auf 6000 Tonnen im Juli 1916 gestiegen. In anderen Worten, nur unter beträchtlichem Zeitaufwand konnte eine vorgegebene Produktionsmenge auch tatsächlich erreicht werden. Um überhaupt sinnvoll zu sein, mußte ein neues Produktiosziel auf einer vernünftigen Voraussage dessen basieren, was an Produktionskapazitäten im folgenden Jahr möglich war, ohne die Wirtschaft übermäßig zu strapazieren. Deshalb entschloß sich das Ministerium, ein neues Ziel mit 10000 Tonnen Sprengmaterial pro Monat festzusetzen.[30]

Freilich löste die Produktionserhöhung für Sprengstoffe auch eine erhöhte Nachfrage nach Waffen und Munition aus. Die Krise vom Juli 1916 hatte die Pläne des Ministeriums, alle Patronen aus dem im Siemens-Martin-Verfahren gewonnenen Stahl anfertigen zu lassen, endgültig zunichte gemacht. Noch im Juni schien dieses Unternehmen so erfolgreich zu sein, daß das Ministerium seine Verträge für Thomas-Stahl ablaufen ließ. Zwangsläufig mußte es jetzt diese Verträge erneuern und auf eine Produktionserhöhung drängen.[31] Gleichzeitig sah es sich gezwungen, die Industriellen zu einer Kürzung ihrer Exporte um 60% anzuhalten. Schließlich begann es, reges Interesse an den Kostenberechnungen der Eisen- und Stahlindustriellen zu zeigen, nachdem der Fachmann für Eisen- und Stahlproduktion, Alfons Horten, zum Leiter der neu gegründeten Sektion Eisen in der Kriegsrohstoffabteilung ernannt worden war. Horten braucht nicht lange, um festzustellen, daß die vom Heer bezahlten Preise für bestimte Stahlsorten übertrieben hoch waren. Als das Ministerium die Industriellen dazu anhielt, die Unterlagen für ihre Kostenberechnungen zu liefern und diese aufzuschlüsseln, willigten diese zwar ein, aber mit dem Vorbehalt, dies nur für Produkte mit angemessenen Profiten zu tun. Eine solche Haltung verstärkte natürlich nur das Mißtrauen innerhalb des Kriegsministeriums, das nun Pläne für eine Revision seiner Aufträge zu entwerfen begann.[32]

Die Industriellen hatten deshalb viele Gründe, im Sommer 1916 verärgert zu sein. Auf eine sehr überraschende Weise wurden sie mit den neuen Produktionsforderungen konfrontiert; ihr einträglicher Außenhandel war weitgehend beschnitten worden; ihre inländische Preispolitik wurde einer eingehenden, doch unliebsamen Prüfung unterzogen und dadurch ernsthaft gefährdet; schließlich schien die Arbeitskräftefrage ebenso wie die Sozialpolitik des Kriegsministeriums widerwärtiger denn je zu sein. Sie mußten Mittel und Wege finden, das Militär zu einem zuverlässigen Kunden zu machen, Entschädigungen für ihren verringerten Außenhandel zu erhalten, Zugriffe auf ihre Gewinne abzuwehren, notwendige Arbeitskräfte zu beschaffen und schließlich den »sozialen Experimenten« des Ministeriums ein Ende zu bereiten.

Falkenhayn wurde entlassen und am 28. August 1916 erhielten Feldmarschall von Hindenburg und General Ludendorff ihre Ernennung in die Oberste Heeresleitung, gerade zu einem Zeitpunkt also, als der Streit zwischen dem Kriegsministerium und den Industriellen seinen Höhepunkt erreichte. Falkenhayns Sturz ging größtenteils auf das Konto des Kanzlers Bethmann Hollweg, der die mißlungene deutsche Offensive bei Verdun sowie Rumäniens Kriegserklärung ausgenutzt hatte, um den Kaiser gegen Falkenhayn einzustimmen. Bethmann Hollwegs Motive waren indessen nicht nur militärischer, sondern auch politischer Art. Er war, was Deutschlands Möglichkeit, den totalen Sieg zu erringen, anbelangte, skeptisch geworden und meinte, die Unterstützung des großen Helden Hindenburg haben zu müssen, um sowohl die Interessengruppen der Rechten wie auch diejenigen Parteien, die einen moderaten Frieden lautstark mit »Landesverrat« bezeichnet hätten, beschwichtigen zu können.[33] Doch in seiner Kampagne gegen Falkenhayn wurde Bethmann Hollweg gerade von denjenigen rechtsstehenden Gruppen unterstützt, die mit gutem Grund von Männern wie Hindenburg und Ludendorff annahmen, daß sie ohne Rücksicht auf Verluste den totalen Sieg anstreben würden.[34] Letztendlich kann kaum ein bezeichnenderes Beispiel für die Abhängigkeit des kaiserlichen Regimes von den herrschenden sozialen Schichten sowie für das zunehmende selbstmörderische Potential, das sich in dieser Abhängigkeit verbarg, gefunden werden.

Sehr wahrscheinlich haben auch die Industriellen zu der Enttäuschung beigetragen, die der Kaiser in bezug auf Falkenhayn empfand, zumal sie am 23. August ein Memorandum an führende Regierungs- und Militärbeamte verteilen ließen, in dem die Munitionspolitik des Heeres kritisiert wurde. Dieses Memorandum war in die Hände des Kaisers gefallen.[35] Wie dem auch sei, der Tag der Amtseinsetzung Hindenburgs und Ludendorffs war ein Tag des Triumphs für die Schwerindustrie, da Oberst-Leutnant Max Bauer – im Heer der zuverlässigste Anhänger der Schwerindustrie und ein Erzfeind des Kriegsministeriums – jetzt zu einem der mächtigsten Männer Deutschlands avancierte. Bauer, der seine Beziehungen zu den Führern der Großindustrie gepflegt hatte, wie diese ihre Beziehungen zu ihm, war auch ein alter Freud Ludendorffs. Im Generalstab wurde das Sachgebiet von Bauers Abteilung insoweit vergrößert, als alle Angelegenheiten, die Waffen und Munition des Feldheeres betrafen, fortan dort bearbeitet wurden. Der Stempel mit dem Abdruck »Im Auftrag Ludendorffs« wurde zu einem der wichtigsten Gebrauchsartikel in seiner Sektion. Nahezu alle wesentlichen Denkschriften und Korrespondenzen der OHL, die sich mit wirtschafts- und sozialpolitischen Fragen befaßten, wurden während der letzten zwei Kriegsjahre in Bauers Abteilung bearbeitet, mit Ludendorffs Initialen versehen und von Hindenburg ohne Zögern unterzeichnet.[36]

Innerhalb von nur zwei Tagen konnte Bauer sein großes Munitionsprogramm lancieren, das von ihm zusammen mit gewissen Industriellen seit November 1914 unterstützt worden war. Hindenburg teilte am 31. August 1916 Wild von Hohenborn mit, daß der Bestand an Munition bis zum Frühjahr verdoppelt und der von Maschinengewehren und Artillerie verdreifacht werden müsse. Mit dieser einfachen Anwendung des Einmaleins wurde das Programm IV geboren und allgemein als das Hindenburg-Programm bekannt. Praktisch umgesetzt hatte dies zur Folge, daß das Produktionsziel des Kriegsministeriums von 10000 Tonnen pro Monat auf 12000 Tonnen erhöht und damit die bislang betriebene Politik, die Waffen- und Sprengstoffproduktion im Gleichschritt zu halten, aufgegeben wurde. Zudem – und dies war am wichtigsten – legte man sich auf ein massives Programm für den Neubau von Industrieanlagen fest, anstatt zunächst zu versuchen, die bereits vorhandenen industriellen Anlagen optimal auszunutzen. Kurze Zeit später folgte nach Zusammenkünften zwischen Hindenburg, Ludendorff und Bauers engen Freunden – Gustav Krupp von Bohlen und Halbach und Carl Duisberg, dem Generaldirektor der Farbenfabrik Bayer – das Programm V, das eine monatliche Produktion von 14000 Tonnen Sprengstoff bis zum Frühjahr 1917 vorsah und die erforderlichen Quoten von Waffen noch erhöhte.[37]

Die OHL neigte zur Skepsis hinsichtlich der Durchführbarkeit des Programms V, vertraute hingegen fest auf Programm IV. Im preußischen Kriegsministerium kritisierten leitende Beamte beide Programme, doch waren diese nicht zu Rate gezogen worden; tatsächlich hatte die enge Zusammenarbeit zwischen dem Generalstab und dem Kriegsministerium jetzt ihr Ende gefunden, da Bauer keinerlei Einmischung duldete. General Wild von Hohenborn wurde zurück nach Berlin beordert, um die Durchführung des neuen Programms zu beaufsichtigen, und General von Wandel, der sich nun überflüssig vorkam, legte sein Amt als stellvertretender Kriegsminister nieder. An das Kriegsministerium erfolgte die Anweisung, seine Beziehungen zu den Industriellen wieder zu normalisieren und die Beschaffungsämter zu vereinheitlichen. Den Großindustriellen brachte die OHL Verständnis für ihre Probleme unmittelbarer zum Ausdruck, indem 125 000 Stahlarbeiter von der Front zurückgezogen und der Industrie zur Verfügung gestellt wurden.[38]

Allerdings gaben sich Bauer und Ludendorff nicht damit zufrieden, das Kriegsministerium zu einer Umkehr seiner Politik gezwungen zu haben. Zusätzlich wurden freundlich gesinnte Reichstagsabgeordnete ermahnt, »mit aller Energie darauf hinzuweisen, daß der Kriegsminister seine Pflicht in dieser Beziehung tue«,[39] und es verbreiteten sich Gerüchte, das Ministerium habe die Produktion 1916 gedrosselt. Wild von Hohenborn war wütend: »Immer derselbe Unverstand, der die Pulver- und Geschoßfrage nicht trennen kann. Die Eisenleute haben offenbar noch nicht genug verdient«![40] Doch als sich Wild von Hohenborn dem radikalen Militarismus eines Ludendorff und Bauer gegenübergestellt sah, verkörperte er die ganze mißliche Lage des traditionellen deutschen Militarismus. Wie Bethmann Hollweg hatte auch er sich an dem Komplott gegen Falkenhayn beteiligt, weil er auf die hervorragenden militärischen Fähigkeiten von Hindenburg und Ludendorff fest vertraute. Doch anders als Bethmann Hollweg wollte sich Wild von Hohenborn nicht auf Hindenburg beziehen, um mit dessen Namen einen moderaten Frieden zu decken. Im Gegenteil meinte er, daß das von Bethmann Hollweg geplante deutsche Friedensangebot »den schlimmsten Eindruck bei den Gutgesinnten im Volk und beim Feldheer« machen würde. Zudem war er überzeugt davon, daß die »Kriegsziele, die er [Bethmann Hollweg] als momentan unerreichbar bezeichnete, *nicht* die Garantie für Deutschlands Zukunft böten«, aber dennoch sehr notwendig seien.[41] Wild von Hohenborns Verhaltensweisen konnten sich nur lähmend auf die Ausübung seiner Amtspflichten auswirken. Einerseits glaubte er, Ludendorff seine rückhaltlose Unterstützung geben zu müssen. Andererseits mußte er sich mit den Vorwürfen von seiten respektierter Mitglieder seines Stabs auseinandersetzen, daß er Pläne akzeptiere, die vom Kriegsministerium mißbilligt wurden, mußte seinen Zorn über die Manie der Großindustriellen unterdrücken, die fortan ihre Anliegen über das Kriegsministerium hinweg direkt beim Generalstab vortrugen, und letztlich mußte er mitansehen, wie seine eigene Dienststellung zu der eines »Sektionschefs der obersten Heeresleitung« degradiert wurde.[42] Wild von Hohenborns Bedenken hinsichtlich der OHL-Pläne sowie seine Oppositionshaltung gegen Bethmann Hollwegs Außenpolitik gaben Ludendorff und Bethmann Hollweg die Gelegenheit, sich gegen ihn zu verbünden und am 28. Oktober 1916 wurde er seines Amtes enthoben.

Im wesentlichen war der gestürzte Wild von Hohenborn Opfer tiefgreifender Maßnahmen in einer administrativen Neuordnung, die zum einen den Machthunger des Generalstabs und zum anderen das Verlangen der Schwerindustrie, ihren Einfluß auf die Wirtschaftspolitik des Heeres zu institutionalisieren, widerspiegeln. Indem die OHL am 10. Oktober 1916 hinter Wild von Hohenborns Rücken Bethmann Hollweg ihre Geheimanträge zur Neuordnung des Kriegsministeriums unterbreitete, folgte sie einerseits dem Rat von Wichard von Moellendorff, der Zugang zu Bauer durch den mit beiden befreundeten Chemiker Fritz Haber hatte, und griff andererseits Anregungen auf, die von dem General und Chef des Feldeisenbahnwesens im Generalstab, Wilhelm Groener, ausgingen. Die OHL empfahl, ein Oberstes Kriegsamt zu errichten, das die für Wirtschafts- und Sozialfragen zuständigen Stellen des Kriegsministeriums vereinigen und unter der Leitung des Generalstabs geführt werden sollte.[43] Obwohl sich Bethmann Hollweg darüber im klaren war, daß diese Vorschläge der Kriegswirtschaftspolitik eine einheitlichere Linie verleihen könnten, mußte er den Generalstab doch mahnen, daß sie die verfassungsmäßigen Prärogativen des Heeres nicht gefährdeten. Der Gründung eines neuen Amtes müsse die Schaffung entweder eines neuen Reichskriegsministeriums oder eines Reichssektretariats vorausgehen. Im ersten Fall wäre eine gesetzliche Regelung durch das Parlament erforderlich gewesen, was stets mit Risiken behaftet war. Im zweiten Fall hätte sich der Kanzler für die Vorgänge des neuen Amtes dem Reichstag gegenüber verantworten müssen und damit wäre auch die Unabhängigkeit des Heeres vom Parlament in Gefahr geraten.[44] Die OHL erkannte, daß die widersprüchlichen Interessen, die sich einerseits in den Bedürfnissen nach einer leistungsfähigeren Organisationsstruktur und andererseits in den traditionsbedingten Erfordernissen des deutschen Militarismus abzeichneten, nur durch einen Kompromiß auszugleichen waren. Deshalb willigte die OHL in Bethmann Hollwegs Kompromißlösung ein, mit der die Errichtung eines Kriegsamtes innerhalb des preußischen Kriegsministeriums vorgesehen wurde, dieses aber so unabhängig wie möglich vom Kriegsminister sein sollte. Um die Gefügigkeit des Kriegsministers zu gewährleisten, wurde der völlig unerfahrene General Hermann von Stein zum Nachfolger Wild von Hohenborns ernannt. Das Kriegsamt entstand am 1. November 1916 unter der Leitung von General Wilhelm Groener.

Die Industriellen, wie auch Bauer, waren sehr erfreut über diese administrative Neuschöpfung. Schon seit längerer Zeit hatten Duisberg und andere eine offizielle Zentralstelle verlangt, die ihren Forderungen ohne Verzug und mit großer Tatkraft nachkommen würde. Als besonders dringlich empfand sie es, daß auch Vertreter der Industrie in die Führungsspitze einer solchen Organisation mit aufgenommen würden. Ihre Genugtuung ist deshalb gut vorstellbar, als sie erfuhren, daß der Direktor der Krupp-Gruson Werke in Magdeburg, Dr. Sorge, zum Chef der Technischen Abteilung des Kriegsamtes berufen worden war. In einem Glückwunschbrief gab der VdESI seiner Hoffnung Ausdruck, daß Sorge »im Sinne der deutschen Industrie, besonders der Eisen- und Stahlindustrie arbeiten« werde.[45]

In keinem anderen Fall war die totale Mobilmachung Deutschlands mehr von Klassenkonflikten geprägt als beim Hilfsdienstgesetz vom 5. Dezember

1916.[46] Es war der Wunsch der Industriellen und der OHL, daß die gesamte Zivilbevölkerung nur für den Krieg zu arbeiten gezwungen und zudem die Freizügigkeit der Arbeiterschaft beschränkt würde. Bauers Lieblingslösung für dieses Problem war, dem Reichstag ein erweitertes Kriegsleistungsgesetz aufzudrängen, welches den männlichen Teil der Bevölkerung im Alter von 17 bis 60 Jahren zum Kriegsdienst verpflichtete. Ferner sollte ein vom Reichstag verabschiedetes Sondergesetz alle Frauen mobilisieren. Das Kriegsministerium sowie Bethmann Hollweg und Karl Helfferich widersetzten sich dieser Art von Problemlösungen mit großer Vehemenz. Mahnend wies Bethmann Hollweg darauf hin, daß eine derartige Maßnahme bei der Entente den Eindruck entstehen lassen würde, Deutschland sei am Ende seiner Kräfte. Helfferich teilte mit dem Kriegsministerium die vormals gehegte Antipathie gegen einen solchen Schritt. Er konnte statistisch nachweisen, daß die erwogene Maßnahme der Industrie einen nur geringen Zustrom neuer Arbeiter bringen würde, zumal nahezu die gesamte Arbeiterschaft bereits für die Kriegsproduktion eingespannt sei. Er protestierte auch aus Prinzip gegen die Maßnahme:

»Alles in allem kann ich nur auf das Dringendste von Versuchen abraten, die Freiwilligkeit der von unserer Volkswirtschaft unter der willigen und begeisterten Mitwirkung aller ihrer Glieder in bewundernswerter Weise durchgeführte Umstellung auf die Erfordernisse des Krieges durch einen das freie Gefüge unseres Wirtschaftskörpers zermalmenden Zwang ersetzen zu wollen. Eine Armee läßt sich kommandieren, eine Volkswirtschaft nicht«.[47]

Helfferichs oppositionelle Haltung ist nicht nur als ein Ergebnis seines Wirtschaftsliberalismus, sondern auch aus seinem Sozialkonservativismus heraus zu verstehen. Verzweifelt bemühte er sich darum, Korrekturen an den törichten Fehleinschätzungen der OHL und der Industriellen vorzunehmen, da diese nicht wahrhaben wollten, daß die Regierung nicht ohne weiteres Forderungen an die Arbeiterschaft und die Gewerkschaften stellen konnte, ohne sie dafür entsprechend zu entschädigen, da die Arbeiterschaft mittlerweile unentbehrlich für die nationalen Kriegsanstrengungen geworden war. Zum Leidwesen Helfferichs bestand die OHL jedoch darauf, ein Gesetz zu verabschieden, wenngleich sie bereit war, ihre Überlegungen, das Kriegsdienstgesetz auszuweiten und weibliche Arbeitskräfte zu mobilisieren, fallen zu lassen. Statt dessen gab die OHL ihre Zustimmung zur Einführung eines neuen Hilfsdienstgesetzes im Reichstag, das die Mobilisierung aller Männer im Alter von 17 bis 60 Jahren für den Kriegsdienst vorsah. Die Kompromißbereitschaft der OHL war größtenteils dem Einfluß General Groeners zu verdanken, der zum Teil die reservierte Haltung von Bethmann Hollweg und Helfferich teilte. Wie Helfferich befürchtete, nutzte die linke Reichstagsmehrheit auch tatsächlich das Gesetz zur Stärkung der gewerkschaftlichen Position aus. Die Schlichtungsausschüsse, die wie die Kriegsausschüsse vom Kriegsministerium auf freiwilliger Basis gefördert worden waren, wurden fortan, ebenso wie die Einigungsämter und die Arbeiterausschüsse, obligatorisch. Die Regierung mußte gezwungenermaßen die Parität von Arbeiterschaft und Arbeitgebern anerkennen und ihre Einwilligung dazu geben, Gewerkschaftsvertreter für diejenigen Ämter zu benennen, denen es oblag, die Gesetze auszuführen. Mit anderen Worten: Dieses Gesetz entsprach nicht den Vorstellungen der Industriellen und der OHL.[48] Doch selbst wenn die Regierung Konzessionen an die linke Mehrheit machte, läßt sich daraus noch nicht schließen, daß sie auch dazu fähig war, eine überparteiliche und neutrale Haltung gegenüber den Klassenkonflikten einzunehmen. Im Gegenteil lieferte dieses Gesetz den Beweis dafür, daß das kaiserliche Regime nie so sehr wie zu diesem Zeitpunkt zum Spielball der Klasseninteressen geworden war. In den Reichstagsdebatten zum Gesetzentwurf hatte die linke Mehrheit eine Einschränkung der Kriegsprofite gefordert, doch waren ihre Bemühungen an dem Widerstand des Staatssekretärs des Inneren, Helfferich, gescheitert. Er behauptete, daß übermäßige Gewinne nach dem Krieg besteuert werden könnten und warnte zugleich davor, solche Schritte zu unternehmen, die sich gegenteilig auf die Produktionsanreize für Industrieunternehmer auswirken würden. Auf Helfferichs rücksichtsvolle Haltung gegenüber der von den Industriellen demonstrierten »Arbeitsfreudigkeit« reagierten die Sozialisten mit dem Argument, daß auch Arbeiter der Anreize bedürften, ebenso wie sie von solchen Bestimmungen geschützt werden müßten, die ihnen aufgrund der eingeschränkten Freizügigkeit zusätzlich noch Lohneinbußen einhandelten. Ihre Forderungen wurden im Paragraph 9, Absatz 3 des Gesetzes aufgenommen, der die Schlichtungsausschüsse dazu anhielt, Arbeitern den Arbeitsplatzwechsel zu gestatten, wenn sie dabei in der Lage waren, »angemessene Verbesserungen der Arbeitsbedingungen« andernorts zu finden.[49] Aber zu einer Zeit, in der es an Arbeitskräften mangelte und die Arbeitgeber in einen rücksichtslosen Konkurrenzkampf um Arbeitskräfte verwickelt waren, konnte diese Klausel die Arbeitgeber nur noch darin bestärken, sich die Arbeiter gegenseitig wegzustehlen, indem sie einfach höhere Löhne anboten. Anstatt also die Frequenz des Arbeitsplatzwechsels unter Kontrolle zu halten, wurde ihm durch dieses Gesetz noch Vorschub geleistet, und dies umso mehr, als General Groener das Versprechen abgerungen worden war, daß die zurückgestellten Arbeiter einen berechtigten Anspruch auf alle im Gesetz enthaltenen Begünstigungen hatten. Früher hatte die Armee diejenigen zurückgestellten Arbeiter, die ihre Stelle wechselten, wieder in den Militärdienst einziehen können. Jetzt verlor sie sogar diese indirekte Kontrolle über die Freizügigkeit der Arbeiter. Das Gesetz war eine Farce, wenn auch nicht ohne Signifikanz, da es die Pattsituation zwischen den beiden dominanten Gruppen der Kriegswirtschaft – Industrie und Arbeiterschaft – an den Tag brachte.

Die Sozialisten waren durchaus dazu berechtigt, die Regierung zur Anerkennung ihrer Forderungen zu zwingen, wie sich dies nicht nur an Helfferichs Verhalten im Reichstag zeigte; mindestens ebenso herausfordernd mußte für die Sozalisten das Sträuben von Helfferich und seiner Gesinnungsgenossen gegen die von der Regierung ausgehenden Bemühungen um eine Kontrolle der Gewinne wirken. Als der Krupp-Konzern zusammen mit einer anderen Firma das Hindenburg-Programm dazu benutzte, ihre Preise zu erhöhen, beschloß der Staatssekretär des Reichsschatzamtes, Graf Roedern, daß es an der Zeit sei, den Industriellen angemessene Preise für ihre Produkte aufzuzwingen.[50] Im Zusammenschluß mit dem Staatssekretär des Reichjustizamtes, Lisco, appellierte er an das preußische Staatsministerium während der Sitzung vom 26. November 1916, das beantragte Hilfsdienstgesetz zu diesem Zweck anzuwenden. Ihre Bemühungen scheiterten. Helfferich erklärte, daß die übermäßigen Gewinne, verglichen mit einer Störung der Beziehungen zwischen Industrie und Regierung, wohl das »kleinere Übel« darstellten. Finanzminister Lentze argumentierte, daß »nur durch Aussicht auf Gewinn ... die Unternehmer angeregt werden [könnten], die großen Schwierigkeiten zu überwinden, die sich ihnen in der jetzigen Zeit bei der Ausführung der Aufträge entgegenstellen«. Am gewichtigsten war die Einstellung des neuen preußischen Kriegsministers, General von Stein, der darauf bestand, daß es »dieHauptsache sei, daß schnell geliefert werde, und dabei könne die Kostenfrage nicht in den Vordergrund gestellt werden«.[51] Wenn sich Roedern und Lisco hätten durchsetzen können, wäre Paragraph 9, Absatz 3 des Hilfsdienstgesetzes nie verabschiedet worden, zumal er die Regierung in die Lage versetzt hätte, der Arbeiterschaft größere Opfer abzuverlangen. Da sich die Regierung dagegen verwahrte, die Gewinne der Industriellen zu kontrollieren, konnte sie die Löhne der Arbeiter ebensowenig regulieren. In der Tat stellt sich das Hilfsdienstgesetz als eine *reductio ad absurdum* der Interessenpolitik des Kaiserreiches dar, die im übrigen auch die Frage aufwirft, was die »Integration der Arbeiter in den Staat« unter diesen Bedingungen bedeutet hätte. Die Integration der Arbeiterschaft in die Gesellschaft hätte nichts anderes bedeutet als eine Integration in ein zutiefst chaotisches politisches System.

IV

Die auf Hindenburgs und Ludendorffs Gebot unternommene »totale Mobilmachung« im Herbst und Winter 1916 erwies sich als ein enormer Mißerfolg.[52] Bei der Einführung des Hindenburg-Programms hatten sich weder Bauer noch die Industriellen, die ihn dazu antrieben, Gedanken darüber gemacht, welchen Belastungen das nationale Verkehrsnetz sowie die Kohleversorgung ausgesetzt sein würden. Im Winter 1916/17 entstand eine Transportkrise von größerem Ausmaß und im Frühjahr war die Kohleknappheit äußerst bedenklich. Beide Probleme spitzten sich insofern zu, als dem Hindenburg-Programm gemäß neue Fabriken gebaut werden mußten. In den ersten Monaten des Jahres 1917 nahm die Eisen- und Stahlproduktion zunächst tatsächlich ab statt zu, und die OHL mußte notgedrungen ihre Pläne vielfach zurückschrauben oder zurückstellen. Was schließlich gelang, war die ursprüngliche Zielplanung, mit der das Kriegsministerium die Produktion aufgrund des vorhandenen Industriepotentials nur allmählich steigern wollte, ein Ziel also, das auch ohne die Verschwendung von finanziellen Mitteln, Rohstoffen und Arbeitskräften, die das Hindenburg-Programm verursachte, hätte erreicht werden können. Zur Zeit der großen Offensiven Ludendorffs im Frühjahr 1918 waren über zwei Millionen zurückgestellte Arbeiter in den Kriegsindustrien beschäftigt. Wenn diese Offensiven aufgrund unzureichender Truppen fehlschlugen, wie dies von Ludendorff behauptet wurde, so war die Schuld dafür nur bei ihm selbst zu suchen.

Das Kriegsamt, gleichsam über Nacht aus dem Boden gestampft, blieb ein künstliches Gebilde innerhalb des Kriegsministeriums, und stellte sich vom Tag seiner Schöpfung an als ein administratives Ungeheuer heraus. Es gab Anlaß zu zahllosen bürokratischen Streitereien innerhalb der Zivil- und Militärverwaltungen, es verwickelte die Industriellen in einen endlosen Papierkrieg und stiftete durch seinen Bürokratismus mehr Verwirrung als Ordnung. Im Herbst des Jahres 1917 erklärte sich die OHL bereit, Ordnung in der Verwaltung zu schaffen, mit dem Resultat, daß das Kriegsministerium viele seiner alten Prärogativen wieder zurückerhielt. Doch war das ehemalige harmonische Zusammenspiel zwischen der OHL und dem Kriegsministerium, das noch zu Zeiten Falkenhayns und Wild von Hohenborns bestand, nicht wieder herzustellen.

Wie vom Kriegsministerium und den Zivilbehörden richtig vorausgesagt worden war, mobilisierte das Hilfsdienstgesetz nicht sehr viele neue Arbeitskräfte für die Kriegswirtschaft. Indessen erhöhte es die Frequenz des Arbeitsplatzwechsels und trug dazu bei, die durch die Kriegskonjunktur hervorgerufene Lohn-Preis-Spirale zu beschleunigen. Da die industriellen Gewinne auf einem festen Prozentsatz der Kosten basierten, gab es für die Unternehmer kaum Anlaß, die Kosten selbst zu verringern. Dies war insbesondere der Fall, nachdem die Anstrengungen des Kriegsministeriums, die industriellen Kostenberechnungen zu ermitteln, durch das Hindenburg-Programm endgültig abgeblockt wurden. Tatsächlich war es hingegen so, daß die ständigen Preiserhöhungen von Eisen, Stahl und Kohle zu der Gewohnheit führten, Verträge abzuschließen, deren eigentlicher Preis bis zur Fertigstellung des Produktes nicht genannt wurde. Sicherlich gab es auch verantwortungsbewußte Industrieunternehmer, die diese und ähnliche Praktiken in Verlegenheit brachten, ebenso wie sich auch einflußreiche Leute in den verarbeitenden Industrien fanden, die Groener dazu anhielten, Maßnahmen zur Preis- und Lohnregulierung zu ergreifen. Als Groener die Regierung im Juli 1917 in diesem Sinn zur Initiative aufforderte, ließ Karl Helfferich dessen Memorandum in seinen Akten verschwinden, und im August führten die Intrigen maßgeblicher Großindustrieller zusamen mit Bauer zu Groeners Sturz. Er hatte sich entgegen der Erwartungen der Industriellen nicht als der »vernünftige Mann« herausgestellt. So war zum wiederholten Male das nationale Interesse zugunsten der großindustriellen Macht preisgegeben worden und wie zuvor führte auch diese Preisgabe in eine Sackgasse. Die Industriellen und die OHL forderten die Revision oder selbst die Aufhebung des Hilfsdienstgesetzes, doch lehnten Regierung und Kriegsministerium dies ab, da sie den Reichstag ebenso wie die Gewerkschaften fürchteten.[53]

Zwar fiel Deutschlands »totale Mobilmachung« im Jahre 1916 mit dem siegreichen ›Dezisionismus‹ bei der Bewältigung der sozialen und wirtschaftspolitischen Probleme der Nation zusammen, doch war dieser Dezisionismus nicht so sehr von den kriegsbedingten Notlagen und Erfordernissen als von einer hemmungslos betriebenen Interessenpolitik in einem autoritären Staat, in dem sich die Sozialstruktur radikal veränderte, geprägt worden. Die entstandene Wucherei entsprach nicht nur den Auswüchsen einer Kriegswirtschaft, sondern sie ging aus dessen institutioneller Basis selbst hervor. Für den Widerstand, den Kriegsministerium und Zivilbehörden gegen die von der OHL eingeführten Maßnahmen aufbrachten, können nur wenige einschlägige Parallelen in dem traditionellen »Gegensatz zwischen militaristischem und bürgerlich-liberalem Denken« gefunden werden.[54] Hier ging es grundsätzlich um einen Konflikt innerhalb der herrschenden Elite, in dem sich auf der einen Seite eine radikale militärische Clique befand, die gewillt war, ein Vabanquespiel mit den sozialen und politischen Grundlagen, auf denen der autoritäre Staat sowie der deutsche Militarismus traditionell aufbaute, zu treiben, aber auf der anderen Seite jener traditionellen militärbürokratischen Führungsschicht feindlich gegenüberstand, die zu verhindern versuchte, daß ihre Sozialpolitik ins Schleudern geriet. Doch gerade diese Gruppe hatte die radikalen Militaristen ins Leben gerufen und ihnen dann noch zur Macht verholfen. Daß Bethmann Hollweg und Wild von Hohenborn sich angestrengt darum bemühten, Ludendorff – der sich noch rächen sollte – an die Macht zu bringen, war weniger ihrem schwachen Urteilsvermögen als den zwingenden Umständen zuzuschreiben. Ihre Beweggründe machten das fundamentale Dilemma der Regierung offenkundig, denn weder konnte sie es sich leisten, den Krieg weiterzuführen, noch konnte sie aus dem Krieg aussteigen.

Die Zugeständnisse, die Bethmann Hollweg und Helfferich den Arbeiterführern in Hinblick auf das Hilfsdienstgesetz einräumten, hingen zum Teil mit ihrer Erkenntnis zusammen, daß infolge des beträchtlichen Machtzuwachses der Arbeiterschaft eine »Neuorientierung« der Innenpolitik dringend nötig war.[55] Allerdings zeigte es sich an dem Gesetzesparagraphen 9, Abs. 3, daß der Triumph der Staatskunst über die politische Naivität der Soldaten nur äußerst bescheiden ausfiel. In Wirklichkeit mußten mit dem Hilfsdienstgesetz sowohl die legitimen Anrechte der Staatskunst wie die rechtmäßigen Erfordernisse der Kriegführung vor der Politik der Interessengruppen kapitulieren. An Deutschlands »totaler Mobilmachung« im Jahre 1916 konkretisiert sich Eckart Kehrs These, daß die vom Reich betriebene

Außen- und Militärpolitik auf die inneren Konflikte der führenden Schichten, die sich durch ihre klassenbedingten Interessenlagen kennzeichneten, zurückzuführen war. Die Unfähigkeit des kaiserlichen Regimes, die »restriktiven Bedingungen« zu durchbrechen, die ihm durch Deutschlands sozialen Entwicklungsgang auferlegt worden waren, konnte angesichts der durch die moderne Kriegführung bedingten Notwendigkeit, Massen zu mobilisieren, nur zu einem Autoritätsverlust führen und mußte schließlich mit einer Niederlage und Revolution enden.[56]

2. Der deutsche Organisierte Kapitalismus während der Kriegs- und Inflationsjahre 1914–1923

Kritische Vorbemerkung: Eine historische Diskussion über ein Konzept zu führen, dessen Gültigkeit und Brauchbarkeit man aufgrund schwerwiegender terminologischer wie konzeptioneller Bedenken anzweifelt, ist nicht gerade unproblematisch. Bedauerlicherweise aber ist die Diskussion gewisser Aspekte der sozialökonomischen Entwicklung in der Zeit von 1914 bis 1923 mit derartigen Schwierigkeiten überladen. Daß der Autor sich trotzdem dazu entschieden hat, diese Zeitspanne unter dem Blickwinkel des »Organisierten Kapitalismus« zu diskutieren, geschah aus zweierlei Gründen. Erstens ist der Versuch durchaus begrüßenswert, einen begrifflichen Rahmen für die historische Analyse aufzustellen, der der grundlegenden Bedeutung der industriellen Entwicklung Rechnung trägt, zugleich aber ein starres Schema für die Definition der Wechselbeziehungen zwischen Wirtschaft, Gesellschaft und Staat vermeidet. Allein schon deswegen verdient dieser Versuch Unterstützung, denn nur ständiges Experimentieren und kritisches Bohren können zu besseren Resultaten führen. Zweitens haben die postulierten Strukturmerkmale des sogenannten »Organisierten Kapitalismus« für die Beschäftigung mit dem Zeitraum von 1914 bis 1923 zumindest einigen heuristischen Wert, da sie einen nützlichen Orientierungspunkt für die Erkenntnis der historischen Realität abgeben. Zwar wird dadurch die extensive Verwendbarkeit des Begriffes »Organisierter Kapitalismus« unterminiert, auf der anderen Seite aber dürfte die Komplexität des Versuches sichtbar werden, ein Konzept zu schaffen, das den Ansprüchen und Zielsetzungen seiner Vertreter genügt. Bevor ich jedoch näher definiere, wie der Begriff »Organisierter Kapitalismus« in diesem Beitrag zu verstehen ist, und mit der Diskussion der Jahre 1914 bis 1923 beginne, möchte ich eine kurze kritische Bemerkung zur Verwendbarkeit von »Organisiertem Kapitalismus« als Konzept oder Idealtyp vorausschicken.

Zunächst muß noch einmal betont werden, daß es keinen Zweifel über die Notwendigkeit geben kann, ein den fundamentalen Strukturveränderungen in der kapitalistischen Wirtschaft adäquates Konzept zu schaffen. Denn während der Trendperiode von 1873 bis 1896 wurden qualitativ neue Wege beschritten, die Hans Rosenberg als die »Tendenz zu kollektiver Ordnung des Wettbewerbs durch teilweisen Verzicht auf die individuelle Entschluß- und Handlungsfreiheit« beschrieben hat.[1] Ebenso befinde ich mich in voller Übereinstimmung mit der Auffassung, daß es eine wesentliche Aufgabe des modernen Historikers ist, zu versuchen, strukturelle Zugehörigkeiten sowie

Wirkungs-, Funktions- und Sinnzusammenhänge zwischen diesem »kollektiven Kapitalismus« und anderen Bereichen der geschichtlichen Entwicklung (der sozialen, politischen, intellektuellen usw.) aufzuzeigen. »Kollektiver Kapitalismus«[2] – im Sinne einer fundamentalen Veränderung der Organisation der Marktverhältnisse durch Kartellierung und Konzentration, durch die Entwicklung von Organisationen der verschiedenen Interessengruppen und durch die wachsenden Forderungen nach spezifischen staatlichen Eingriffen in den Wirtschaftprozeß im Dienste kollektiv organisierter privater und sozialer Interessen – ist aber weder terminologisch noch konzeptionell mit dem »Organisierten Kapitalismus« gleichzusetzen, wie dieser Begriff von seinen Befürwortern gebraucht wird. Ganz im Sinne des Begriffsschöpfers Rudolf Hilferding bestehen Hans-Ulrich Wehler und Jürgen Kocka auf der Verbindung von »Organisiertem Kapitalismus« und »Interventionsstaat«.[3] Während erster von einem »Duumvirat« spricht, subsumiert letzterer den »Interventionsstaat« unter dem idealtypischen Oberbegriff »Organisierter Kapitalismus«. Wenn dem deutschen Organisierten Kapitalismus« ein derartig allumfasseder Sinn zugeschrieben wird, so wird jedoch damit die Aufgabe erschwert, diesen Typus der Struktur des Wirtschaftssystems von qualitativ verschiedenartigen abzusetzen, die für frühere Zeiten charakteristisch waren, das heißt, ein einer bestimmten Entwicklungsperiode entsprechender Idealtyp setzt doch zumindest ein früheres, wesensverschiedenes Entwicklungsstadium voraus.[4] Falls man Wehlers Anregung folgt und den Durchbruch des »Organisierten Kapitalismus« in die Trendperiode von 1873–96 verlegt – Kocka scheint generell der gleichen Ansicht zu sein, obwohl er gelegentlich die Periode von 1896–1914 besonders betont[5] –, dann könnte man zu der Annahme gelangen, daß der »unorganisierte Kapitalismus« vielleicht nur ein Vierteljahrhundert andauerte, nämlich entweder von 1850–73, einer Periode wirtschaftlichen Aufschwungs, in der sich in Deutschland die Industrielle Revolution vollzog, oder allerhöchstens bis zum Ende der siebziger Jahre, bis zu dem Zeitpunkt also, wo die Mobilisierung gegen den Wirtschaftsliberalismus aufsehenerregende Erfolge erzielte.

Falls diese Periodisierung korrekt ist, ergibt sich nicht nur ein merkwürdiges, zeitlich unproportionales Mißverhältnis zwischen den Perioden des »unorganisierten« und »organisierten« Kapitalismus, eine Diskrepanz, die nicht an sich abzulehnen ist,[6] sondern, was viel wichtiger ist, es eröffnet sich eine in die Irre führende Perspektive von dem Charakter der früheren Periode. Einmal würde die Bezeichnung »unorganisiert« nicht der Realität entsprechen, da es zahlreiche Beispiele der Organisation für die frühere Periode gibt. Die entscheidende Tatsache hier ist nicht Organisation an sich; es sind vielmehr die spezifischen Organisationsformen und deren Funktionen, d. h. das Vorhanden- oder Nichtvorhandensein von systemimmanenten Organisationen zum Zwecke der Marktbeeinflussung und Marktmanipulation.[7]

Bereits eine flüchtige Bekanntschaft mit der Industriellen Revolution in

Deutschland läßt erkennen, daß der Übergang vom »unorganisierten« zum »organisierten« Kapitalismus qualitativ doch wohl nur in *diesem* Sinne eine entscheidende Entwicklungszäsur darstellt. Bedenkt man die Rolle, die der Staat bei der Industrialisierung Deutschlands gespielt hat, die Schwäche des wirtschaftlichen wie politischen Liberalismus in Deutschland und die sich im großen Stil vollziehende rasche Entwicklung der Schwerindustrie und des Bankwesens in den fünfziger und sechziger Jahren, so ist nicht leicht zu begreifen, warum der Begriff »Organisierter Kapitalismus« plötzlich in Verbindung mit den Veränderungen nach 1879 gebraucht werden soll. Sicherlich verursachte oder förderte die Deflation der Preise in der Zeit von 1873 bis 1896 eine beschleunigte Expansion der staatlichen Intervention und industriellen Organisation, Entwicklungstendenzen, die durchaus der säkularen, auf den merkantilistischen Absolutismus zurückgehenden zentraleuropäischen Tradition entsprechen, aber auch zwangsläufig zu den Wesensmerkmalen des verspäteten, aber dafür um so massiveren Durchbruchs der Industrialisierung gehören. Zweifellos jedoch unternahm der Staat in den achtziger Jahren noch nicht den Versuch, langfristige Konjunkturpolitik zu betreiben, und er tat es auch nicht zu irgendeiner Zeit im 19. und frühen 20. Jahrhundert.[8] Es ist daher ein irreführender Anachronismus, der staatlichen Intervention in jener Zeit, ob bewußt oder unbewußt, eine Motivation zuzuschreiben, die erst nach Keynes historisch wirksam geworden ist.

Im Vergleich mit dem »Staatsmonopolitischen Kapitalismus« stellt der Begriff des »Organisierten Kapitalismus«, da er flexibler und weniger tendenziös ist, immerhin einen Fortschritt dar. »Organisierter Kapitalismus« bedeutet nicht eine die historische Realität verzerrende, unzweideutige Fixierung des Machtverhältnisses zwischen Staat, Wirtschaft und Gesellschaft, und die am »Organisierten Kapitalismus« interessierte Forschung braucht daher auch nicht darum bemüht zu sein, den Zusammenbruch des Kapitalismus postulieren zu müssen. Allerdings kann der Ersatz eines zweifelhaften Begriffes durch einen weniger fragwürdigen kaum Grund zur Euphorie sein. In vieler Hinsicht ist der Begriff »Organisierter Kapitalismus«, wie er von Wehler und Kocka gebraucht wird, so weitgefaßt, daß er nahezu jegliche Bedeutung verliert. Wenn der letztere »Organisierten Kapitalismus« beschreibt als »ein Bündel zentraler, miteinander verflochtener, ökonomischer, sozialer und politischer Veränderungen, die in kapitalistisch verfaßten Industrialisierungsprozessen auf einer fortgeschrittenen Stufe aufzutreten begannen und im Ersten Weltkrieg einen Höhepunkt erreichten«, und dann fortfährt, fast alle Typen sozialer, politischer und wirtschaftlicher Phänomene der vergangenen hundert oder mehr Jahre in sein Bündel einzuschließen – eine Tendenz, die er mit Wehler gemeinsam hat–, dann erhebt sich die Frage, was der so geschaffene Idealtyp überhaupt zu leisten vermag. Noch schwieriger aber ist die empirische Aufgabe festzustellen, inwieweit tatsächlich eine Korrelation zwischen der Vielzahl der einbezogenen Veränderungen nachweisbar ist, von deren spezifischem Verhältnis zur Industrialisierung im allgemeinen und zum Kapitalismus insbesondere gar nicht erst zu sprechen.[9] Zum Beispiel dürften Fluktuationen der wirtschaftlichen Entwicklung, wachsende Bedeutung des wissenschaftlichen und technischen Personals und die Bürokratisierung kaum ausschließliche Merkmale des Kapitalismus sein, und die »Stabilisierungs- und Legitimationsbedürfnisse« des Staates könnten auch dazu benutzt werden, das Verhalten nichtkapitalistischer Systeme zu erklären. Man kann nicht umhin, sich die Frage zu stellen, ob die paradigmatische Superwaffe »Organisierter Kapitalismus« mit ihrem impliziten Versuch, die langen Wechsellagen der Konjunkturtheoretiker mit den kritischen Theorien gewisser Soziologen zu paaren, nicht entmutigend auf die wichtige Aufgabe wirkt, für den Historiker brauchbare und sinnvolle Konzepte zu entwickeln – was doch eigentlich der Ausgangspunkt der ganzen Bemühungen war.

Jedenfalls sollten die hier angedeuteten schweren Bedenken und Vorbehalte nicht übersehen werden, wenn nunmehr versucht wird, den Zeitraum von 1914 bis 1923 zu dem vagen Generalnenner »Organisierter Kapitalismus« in Beziehung zu setzen. Daß diese Beziehung nur lose sein kann, ergibt sich aus dem Charakter des Begriffs »Organisierter Kapitalismus«, der in dem gleichen weiten und umfassenden Sinne gebraucht wird, wie es bei Kocka der Fall ist. Besondere Aufmerksamkeit wurde dabei den Auswirkungen gewidmet, die sich aus dem Entwicklungsablauf dieser Jahre für die industrielle Organisation und Konzentration, die Organisation von Interessengruppen, die kollektive Marktkontrolle und für den Charakter der staatlichen Intervention ergaben.

In der Wirtschafts- und Sozialgeschichte Deutschlands bilden die Jahre 1914–1923 ein zusammenhängendes Ganzes, das geprägt ist durch die Zerstörung normaler Handelsbeziehungen auf den in- wie ausländischen Märkten, durch einen seinem Wesen und Ausmaß nach ohne Vorbild dastehenden staatlichen Eingriff in das Wirtschaftsleben und durch eine fast kontinuierliche Geldentwertung, die ihren Höhepunkt in der Hyper-Inflation von 1922/23 erreichte. Ferner ist diese Zeitperiode charakterisiert durch beschleunigten sozialen Wandel, Umstrukturierung der Beziehungen innerhalb der verschiedenen sozio-ökonomischen Gruppen, wie auch deren Verhältnisse untereinander und nicht zuletzt auch durch den bitteren und schließlich erfolgreichen Kampf führender Kreise der deutschen Industrie, die zu verhindern suchten, daß der sich vor 1914 entwickelnde staatlich unterstützte Kapitalismus zu einem vom Staat gesteuerten und kontrollierten Kapitalismus wurde. Die Jahre 1914–1923 stellen somit eine Krisenperiode in der Geschichte des »Organisierten Kapitalismus« in Deutschland dar, dessen weitere Entwicklung nicht ohne Berücksichtigung der dieser Krise innewohnenden Ambivalenzen analysiert werden kann.[10]

Viele Ereignisse während dieser Jahre förderten die industrielle Konzentration, die Organisation von Interessenverbänden wie die staatliche Einflußnahme auf alle sozialen und wirtschaftlichen Bereiche. Makrohistorisch gesehen, beschleunigten der Krieg und die Inflation wahrscheinlich nicht wenige jener entscheidenden wirtschaftlichen Strukturveränderungen, die die Entstehung und Entwicklung des »Organisierten Kapitalismus« überhaupt erst möglich machten. Unglücklicherweise weist die von der Wirtschaftswissenschaft aufgestellte lange Zeitreihe eine fühlbare Lücke für diese Jahre auf, und wegen der Unzulänglichkeit der vorhandenen statistischen Daten ist es schwierig, über den Anteil der genannten Faktoren an der Strukturveränderung definitive Aussagen zu machen.[11] Jedoch kann sich kein Historiker, der sich mit diesem Zeitraum beschäftigt, mit der langfristigen Sicht der Wirtschaftshistoriker begnügen, die der Meinung sind, »daß sich die deutsche Industrie im ›long run‹ nach endogenen, der modernen Wirtschaft offenbar innewohnenden Gesetzmäßigkeiten entwickelt, daß das Allgemeine und Typische stärker durchschlägt als die Besonderheiten, die politische Entscheidungen dem Wirtschaftsprozeß aufzuzwingen versuchen.«[12] Natürlich trifft diese Feststellung als Säkularbetrachtung zu, doch bietet sich dem Historiker, der an der Analyse kürzerer Zeitabschnitte interessiert ist, häufig ein anderes Bild. So mündeten die Ereignisse dieser Jahre auf kurze Sicht gesehen in einen absoluten Abfall der deutschen Produktion, eine fühlbare Abschwächung der Intensität der Strukturveränderungen, soziale Unruhen und materielle Not, die bis zum heutigen Tag unvergessen ist. Ein weiteres Resultat war das Zutagetreten einer großen Anzahl von privaten und öffentlichen Organisationen und Unternehmen, die die Stabilisierung nicht überlebten.[13] Es ist daher Vorsicht geboten, wenn der Erste Weltkrieg und seine Auswirkungen als »das Laboratorium« bezeichnet werden, »in dem der Organisierte Kapitalismus erstmals im großen Stil erprobt wird«.[14] Leicht kann hier der gleiche Fehler gemacht werden, den die Sozialisten und Technokraten begingen, die einen, indem sie im »Kriegssozialismus« eine Vorwegnahme der Zukunft erblickten, und die anderen, wenn sie eine »Gemeinwirtschaft« aus den Zuständen der Kriegsjahre herauswachsen zu sehen glaubten. Eine wichtige Aufgabe ist es daher, während dieser Periode diejenigen Entwicklungstendenzen herauszuarbeiten, die zum Entstehen eines »Organisierten Kapitalismus« beitrugen, und sie zu sondern von denjenigen, die für diese Periode zwar spezifisch waren, jedoch die Entwicklung des »Organisierten Kapitalismus« vielleicht verzögerten oder sogar behinderten.

I

Natürlich steht es außer Zweifel, daß der Krieg auf die Förderung der technologischen Grundlagen, auf denen sich der heutige Industriekapitalismus entwickelt hat, einen ausgesprochen positiven und beschleunigenden Einfluß hatte. Diese Tatsache wird in bezug auf die chemische Industrie besonders klar: Während des Krieges wurde die Massenproduktion von Nitraten durch verschiedene Fixierungsverfahren in einem Ausmaß durchgeführt, das unter normalen Umständen erst in zwanzig oder dreißig Jahren erreicht worden wäre. Die enorme Expansion bestehender Fabrikanlagen, ebenso wie der Bau völlig neuer Fabriken, zum Beispiel in Leuna, hob nicht nur Deutschlands Mangel an Nitraten auf, sondern war gleichzeitig das Sprungbrett für wichtige Forschungen auf dem Gebiet der Hydrierung während der Kriegs- und Nachkriegsjahre.[15] Der Mangel an Rohstoffen und Arbeitskräften regte während des Krieges die Forschung auf dem Gebiet der Kunststoffe an und erweckte allgemeines Interesse an den verschiedensten Möglichkeiten der Rationalisierung: Arbeitskraftsparende Maschinen wurden eingesetzt, auf eine Standardisierung der Produkte hingearbeitet und mit Laufband- und Serienproduktionen begonnen. Während durch den Friedensschluß der Mangel an Arbeitskräften gemildert wurde, blieb der Rohstoffmangel weiterhin akut, und die während des Krieges häufig artikulierte Furcht vor einem Wirtschaftskrieg nach Beendigung der militärischen Auseinandersetzung bewahrheitete sich nur zu sehr. Aus diesem Grunde wurden die ernsthaften Rationalisierungs- und Standardisierungsbestrebungen ununterbrochen fortgesetzt, die institutionall ihren Niederschlag fanden in der Gründung von Organisationen wie dem Deutschen Normenausschuß (1917), dem Ausschuß für wirtschaftliche Fertigung (1918) und dem Reichskuratorium für Wirtschaftlichkeit (1921). Sogar in den technologisch weniger dynamischen Industriezweigen, wie in der Eisen- und Stahlindustrie, intensivierten sich die Bemühungen um technischen Fortschritt. Noch während des Krieges wurde das Kaiser-Wilhelm-Institut für Eisenforschung gegründet und der Wärmewirtschaft wachsende Bedeutung eingeräumt.[16]

Wie nicht anders zu erwarten, mußten alle diese Tendenzen zu einer Erweiterung und Intensivierung der Zusammenarbeit zwischen wissenschaftlichem, technischem und Verwaltungspersonal führen. Die industrielle Verwendung des Haber-Bosch-Verfahrens war symptomatisch für jene neue Interdependenz der Kenntnisse von Wissenschaftlern, Ingenieuren und Unternehmern, die für die ›junge‹ chemische und elektrotechnische Industrie grundlegende Bedeutung erlangte. Der große Chemiker Emil Fischer war sowohl Berater des Kriegsministeriums wie Verbindungsmann zur chemischen, Kohlen- und Eisenindustrie, und er war nicht nur zuständig für technische Angelegenheiten, sondern auch für Vertragsfragen. Sein Kollege Fritz Haber engagierte sich noch stärker in Fragen der Kriegswirtschaft, gleichgültig, ob diese wissenschaftlicher oder nichtwissenschaftlicher Natur waren. Prominente Vertreter des Vereins deutscher Ingenieure wie Prof. Conrad Matschoß und der Krupp-Gruson-Direktor Dr. Kurt Sorge, besaßen Autorität in Industrie und Regierung, und die Ernennung Sorges zum Direktor des Technischen Stabes des neugegründeten Kriegsamtes (November 1916) kennzeichnet trefflich die engen Beziehungen zwischen Industriellen, Ingenieuren und Militärbehörden. Schon vor dem Krieg hatten sich Verbindungen zwischen den Universitäten und der Industrie angebahnt, doch trugen die Kriegserfahrungen erheblich zu der Erkenntnis bei, daß Deutschlands Stellung in der Welt von seinen wissenschaftlichen Leistungen abhing – ein Faktor, der bei einer militärischen Niederlage eventuell zu einem wichtigen Machtersatz werden konnte. Als Folge dieser Tatsache wurde gegen Kriegsende die industrielle Unterstützung der wissenschaftlichen Forschung an Universitäten und Instituten weiter ausgebaut, nicht zuletzt auch wegen der wachsenden Befürchtung, daß der Krieg Deutschlands Angebot an akademischen Hilfsmitteln und Personal erschöpft habe. Diese Beweggründe zusammen mit offensichtlichen Steuervorteilen führten zu großzügiger industrieller Unterstützung in Form der 1920 gegründeten Notgemeinschaft der deutschen Wissenschaft.[17]

Sowohl der Krieg als auch die Inflation, die die schon in der Industrie bestehenden Tendenzen zur Konzentration auf breiter Grundlage weiter verstärkten, brachten den Produktionsgüterindustrien größere Vorteile als den Verbrauchsgüterindustrien. Es war zu erwarten, daß die Kriegswirtschaft und der notwendige Wiederaufbau die Produktionsgüterindustrien bevorzugen würden, doch müssen auch die speziellen Antriebe in Betracht gezogen werden, die durch die Inflation und die diese begleitende Flucht in die Sachwerte geschaffen wurden. Durch eine ähnliche Kombination von langfristigen Tendenzen und besonderen neuen Anreizen, die den momentanen Gegebenheiten entsprangen, wurde auch die industrielle Konzentration gefördert. So war es Carl Duisberg, der 1915 sein 1904 veröffentlichtes Memorandum »Die Vereinigung der deutschen Farbenfabriken« den neuen Verhältnissen anpaßte und seiner ursprünglich rein wirtschaftlichen und technischen Argumentation für die Konzentration der chemischen Industrie neue Gründe hinzufügte: Expansion während der Kriegsjahre, das Auftreten einer starken ausländischen Konkurrenz, Steuervorteile sowie die Notwendigkeit, eine stärkere Arbeitgeberorganisation zu schaffen, um der wachsenden Macht der organisierten Arbeiterschaft entgegentreten zu können. Das Resultat von Duisbergs Bemühungen waren die 1916 geschaffenen »Kleinen I. G. Farben-Werke«.[18] Die aggressive Konzentrationspolitik der chemischen Industrie stand unter dem Zeichen ihrer wachsenden wirtschaftlichen Stärke, und es gibt gute Gründe für die Annahme, daß der Krieg die relative Stärke dieses »führenden Sektors« in einer Weise erhöht hatte, die selbst Zeitgenossen nicht verborgen blieb. So erklärte Duisberg 1919: »Ich rechne mit ganz erheblichen Unterbilanzen, die wir in der Interessengemeinschaft machen werden. Trotzdem wird dies vielleicht äußerlich noch nicht in Erscheinung treten, weil uns die Kriegstätigkeit die Füllung großer Reserven ermöglicht hat. Wir können deshalb im Gegensatz zu vielen Werken der Kohlen- und Eisenindustrie das Revolutionsjahr durchhalten und vielleicht auch im nächsten Jahr noch durchkommen«.[19]

Duisbergs Betonung der Vorteilhaftigkeit großzügiger Organisation und Rationalisierung machte großen Eindruck auf einige Führer in der Eisen- und Stahlindustrie. Ihre Überzeugung, daß der Verfeinerungsindustrie die

Zukunft gehöre und daher die Rationalisierung der Kohlen-, Eisen- und Stahlproduktion eine unumgängliche Notwendigkeit sei, hatte sich durch den Krieg und den erwarteten »Wirtschaftskrieg nach dem Krieg« noch verstärkt, und die Ausrichtung auf vertikale Konzentration wurde von dem Glauben einiger Großindustrieller begleitet, daß ein Zusammenschluß der großen Produzenten notwendig sei, um die Rentabilität und Wettbewerbsfähigkeit der deutschen Schwerindustrie aufrechtzuerhalten. Albert Vögler, stark beeinflußt von Duisbergs Memorandum, legte es seiner eigenen 1918 veröffentlichten Denkschrift zugrunde, in der er die Fusion der großen Eisen- und Stahlproduzenten forderte. Obwohl Vöglers Ziel erst 1926 – und selbst dann nur teilweise – mit der Gründung der Vereinigten Stahlwerke verwirklicht wurde, hatten führende Industrielle schon wesentlich früher seine Pläne befürwortet.[20] Bei weitem wichtiger war während der Kriegs- und ersten Nachkriegsjahre jedoch die massive vertikale Konzentration, welche die Rhein-Elbe-Schuckert-Union von Hugo Stinnes repräsentierte, und zwar auf eine äußerst augenfällige, wenn nicht im Endergebnis sogar auf die erfolgreichste Art und Weise. Allerdings ist es offensichtlich, daß die unmittelbare Motivation für vertikale Konzentration, basierend auf Rohstoffschwierigkeiten, Steuervorteilen und inflationistischen Zuständen, im allgemeinen Einklang stand mit der weitläufigeren Tendenz zur Verfeinerung, die bis zum heutigen Tag die langfristige Entwicklung der deutschen Industrie charakterisiert. Von seiten der Schwerindustrie reflektieren die Beweggründe auch den relativen Abstieg dieser Industrie und die mit diesem Niedergang verbundenen Ängste und Sorgen. Ein Memorandum des Krupp-Direktors Otto Wiedfeldt von 1919, in dem eindringlich drastische organisatorische und finanzielle Maßnahmen gefordert wurden, ist ein kontrastreiches Gegenstück zu dem Optimismus Duisbergs. Wiedfeldt war ganz und gar nicht der Meinung, daß Krupp die chaotischen Zustände in den Betrieben und die dadurch entstehenden Verluste lange aushalten könne, und erklärte: »Man kann beinahe eine mathematische Kurve aufzeichnen, wann unsere Geldmittel aller Wahrscheinlichkeit nach aufgezehrt sein werden. Dann können wir noch einige Zeit mit Krediten wirtschaften, aber danach sind wir am Ende.«[21]

Die Pläne und Leistungen Duisbergs, Vöglers, Stinnes' und ihrer Kollegen trugen im Grunde jedoch die Züge der industriellen Organisation der Vorkriegszeit, in der die grundlegenden Entscheidungen in bezug auf Konzentration und Kartellierung vom Unternehmertum getroffen wurden und man vom Staat erwartete, daß er behördliche (und, wo erwünscht, wie im Falle der Zölle) legislative Unterstützung bieten möge. Obwohl die deutschen Kartelle und Syndikate, vom anglo-amerikanischen Standpunkt aus gesehen, geradezu furchterregend erschienen, waren die berühmtesten unter ihnen, wie das Rheinisch-Westfälische Kohlensyndikat und der Stahlwerksverband, kurz vor Beginn des Krieges äußerst labile Organisationen, bedingt durch das Anwachsen und die Unruhe innerhalb der sie beherrschenden Konzerne. Außerdem hatten sich Kartellierung und Syndikalisierung in allen Fertigwarenindustrien als ungeheuer schwierig erwiesen.[22] Letztlich ließ auch die industrielle Zusammenarbeit der verschiedenen Interessengruppen untereinander viel zu wünschen übrig, wofür die Konflikte zwischen dem Centralverband deutscher Industrieller und dem Bund der Industriellen ein beredtes Zeugnis ablegen. Die Verfechter der industriellen Organisation und die Verbandsmänner in den Syndikaten und Interessenverbänden hatten ständig gegen diese zentrifugalen Tendenzen anzukämpfen und beklagten sich immer wieder darüber, daß sie Außenseiter nicht zu zähmen vermochten. Aus dieser Perspektive gesehen war während der Kriegs- und Nachkriegsjahre die direkte Förderung industrieller Organisation durch den Staat zu befürworten, denn sie machte das Außenseitertum unmöglich, erzog die Industriellen zur Zusammenarbeit und machte die Industrie gegen ihre in- und ausländischen Gegner widerstandsfähig.[23]

Offensichtlich war es das plötzliche und unmittelbare Eingreifen der Staatsgewalt in fast alle Gebiete des wirtschaftlichen und gesellschaftlichen Lebens, das den stärksten revolutionierenden Effekt des Krieges auf den »Organisierten Kapitalismus« hatte. Im Krieg wurde der Staat zum Hauptkunden der Industrie, und auch in der Demobilisations- und Übergangszeit blieb er ein Hauptauftraggeber und Motor der Wirtschaft. In diesen seinen Funktionen ersetzte oder leitete der Staat die autonomen privaten Organisationen, die bis dahin den freien Markt beeinflußt hatten. Waren es früher Syndikate und Interessenverbände, die die Mittel des Staates zu nutzen suchten, um ihre Ziele zu verwirklichen, so benutzte nun der Staat diese Organisationen zusammen mit den neugebildeten »Selbstverwaltungskörpern« dazu, Vorräte zu verteilen, die Produktion zu organisieren und die Kontrolle von Valuta und Außenhandel durchzuführen. Schon Anfang des Krieges förderte das Reichsamt des Inneren den Zusammenschluß der Spitzenverbände im Kriegsausschuß der Deutschen Industrie, der zu einem wesentlichen Katalysator für die spätere Gründung des Reichsverbandes der Deutschen Industrie (1919) wurde. Ebenso dienten die Kriegsausschüsse für die verschiedenen Industrien als Grundlage der Fachverbände, aus denen sich der Reichsverband größtenteils zusammensetzte. Die staatliche Förderung der Organisationsbestrebungen während des Krieges bevorzugte die Fachverbände gegenüber den Territorialorganisationen und unterstützte die Zentralisierung von Interessenverbänden am Sitz der Regierung.

Demgegenüber waren viele der organisatorischen Ansprüche der Regierung weniger angenehm. Im Jahre 1915 zwang die Regierung das Kohlensyndikat, seinen Vertrag zu erneuern, nachdem es seinen Mitgliedern nicht gelungen war, selbständig ein Übereinkommen zu treffen. Dieses Vorbild vor Augen, verlängerte der Stahlwerksverband 1917 seine Existenz freiwillig. Die in der gesamten deutschen Industrie durchgeführte zwangsweise Syndikalisierung stieß auf lebhafte Opposition, doch war sie ein integraler Bestandteil der Zwangswirtschaft, die, wie später noch zu zeigen sein wird, von Handel und Industrie stark angegriffen wurde. Schließlich förderten der Krieg und die Inflation auch die Organisation der Arbeiterschaft, kollektive Tarifverhandlungen und die Entwicklung von Industriegewerkschaften an Stelle von Berufsverbänden. Denn der Eintritt von Frauen, Jugendlichen, ungelernten und angelernten Arbeitern in das Heer der Fabrikarbeiter und die damit parallel gehende Verwischung der Unterschiede in Ausbildung, Geschlecht und Alter mußten notgedrungen zum Wachstum der Industriegewerkschaften beitragen. Am wichtigsten war jedoch, daß der Staat entdeckte, wie notwendig die Gewerkschaften für die Mobilisierung der Kriegswirtschaft und für die Aufrechterhaltung des sozialen Friedens waren. Während die Schwerindustrie nur sehr langsam zu dieser Überzeugung kam, überwanden staatlicher Druck, die revolutionäre Situation und die Unruhen nach 1917 den Widerstand der Arbeitgeber gegen kollektive Lohnverhandlungen – was sich am 15. November im Stinnes-Legien-Abkommen manifestierte. In Zukunft sollten die Beziehungen zwischen Arbeitgebern und Arbeitnehmern auf dem Wege der Übereinkunft zwischen ihren jeweiligen Organisationen geregelt werden, wodurch die Entwicklung von Arbeiter- und Arbeitgeberorganisationen starken Auftrieb erhielt.

II

Wenn auch der Krieg Industrie und Regierung zu engerer Zusammenarbeit gezwungen hatte, so zerstörte er gleichzeitig einen großen Teil der verhältnismäßig harmonischen Beziehungen, die früher zwischen ihnen bestanden hatten. Einerseits wuchsen das Selbstvertrauen und das Bewußtsein des eigenen Wertes bei den Unternehmern und Ingenieuren, weil man sie für lebenswichtige Aufgaben brauchte, wo sie größeres Können und mehr Initiative entwickelten als die Geheimräte und die einseitig ausgebildeten Soldaten in den Ministerien. Ein typisches Beispiel für diese Einstellung und für das wachsende subjektive Gefühl der Interessenidentität zwischen Wissenschaftlern, Ingenieuren und Geschäftsleuten war folgender Kommentar Emil Fischers:

»Unsere Privatindustrie ist mit größerer Schnelligkeit, mit mehr technischem Geschick und mit entschieden größeren Erfolgen fast auf der ganzen Linie in der Vorhand gewesen. Selbst unter widrigen Verhältnissen, häufig bei schlechter Behandlung von seiten der Behörden, hat sie in unglaublich kurzer Zeit ihre Betriebe umgestellt und zum Beispiel auf dem Gebiet der Munitionserzeugung geradezu die Kriegsführung gerettet.«[24]

Andererseits bezahlte das autoritäre Regime für seine Unfähigkeit, seinen eigenen Ansprüchen zu genügen, wirksam zu reagieren, die organisierte Arbeiterschaft und die Reformbewegung in Schach zu halten und, sicherlich nicht unbedeutend, den Krieg zu gewinnen, mit der Einbuße von Respekt und schließlich mit dem Verlust der Unterstützung durch die Industrie.[25] Es war typisch für die Industriellen, der politischen und technischen Inkompetenz des alten Regimes die Schuld an der Niederlage Deutschlands zu geben:

»Wodurch ist denn letzten Endes der Krieg verloren gegangen? Abgesehen von der Schlappheit unserer politischen Leitung doch vor allen Dingen deshalb, weil man den Bau und die Wiederherstellung von U-Booten in sträflicher Weise vernachlässigte und gar keine Abwehrmittel schuf gegen die Tanks, nicht hörend auf alle Vorschläge, welche der Heeresverwaltung von Ingenieuren gemacht wurden.«[26]

Tatsächlich behandelten Ingenieure, Wissenschaftler und Industrielle die Militärs längst nicht mehr mit der sonst üblichen Ehrerbietung, und besonders Zivilisten, die eng mit der Kriegswirtschaft in Berührung standen, waren der Ansicht: »Unsere militärischen Kreise sollten Gott danken, daß die Industrie ihnen im Jahre 1915 beigesprungen ist und den Wagen aus dem Dreck gezogen hat.«[27]

Es liegt nahe, daß den ersten Regierungen der Weimarer Republik kaum der Respekt und die Bereitschaft zur Zusammenarbeit entgegengebracht wurden, die ihrem Vorgänger aufgekündigt worden waren. Wenn die Gefahr der Revolution und Sozialisierung groß war, wie es der Fall war vor der Unterzeichnung des Versailler Vertrags und nach dem Kapp-Putsch, waren die Unternehmer vorsichtig und zurückhaltend in ihrem Umgang mit der Regierung. Sobald es jedoch ungefährlich erschien, behandelten sie die Regierung mit einem beträchtlichen Ausmaß von Verachtung.[28]

Während der letzten Kriegs- und der ersten Nachkriegsjahre diente ein großer Teil der organisatorischen und taktischen Manöver dem Ziel, durch Abschüttelung der im Krieg geschaffenen Kontrollen und Behörden die Wirtschaftsfreiheit wiederzuerlangen. Sogar in Angelegenheiten, in denen die Berechtigung für staatliches Eingreifen anerkannt wurde, forderte die Industrie immer wieder die Schaffung staatlicher Behörden außerhalb der bestehenden Bürokratie, die diktatorische Autorität besitzen und mit technischen Stäben und Beiräten aus den Reihen der Ingenieure und Unternehmer besetzt sein sollten, um die neue Amtsgewalt auf den rechten Weg zu leiten. Die Kriegsrohstoffabteilung, das Kriegsamt und das Demobilmachungsamt waren das Resultat dieser Bemühungen. In den Augen der Industriellen sollten solche Ämter bloße Übergangseinrichtungen sein, und sie waren ungehalten über den Technokraten Wichard von Moellendorff, seinen zeitweiligen Mentor Walther Rathenau und den ›sozialen‹ General Wilhelm Groener, die diese Ämter als Modelle für eine dauernde staatliche Kontrolle der Wirtschaft oder für die Durchführung bestimmter gesellschaftlicher Zielvorstellungen ansahen. Es war kein Zufall, daß der von der Industrie gestellte Kandidat für das Demobilmachungsamt Oberstleutnant Koeth war, der, bekannt als notorischer »Dezisionist«, nur an die gegenwärtige Notlage dachte, die langfristige Planung Moellendorffs verabscheute und hochherzig die großen Profite der Industrie und die hohen Löhne der Arbeiter befürwortete. Gleichzeitig kämpfte in den Jahren 1917–18 die Industrie mit dem Reichswirtschaftsamt um die Kontrolle der Übergangswirtschaft.[29]

Dieser Kampf bewies, daß der Staat und die »kapitalistischen Monopole« zwar an der Spitze der Wirtschaft standen, jedoch längst nicht die »vereinten Kräfte« waren, für die sie Hilferding 1915 gehalten hatte.[30] Der Kampf endete um die Jahreswende 1918/19 mit dem Sieg der Industrie in Form der Arbeitsgemeinschaft mit den Gewerkschaften, mit der Übermacht Koeths und des Demobilmachungsamtes über die Regierung und mit der Abschaffung der Preis- und der Lockerung anderer Kontrollen.

Das Jahr 1918 stellte jedoch nicht den Abschluß dieses Kapitels in der deutschen Wirtschaftsgeschichte dar. Erstens bestand unter den Wirtschaftsführern weder eine Übereinstimmung über das Tempo, in dem staatliche Kontrollen abgeschafft, noch über das Ausmaß, in dem sie gelockert werden sollten. Zweitens machte die politische und wirtschaftliche Lage die gänzliche Befreiung der Industrie von den Kriegskontrollen unmöglich. Vollständige Wiederherstellung ihrer Selbständigkeit wurde mit Nachdruck von den Konsumindustrien und Handelskreisen gefordert, die durch Ein- und Ausfuhrkontrollen geschädigt wurden, und von den Führern einiger großer Industrieunternehmen, die die Rohstoffe und wirtschaftlichen Mittel besaßen, um unter vollkommen freien Marktbedingungen existieren zu können. Eine etwas positivere Einstellung gegenüber einem gewissen Grad staatlicher Kontrolle zeigten einige Industrielle und Industrieorganisationen, allerdings nur aufgrund der Überlegung, daß Rohstoffmangel, problematische Währungslage und soziale Unruhen solche Kontrollen erforderten. Die Verbraucher von Rohstoffen befürchteten, daß sie mit der Aufhebung von Preis- und Ausfuhrkontrollen der Gnade der Schwerindustrie ausgeliefert sein würden, eine Befürchtung, die sich im Winter 1919 bis 1920 als nur zu berechtigt erweisen sollte. Die Industriellen wurden früh daran erinnert, daß inflationistische Gewinne von staatlichen Ausfuhrverboten abhingen, die hohe Ausfuhrpreise sichern und Verkäufe zu Schleuderpreisen verhindern konnten. Außerdem hatten die Außenhandelsstellen während des Krieges eine Handhabe für die Organisation der Industrie geliefert, und die Geschäftsführer dieser Organisationen, wie zum Beispiel Jakob Reichert, waren nicht gewillt, diese organisatorischen Vorteile aufzugeben. Endlich war es auch die angespannte soziale Lage, die ein unkontrolliertes Funktionieren des freien Marktes nicht zuließ, denn die nach der Revolution in die verschiedenen Selbstverwaltungskörper aufgenommenen Gewerkschaftsfunktionäre betrachteten ihre Absetzung als Verletzung des neuen Mitspracherechts der Arbeiterschaft in wirtschaftlichen Angelegenheiten.[31]

Wenn zur Jahreswende 1918–19 die Industrie auch ihre Autonomie zurückgewonnen hatte, so war dies nicht mehr als nur eine bedingte Selbständigkeit. Der Kampf darum, wer den »Organisierten Kapitalismus« zu reorganisieren hatte, wurde bis zur Stabilisierung im Jahre 1924 fortgesetzt. Die erfolgreichen Bemühungen der Industrie, Sozialisierung und die in Moellendorffs dirigistischer Gemeinwirtschaft enthaltenen Gefahren zu vermeiden, verdankten einen großen Teil ihrer Wirksamkeit der Unfähigkeit der sozialdemokratischen Führer, wirtschaftliche Fragen auf durchgreifende Art zu lösen.[32] Gleichzeitig steht fest, daß die Unternehmer mit bemerkenswertem Erfolg ihre Uneinigkeit verschleierten, Entscheidungen hinausschoben und der Arbeiterschaft finanzielle Konzessionen machten. Hätten die Industriellen eine Stellung ähnlich die der Hanse-Kaufleute eingenommen und die Regierung mit allen Mitteln bekämpft, hätten sich die Dinge vielleicht ganz anders entwickelt. Mit welchen Taktiken die großen Industriellen Wissell und Moellendorff begegneten, legte Albert Vögler im Juni 1919 mit bewundernswerter Klarheit dar:

»An und für sich kann man sehr wohl den Standpunkt vertreten, daß bei einer Wahl zwischen Sozialisierung auf der einen Seite und Planwirtschaft auf der anderen man eine Wegstrecke mit den Verfechtern der letzteren zusammengehen kann. Ich persönlich habe die Überzeugung, daß, wenigstens solange die jetzigen Leiter im Reichswirtschaftsamt sitzen, schon von selbst bei der Durchführung sich die Grenzen ergeben, wo die geplante Organisation sich als undurchführbar herausstellt. Sicherlich wird bis dahin viel kostbare Zeit mit unproduktiven Arbeiten vergeudet werden. Wir müssen uns aber immer vor Augen halten, daß die Regierung, mag sie wollen oder nicht, zum Eingreifen in die Wirtschaft gedrängt wird. Es wird im Gesamtinteresse der Industrie darum besser sein, daran mitzuarbeiten als nur Opposition zu treiben und dadurch die Lage jedenfalls nicht zu verbessern. Die scharfe Stellungnahme des Handels gegen das Reichswirtschaftsamt ist ja zu verstehen, aber der Handel hat gerade durch sein Vorgehen, das kann keine Frage sein, die Stellung Wissells nur gestärkt.«[33]

Tatsächlich veranschaulichten um die Jahreswende 1919–1920 die Verantwortlichen der Eisen- und Stahlindustrie selbst die Gefahren undisziplinierten Verhaltens, als ihre Preispolitik die weiterverarbeitende Industrie im April 1920 zwang, staatliche Unterstützung durch die Schaffung eines Gemeinwirtschaftskörpers zu verlangen, des Eisenwirtschaftsbundes, der Eisen- und Stahlpreise sowie den Export kontrollierte. Da der Eisenwirtschaftsbund nicht sonderlich gut funktionierte und sich sehr bald zu einer Arena entwickelte, in der sich Vertreter der Industrie und der Arbeiterschaft bekämpften, hatte dies eine ernüchternde Wirkung auf die Industriellen, die langsam zu einer Zusammenarbeit untereinander zurückkehrten und mit der Zeit den Eisenwirtschaftsbund unterminierten. Trotzdem gelang es erst während der Stabilisierung, den Eisenwirtschaftsbund, den Reichskohlenrat, die Außenhandelsstellen und die übrigen Pfeiler der verhaßten Zwangswirtschaft stillzulegen oder abzuschaffen.[34]

Einerseits verfolgten die Industriellen eine Politik, in der sie die Inflation dazu benutzten, ihre Industrieanlagen und ihren Aktienbesitz zu erweitern und durch Konzessionen an die Arbeiterschaft die Allianz der Produzenten gegen die Verbraucher fortzusetzen. Andererseits bekämpften sie die Zwangswirtschaft und sahen der unumgänglichen Sanierung mit einer eigenartigen Mischung von Furcht und Begehren entgegen. So schrieb im Dezember 1919 Carl Duisberg:

»Wir sind noch lange nicht am Ende. Es muß und wird noch schlimmer kommen. Schon geht vielen Geschäften in Handel und Industrie das Geld und damit der Atem aus. Die schlechte Valuta und damit die steigenden Löhne und Gehälter legen sich wie ein Alp auf alles. Wir nähern uns mit unseren Inlandpreisen mehr und mehr den Weltmarktverhältnissen. Damit gehen wir der Zwangswirtschaft an den Kragen und zwingen sie zum Abbau. Erst wenn wir wieder so weit sind, daß wir uns frei bewegen können und den Schutz des Staates nicht mehr brauchen, werden wir, wenn auch nach Überwindung mancher Schwierigkeiten, endlich zur Umkehr kommen.«[35]

Wie groß auch immer die Vorteile gewesen sein mögen, die die Geschäftsleute durch die Inflation genossen, sie glaubten dennoch beharrlich an die Notwendigkeit und Erwünschtheit einer Sanierung und waren ängstlich darauf bedacht, gerade die wirtschaftlichen Bedingungen aufzuheben, die die Ursache für die Vorteile waren, die Deutschland nach 1918 gegenüber den anderen Industrieländern besaß; denn diese hatten aufgrund ihrer deflationistischen Politik mit beträchtlicher Arbeitslosigkeit und wirtschaftlichen Schwierigkeiten zu kämpfen. Selbst Stinnes, dem es mit der Rückkehr zu geordneten Verhältnissen nicht eilte, bekannte sich zumindest offiziell zur Notwendigkeit einer kommenden Sanierung.[36] Seine Kollegen in der Schwerindustrie reagierten auf die depressiven Geschäftsbedingungen im Frühjahr 1921 sogar mit einer Rückkehr zu Festpreisen, denn viele glaubten »an einen bevorstehenden Gesundungsprozeß, und vertraten in maßgebenden Eisen-Industriellen-Kreisen den Standpunkt, diesen Gesundungsprozeß durch Rückkehr zur vollen Verantwortung in allen Kreisen des Unternehmertums fördern zu müssen. Die Markbesserung hat im Sommer 1921 sogar sonst sehr vorsichtigen Industriellen (Vögler usw.) Veranlassung gegeben, selbst im Exportgeschäft Abschlüssen in *Mark* den Vorzug zu geben vor solchen, die in Edelvaluta abgeschlossen werden konnten ...«[37] Kurzum, die Erwartung und der Wunsch nach einer Umkehr bestanden während der ganzen Inflationsperiode, und die während Krieg und Inflation gesammelten Erfahrungen führten nicht zu einem Bruch mit früheren Konzeptionen vom Wirtschaftsablauf oder der Rolle des Staates in der Wirtschaft, sondern eher zu einer Verfestigung traditioneller Ideen, zu einer Art Ideologisierung der überkommenen Vorstellungen.

Das läßt sich am besten an der Arbeit des Sonderausschusses für ein Wirtschaftsprogramm des Reichsverbandes der Deutschen Industrie zeigen. Der Reichsverband hatte diesen Sonderausschuß im späten Frühling 1922 eingesetzt mit der Aufgabe, ein Programm auszuarbeiten, das die Industrie in ihren Verhandlungen mit der Regierung über Stabilisierungsmaßnahmen, Lösung der Reparationsfrage und Sicherstellung ausländischer Kräfte zusammenschweißen sollte. Die Arbeit des Sonderausschusses im Herbst und Winter 1922/23 wurde die Basis des Wirtschaftsprogrammes, das von dem Reichsverband 1925 veröffentlicht wurde, und bildete darüber hinaus die Grundlage für die Unternehmerideologie in den restlichen Jahren der Weimarer Republik. Wie ein Mitglied des Reichsverbandes, das sowohl dem Vorstand wie dem Sonderausschuß angehörte, später bemerkte:

»Im Reichsverband ... ist in den Jahren 1921–22 beharrlich daran gearbeitet worden, neben der Stellungnahme zu den akuten Tagesfragen eine allgemeine Kenntnis der wirtschaftpolitischen

Probleme zu gewinnen, nicht als Wissenschaft, sondern als Sammlung solcher Gesichtspunkte, an denen die politische Orientierung erfolgen konnte. Es ist eine ganze Ideologie geschaffen worden, die in wirtschaftlichen Kreisen lange Jahre gegolten hat.

An der Spitze stand die Lehre von der Freiheit der Wirtschaft, die sie im Kampf gegen Planwirtschaft, Betriebsrätegesetz und Sozialisierung praktisch durchsetzte. Eine weitere Lehre war die Rentabilität mit ihren immer wiederholten Untertiteln: Steuern, Löhne, soziale Lasten, wozu in Abstand folgen die Zinshöhe, Außenhandelsbeschränkungen wie Ausfuhr- und Einfuhrverbote, Ausfuhrabgaben und bei manchem auch die Einfuhrzölle, im Anfang nahm einen außerordentlich wesentlichen Teil ein die Frage der Arbeitszeit, d. h. der Kampf gegen den 8-Stunden-Arbeitstag. Eine dritte Lehre über Geld und Geldwesen beschäftigte sich in der Inflation mit der Valutafrage, später waren es Außenhandelsbilanz, Exportförderung, aber auch Reparationen, Auslandsleihen und Beteiligungen, Transferfragen usw.«[38]

Die Arbeitsberichte dieses Sonderausschusses geben Zeugnis von den fundamental rückständigen Tendenzen, die von den Führern der deutschen Industrie als eine Folge des Krieges und der Inflation entwickelt wurden. In den Diskussionen von 1922 legte man eine fast groteske Betonung auf die Hebung der Produktivität durch die Abschaffung des Achtstundentages – eine Betonung, die durchaus den Einfluß der Ideen Stinnes', artikuliert durch seinen Verbündeten in der Braunkohlenindustrie, Paul Silverberg[39] widerspiegelt –, wogegen selbst die Notwendigkeit der Rationalisierung nur von zweitrangiger Bedeutung war. Dies geschah der Tatsache zum Trotz, daß in den meisten weiterverarbeitenden Industrien die Produktivität der Arbeiter als zufriedenstellend beurteilt wurde. In ähnlich kurzsichtiger Weise und ungeachtet der Erkenntnis einiger Industrieführer, daß die Stabilisierung letztlich zu einer Überproduktion führen werde, wurde die Meinung vertreten:

»Da wir uns bei unserem Programm zunächst nur mit der Frage der Mehrleistung befassen wollen, brauchen wir im Augenblick das andere Thema nicht zu erörtern. Erst beim Fortschreiten der Arbeit, bei der Gesamtbetrachtung werden wir auf diesen Punkt zurückkommen müssen.«[40]

Mit der gleichen Entschlossenheit, mit der die Programm-Gestalter die Abschaffung des Achtstundentages forderten, beharrten sie auf der vollkommenen Beseitigung der Zwangswirtschaft, d. h. aller Überreste von Staatskontrolle über die Wirtschaft, die für die industrielle Freiheit und Selbstbestimmung von Nachteil waren. Silverberg ging dabei so weit, daß selbst Duisberg seine Vorbehalte äußerte und ihm entgegenhielt:

»Sie kehren in Ihren Forderungen m. E. zum Manchestertum zurück, ohne das Gute zu behalten und in Ihr Programm aufzunehmen, was die letzten Jahrzehnte uns gebracht haben. Auch wenn Ihr Programm vom wirtschaftlichen Standpunkt aus richtig ist und von mir in den meisten Punkten geteilt wird, so dürfte doch manche Ihrer Forderungen, politisch und taktisch gewertet, unangebracht sein ...«[41]

Damit demonstrierte Duisberg die flexiblere Haltung der Führer der ›jungen‹ Industrien. Es muß allerdings angemerkt werden, daß auch Stinnes und Silverberg hofften, die Produktion durch Zusammenarbeit mit den Gewerkschaftsführern zu steigern und durchaus bereit waren, auf dauernder

Basis zu verhandeln. Innerhalb der Schwerindustrie gab es jedoch noch weit konservativere Elemente, die in der Zeit nach 1924 eine führende Rolle spielten. Diese Männer blickten zurück auf das autoritäre Deutsche Reich der Vorkriegszeit, in dem ein starker Staat die Industrie begünstigt, aber nicht dirigiert hatte und in dem die Unterstützung der Arbeitgeber der »Werksgemeinschaft« gehörte, während den großen Gewerkschaftsbewegungen die Anerkennung verweigert blieb. Der prominenteste Sprecher dieser konservativen Gruppe war Paul Reusch, Generaldirektor der Gutehoffnungshütte, der Silverberg gegenüber argumentierte:

»Nicht durch gemeinsames Zusammenwirken von Arbeitgebern und Arbeitnehmern kann die Arbeitsunlust bekämpft werden, sondern nur durch eine starke Regierung, die den Mut hat, energisch und rücksichtslos durchzugreifen. Wir haben in Berlin keine Regierung, sondern nur verschiedene Büros, an deren Spitze mehr oder weniger fähige Bürochefs stehen. Wir haben eine Fabrik für Gesetze, die von einem großen Teil der Bevölkerung nicht beachtet werden, weil die Regierung keine Autorität hat und nicht stark genug ist, ihren Willen durchzusetzen.«[42]

Die Umkehr, die die Industriellen verlangten, wurde schließlich am Ende des Ruhrkampfes Wirklichkeit durch die einseitige Aufhebung der achtstündigen Arbeitszeit und die Abschaffung oder endgültige Stillegung derjenigen Gemeinwirtschaftskörper, die sich noch am Leben erhalten hatten. Die »Revolution«, die für die Industriellen 1914, nicht 1918, begonnen hatte, war zu Ende. In der Zeit der Stabilisierung und »Sanierung« von 1924–25 festigte die Industrie ihre Ideologie, und es folgte ein ständiger Kampf gegen »Löhne, soziale Lasten und Steuern«. Der Erfolg der Industriellen war nicht vollständig, aber er war groß genug, um die wirtschaftlichen und sozialen Verhältnisse der Weimarer Republik im allgemeinen zu bestimmen. Der Preis, den die Industrie für ihren Erfolg bezahlte, waren die äußerst konfuse Rationalisierung der späten zwanziger Jahre, die auf den Untergang vieler während der Inflation errichteter Konglomerate folgte, der unbefriedigende Waffenstillstand zwischen Industrie und Arbeiterschaft, eine dauernde staatliche Schiedsrichterrolle in Streitigkeiten zwischen Arbeitgebern und Arbeitnehmern, die weder die eine noch die andere Seite befriedigte, und die Entfremdung der nur schlecht oder gar nicht organisierten Mittelschichten.[43] Es kann mithin kein Zweifel daran bestehen, daß die leidenschaftlich und intensiv vorgetragene Unternehmerideologie, eine Frucht lebhafter Erinnerungen an die vorangegangenen chaotischen Jahre, die sozialen und politischen Spannungen der Weimarer Zeit noch steigerte und das Wunschbild eines Staates hervorrief, der wohlwollend genug war, um diese Ideologie zu akzeptieren, und gleichzeitig hinreichend stark, um das Ziel mit aller Rücksichtslosigkeit zu verfolgen.

Worin also bestand der Beitrag von Krieg und Inflation zur Entwicklung des »Organisierten Kapitalismus«, d. h. für die Serie der Phänomene, die gewöhnlich mit der Entwicklung fortgeschrittener Industriegesellschaften des kapitalistischen Westens assoziiert werden? Eine denkbare Enumeration, hinter die jedoch sogleich ein Fragezeichen zu setzen ist, wäre: Technologische und wirtschaftliche Entwicklungen, die die »jüngeren« gegenüber den »älteren« Industrien begünstigten; Tendenzen zur Konzentration von Kapital und technischen Mitteln in Unternehmungen großen Stils und industriellen Gruppierungen, die mit einer wachsenden Trennung von Eigentum und Kontrolle parallel gingen; die Institutionalisierung eines »korporativen Pluralismus«,[44] in dem hochorganisierte Interessengruppen als Repräsentanten von Kapital und Arbeit eine Vielfalt von Aufgaben erfüllten, die mit der Gestaltung und Ergänzung der staatlichen Wirtschafts- und Sozialpolitik zusammenhängen; die wachsende Rolle des Staates in der sozio-ökonomischen Entwicklung , bedingt durch eine allgemeine Ausweitung seiner Aktivitäten wie seine direkte Intervention zum Zweck der Stabilisierung; und – als Resultat all dieser Erscheinungen – die gegenseitige Durchdringung des öffentlichen und privaten Sektors.

Potentiell hätten Krieg und Inflation zu einschneidenden und massiven Veränderungen im Wirtschaftsablauf und in den Beziehungen zwischen Staat und Wirtschaft führen können. Die tatsächlichen Erfahrungen jedoch lassen darauf schließen, daß eine solche ausgeprägte nationale Notlage, ohne tiefgreifende politische Veränderungen und einen gewissen Wandel in der Vorstellungswelt der maßgebenden Wirtschaftsführer und Politiker, die langfristige Entwicklung eines Wirtschaftssystems nur sehr begrenzt beeinflussen kann. Obgleich sich das Gleichgewicht zugunsten der »jüngeren« Industrie verlagerte, kann diese Gewichtsverschiebung dennoch nicht als eine Entwicklung angesehen werden, die dem Kapitalismus mehr als anderen ökonomischen Systemen zugeordnet ist. Es ist überdies auffällig, daß das *politische* Pendel nicht zugunsten der »jüngeren« Industrien ausschlug, daß es im Gegenteil die Schwerindustrie war, die mit ihrer »malthusianischen« ökonomischen Perspektive und ihren Strukturproblemen die deutsche Industrie bis 1936 beherrschte.[45] Das relativ dauerhafte Resultat des Krieges war die Integration der organisierten Arbeiterschaft in die sozio-ökonomische Struktur, wobei dem Staat in der Folgezeit die Verpflichtung oblag, Kapital und Arbeit zu befrieden. »Korporativer Pluralismus« und die sich ständig verringernde Rolle, die die parlamentarischen Institutionen in den sozioökonomischen Angelegenheiten spiegelten, waren langfristige Konsequenzen des Krieges. Im ganzen aber und unter dem Gesichtspunkt qualitativer Veränderung blieb von der Rolle des Staates im wirtschaftlichen Bereich nach 1924 bemerkenswert wenig übrig. Forderungen nach Subventionen, niedrigeren Frachtraten, Schutzzöllen, Unterstützung der Kartelle, Förderung des Exports und Reduzierung der öffentlichen Ausgaben waren gewiß nichts Neues. Eine qualitative Veränderung in dem Konzept der Beziehungen zwischen Staat und Wirtschaft entwickelte sich erst am Ende der Großen Wirtschaftskrise, und sie war wesentlich *ihr* Resultat. In den Worten von Hans Staudinger:

»Hat noch am Ende der zwanziger Jahre ein Vertreter des Maschinenbaues in Deutschland die ›Reinigungskrise‹ begrüßt, weil sie Spreu vom Weizen scheide, so verlangen die organisierten

Wirtschaftsvertreter von heute schon bei einer Abschwächung der Nachfrage mit vollem Recht und in guter wirtschaftlicher Voraussicht, daß das staatliche System eingreife.«[46]

Deshalb muß abschließend noch einmal betont werden, daß die Einschätzung des Ersten Weltkrieges als Höhepunkt und Durchbruch in der Entwicklung des »Organisierten Kapitalismus« nur die weitere Dehnung eines ohnehin schon überforderten, ungenauen und verwirrenden Konzepts bedeutet.

Nachwort

Bei einem Rückblick auf die Diskussion zum »Organisierten Kapitalismus« nach der Veröffentlichung dieses Aufsatzes gewinne ich den Eindruck, daß sowohl meine kritischen Anmerkungen wie die anderer nicht ohne Auswirkung geblieben sind, obschon sie sicherlich nicht jeden Teilnehmer zu überzeugen vermochten. Interessanterweise hat selbst Heinrich Winkler, der Herausgeber des Bandes, in dem der Aufsatz zunächst erschien, Abstand von diesem Konzept genommen.[47] Auch haben sich – was noch wichtiger ist – die neueren empirischen Forschungsarbeiten kaum auf dieses Konzept gestützt. Dies läßt vermuten, daß die Suche nach einem umfassenden Konzept, um die Entwicklung moderner kapitalistischer Industriegesellschaften analytisch zu durchleuchten, weniger dringlich geworden ist, was im Zusammenhang zum einen mit dem relativen Rückgang ideologischer Konflikte sowie leidenschaftlich ausgetragener Auseinandersetzungen im deutschen akademischen Leben und zum anderen mit der zunehmenden Gewichtigkeit derjenigen Fragen und Probleme, die sich nicht leicht in die gewohnten Denkschemata einordnen lassen, zu sehen ist. Diese Entwicklungen scheinen meine Behauptung, die ich bei der Bochumer Tagung im Jahre 1973 aufstellte, »daß der organisierte Kapitalismus ... als sozialgeschichtliches Modell in jüngster Zeit entwickelt wurde, um der Theorie des »staatsmonopolistischen Kapitalismus« entgegengestellt zu werden«,[48] erneut zu unterstreichen. Historiker in der DDR haben diese Aussage mit einem wohl etwas übertriebenen Enthusiasmus aufgegriffen, es dabei aber unterlassen, sich ebenso auf meine eher rigorosere Ablehnung des »staatsmonopolistischen Kapitalismus« zu beziehen oder den wesentlichen Punkt, der Ziel meines Arguments war, nämlich: »Man braucht keine Konzepte, um andere Konzepte, die nichts taugen, zu ersetzen«[49] zu zitieren. Daß aber untaugliche Konzepte kein Hindernis zu sein brauchen, um sowohl treffliche als auch stimulierende Geschichte zu schreiben, haben nicht nur die Verfechter des »organisierten Kapitalismus« sondern auch solche kenntnisreiche Befürworter des »staatsmonopolitischen Kapitalismus« wie die Autoren des kürzlich erschienenen mehrbändigen Werkes »Wirtschaft und Staat in Deutschland« reichlich bewiesen.[50] Nach wie vor bleibt das Problem, daß man für eine erkenntnisreiche Geschichtsschreibung über Industriegesellschaften Theorien, Modelle und Konzepte nicht entbehren kann. Doch ich würde weiterhin vermuten, daß diejenigen Wissenschaftler, die mit den verschiedenen korporatistischen Modellen gearbeitet haben, bislang auch tatsächlich die größten Fortschritte, sowohl in theoretischer wie in empirischer Hinsicht, gemacht haben.[51]

3. Der Historiker und die deutsche Inflation

Auf der Berliner Tagung zum Thema »Historische Prozesse der deutschen Inflation 1914 bis 1924« im Jahre 1976 habe ich in meinem Bericht über den gegenwärtigen Forschungsstand und die künftigen Forschungsprobleme der Inflationsgeschichte die Frage aufgegriffen, warum die große deutsche Inflation – wohl eine der außergewöhnlichsten Erschütterungen, die eine fortgeschrittene Industriegesellschaft jemals befiel und eine der entscheidendsten Ursachen für den Sieg des Nationalsozialismus in Deutschland – von der historischen Forschung relativ unbeachtet geblieben, aber von Wirtschaftswissenschaftlern – und dies zudem von nichtdeutschen – als Forschungsgegenstand praktisch vereinnahmt worden war.[1] In meiner Antwort vertrat ich die Auffassung, daß diese Vernachlässigung nicht schlechthin als Beispiel für die Vernachlässigung der deutschen Sozial- und Wirtschaftsgeschichte allgemein gelten könne, zumal derzeit auf diesen Gebieten der Geschichtsschreibung beachtlich viel geleistet wird, sondern darauf zurückzuführen ist, daß der Anteil der Forschungsarbeiten über die Inflation überhaupt gering war. Ich hätte noch hinzufügen können, daß die Historiker, die sich mit politischer Geschichte beschäftigen, ihrerseits recht wenig dazu beigetragen haben, das politische Vermächtnis der Inflation zu klären. Letzten Endes besteht immer noch eine bemerkenswerte Konvergenz zwischen den historischen Darstellungen und dem volkstümlichen Bild von der Inflation, in dem die Betonung auf der Hyperinflation von 1922/23 liegt und recht verschwommene Anspielungen auf Inflationsgewinnler wie Hugo Stinnes sowie den vermeintlichen Ruin des Mittelstandes und den Hitler-Putsch gemacht werden. Die geschichtswissenschaftliche Auseinandersetzung mit der deutschen Inflation, die nicht nur die sensationelle Endphase der Hyperinflation umfaßte, sondern über das gesamte Jahrzehnt von 1914 bis in die letzten Monate des Jahres 1923 andauerte, hatte noch nicht stattgefunden.

Die Zurückhaltung, mit der die Historiker die Inflationsthematik angehen, suchte ich aufgrund der erheblichen methodologischen Schwierigkeiten zu erklären, die sich bei der Erforschung der Inflation ergeben. Hierzu zitierte ich einen Abschnitt aus Knut Borchardts Aufsatz über die *Strukturwirkungen des Inflationsprozesses*, der sich mit gegenwärtigen Problemen der Inflation befaßt, aber auch von einschlägiger Bedeutung für die Erforschung der deutschen Inflation aus historischer Perspektive ist: »Weil die mannigfachen Verteilungswirkungen so diffus und ungeklärt sind, kann die Inflation so lange laufen, ohne sogleich zum akuten Skandal zu werden. Die Wirkungen springen nicht in einer jedermann sichtbaren Weise hervor – wie das bei der Arbeitslosigkeit der Fall ist, wo es keiner wissenschaftlichen Untersuchung bedarf, um festzustellen, wer arbeitslos ist. Die Arbeitslosen sind namentlich und mit Adresse bekannt. Aus der Asymmetrie der gesellschaftlichen Wirkung von Arbeitslosigkeit und Inflation ist wohl zu erklären, warum die Vollbeschäftigung bislang das unbezweifelt höhere Ziel der Wirtschaftspolitik gewesen ist«.[2] Diese Schwierigkeiten festzustellen und zu bewerten, wie sich die Auswirkungen der Inflation im Verlauf eines inflationären Prozesses bemerkbar machen, enthalten in sich eine Hürde, die zur Inflationsforschung ebenso anreizen, aber zugleich auch abschrecken kann. Ferner werden die methodologischen Probleme für den Historiker noch insofern erschwert, als die Wirtschaftswissenschaftler dieses Forschungsfeld bislang beherrscht haben. Wahrscheinlich könnten sich Historiker mit den technisch unzulänglichen Argumenten mancher Wirtschaftswissenschaftler in etwa abfinden, wenn sich diese zumindest einig wären; doch deren krasse Meinungsverschiedenheiten über die Ursachen und Wirkungen der Inflation verstärken eher die bereits sichtliche Scheu der Historiker, die Inflationsthematik in Angriff zu nehmen. Letzten Endes bin ich dennoch – wie schon in Berlin – der Meinung, daß sich die Historiker mit der deutschen Inflation auseinandersetzen müssen, zunächst weil diese von wesentlicher Bedeutung ist. Ferner sollten sie sich mit den Argumenten der Wirtschaftswissenschaftler und der Wirtschaftshistoriker vertraut machen, denn schließlich verdanken wir ihnen eine differenzierte Diskussion zur deutschen Inflation, die über platte Verallgemeinerungen hinausgeht. Infolgedessen könnten Historiker ihrerseits wichtige Beiträge sogar zu den vorangegangenen Diskussionen leisten, indem sie vernachlässigte Fragen aufgreifen, neue Tatbestände aufdecken und außerdem dazu zwingen, die sogenannten »exogenen« Faktoren in Betracht zu ziehen.

Seit der Berliner Tagung 1976 haben sich einige meiner Kollegen zu einem internationalen und interdisziplinären Projekt zusammengeschlossen, das sich mit der Inflation und Rekonstruktion in Deutschland und Europa von 1914 bis 1924 befaßt und von der Stiftung Volkswagenwerk unterstützt wird. Wir gingen von der Annahme aus, daß sich dieses Thema für eine breitangelegte wissenschaftliche Zusammenarbeit eignen würde; auch waren wir der Ansicht, daß dieses für Historiker ungewöhnliche Experiment Wege zu geeigneteren Formen aufzeigen könnte, komplexe Probleme bei der historischen Untersuchung moderner Industriegesellschaften zu bearbeiten, als die stark individualistische, oft eindimensionale und fast gleichbleibend isolierte Art und Weise, in der die historische Forschung im allgemeinen betrieben wird. Natürlich ist dieses Projekt noch nicht so weit gediehen, um weitergehende Forschungsergebnisse präsentieren zu können. Indessen hat uns die Diskussion zu den für den Projektaufbau notwendigen Forschungsstrategien sowie die bereits von mir und meinen Kollegen geleistete Arbeit insofern weiter geholfen, als dadurch deutlicher wurde, wie der

Historiker die deutsche Inflation am besten angehen kann. Diesem Problem möchte ich mich im folgenden zuwenden.[3]

Zunächst ist festzustellen, daß eine geschichtswissenschaftliche Untersuchung über die deutsche Inflation nur schwer von den Problemen des Wiederaufbaus nach dem Ersten Weltkrieg zu trennen ist, ob man nun Bezug auf den deutschen Weg der Rekonstruktion oder den anderer Nationen nimmt. Es wäre falsch, der Inflation Entwicklungen zuzuschreiben, die in der Tat mehr oder weniger ein Produkt der Kriegswirtschaft und des Rekonstruktionsprozesses waren und die – so könnte man hinzufügen – auf jeden Fall aus der Perspektive eher langfristiger Trends in der sozio-ökonomischen Entwicklung fortgeschrittener Industriegesellschaften gesehen werden sollten.[4] Die strittige Frage ist immer, welches Gewicht der Inflation zuteil wird, diese Entwicklungen beschleunigt, verlangsamt und positiv oder negativ modifiziert zu haben. Mit Sicherheit förderte und unterstützte die Inflation zum Beispiel den verhältnismäßig starken Aufschwung des älteren schwerindustriellen Wirtschaftssektors während und nach dem Krieg. Doch die Überkapazitäten nach der Inflationszeit können ebenso einer Rekonstruktionspolitik zugeschrieben werden, die in größerem oder kleinerem Umfang sogar unter weniger inflationären Bedingungen aufgrund von Energieengpässen und Nachkriegsanforderungen verfolgt worden wäre. Aus einer langfristigen Perspektive spiegeln diese Überkapazitäten grundlegende Strukturprobleme wider, die uns heute noch plagen.[5] Jedenfalls muß die deutsche Inflation im Rahmen der allgemeinen Problematik, die durch den Wiederaufbau der Nachkriegszeit entstand, betrachtet werden, und dies sowohl auf nationaler wie auf internationaler Ebene.

Man muß im Auge behalten, daß verschiedene Länder nach dem Krieg auch verschiedene Formen der Währungspolitik kannten. Drei Kategorien des finanziellen Wiederaufbaus können aufgestellt werden. Die erste Gruppe, zu der Deutschland als wichtigster Vertreter gehörte, unterlag schließlich einer Hyperinflation und mußte gezwungenermaßen auf der Basis einer neuen Währung stabilisieren. Auch Österreich, Ungarn, Polen und Rußland nahmen diesen Weg. Die zweite Gruppe, die sich aus Frankreich, Italien, Belgien und der Tschechoslowakei zusammensetzte, erfuhr eine mäßige Inflation und stabilisierte mit einer Devaluation ihrer Währungen, vergleichbar mit der des Vorkriegskurses. Schließlich gab es Länder, insbesondere Großbritannien und die Vereinigten Staaten, aber auch Holland, Spanien und die skandinavischen Länder, die eine Deflationspolitik betrieben und früher oder später das Vorkriegsverhältnis ihrer Währungen zu Gold wiederherstellten.[6] Die Kennzeichnung dieser Gruppen sollte zu vergleichenden Studien anregen. Dabei ist aber zu bedenken, daß die Länder ihre Auswahl zwischen alternativen Wiederaufbaustrategien trafen, und daß die damit verbundenen Entscheidungsprozesse für den Historiker von höchster Bedeutung sind, weil sie sehr wichtige Folgeerscheinungen für die betroffenen Länder und für die wirtschaftliche und politische Ordnung auf internationaler Ebene zeitigten. Hinsichtlich des deutschen Falles sind Historiker und Wirtschaftswissenschaftler mittlerweile der Meinung, daß die inflationäre Wirtschaftspolitik sowohl die Produktivität als auch den Außenhandel in der Zeit des wirtschaftlichen Wiederaufbaus wesentlich schneller in Gang zu setzen vermochte, als dies aufgrund einer deflationären Politik geschehen wäre. Auch ermöglichte die Inflationspolitik in Deutschland, eine Produktionssteigerung und ein hohes Beschäftigungsniveau zu erreichen, während die Länder, die eine Deflationspolitik verfolgten, im Jahre 1920/21 in eine tiefe Depression abglitten. Carl-Ludwig Holtfrerich stellte kürzlich sogar die Behauptung auf, daß Deutschlands Konjunktur während der weltweiten Depression 1920/21 maßgeblich zur relativ raschen Erholung Amerikas und Englands beitrug – ein Vorteil, den diese Länder in der großen Wirtschaftskrise im folgenden Jahrzehnt nicht genossen.[7]

Führen diese Untersuchungsergebnisse demnach zu einer »Rehabilitierung« der deutschen Inflation? Sicherlich wäre dies eine heikle Angelegenheit in Ländern wie den USA und der Bundesrepublik Deutschland, wo die Inflation offiziell zum nationalen Feind ersten Ranges erklärt worden ist, und – noch schlimmer – in einem Land, dessen derzeitige Wirtschaftspolitik von den bitteren Erinnerungen an die große Inflation nachhaltig beeinflußt wird. Doch die gegenwärtige Abneigung gegen die Inflation – sie beschränkt sich ohnehin häufiger auf Worte als auf Taten – sollte eine realistische Einschätzung der funktionellen Vorteile, die Deutschland während seiner Inflation genoß, nicht ausschließen. Für Wirtschaftswissenschaftler ist eine positive Beurteilung nicht ungewöhnlich, da schon die älteren Arbeiten Frank Grahams aus dem Jahre 1931 und die jüngere Keynesianische Analyse der Skandinavier Karsten Laursen und Jørgen Pedersen aus dem Jahre 1964 die Bedeutung der Inflation für den Wiederaufbau Deutschlands in der Nachkriegszeit unterstrichen haben.[8] Allerdings sollten unhistorische Perspektiven vermieden und Wirkungen nicht mit Motiven verwechselt werden; in die inflationäre Praxis der Deutschen sollten nicht Intentionen hineingelesen werden, die überhaupt nicht existierten oder nur in einer Form vorhanden waren, die nur sehr wenig mit der bewußt betriebenen Wirtschaftspolitik und -theorie zu einem späteren Zeitpunkt zu tun hatte.[9] Eine der Hauptaufgaben der historischen Analyse der Inflation besteht deshalb darin, zwischen aktiven Entscheidungsprozessen und passiver Ziellosigkeit scharf zu unterscheiden und die Beweggründe des jeweiligen Verhaltens zu verstehen.

Unterscheidungen dieser Art müssen auch in sorgfältig abgegrenzten Zeitabschnitten getroffen werden, die den verschiedenen Inflationsphasen entsprechen.[10] Es kann kaum oft genug betont werden, daß die Inflation in einen Zeitraum von zehn Jahren fiel, der sich vom August 1914 bis zum Herbst 1923 erstreckte, und sich nicht nur auf die berühmte Hyperinflation bezog, die im Sommer 1922 einsetzte. Zur Inflation der Kriegszeit ist weniger zu sagen, da sie ein allgemeines Phänomen war; indessen wurde sie in Deutschland in mehrfacher Hinsicht – durch die enormen Belastungen des

Hindenburg-Programms nach 1916, durch die Bemühungen, mit »trade-offs« zwischen Löhnen und Preisen die Produktivität und den sozialen Frieden aufrechtzuerhalten sowie durch das Versäumnis, ein adäquates Steuersystem zu entwickeln – zusätzlich verschlimmert. Mit Kriegsende wären m. E. vier für unsere Analyse nutzbringende Zeitabschnitte festzustellen. Die erste Periode umfaßt die Revolution, die Unterzeichnung des Versailler Friedensvertrages und den Kapp-Putsch. Kennzeichnend für diese Zeit war der rapide Währungsverfall, der vorwiegend von innenpolitischen Faktoren bestimmt wurde, insbesondere von den Bemühungen seitens der Regierung, den sozialen Frieden mit Hilfe von Arbeitsbeschaffungsprogrammen, hohen Arbeitslosenunterstützungen und tolerierten Lohn- und Preissteigerungen aufrechtzuerhalten. Man könnte behaupten, daß der Einfluß des Versailler Vertrages und der durch die Reparationen festgelegten Sachlieferungen während dieser Zeit eine sekundäre Rolle spielte. Die zweite Periode vom Frühjahr 1920 bis zum Frühjahr 1921 war von einer relativ hohen wirtschaftlichen und politischen Stabilität gekennzeichnet. In diesem Zeitabschnitt blieb die Mark entwertet genug, um Deutschland ein verhältnismäßig hohes Beschäftigungsniveau und große Exportvorteile zu gestatten, während die Siegernationen aufgrund ihrer Deflationspolitik eine tiefe Depression durchmachten; doch hatte sich gleichzeitig der Prozeß der Markentwertung insoweit verlangsamt, als nun Hoffnung auf eine mögliche Stabilisierung aufkommen konnte. Wie von der jüngeren Forschung aufgezeigt wird, investierten Amerikaner in der Annahme, daß die Mark wieder im Wert steigen würde, in dieser Zeit Millionen von Dollar in kurzfristige Kredite, die in Mark zurückzuzahlen waren.[11] Eine dritte Periode des starken Währungsverfalls begann im Frühjahr 1921 als Reaktion auf die Festsetzung der Reparationssumme – die aufgrund des Londoner Ultimatums im Mai 1921 akzeptiert wurde – und als Reaktion auf die verschiedenen, mit rasender Geschwindigkeit folgenden Krisen auf nationaler und internationaler Ebene, wie beispielsweise die Ermordung Erzbergers im August 1921 und das wiederholte Scheitern der Wirth-Regierungen, eine tragfähige innenpolitische Basis für ihre Erfüllungspolitik zu finden. Eine ähnliche Kombination von Umständen, wie das Scheitern internationaler Verhandlungen zusammen mit der Ermordung Rathenaus im Juni 1922, löste die Endphase der Hyperinflation aus. Der Hauptantrieb dieser Hyperinflation war bis zur Ruhrbesetzung der Beschluß der Reichsbank, Handelswechsel zu diskontieren, um der wachsenden Kreditkrise Herr zu werden, die dadurch entstanden war, daß zunehmend weniger Ausländer mit einer Markaufwertung zu spekulieren bereit waren. Um die Wirtschaft in Gang zu halten, gewährte die Reichsbank der Industrie enorme Kreditsummen, obwohl sie wußte, daß diese verzweifelte Maßnahme den Währungsverfall nur beschleunigen würde.[12] Der durch die Notenpresse finanzierte passive Widerstand gegen die Franzosen im Jahre 1923 vervollständigte deshalb nur einen Prozeß, der bereits Monate vor der Besetzung begonnen hatte.

Hinsichtlich ihres funktionellen Nutzens beruhte die Inflation insgesamt auf einem breiten »Inflationskonsens«,[13] wenngleich das Verständnis für ihre verschiedenen Vorteile und deren Bedeutung von Zeit zu Zeit und je nach Gruppe variierte. Die Inflation hatte drei grundlegende Funktionen, die von den herrschenden Gruppen der deutschen Gesellschaft positiv, wenn auch des öfteren mit starken Vorbehalten, bewertet wurden. Die erste bezog sich auf die Aufrechterhaltung des sozialen Friedens, wobei sich dies als besonders wichtig für die Kriegszeit und die nachfolgende revolutionäre Phase erwies. In den Jahren von 1918 bis 1920 bemühte sich die Regierung, revolutionäre Unruhen zu vermeiden oder abzumildern, indem sie für die Beschaffung von Notstandsarbeiten und anderen Aufträgen sorgte, die Arbeitsstunden herabsetzte, Preiskontrollen für Lebensmittel und Mieten einführte, aber gleichzeitig regelmäßige Lohnerhöhungen gewährte und die soziale Gesetzgebung unterstützte. Die für diese Jahre sehr wichtigen Bemühungen wurden während der ganzen Inflationszeit fortgesetzt, sooft die sozio-politische Situation diese erforderlich machte. Insoweit als Arbeiterschaft und Industrie durch die sogenannte Arbeitsgemeinschaftspolitik fähig waren, in eine formale Kooperation zu treten,[14] basierte diese Politik in der Tat auf einem hohen Grad von Konsens. Aber insoweit als sich insbesondere die Industrie dem Druck der Arbeiterschaft zeitweise widersetzte, versuchte die Regierung selbst, den sozialen Frieden durch ein kompliziertes Zwangsschlichtungssystem aufrechtzuerhalten, und sie stieß dabei auf relativ geringen Widerstand von seiten der Arbeitgeber, weil diese die Kosten an die Verbraucher und Steuerzahler mit erhöhten Preisen weitergeben konnten. Man kann durchaus argumentieren, daß die Überlebenschance der Weimarer Republik in der Anfangsphase ihrer Existenz in solchen inflationären »tradeoffs« gründete, während später der Fortbestand der Republik von der geschickten Anwendung des Zwangsschlichtungssystems abhing, das während der Inflationszeit geschaffen worden war, um den der Republik weiterhin zugrundeliegenden unsicheren sozialen Kompromiß abzustützen.[15]

Der zweite positive Aspekt der deutschen Inflation lag in ihrer Funktion als Instrument des wirtschaftlichen Aufschwungs. Während die bereits erwähnte Politik die Beschäftigung auf einem hohen Niveau hielt und die Produktivität förderte, gab die Preiskontrolle für lebensnotwendige Bedürfnisse zusammen mit den niedrigen Reallöhnen Deutschland einen Konkurrenzvorsprung auf dem Weltmarkt. Mit Hilfe eines verzweigten Exportkontrollsystems wurden der Export-»Boom« und die hohen Exportgewinne der Jahre 1919/20 während der relativen Stabilisierungsphase 1920/21 aufrechterhalten. Die Valutagewinne dieser Exporte zusammen mit den beträchtlichen Summen des kurzfristigen ausländischen Spekulationskapitals, das zu dieser Zeit nach Deutschland strömte, in der Annahme, daß sich die Mark wieder erholen und so den Spekulanten Riesengewinne erlauben würde, sorgten für weitere industrielle Expansion.[16]

Nicht zuletzt war die Inflation im wirtschaftlichen und politischen Kampf gegen die Siegermächte des Ersten Weltkrieges besonders zweckdienlich bei den Bemühungen, sie zu gemäßigteren Forderungen Deutschland gegenüber zu zwingen. Wenn es in dieser turbulenten Zeit in Deutschland überhaupt einen Konsens gab, dann bezog er sich in mehrfacher Hinsicht zum einen auf die Unmöglichkeit, das Londoner Ultimatum sowie andere Bestimmungen des Versailler Vertrages zu erfüllen, zum anderen auf die Notwendigkeit, diese Forderungen zu mäßigen und schließlich auf die Erkenntnis, daß Deutschland seine Angelegenheiten ohne beträchtliche Hilfe von außen nicht in Ordnung bringen könne. Was immer die Unstimmigkeiten taktischer Art zwischen Arbeitgebern und Gewerkschaftsführern hinsichtlich der sogenannten Erfüllungspolitik gewesen sein mögen, sie waren sich in dem Wunsche einig, anhand der inflationären Vorteile und des Exportbooms die Arbeitslosigkeit im Ausland zu fördern und auf diese Weise Deutschlands Unterdrücker zur Einsichtigkeit zu zwingen. Eine fatalistische Einstellung zur Inflation konnte so aus höchst patriotischen Gründen legitimiert werden.[17]

Heute ist es eine leichte Sache für den Historiker, diesen breiten Inflationskonsens festzustellen und nachzuweisen. Darüber hinaus enthalten die historischen Quellen zahlreiche Beweise dafür, daß hinsichtlich der drei obengenannten Komponenten des Inflationskonsenses die Entscheidungsprozesse sowohl im privaten als auch im öffentlichen Sektor in hohem Maße bewußt abliefen. Sogar Verzweiflungsakte wie der Beschluß der Reichsbank, im Spätsommer 1922 Handelswechsel zu diskontieren – ein Beschluß, der wohl einer der Hauptauslöser der Hyperinflation war – stellen sich nicht als die fanatische Anwendung zweifelhafter Wirtschaftstheorien heraus, wie von den Historikern zunächst angenommen worden war. Holtfrerich hat aufgezeigt, daß der Reichsbankpräsident Havenstein und seine Kollegen durchaus keine überzeugten Anhänger einer ausgeglichenen Zahlungsbilanz waren und genau wußten, daß sie eine Hyperinflation heraufbeschwören würden; meine eigene Forschung zu diesem Thema hebt hervor, daß der gesamte Industrie- und Banksektor darauf drängte, die Handelswechsel zu diskontieren, um die Wirtschaft angesichts der wachsenden Kreditkrise auf diesem Weg in Gang zu halten.[18] Diese Handlungsweise scheint symptomatisch für die gesamte Inflationszeit zu sein. Wiederholt fällt die Wahl auf die Alternative, die von geringstem Übel war und Deutschland so lange ermöglichte zu überleben, bis innen- und außenpolitisch eine Situation entstand, wodurch eine Stabilisierung erreichbar und tragbar zu sein schien.

Man sollte nicht vergessen, daß ein Konsens nicht nur für die Aufrechterhaltung, sondern auch für die Beendigung der Inflation erforderlich war. In Deutschland gründete der Stabilisierungskonsens in den zwei engverbundenen Ansichten, daß Deutschland nur stabilisieren könne, wenn man entweder auf der einen Seite die Reallöhne herabsetzen, Arbeitsstunden erhöhen sowie beträchtliche Arbeitslosigkeit in Kauf nehmen würde, oder auf der anderen Seite Erleichterungen bei den Reparationen und hohe Zuschüsse ausländischen Kapitals erhielte. Da ausführlichere Erläuterungen dieser Hypothese hier zu weit führen würden, möchte ich vor allem betonen, daß sogar die organisierte Arbeiterschaft an diesem Stabilisierungskonsens aktiv teilnahm, und daß es ihr in den bitteren Konflikten mit der Industrie im Jahre 1922/23 weniger um die Medizin selbst als um die Dosierung und die Art und Weise, in der sie verordnet wurde, ging. Im Grunde wollte die Arbeiterschaft eine Stimme in der Deflationspolitik haben, während auch sie diese selbst für unabwendbar und unvermeidlich hielt. Die schlimmeren Aspekte dieses Stabilisierungskonsenses wurden durch die Vorstellung von einer Rückkehr zur Normalität erträglich gemacht, wobei die Welt der Vorkriegszeit gemeint war, in der das lange, deflationäre Jahrhundert von beinahe spektakulärem Wirtschaftswachstum begleitet worden war.[19]

Erst wenn die zwei Konsensformen und die mit ihnen jeweils verbundenen Entscheidungsstränge einer gemeinsamen Betrachtungsweise unterzogen werden, kommt man in der Feststellung der nächsten Probleme, denen sich der Historiker der deutschen Inflation konfrontiert sieht, vielleicht einige Schritte weiter. Die »Rehabilitierung« der deutschen Inflation aus dem Blickwinkel einer Reihe von zumindest unbefriedigenden Lösungen für widerspenstige Probleme dürfte allenfalls den Anhänger des Historismus zufriedenstellen, aber für die Geschichtsschreibung ist diese Sichtweise kaum sehr befriedigend. Wie wäre denn eine »Rehabilitierung« im Vergleich mit den beträchtlichen wirtschaftlichen, sozialen, politischen und moralischen Schäden, die die Inflation nach sich zog und den unzweifelhaften, wenn auch bislang noch nicht präzisierten wirtschaftlichen Verzerrungen, die sie förderte, einzuschätzen? Und ebenso kann diese Frage auf andere Konsequenzen bezogen werden: die Enteignung der Sparguthaben, Renten und privater Investitionen einer gesamten gesellschaftlichen Schicht; die Übertragung eines großen Teils der sozialen Kosten der Stabilisierung auf die Arbeiterschaft; die Beraubung von Gläubigern in unerhörtem Ausmaß; den Anstoß zu weiterer politischer Fragmentierung durch die übertriebene Aufblähung der Interessenpolitik; und das allgemeine Gefühl von Unberechenbarkeit und Ungerechtigkeit, das den Respekt vor der Republik noch weiterhin untergraben sollte? Warum die Inflation mit den gröbsten Formen moralischer Verworfenheit gleichgestellt wurde, zeigt sich besonders deutlich an folgendem Paradox: die Gegner der Aufwertung konnten 1924/25 überzeugend argumentieren, daß die Kreditwürdigkeit der deutschen Regierung, die erforderlich war, ausländische Darlehen zu erhalten, mit der Verweigerung der Regierung einhergehe, ihre Schulden an jene Bürger aufzuwerten, die treu Kriegsanleihen gekauft hatten; zudem hänge in ähnlicher Weise auch die Kreditwürdigkeit der gesamten deutschen Wirtschaft von der Nicht-Aufwertung jener privaten Schulden ab, die während der Inflation angesammelt worden waren.[20]

Es führt allerdings nicht sehr weit, auf diese Weise Vorteile und Verluste gegeneinander abzuwägen. Denn letzten Endes waren die Kosten der Inflation – aus der Perspektive des Jahres 1924 – einfach die Kehrseite ihrer Vorteile, insoweit als sich beide mit der Zeit herauskristallisierten und sich dann in dem historischen Vermächtnis der Hyperinflation verdichteten. Die interessante Frage ist aber, zumindest von einem heuristischen Gesichtspunkt aus, ob diese Kosten vor dem schicksalsschweren Abrutsch 1922 in die Hyperinflation hätten reduziert oder modifiziert werden können. In diesem Jahr zerfielen die von der Inflation gezeitigten Vorteile hinsichtlich der sozialen Befriedung und des Außenhandels, weil jedermann in ausländischer Währung zu kalkulieren anfing; darüber hinaus erreichten die deutschen Inlandspreise das Weltmarktniveau und die Industriellen – insbesondere die Schwerindustriellen – traten als die einzige Gruppe in der deutschen Gesellschaft hervor, die sowohl die Kraft als auch den Kredit besaß, um über die Endbedingungen, aufgrund derer die Inflation kulminieren sollte, zu bestimmen.[21] Hierzu leistet m. E. Peter-Christian Witt einen besonders wertvollen Beitrag, indem er die Politik der Weimarer Regierungen zwischen 1918 und 1922 als dynamischer, experimenteller und einfallsreicher betrachtet als bisher angenommen wurde.[22] Historiker sind dermaßen in die Debatte über die Ursachen des Scheiterns der Revolution von 1918/19 verstrickt worden, daß sie dabei übersahen, der Frage nachzugehen, inwieweit die Revolution auch in mehrfacher Hinsicht erfolgreich war. In diesem Sinne wurde nicht nur eine parlamentarische Regierung in Deutschland geschaffen, sondern auch der Grundstein für sozio-ökonomische Experimente und Innovationen gelegt, die einzigartig für diese Zeit waren. In den Ministerien und anderen Behörden von Berlin wurde eine Fülle interessanter Pläne und Programme entworfen, die sich in vielversprechender Weise mit wirklichen Problemen befaßten und sogar teilweise in die Praxis umgesetzt werden konnten. So wären beispielsweise zu nennen: die Planwirtschaftsprogramme des Wirtschaftsministeriums unter Rudolf Wissell und Wichard von Moellendorff; die Bemühungen ihrer Nachfolger Robert Schmidt und Julius Hirsch, eine wirksame Konjunkturpolitik zu entwickeln, um ein stabiles Niveau sowohl der Wirtschaft wie des Arbeitsmarktes aufrechtzuerhalten; das Ziel, ein Gleichgewicht zwischen Produzenten und Konsumenteninteressen herzustellen, indem Konsumenten ein institutionalisiertes Stimmrecht in Verhandlungen mit den organisierten Produzenteninteressen erhielten; die Umverteilungsabsichten der Erzbergerschen Finanzreform; die Versuche des Arbeitsministeriums, seine Schlichtungsautorität zu benutzen, um Löhne und Produktivität durch – wie man sie heute bezeichnen würde – eine Einkommenspolitik zu verbinden, die die Willkür der Arbeitgeber mäßigen und störende Arbeitskonflikte vermeiden würde. All diese Zielsetzungen oder Programme waren für ihre Zeit von nicht geringerer Bedeutung und sind nicht weniger beachtenswert bloß deswegen, weil sie nur begrenzte Erfolge zeitigten oder gar scheiterten.[23] Das Unvermögen, einen wirtschaftlich und sozialpolitisch zufriedenstellenderen Übergang von der Inflation zur Stabilisierung zu finden, ist die bislang noch ungeschriebene Geschichte der Innenpolitik in der frühen Phase der Weimarer Republik; indessen besteht die Hoffnung, daß sich eine diesbezügliche Geschichtsschreibung zu entwickeln beginnt.

Man muß sich aber darüber im klaren sein, daß diese angestrengten Bemühungen von seiten der Regierung dem Verhängnis ausgesetzt waren, das einer Inflation innewohnt. Die Inflation kann zwar zu sozialen Experimenten anregen und sie ermöglichen, aber ebenso kann sie diese als anrüchig erscheinen lassen und darüber hinaus die Autorität derer aushöhlen, die diese Experimente durchzuführen versuchen. Ein übertriebener Respekt vor traditionellen Tugenden tritt besonders stark während einer Inflation zutage, indem diese zwar verbal eindringlich gewürdigt, in Wirklichkeit aber verschmäht werden, und sogar diejenigen, die von der Inflation am meisten profitieren, sind sich ihrer eigenen Vergehen bewußt.[24] Die Inflation kann nicht nur aus der Perspektive der Entscheidungsträger an der Spitze untersucht, sondern muß auch aus einer gesamtgesellschaftlichen Perspektive und ferner schichtenspezifisch, sozusagen von unten nach oben betrachtet werden. Die sozialen und politischen Folgen der deutschen Inflation waren nicht nur von den Entscheidungen bestimmt, die führende Persönlichkeiten der Regierung und einflußreicher Interessengruppen über eine passive Gesellschaft hinweg trafen; sie waren auch von den differenzierten Anpassungsformen verschiedener Institutionen und sozialer Gruppen bestimmt, deren Interaktionen sowohl untereinander als auch mit den Behörden diese Folgen hervorriefen.[25] Die größten Vorteile der Inflation gingen an diejenigen, die in der Lage waren, am schnellsten zu lernen, wie man sich darauf einzustellen hatte, die sich außerdem in einer solchen wirtschaftlichen und politischen Position befanden, wo sie ihr Wissen einsetzen konnten und die aufgrund dieser Eigenschaften eine Einmischung in ihre Aktivitäten verhindern oder zumindest verringern konnten. Ohne diesen von unterschiedlichen Merkmalen geprägten Lern- und Anpassungssprozeß und ohne die strategische Überlegenheit einiger Gruppen hätte die Inflation nicht andauern können, wie sich dies Ende 1922 deutlich erwies, als fast jeder gelernt hatte, in hochwertigen Auslandswährungen zu kalkulieren und der Inflationskonsens sehr schnell durch den Stabilisierungskonsens ersetzt wurde.

In diesem Zusammenhang waren einige traditionell mächtigen Gruppen nicht machtvoll genug, und dies spielte eine wichtige Rolle im Hinblick auf die Bestimmung der Umverteilungswirkungen der Inflation. Deshalb würden Sektoral-, Fach- und Sozialgruppenanalysen und Regionalstudien sehr zu unserem Verständnis der verschiedenen Anpassungsprozesse an die Inflation mit ihren entsprechenden Folgen beitragen. Der Banksektor war zum Beispiel hyperaktiv im Laufe der Inflation. Doch seine Position gegenüber der Industrie wurde nicht nur aufgrund seiner Kapitalverluste stark geschwächt, sondern er litt auch darunter, daß die Industrie in zunehmendem Maße direkten Zugang zum Kapital hatte.[26] Der Handelssektor scheint auch ein relativer Verlierer gewesen zu sein, er mußte sich mit Außenhandelskontrollen abfinden, die bestimmte Exportindustrien auf seine Kosten unterstützten. Für Hausbesitzer könnte ein Vorteil darin bestanden haben, daß sie ihre Hypotheken abzahlten, jedoch hatten sie unter Mietkontrollen zu leiden. Der landwirtschaftliche Sektor wird im allgemeinen zu den Inflationsgewinnlern gezählt, was aber als stark übertrieben nachgewiesen werden kann und im äußersten Fall nur die ostelbischen Großgrundbesitzer betrifft, und selbst diese nur mit Einschränkungen. Daß die Bauern in der Lage waren, ihre Hypotheken in entwertetem Geld zurückzuzahlen, ersparte ihnen weder die durch die Lebensmittelpreiskontrollen hervorgerufenen Ärgernisse und Nachteile – auch wenn dagegen häufig verstoßen wurde –, noch verschaffte ihnen dies die nötigen Mittel, die landwirtschaftliche Strukturkrise der späten zwanziger Jahre zu bewältigen.[27] Ähnlich betrachteten sich die kleinen Einzelhändler, zu Recht oder Unrecht, als Opfer der ungeschickten und verwirrenden Wuchergesetze, die sie einerseits ungewohnten Demütigungen von seiten der Polizei und andererseits den Gewalttaten der Verbraucher gegen sie persönlich sowie gegen ihre Geschäfte aussetzten. Man könnte die Hypothese wagen, daß die bereits durch die Kriegswirtschaft geförderte Abneigung gegen wirtschaftliche Kontrollen durch die Inflation weiterhin intensiviert wurde und Produzenten gegen Konsumenten vereinigte. Aber die Fähigkeit bestimmter Produzenten, Profite aus diesen Kontrollen zu ziehen oder sie überhaupt zu umgehen, während andere kaum eine adäquate Organisation hatten, solche Vorteile zu erreichen, führte gleichzeitig dazu, daß die vorindustriellen, antikapitalistischen Gefühle, die in der deutschen Geschichte sowie in der Vorgeschichte des Faschismus von so großer Bedeutung sind, wachgerufen wurden.[28] Es muß wohl kaum besonders betont werden, daß die allgemeine Unzufriedenheit dazu beitrug, die Versuche der Regierung, der wirtschaftlichen und sozialen Lage während der Inflation Herr zu werden, zu unterhöhlen.

Es genügt allerdings nicht, die soziale und politische Geschichte der Inflation allein aus der Perspektive der sich zwischen den Klassen und Sektoren abzeichnenden Rivalitäten sowie Allianzen zu betrachten. Ebenso wurden Spaltungen innerhalb sozialer Klassen und Konflikte zwischen den Generationen von der Inflation genährt. Es gibt gute Gründe anzunehmen, daß sich die traditionellen Spannungen zwischen Arbeitern und Angestellten, die sich während des Krieges zunächst verringert hatten, im Laufe der Inflationszeit wieder verschärften, als der Trend nach links sowie die gewerkschaftliche Organisierung der Angestellten es nicht vermochten, ihren fortdauernden Reallohn- und Statusverlusten Einhalt zu gebieten. Die Arbeitergewerkschaften übten in dieser Zeit darüber hinaus scharfe Kritik an der militanten Haltung der Beamten und bezogen sich oft ausdrücklich auf die vermeintlich leichten Arbeitsbedingungen sowie die Gehaltserhöhungen im öffentlichen Dienst, um ihre eigenen Forderungen und Ansprüche zu steigern. Innerhalb der Arbeiterschaft selbst löste die Verminderung der Unterscheidungen in bezug auf Alter, Qualifikation und Geschlecht – heute als gängiges Inflationsphänomen angesehen – bedeutsame Konflikte aus. Vielfach nachzuweisen sind die Generationskonflikte, die durch die Versuche bewirkt wurden, den sogenannten Soziallohn einzuführen, d. h. Löhne, die den Familienstand und die Zahl der Angehörigen berücksichtigten. Die älteren gewerkschaftlich organisierten Arbeiter zeigten sich in ihrer Einstellung gegenüber den jüngeren, angeblich unverhältnismäßig wohlhabenden und häufig radikalen Kollegen oft außerordentlich hart. In der Tat wäre es interessant, die Hypothese zu untersuchen, ob die Inflation weit schwerwiegendere Generationenkonflikte in der Arbeiterschaft förderte – wo sich viele junge Arbeiter den Kommunisten anschlossen und deshalb den rücksichtslosen Ausschlußverfahren durch die Gewerkschaften ausgesetzt wurden – als vergleichsweise im Mittelstand, wo der jugendliche Rechtsradidkalismus auf die Sympathien einer älteren Generation stieß, deren enttäuschte materielle Wünsche und Statuserwartungen der Grund dafür waren, sich mit den Frustrationen und der Wut der Jugendlichen aus ihrer eigenen Schicht zu identifizieren.[29]

Solche Hypothesen und Betrachtungen erschöpfen nicht die Probleme, mit denen sich eine Sozialgeschichte der deutschen Inflation auseinandersetzen muß, wenn es ihr Ziel ist, die gesamtgesellschaftliche Erfahrung der Inflation und die tatsächlichen sozialen und politischen Auswirkungen dieser Erfahrung zu verstehen. Über die Künste, Wissenschaften und kulturellen Einrichtungen wurde hier deshalb nicht referiert, weil auf diesen Fachgebieten bislang noch wenig geleistet worden ist. Aber zu wünschen wäre, daß die skizzierten Bereiche insofern ausreichen, als sie die Dimension der Aufgabenstellung andeuten und ebenso in Richtungen zeigen, die sich für die geschichtswissenschaftliche Forschung als fruchtbar erweisen werden.

II.

Industrie und Arbeiterschaft in der Krise 1917/20

4. Sozio-ökonomische Strukturen im Industriesektor und revolutionäres Potential 1917–1922*

Es ist erstaunlich, daß marxistische wie nicht-marxistische Historiker, die sich mit den revolutionären Umwälzungen von 1917 bis 1922 beschäftigen, im großen und ganzen wenig Anstrengungen unternommen haben, die Zusammenhänge zwischen sozio-ökonomischen Strukturen im Industriesektor und dem revolutionären Potential tiefgreifenden Analysen zu unterziehen. Verständlicherweise ist es für die Marxisten peinlich, daß die revolutionären marxistischen Anstrengungen überall, außer in Rußland, dem bedeutendsten nicht-industrialisierten Land Europas, gescheitert sind. In den früh oder nur langsam industrialisierten Ländern, wie England, Frankreich und den Vereinigten Staaten, war Revolution niemals auch nur im entfernten Sinn eine Möglichkeit. In den spät industrialisierten und nur teilweise modernisierten Ländern, wie Deutschland, Österreich-Ungarn und Italien, mit denen wir uns hier befassen, war die Revolution von links ein Fehlschlag oder sie scheiterte bereits im Ansatz. Für nicht-marxistische Historiker, die einen Hang zum Historismus haben, wirkt diese Tatsache der Vergangenheit im Hinblick auf ihre eigenen Analysen zweifellos sehr beruhigend, wenngleich die Zusammenhänge zwischen dem Scheitern von Revolutionen und dem Gelingen rechtsgerichteter autoritärer Systeme oder dem Faschismus in diesen nur teilweise modernisierten oder spätindustrialisierten Ländern noch detaillierter zu untersuchen wären. Aber ebenso wie die Marxisten neigen diese Historiker dazu, sich schwerpunktmäßig mit politischen Problemen zu befassen. Die »progressiven« Historiker, deren ideologische Richtung etwas unklar ist und die man vielleicht in ein Spektrum, das von Linksliberalen bis zur Neuen Linken reicht, einordnen kann, tendieren, sofern sie sich mit diesen Fragen überhaupt beschäftigen, eher dazu, dem Problem einer Analyse der Zusammenhänge von sozio-ökonomischen Strukturen und revolutionären Entwicklungen auszuweichen. Statt dessen konzentrieren sie sich mehr auf die verpaßten Chancen für soziale und politische Reformen, die, wie man vermutet, dazu hätten beitragen können, den demokratischen und sozialistischen Aufbruch zwischen 1917 und 1922 in der Nachkriegszeit sicherer zu verankern. In der Bundesrepublik Deutschland, wo dieser methodische Ansatz besonders beliebt und auch schon sehr präzise ausgearbeitet worden ist, hat man systematisch versucht, zu dokumentieren, daß Deutschland einen »dritten Weg« zwischen dem Bolschewismus und dem bürgerlichen Paralamentarismus hätte einschlagen können. Insofern dabei auch sozio-ökonomische Strukturen durchleuchtet wurden – verwiesen sei hier auf den Aufsatz von Reinhard Rürup, Eberhard Kolb und mir zum Thema der Entwicklung einer Massenbewegung zwischen 1917 und 1920 – haben die betreffenden Historiker sich sehr darum bemüht, jeden Verdacht eines ökonomischen Determinismus auszuräumen.[1]

Aber im Ergebnis, so fürchte ich, haben sie damit die historiographischen Gesichtspunkte und Möglichkeiten, die einer weiterreichenden Erfassung sozio-ökonomischer Entwicklungen zweckdienlich sind, auch eingeengt. Deshalb möchte ich diese Diskussion mit einer detaillierten Zusammenfassung der grundsätzlichen Argumente und Schlußfolgerungen des genannten Aufsatzes beginnen. Anschließend werde ich diese einer kritischen Analyse unterziehen und darauf eingehen, wie zum einen eine andere Art der Fragestellung und wie zum anderen eine vergleichende Perspektive unsere Einsicht besonders in die Situation von 1917 bis 1922 und unser Verständnis zeitgeschichtlicher Probleme überhaupt vertiefen kann. Wo es angemessen erscheint, werde ich meiner Zusammenfassung zusätzlich vergleichende Argumente beifügen und damit Bezug auf Österreich-Ungarn und Italien nehmen.

I

In unserer Diskussion über die sozio-ökonomischen Verhältnisse stellten wir folgende Hauptthese auf: Die Bedingungen, die der Entwicklung einer Massenbewegung in Deutschland zwischen 1917 und 1920 den Antrieb gaben, waren auch diejenigen, die das revolutionäre Potential dieser Bewegung einschränkten und hemmten, ja sogar zerstörten und zugleich die konterrevolutionären Kräfte nährten. Während also die nichtrealisierten Möglichkeiten sowie die verloren gegangenen günstigen Gelegenheiten der Revolutionsperiode zu untersuchen waren, so mußten – was unserer Ansicht nach nicht minder wesentlich war – zugleich auch die ökonomischen Parameter, innerhalb deren sich die Massenbewegung entfaltete, in den Blickpunkt gerückt werden, um diese Massenbewegung und ihr revolutionäres Potential realistisch einschätzen zu können.

Der ambivalente Charakter der sozio-ökonomischen Voraussetzungen für die Entwicklung proletarischer Massenbewegungen war bereits vor dem Krieg deutlich. Einerseits schien der Reformismus beständig Fortschritte zu machen, insbesondere in Deutschland, aber auch in Österreich und Italien, wo die reformistischen Sozialisten mehr Macht im Parlament gewonnen hatten und ihre Gewerkschaften erstarkt waren. Regierungen und sogar einige Arbeitgeber schienen die unvermeidbare Tatsache zu akzeptieren, daß man sich mit den politischen Bewegungen und den Gewerkschaften der Sozialisten abfinden mußte. Andererseits hatte – wie in den »wilden« Streiks und schweren Arbeiterunruhen zum Ausdruck kommt – die militante Haltung der Arbeiter in den Jahren vor Kriegsausbruch zugenommen; gleichzeitig hatte die Organisation der politischen Rechten Fortschritte gemacht und an Militanz gewonnen, was sich an der Form der Arbeitgeberorganisation, den Aussperrungen, aber auch an der politischen Mobilisierung faschistoider Art besonders deutlich zeigte; auch waren politisch motivierte Gewalttätigkeiten im Ansteigen begriffen. Trotz wirtschaftlicher Verbesserungen in der Vorkriegszeit ließen inflationäre Tendenzen die Reallöhne stagnieren, wobei Arbeitermilitanz während des konjunkturellen Aufschwungs ihrerseits Arbeitgebermilitanz während der Rezession von 1913/14 nach sich zog. Mit diesen Entwicklungen der Vorkriegszeit waren die Voraussetzungen für eine proletarische Massenbewegung mit revolutionären Zielsetzungen ebenso gegeben wie der Nährboden für revisionistische Tendenzen und die Grundlagen für ein Gewerkschaftsbewußtsein. In Deutschland waren diese widersprüchlichen Tendenzen in der klassischen Kautsky-Position enthalten, die in sich die marxistische revolutionäre Rhetorik mit einer revisionistischen Praxis verband.[2]

Der Krieg verschärfte diese widersprüchlichen Tendenzen. Die Zusammensetzung der Arbeiterschaft in Deutschland wie in Österreich-Ungarn und Italien änderte sich grundlegend, und herkömmliche Strukturen und tradierte Beziehungen in der Arbeiterschaft wurden aufgelöst, was weiterhin die proletarische Massenbewegung förderte. Während des Krieges wurde eine große Anzahl von Frauen und Jugendlichen beschäftigt, in zunehmendem Maße auch ungelernte und angelernte Arbeiter. Der Anteil der Frauen in der deutschen Arbeiterschaft erhöhte sich von einem Fünftel im Jahre 1913 auf ein Drittel im Jahre 1918. Wichtiger noch als der Wandel in der Zusammensetzung der Arbeiterschaft waren Veränderungen, die sich hinsichtlich der geographischen Lage und Ballung der Arbeiterschaft abzeichneten. In einigen Gebieten war eine dramatische Zunahme, in anderen eine starke Reduzierung der Beschäftigten zu verzeichnen, wobei die plötzliche Zusammenziehung von Arbeitermassen in großen Betrieben, die häufig weit entfernt von ihrem Heimatort lagen, zwangsläufig einen Nährboden für den Radikalismus schaffen mußte, da unter diesen besonders schwierigen Umständen tradierte soziale Bindungen zerrissen wurden. Bei Krupp z. B. stieg die Zahl der Arbeiter in den Jahren von 1914 bis 1918 von 34000 auf 100000, während sich in der Maschinenfabrik Thyssen in Mühlheim/Ruhr die Anzahl der Arbeiter in jenen Jahren von 3000 auf 26500 erhöhte. Ähnlich gab es auch neue große Zusammenballungen von Arbeitern in den Zentren der Chemieindustrie wie z. B. in Leverkusen und Merseburg. Im Gegensatz dazu verringerte sich die Zahl der Beschäftigten beträchtlich in den Textil-, Lebensmittel- und in sonstigen Konsumgüterindustrien. Diese Entwicklung fand ihr Pendant in anderen großen Industriezentren wie Wien, Budapest, Pilsen und Turin, und es war kein Zufall, daß die Metall-, Maschinen- und Automobilfabriken dieser Städte ebenso wie die neuen Fabrikanlagen in

Mühlheim/Ruhr, Hamborn und Merseburg bereits vor der Revolution zum Mittelpunkt radikaler Aktivität wurden. Ähnlich schufen auch die riesigen Maschinenbaubetriebe und elektrotechnischen Unternehmen in Berlin ideale Bedingungen für revolutionäre Obleute und für die großen Demonstrationsstreiks in den Jahren 1917 und 1918. Natürlich war es nicht allein der Krieg, der diese Zentren des Radikalismus entstehen ließ; kennzeichnend für sie war gerade das Zusammenspiel radikaler Traditionen aus der Vorkriegszeit und des Zustroms von Massen ungelernter, angelernter, jugendlicher und weiblicher Arbeitskräfte während des Krieges. Diese Arbeiter vertrauten sich bereitwillig der Führung hochbezahlter und vom Militärdienst zurückgestellter Facharbeiter an, die ihre Unentbehrlichkeit und eine Rolle, in der sie sich als Vorhut der Arbeiterklasse verstanden, gleichermaßen gewinnbringend ausnutzten. Die Maschinenbaubetriebe in Berlin, Mühlheim/Ruhr und Hamborn, in Budapest und Turin typisieren diese Kombination von Eigenschaften.[3]

Die zuvor beschriebene Destabilisierung der Arbeiterschaft stellte, wie zu erwarten, die betroffenen Institutionen auf eine harte Probe. Die Gemeinden befanden sich in der außerordentlich schwierigen Lage, die neu hinzugekommenen Arbeitermassen der Kriegsindustriebezirke mit Nahrung und Unterkunft zu versorgen. Die Unternehmensleitung fand es nicht einfach, die aufgeworfenen technischen, sozialen und disziplinarischen Probleme zu bewältigen. Letztlich waren auch die personellen und organisatorischen Strukturen der Gewerkschaften nicht hinreichend gefestigt, um den Zustrom neuer Mitglieder, der 1917 überall einsetzte und bis zum Kriegsende enorme Ausmaße angenommen hatte, integrieren zu können, zumal der Mangel an Funktionären äußerst bedenklich war; erschwerend wirkte das Fortbestehen alter handwerklicher Traditionen und Organisationsstrukturen, die die Anpassungsschwierigkeiten der Gewerkschaften an die Massenbetriebe vergrößerten und Impulse außer acht ließen, die in die Richtung einer Reorganisation traditioneller Handwerkerorganisationen in Industriegewerkschaften gingen. Gewerkschafts- und Parteiführer, vor allem in den höheren Rängen der SPD-Organisationen, betrachteten ihre Aufgabe, die neuen Arbeitnehmer zu integrieren, mit gemischten Gefühlen und neigten auch in dieser Situation dazu, ihre Bemühungen stärker auf die Disziplinierung als auf die Aktivierung der Arbeiter zu konzentrieren.[4]

Der Charakter und die Anzahl der Streiks während der beiden letzten Kriegsjahre verdeutlichen allerdings, daß die Arbeiter die Dinge häufig selbst in die Hand nahmen oder aber sich militanten Oppositionsführern anschlossen. Zweifellos war in Deutschland wie in Österreich und Italien der wichtigste Auslöser militanter Arbeiteraktionen während des Krieges die Lebensmittelknappheit, die zwei Aspekte hatte: Erstens war es der völlige Mangel an Lebensmitteln, der zur physischen und geistigen Erschöpfung der Arbeiter führte, die Produktivität verringerte und die psychische Reizbarkeit erhöhte; zweitens wirkte sich die Handhabung der Lebensmittelversorgung insofern nachteilig aus, als die Autorität des Regimes völlig untergraben und die Bereitschaft der Arbeiter, gegen den Feind von außen durchzuhalten sowie die Wünsche der Gewerkschaftsführer zu befolgen, ausgehöhlt wurde. Die chaotische Lage der Lebensmittelversorgung und der Triumph des schwarzen Marktes riefen schwerwiegende Zweifel an der Fähigkeit und Effizienz der Zivil- und Militärbürokratie hervor und unterminierten damit letztlich die Legitimität der Regierung. Die eklatanten Ungerechtigkeiten der Kriegswirtschaft enthüllten auf unmißverständliche Weise den Klassencharakter dieser Gesellschaften. Die Intensivierung politischer Forderungen und die offensichtliche Kriegsmüdigkeit im schrecklichen Winter von 1916/17 rührten direkt vom Mangel lebensnotwendiger Güter her. Deshalb waren die Regierungen immer mehr dazu geneigt, Konzessionen an die Arbeiterschaft zu machen und die Gewerkschaften für ihre Bemühungen einzuspannen, um so die Arbeiter unter Kontrolle zu halten und ihre eigene Legitimität abzustützen. Zu diesem Zweck wurde in Deutschland das Hilfsdienstgsetz vom Dezember 1916 erlasssen, das den Gewerkschaften zum ersten Mal eine maßgebliche Stimme in Streikschlichtungen über Löhne und Arbeitsbedingungen einräumte; in Italien wurden Ausschüsse für die industrielle Mobilmachung errichtet, in denen die CGL und FIOM eine ähnliche Rolle übernahmen; in Österreich wurden Zugeständnisse durch einen Erlaß vom 18. März 1917 gemacht, der ein System von Beschwerdeausschüssen einführte. In diesem Sinne also wurden die Lebensmittelknappheiten und andere Entbehrungen der Kriegszeit sowie das Versagen der Regierungsbehörden zum Ausgangspunkt für Aktivitäten von Sozialpatrioten und bürgerlichen Reformern einerseits und politischen Radikalen der Linken andererseits.[5]

Zwar konnten die Radikalen zunehmende Erfolge bei den Arbeitern verbuchen, aber die Vitalität der Massenbewegung und ihr revolutionäres Potential wurden durch die Kriegskonjunktur ebenso geschwächt wie durch die Praxis, die Arbeitermilitanz mit nominellen Lohnerhöhungen und speziellen Lebensmittelzuteilungen zu verringern. Die inflationäre Lohn-Preis-Spirale im Industriesektor fügte der gemeinsamen Sache der Radikalen insofern Schaden zu, als sie eine Zersplitterung der Massenbewegung förderte und damit potentielle Verbündete von ihr fernhielt. Die Massenbewegung zwischen 1917 und 1920 war mit der wichtigen Ausnahme Italien größtenteils eine proletarische und vermochte keine Einbrüche in andere Schichten zu erlangen, und sogar in Italien konnte die Verbindung zwischen agrarischen und industriellen Massenbewegungen nicht hergestellt werden. Selbst wenn die Unzufriedenheit mit dem Krieg und der wirtschaftlichen Lage auch andere soziale Gruppen als die Arbeiter erfaßte, deutet alles darauf hin, daß die Forderungen der Arbeiter nur sehr wenig Resonanz bei den Bauern und dem Mittelstand fanden. Rein wirtschaftlich gesehen hatte der Krieg dazu beigetragen, die ökonomischen Bedingungen zu nivellieren, wobei es sich aber zeigte, daß, mit Ausnahme einiger wichtiger Gruppen unter den

Angestellten – zumindest in Deutschland, wo sie bereits einigermaßen untersucht worden sind – Status- und Proletarisierungsängste viel ausschlaggebender waren als die gemeinsame Klassenlage. Mit anderen Worten, in Deutschland, Österreich und Ungarn verschärfte das Problem der Lebensmittelversorgung die Kluft zwischen dem städtischen Proletariat und der Bauernschaft, wohingegen der relative Machtzuwachs der Gewerkschaften während des Krieges und die Vorherrschaft des Industriesektors in der Wirtschaft gleichermaßen Ressentiments unter der Landbevölkerung und im Mittelstand hervorriefen. Dieser Sicht entsprach es, die organisierten Arbeiter und die Industriellen als Kriegsgewinnler in ein und denselben Topf zu werfen – ein Standpunkt, der dem Radikalismus der Rechten sicherlich förderlicher war als dem der Linken. Dementsprechend blieb das revolutionäre Potential der proletarischen Massenbewegungen begrenzt, da sie sich im soziologischen Sinn in der Isolation befanden und gleichzeitig in dem inflationären Wirtschaftsboom der Kriegszeit eingefangen waren.[6]

Die Revolutionen in Deutschland und Österreich waren in größerem Maße von den Reaktionen auf die politischen Verhältnisse und die Kriegsniederlage als von sozio-ökonomischen Faktoren bestimmt, obwohl letztere entscheidend dazu beitrugen, Charakter und Verlauf der Revolutionen zu gestalten, ebenso wie sie der Politik der italienischen Sozialisten zugrunde lagen. In Deutschland und Österreich war während der frühen Revolutionsphase deutlich die traditionelle sozialistische Führung im Aufsteigen, die die Soldaten- und Arbeiterräte größtenteils unter ihre Kontrolle brachte. Nach Ansicht der sozialistischen Führer, und dies gilt auch für den Italiener Turati, waren die Probleme der Demobilmachung und des Übergangs zu einer Friedenswirtschaft ebenso wie die Isolierung des Industrieproletariats auf nationaler wie auf internationaler Ebene viel zu schwerwiegend, um revolutionäre Experimente in die Wege zu leiten. In Deutschland hatten sich in sozialistischen wie in bürgerlichen Kreisen seit 1916 Ängste vor der Demobilmachung breit gemacht, die im Zusammenhang mit der russischen Revolution und der größeren Wahrscheinlichkeit einer Niederlage nur noch zunahmen. Die sozialistischen Führer befürchteten, daß »russische Zustände« entstehen würden, wenn die Demobilmachung unorganisiert verlief oder von denselben unfähigen Bürokraten organisiert wurde, die auch die Kriegswirtschaft geleitet hatten. Deshalb verbündeten sie sich mit denjenigen Industriellen, die ihre Befürchtungen teilten und verfolgten damit eine Politik, die Vollbeschäftigung aufgrund großzügiger Verträge mit der Industrie, Arbeitszeitverkürzungen und Erwerbslosenunterstützungen so weit wie möglich herstellen sollte. Diese Arbeitsgemeinschaftspolitik war in Österreich weniger explizit, nicht so hochentwickelt und nicht in gleichem Maße frei vereinbart wie in Deutschland, aber auch dort verhalf die Zusammenarbeit von Gewerkschaften und Arbeitgebern dazu, die Arbeitslosigkeit zu verringern und die Probleme im Zusammenhang mit der Demobilmachung zu entschärfen. In Italien trugen Turati und die Sozialisten weder die

Verantwortung für die Demobilmachung noch für den Übergang von der Kriegs- zur Friedenswirtschaft; ebensowenig hatten sie es mit einer so kooperativen oder gemäßigten Gruppe von Industrieführern zu tun. Kennzeichnenderweise warnten aber auch sie vor einer sozialen Revolution, da diese zu unerträglichen Lebensmittel- und Rohstoffknappheiten, insbesondere von Kohle, sowie zu wirtschaftlicher Isolierung und Chaos führen würde.[7]

Inwieweit waren diese Befürchtungen berechtigt? Diese Frage bleibt noch gründlich zu untersuchen, aber im Fall Deutschlands behaupteten wir, daß ironischerweise sowohl die subjektiven Erwartungen hinsichtlich der Demobilmachung als auch der konkrete Ablauf der Demobilmachung eine konterrevolutionäre Wirkung hatten, und zwar aus dem einfachen Grunde, weil die schon erwähnten Befürchtungen sich nicht bewahrheiteten. Das Heer löste sich größtenteils von selbst auf, und die Arbeitslosigkeit blieb, gemessen an der schwierigen Lage dieser Zeit, von erstaunlich geringem Ausmaß. In der Tat folgte der Kriegskonjunktur eine neue Hochkonjunktur dank der großen Nachfrage im Zivilsektor und der Ankurbelungspolitik der Regierung, wobei die Arbeiter, insbesondere in den Großindustrien, ständig mit Lohnerhöhungen kompensiert wurden. Zwischen 1919 und 1920 sollen die Reallöhne im Vergleich zum Niveau der Vorkriegszeit bis zu zehn Prozent gestiegen sein. Diese Politik der Bestechung mittels Lohnkonzessionen war gerade in der Schwerindustrie und den Investitionsgüterindustrien, wo die revolutionäre Stimmung schwelte, von besonderer Bedeutung. Damit soll nicht gesagt sein, daß im Spätwinter und zu Beginn des Frühjahrs 1919 Lohnerhöhungen zum Ziel der Massenstreiks wurden; indessen soll betont werden, daß Industrie und Regierung bewußt eine Politik anstrebten, die letztlich darauf hinauslief, durch wirtschaftliche Konzessionen die Massenbewegung auszuhöhlen. In diesem Zusammenhang ist bemerkenswert, daß zwischen 1917 und 1918 wirtschaftliche Streikaktivitäten vornehmlich in der Großindustrie stattfanden, sich aber 1920 ganz deutlich auf kleinere Betriebe und Industriezweige verlagerten, da diese mit dem inflationären Tempo der Großindustrie nicht Schritt halten konnten. Eine ähnliche inflationäre Politik wurde auch in Österreich betrieben, wo die sozialistische Regierung diese Politik noch bewußter als in Deutschland verfolgte und dabei sogar mit Lohnindizes experimentierte. So ließen sich die Sozialisten, die in Deutschland und Österreich an die Macht kamen, von ihrer Furcht vor einem wirtschaftlichen Chaos und ihrem Wunsch nach einer Wiederherstellung der Ordnung insofern beeinflussen, als sie den radikaleren Lösungen für die wirtschaftlichen und politischen Probleme ihrer Gesellschaften aus dem Weg gingen. Sie fanden es passender, mit einer galoppierenden Inflation als mit Sozialisierung und Arbeiterkontrolle zu experimentieren.[8]

In Österreich wurde diese Ängstlichkeit durch weitere Faktoren, wie das wirtschaftliche Chaos infolge der Auflösung des Habsburger Reiches, die große Abhängigkeit von Hilfestellungen, die von außerhalb gewährt wurden und die starke Position der Bauernschaft zweifellos noch verstärkt. Allgemein gesehen, zeigt auch die Entwicklung in Österreich, was im Falle Deutschlands ganz offensichtlich ist: daß nämlich einer revolutionären Massenbewegung in einer industrialisierten und hochorganisierten Gesellschaft, die zahlreiche endogene Mittel zur Abwehr derartiger Formen von Zusammenbruch und Anarchie hat, zu enge Grenzen gesetzt sind, als daß es einer entschlossenen revolutionären Führung möglich wäre, die Macht mit Hilfe einer revolutionären Massenbewegung an sich zu reißen und aufrechtzuerhalten. Ferner erwiesen sich diejenigen Großindustriellen, deren Selbstvertrauen durch den Krieg eher bestärkt als verringert worden war, als erstaunlich flexibel und einfallsreich, was sich an ihrer scharfsinnigen Arbeitsgemeinschaftspolitik zeigte, wohingegen die SPD und die Gewerkschaften schnell organisatorische Strukturen zur Absorbierung der Massen bereitstellten.[9]

Wie sich an dem enormen Wachstum der Gewerkschaften und der SPD zeigt, schlug sich die Massenbewegung zunächst vorwiegend im Erwerb der Mitgliedschaft in den herkömmlichen Arbeiterorganisationen nieder. Diese massive Beitrittsbewegung in jene Organisationen war eine Art der politischen Artikulation, die zum einen die Überzeugung der Arbeiter widerspiegelt, daß aus einer Mitgliedschaft konkrete wirtschaftliche Vorteile zu holen seien, und zum anderen auch den Drang der Massen verdeutlichte, selbst Initiative zu ergreifen und die traditionellen Organisationen zu einer aktiveren Rolle anzutreiben. Es dauerte einige Zeit, bis die Massen von den herkömmlichen Organisationen enttäuscht waren und erkannten, daß die Führung weder hinreichend organisiert noch gewillt war, einen wahrhaft radikalen Kurs einzuschlagen. Diese Desillusionierung kam aber erst zu einem Zeitpunkt, als die optimalen politischen Chancen zwischen November und Dezember 1918 bereits vorbei waren und es der Massenbewegung an einer wirksamen organisatorischen Alternative fehlte, da in der Zwischenzeit die Räte viel an Durchschlagskraft eingebüßt hatten, die USPD zu schwach und die KPD zu isoliert und in sich gespalten war. So lange die alt eingesessenen Arbeiterführer ihre Macht beibehielten, wie im Fall des Bergarbeiterverbandes, war die Militanz der Massenbewegung aufgrund der unzureichenden Organisierung und der wirtschaftlichen Konzessionen geschwächt. Als dann jedoch ein Führungswechsel stattfand, wie im Fall des Metallarbeiterverbandes im Juni 1919, kam er zu spät, um noch bedeutsame Ergebnisse erzielen zu können. Es ist kein Zufall, daß die revolutionären Obleute mit relativ großem Erfolg die Massen organisierten und steuerten, denn sie operierten innerhalb gefestigter Strukturen, die mit den bereits bestehenden Organisationen konkurrieren konnten. Sie waren die führenden Köpfe der Gewerkschaften in den Massenbetrieben der Großstädte. Als eine in den Gewerkschaftsorganisationen verwurzelte Opposition und als eine natürliche Führungsgruppe innerhalb eines großen Betriebes waren sie in der Lage, eine Kaderelite sowohl aus radikalen Facharbeitern wie aus den großen Massen angelernter und ungelernter Arbeiter zu organisieren, die zusammen die revolutionärste Komponente der Massenbewegung ausmachte. Möglicherweise wäre ihre Rolle weit revolutionärer als die der Räte gewesen, da die Verantwortung vieler Räte für die Organisierung der Lebensmittelversorgung und für die Arbeitsnachweise so weittragend war, daß sie damit die wirtschaftliche Lage stabilisieren halfen.[10]

Wir folgerten aufgrund dieser Argumente, daß die sozio-ökonomischen Voraussetzungen für die Entwicklung einer revolutionären Massenbewegung eindeutig vorhanden und notwendig waren, daß aber die endgültige Erklärung für den Verlauf und für das Versagen der Bewegung letztlich im politischen Bereich gesucht werden muß. Weniger die objektiven wirtschaftlichen Verhältnisse, sondern die subjektive Einschätzung durch die Mehrheitssozialisten war entscheidend für deren Versagen bei einer durchgreifenden Demokratisierung von Gesellschaft und Wirtschaft. Die zeitgenössischen Argumente *gegen* die Sozialisierung des Kohlebergbaus und von Schlüsselindustrien, wie z. B. der schlechte Zustand der Gruben infolge des Raubbaus während des Krieges, die hohen Preise, der Einfluß ausländischen Kapitals, die sinkende Produktivität und die schlechte Finanzlage, hätte man auch als Begründungen *für* die Sozialisierung benutzen können. Das Versagen der Mehrheitssozialisten in der Sozialisierungsfrage führte im April 1919 zu der »wilden Sozialisierung« im Kohlebergbau und in den Kalibergwerken an der Ruhr und in Mitteldeutschland. Das von der sozialdemokratischen Führung befürchtete Chaos, das sie auch veranlaßte, die Arbeitsgemeinschaftspolitik zu betreiben, setzte schließlich dann ein, als sich die Masse der Arbeiter in ihren Hoffnungen und Chancen hintergangen fühlte und von ihren Führern enttäuscht war. Erst im Winter und Frühjahr 1919 zeichnete sich ein revolutionäres Chaos größeren Ausmaßes ab, währenddessen die Arbeiter einen Lernprozeß durchmachten, in dem sie ihre Ziele artikulierten und somit ihre Feindschaft nicht nur gegen die Institutionen der alten Ordnung, sondern auch gegen die traditionellen Arbeiterorganisationen und ihre Führer ankündigten. Aufgrund der relativ hohen Arbeitslosigkeit in diesen Monaten waren zwar die wirtschaftlichen Bedingungen für einen revolutionären Aufstand äußerst günstig, die politischen jedoch hatten sich ungünstig entwickelt, da das Bündnis zwischen den Mehrheitssozialisten und den Kräften der alten Ordnung bereits abgesichert war. Folglich erwiesen sich die Arbeitslosigkeit und die wirtschaftlichen Schwierigkeiten von geringerer Bedeutung als die günstigen Gelegenheiten, die sich aus der Inflation und der Nachfrage nach Gütern anboten. Die politische Situation förderte die Verflachung der revolutionären Massenbewegung zu einer Lohnbewegung und machte eine zunehmende politische Stabilisierung auf der Basis einer inflationistischen Wirtschaft möglich. Die Ereignisse sollten noch zeigen, daß diese inflationistische Wirtschaft für die Arbeiter eine Zeitbombe war, sofern sie einerseits 1922/23 zu einer katastrophalen Verringerung ihrer Reallöhne führte und andererseits die sozio-ökonomischen Voraussetzungen für eine revolutionäre Massenbewegung von rechts schuf.

II

Betrachtet man diese Erklärung, besonders die Unterscheidung zwischen objektiven sozio-ökonomischen Verhältnissen und deren subjektiver Einschätzung, so scheint mir ihre grundsätzliche Funktion in der Hoffnung zu liegen, daß den Historikern ans Herz gelegt wird, die historischen Möglichkeiten sowie die Unmittelbarkeit und die Spannungsverhältnisse der Revolutionsperiode erneut zu erwägen. Diese Absicht sollte aus moralischen, heuristischen und vielleicht sogar ästhetischen Gründen Beifall finden, aber ich möchte nicht als Vertreter einer Geschichtsschreibung mißverstanden werden, die sich schwerpunktmäßig mit der Frage auseinandersetzt, wie die Sieger zu ihrem Sieg gelangten und die außerdem die gegenwärtigen Zustände anhand der Vergangenheit zu rechtfertigen sucht.[11] Nichtsdestoweniger glaube ich, daß wir doch so konsequent sein müssen, uns von dem historischen Moment, mit dem wir uns gerade beschäftigen zu distanzieren, und damit die revolutionäre Situation von 1917 bis 1922 in einem breiteren Kontext betrachten; denn dadurch wären wir in der Lage zu erkennen, daß – selbst wenn die subjektiven Wahrnehmungen der historischen Akteure sie in ihrer Kapazität hemmten, die objektiven Möglichkeiten zu ihrem eigenen Vorteil auszunutzen – die subjektiven Wünsche der Historiker zu sehr die Position der Nachgeborenen einnehmen und damit den objektiven Gehalt dieser angeblichen Subjektivität der historischen Akteure unterschätzen. Deshalb möchte ich jetzt zu bestimmten Vorschlägen und möglichen Richtlinien für die weitere Forschung und Untersuchung kommen, die in eine etwas andere Richtung als das gerade Erörterte weisen.

Aus einer langfristigen Perspektive betrachtet, ereignete sich der Erste Weltkrieg und die hier erörterte revolutionäre Situation inmitten einer Übergangsphase des Industriekapitalismus, der sich durch den Triumph des Großbetriebes und des industriellen Verbandswesens auszeichnete. Das besondere Merkmal dieses Aufbruchs der wirtschaftlichen und industriellen Entwicklung, an dem Deutschland, Österreich-Ungarn und Italien gleichermaßen vor dem Krieg weitgehend teilhatten, war die Entstehung des Großbetriebes, der Massen von Arbeitern beschäftigte und von den neuen Technologien Gebrauch machte. Er entstand in Großstädten wie Berlin, Stuttgart, Wien, Linz, Budapest, Mailand und Turin, die zu Mittelpunkten der »Wachstumsindustrien« wie z.B. dem Maschinenbau, der Elektrotechnik und der Automobilproduktion wurden. Die Veränderung der Arbeiterschaft durch angelernte und ungelernte Arbeiter nahm seinen Anfang in diesen Betrieben, setzte aber schon vor dem Krieg ein. Aus einsichtigen Gründen kann man annehmen, daß diese Arbeiter als erste auf die Arbeitsintensivierung reagierten, die aufgrund der für die Vorkriegszeit charakteristischen Mechanisierung, Überwachung der Arbeitstätigkeiten und zunehmenden Akkordarbeit entstand. Sie waren auch die ersten, die Experimenten des »scientific management« ausgesetzt waren, wobei der Taylorismus sogar im Ungarn der Vorkriegszeit versucht worden zu sein scheint.[12]

Wie es in der Geschichte der Industrialisierung schon immer der Fall war und auch weiterhin bleiben wird, stellte die Entwicklung neuer Techniken und Produktionsformen die Anpassungsfähigkeit der damit konfrontierten Menschen und Institutionen auf eine harte Probe. Die Gewerkschaften stellten sich nur langsam von Handwerker- auf Industriegewerkschaften um, die durch den Übergang zu modernen Großbetrieben erforderlich wurden. Ebenso nahmen die Arbeitgeber nur allmählich die Implikationen der entpersonalisierten Arbeitnehmer-Arbeitgeber-Beziehungen, die tradierte Herrschaftsformen in der Industrie ersetzten, zur Kenntnis. Die mit Sicherheit durch wirtschaftliche Faktoren bedingte Zunahme von wilden Streiks und Aussperrungen und die Entstehung von Arbeitgeberorganisationen vor dem Ersten Weltkrieg waren möglicherweise auf einer tieferliegenden Ebene auch Reaktionen auf die strukturellen Veränderungen der Wirtschaft. Außerdem mangelte es der traditionellen Gewerkschaftsführung wahrscheinlich an Einsicht in die neu entstehenden Arbeitsverhältnisse, da sie selbst noch von Handwerkertraditionen und -erfahrungen bestimmt wurde. Während die Arbeiterführer größere materielle Vorteile für die Arbeiter zu gewinnen suchten, war ihre Gesinnung produktivistisch orientiert und als gute Marxisten betrachteten sie alle fortschrittlichen Veränderungen in den Produktionsverfahren und Organisationsmethoden, z. B. den Taylorismus, letztendlich als vorteilhaft für die Arbeiterklasse. Dabei mangelte es grundsätzlich an einem Verständnis der Implikationen dieses Wandels in bezug auf die Rolle der Gewerkschaften und Arbeiter im Produktionsprozeß. Möglicherweise waren die Spannungen zwischen Gewerkschaften und Arbeitern sowie die zunehmenden syndikalistischen Tendenzen vor dem Krieg die ersten Indizien für Entwicklungen, die dann während des Krieges und der Revolutionszeit durch die Verhältnisse zugespitzt zum Ausdruck kommen sollten. Dies scheint auch in den betroffenen Ländern der Kontext für das »shop steward movement« und für die von den Obleuten ausgeübte Funktion in den Streiks dieser Zeit gewesen zu sein und ebenso den Rahmen für Impulse zur Ausformung von Industriegewerkschaften, für die Arbeiterkontrolle und schließlich – am Höhepunkt ihrer Entwicklungen – für eine demokratische Ordnung in der Industrie geschaffen zu haben. Deshalb waren Ereignisse wie die Beschlagnahme von Gruben durch die Arbeiter, die Rätebewegung 1919 in Deutschland sowie ähnliche Entwicklungen in Österreich 1918/19 und die berühmte Besetzung von Fabriken in Turin und anderswo in Norditalien im Jahre 1920 nur die logische Konsequenz dieser Tendenzen, die gleichzeitig ihren theoretischen Niederschlag in den Schriften von Karl Korsch und Antonio Gramsci fanden.

Gramsci und Korsch suchten die Arbeiterkontrolle und Sozialdemokratie dergestalt zu verknüpfen, daß durch erstere die Brücke zur letzteren geschlagen werden sollte. Aber derartige Träume, einschließlich der Hoffnung, daß sich eine derartige Konzeption grundsätzlich verwirklichen ließe, sollten enttäuscht werden. Die Enttäuschung könnte darauf hinweisen, daß der Lernprozeß der radikalisierten Arbeiter in den neuen Industrien über sein Ziel hinausgeschossen war, insofern als unter den gegebenen Umständen nicht realisierbare Pläne entworfen worden waren; indessen stellten diese Ziele die herkömmliche Auffassung der Gewerkschaften, Arbeiterprobleme auf rein materielle Fragen zu reduzieren, sowie die gewerkschaftliche Vorstellung eines Produktivismus, der dem Sachverstand der Arbeitgeber unbestritten den Vorrang einräumte, in Frage. Die radikalen Angriffe wurden allenthalben zurückgeschlagen, und es ist schwer sich vorzustellen, daß diese Aktionen tatsächlich zum Erfolg hätten führen können, selbst wenn Historiker in jüngster Zeit mit Begeisterung vom Sachverstand sprechen, den die Arbeiter bei der Organisation der besetzten Gruben und Fabriken demonstrierten. Letzten Endes blieben nämlich die Bewegungen der Arbeiter, Kontrollbefugnisse zu erlangen, sowie die Besetzung von Betrieben isolierte Ereignisse, da sie weder durch eine nationale Bewegung koordiniert wurden, noch einen umfassenden Wirtschaftsplan hatten und darüber hinaus bei einem Großteil der Bevölkerung in den betroffenen Ländern auf Ablehnung stießen. Sogar in Italien, wo auf dem Lande eine bedeutende linkspolitische Bewegung zustande kam, fehlte es an einer Koordinierung mit den Arbeitern in Turin, ebenso wie die Kollaboration zwischen den Arbeitern in Turin und Mailand ausblieb. Darüber hinaus waren die Industriellen entweder, wie in Deutschland, gewillt, die Arbeiter durch Lohnerhöhungen zu bestechen oder sie waren, wie in Italien, zu Lohnerhöhungen gezwungen, wobei Giolitti weiterhin die Rolle des Vermittlers und Schiedsrichters spielte, die ihm während des Krieges übertragen worden war. Den reformistischen Gewerkschaftsführern konnten die Ereignisse zwischen 1917 und 1920 die Lehre erteilen, daß sie den unmittelbaren Kontakt zur Basis verloren hatten. Nachdem sie sich den Betriebsräten zunächst mit aller Kraft widersetzt hatten, erkannten sie im Nachhinein ihren Wert und begannen, wie dies in Deutschland, Österreich und Italien der Fall war, die Räte für ihre eigenen Ziele einzuspannen. In diesem Sinne spielte die Arbeiterkontrollbewegung, wenngleich sie im Hinblick auf ihre unmittelbaren, fast millenarischen Absichten erfolglos blieb, möglicherweise bei der Modernisierung der europäischen Gewerkschaftsbewegung eine vermittelnde Funktion, indem sie die Gewerkschaftsführer dazu zwang, neue Organisationsformen zu akzeptieren und sich direkt mit der Problematik der Rolle der Arbeiter im Produktionsprozeß zu befassen.[14]

Wenn Gramsci die Möglichkeiten der Situation zu diesem Zeitpunkt falsch interpretierte, war dann - so muß man fragen – die Behauptung von Robert Michels zutreffender, daß die Turiner Fabrikbesetzungen und insbesondere die vagen Pläne für die Verwirklichung der Arbeiterkontrolle durch die Zusammenarbeit mit den Arbeitgebern in Fragen der Preis- und Produktionspolitik letztlich den Anfang eines Bündnisses zwischen organisiertem Unternehmertum und organisierter Arbeiterschaft auf Kosten der Verbraucher darstellten? Lag die Zukunft also nicht in dem fanatischen proletarischen Produktivismus von Gramscis *Ordine Nuovo*, sondern eher im Produktivismus mit seinem ihm zugrunde liegenden »Kollaborationismus«, der typisch für die Arbeitsgemeinschaftspolitik eines Hugo Stinnes und Carl Legien war? Mit Sicherheit nicht in Italien, wo das Interesse am Whitleyismus in den CGL-Kreisen und bei einigen Unternehmern immer nur oberflächlich blieb, während die Besetzung der Fabriken geeignet war, der Bourgeoisie die Tatsache zu demonstrieren, daß der bürgerliche Staat sie nicht zu schützen vermochte, auch wenn er die Linke unterdrückte, sei es auf die Art und Weise von Karl Renner, Julius Deutsch und Otto Bauer, oder auf die von Friedrich Ebert, Philipp Scheidemann und Gustav Noske. In Italien gewann Mussolinis »Produktivismus« zunehmend an Anziehungskraft, da Italien Rohstoffe importierte und für den Binnenmarkt produzierte und sich daher nicht wie die Deutschen und Österreicher die Inflation zunutze machen konnte. Angesichts der instabilen sozialen Verhältnisse in Italien wäre ohne Mithilfe eines repressiven Staates eine durchgreifende Deflationspolitik mit hoher Arbeitslosigkeit wie sie in Großbritannin und den Vereinigten Staaten verfolgt wurde, nicht nachvollziehbar gewesen. Die italienischen Industriellen waren, was ihre Technologien anbelangt, dynamisch und fortschrittlich, doch noch nicht lange genug organisiert und darüber hinaus von ihrem Unternehmerabsolutismus zu überzeugt, als daß sie die Hinhaltetaktiken ihrer deutschen und österreichischen Kollegen hätten übernehmen können.[15]

In Deutschland und Österreich waren es mehrere Faktoren – wie die Kriegsniederlage, das Erstarken der sozialistischen Reformisten, eine Gruppe von Industriellen, die politisch erfahrener und besser organisiert war, sowie wirtschaftliche Verhältnisse, die erlaubten, die Inflation zur sozialen Befriedung zu nutzen –, die es diesen Ländern ermöglichte, mit wirkungsvollen neuen Techniken der Krisenbewältigung zu experimentieren, deren Entwicklung schon in der Vorkriegszeit abzusehen war. Gewerkschaften und Arbeitgeberorganisationen kollaborierten in beiden Ländern, um die negativen Folgen der Demobilmachung und der Arbeitslosigkeit zu mildern und um, manchmal bewußt, manchmal unbewußt, eine Inflationspolitik in der Weise zu betreiben, daß die Produktion angekurbelt und die Wirtschaft belebt, alte Exportmärkte zurückerobert und das Beschäftigungsniveau hoch gehalten wurden. Die Österreicher waren sogar noch geschickter als die Deutschen in ihrer Nutzung der Inflation und in der Suche nach Mitteln und Wegen, um mit dem Lohnproblem fertig zu werden, wie Karl Renners Indexsystem, das auf eine alte Idee von Adolf Braun zurückging und seit 1919 durchgeführt wurde, hinreichend zeigt. Bekanntlich war aber der diesen inflationären Praktiken zugrundeliegende ökonomische Kenntnisstand sehr begrenzt und die inflationsbedingten Hochkonjunkturen beider Länder zerfielen, als die Inlandspreise 1922/23 das Niveau der Weltmarktpreise erreichten und das Ausland, das sich von der weltweiten Nachkriegsdepression zu erholen begann, mit Einfuhrsperren reagierte.[16] Können wir daraus folgern, daß, insbesondere in Anbetracht der Nöte für die Arbeiterklasse aus der nachfolgenden Stabilisierung und der später daraus resultierenden politischen Entwicklungen die reformistische Politik der Sozialisten und ihre Zusammenarbeit mit den Arbeitgebern ein totaler Fehlschlag ohne längerfristige Bedeutung waren?

Diese Betrachtungsweise wäre m. E. kurzsichtig. Zunächst ist es wichtig, der Arbeitsgemeinschaftspolitik und dem Kollaborationismus keine übertrieben große Bedeutung beizumessen. Das Indexprogramm wurde in Österreich gegen den Willen der Arbeitgeber aufgenommen, und in Deutschland lehnten es Sozialdemokraten und Gewerkschaftsführer bald ab, sich gänzlich auf das Bündnis mit den Arbeitgebern zu stützen und wandten sich zur Vertretung von Arbeiterinteressen und zur Förderung einer modernen Sozialpolitik in zunehmendem Maße an Regierung und Parlament. In dieser Zeit entstanden besonders in Österreich und Deutschland wegweisende sozialpolitische Experimente, die nicht einfach eine Bewältigung der Krisen, sondern auch die konsequente Verwirklichung von reformistischen Tendenzen der Vorkriegszeit bedeuteten. Die Gründung des Wohlfahrtsstaates ist kaum als ein selbstverständliches historisches Ereignis zu verstehen, und auch hier dienten die revolutionären Unruhen von 1917 bis 1922 dazu, in langfristige Entwicklungen vermittelnd einzugreifen. In dieser Zeit waren Deutschland und Österreich führend im Experimentieren mit einer inflationären Konjunkturpolitik, um das Beschäftigungsniveau hoch zu halten und zu einer wirtschaftlichen Wiederbelebung anzureizen; ebenso experimentierten beide Länder in einem nie dagewesenen Ausmaß mit staatlichen Schlichtungsverfahren bei Arbeitsstreitigkeiten, mit kollektiven Arbeitsverträgen und mit sozialen Fürsorgeprogrammen.[17]

Sie zahlten aber einen hohen Preis für diese Initiativen und scheinen, wie die Radikalen, die den revolutionären Umwälzungen unterlagen, einen Lernprozeß durchgemacht zu haben, der über sein Ziel hinausschoß. In Deutschland und Österreich brachte die Stabilisierung eine harte Auseinandersetzung über die sogenannten sozialen Kosten mit sich, bei der die Arbeitgeber wieder auf tradierte ökonomische Doktrinen zurückgriffen und gleichzeitig darauf bestanden, daß weder sie selbst noch die Gesellschaft sich den Luxus eines Wohlfahrtsstaates leisten konnten. Dieser Gegenangriff fand in beiden Ländern die Unterstützung vorindustriell geprägter Gruppen, die ressentimentgeladen gegen das entstandene Arbeitgeber- und Gewerkschaftskartell der Inflation waren. In Österreich, wo sich die Arbeiter am auffälligsten in der Isolation befanden, gelangte der agrarische Sektor tatsächlich wieder zu seiner wirtschaftlichen und politischen Vormachtstellung, wobei es im Nachhinein ebenso entsetzlich wie bezeichnend ist, daß die Arbeiter im Februar 1934 in den neuen Arbeiterwohnsiedlungen Wiens, dem konkretesten Symbol ihrer sozialen Errungenschaften, eine militärische Niederlage erlitten. Ebenso war es von mehr als symbolischer Bedeutung, daß das letzte Große-Koalitions-Kabinett in Deutschland im März 1930 an der Frage der Arbeitslosenunterstützung zerbrach.[18]

Vielleicht besteht in unserer gegenwärtigen Historiographie eine zu starke Tendenz, dieses andere, nicht so dramatische, aber deshalb nicht weniger genuine Erbe der Revolutionszeit zu unterschätzen oder zu vernachlässigen. Die drei spät industrialisierten Staaten, die wir hier untersucht haben, bildeten nicht nur die Grundlage für die radikalen proletarischen Bewegungen, in denen die artikulierten Forderungen nach Arbeiterkontrolle am fortgeschrittensten waren, sofern sie die herkömmlichen Begriffe zur Sozialisierung übertrumpften, sondern sie leisteten auch Pionierarbeit für die sozusagen modernen Methoden der Krisenbewältigung im sozio-ökonomischen Bereich und für den sozialen Wohlfahrtsstaat. Zuerst bewies Italien, daß diese Staaten aufgrund der sozialen Struktur, der politischen Tradition und der wirtschaftlichen Verhältnisse resistent gegen radikale Lösungen der Linken waren, allerdings auch nicht fähig oder willens, die aus einer Sozialpolitik resultierenden Lösungen auf sich zu nehmen. So wurde der Faschismus oder rechte Autoritarismus während dieses langen und schwierigen Prozesses der Anpassung und der Kontrolle über das industrielle System zu einer unglückseligen Zwischenstation in den später oder schnell industrialisierenden Staaten. Die Kooperation zwischen industriellen Interessengruppen, die auf der Grundlage einer vom Wachstum begleitenden Inflation sowie der Expansion des Wohlfahrtsstaates aufbaut, ist seit 1945 zur Regel geworden, wenn auch nicht zu einer ausnahmslos erfolgreichen. Das schließt nicht aus, daß die anderen und radikaleren Tendenzen einer Arbeiterkontrolle unter veränderten, für ihren Erfolg günstigeren Bedingungen, nicht wieder an Boden gewinnen werden. Aus einer längerfristigen Perspektive sozio-ökonomischer Entwicklungen ist allerdings bei der Frage, was »objektiv« und was »subjektiv« während der Krise von 1917 bis 1922 war, Vorsicht angebracht.

5. Wirtschafts- und sozialpolitische Probleme der deutschen Demobilmachung 1918/19[1]

Es ist auffällig, daß sich die gegenwärtige Forschung über die deutsche Revolution 1918/19 verstärkt auf die Untersuchung der Rätebewegung konzentriert. Dahinter liegt zum Teil die Absicht, die Erfolgschancen der Revolution aufzuzeigen. In einer zunehmenden Anzahl von Dokumentationen und Monographien wird einerseits betont, wie gemäßigt und verantwortungsbewußt die Räte waren und andererseits angedeutet, daß die Mehrheitssozialdemokraten sich ihre Gefolgschaft zu einem hohen Grade dadurch entfremdeten, daß sie keinen größeren Gebrauch von der Rätebewegung machten.[2] Unglücklicherweise wird die Frage nach dem Sieg der Revolution stets spekulativ bleiben und nie zu voller Zufriedenheit beantwortet werden können. Man muß sich daher fragen, ob die Leidenschaft, mit der man sich der Räteforschung widmet – eine Leidenschaft, die zum Teil von gegenwärtigen und nicht nur historischen Überlegungen stimuliert ist – nicht bald den Punkt erreichen wird, wo die Ergebnisse nur noch von geringem Wert sein werden und die historische Perspektive verloren zu gehen droht. Mit Ausnahme des Agrarlandes Rußland erlitten die revolutionären und reformerischen Kräfte zwischen 1918 und 1921 überall eine Niederlage; Deutschland stellte in diesem Entwicklungsgang der industriellen Länder des Westens keine Ausnahme dar. So unangenehm es auch sein mag, wir sind an einem Punkt angelangt, wo eine Umkehrung der Forschungsrichtung unserem historischen Verstehen nur nützen könnte. Statt wie bisher sich auf die Frage zu konzentrieren, wie die Verlierer hätten gewinnen können, sollte man sich fragen, wie die Sieger gewinnen konnten.

Von einer derartigen Perspektive aus gesehen, muß die viel zitierte Mäßigung der Räte vielleicht als ein die Revolution behindernder Faktor beurteilt werden. Den Arbeiter- und Soldatenräten kann darum vielleicht im Gegensatz zu den anti-revolutionären Kräften nur episodenhafte Bedeutung eingeräumt werden. Wie Dr. Muth erst kürzlich in seiner Studie über die Bauern- und Landarbeiterräte aufzeigte,[3] mobilisierten sich die anti-demokratischen Kräfte nämlich schon während der Revolution. Eine Studie über die Demobilmachung könnte daher sowohl für die Diskussion des Spielraumes, den die Revolution 1918/19 besaß, wie für eine Erklärung des Sieges der anti-revolutionären Kräfte ein günstiger und wertvoller Ansatzpunkt sein.

Im Charakter wie in den Folgen weist die deutsche Demobilmachung eine gewisse Ähnlichkeit mit der Demobilmachung in Frankreich, England und den Vereinigten Staaten auf. In allen Fällen war die Demobilmachung in erster Linie ein Prozeß der Aufhebung der Zwangswirtschaft, des manchmal schnellen und manchmal schleppenden Abbaus des institutionellen Apparats und der Gesetzesmaschinerie, mit deren Hilfe der Staat während des Krieges die Wirtschafts- und Sozialpolitik gelenkt und eine noch nie dagewesene Kontrolle über die Wirtschaft ausgeübt hatte. Technokraten aus der Industrie sowie Kräfte aus Regierung, Verwaltung und linker Massenbewegung, die gehofft hatten, diese Maschinerie zur Lösung der Probleme des Wiederaufbaus und der Nachkriegsverwaltung einsetzen zu können, erlitten in den Jahren 1918 bis 1921 überall eine eindeutige Niederlage. Das Schicksal Moellendorffs hatte sein Gegenstück im Untergang von Étienne Clémentel und dem Handelsministerium in Frankreich und in der Niederlage des ›Industrial Board‹ in den Vereinigten Staaten. Nationalisierungspläne für die Kohlenindustrie schlugen nicht nur in Deutschland fehl, sondern auch in England. Natürlich variierte das Ausmaß der Niederlage der Arbeiterschaft von Land zu Land, doch kann allgemein festgestellt werden, daß der Drang der Arbeiterschaft nach Kontrolle in Deutschland sowie in England und Italien fehlschlug, und die Erfolge, die die französischen und amerikanischen Arbeiter während des Krieges errungen hatten, gingen ebenso zu einem Großteil wieder verloren.[4]

Siegreich waren die Verfechter einer Rückkehr zur freien Marktwirtschaft, zur sogenannten wirtschaftlichen »Normalität«. Viele der Beobachtungen, die R. H. Tawney in seiner ausgezeichneten Abhandlung über »Die Abschaffung ökonomischer Kontrollen 1918 bis 1921«[5] für England macht, gelten gleichermaßen auch für Deutschland. Tawney zeigt, daß die staatliche Intervention in der Wirtschaft Großbritanniens während des Krieges in ihrem Ausmaß einzigartig und mehr durch Improvisation als sorgsame Planung charakterisiert war. Jedoch gerade der improvisierte Charakter dieser Intervention verhinderte, daß eine intellektuelle Bekehrung zu der Idee, der Staat müsse eine neue Rolle im Wirtschaftsleben einnehmen, stattfinden konnte. Deshalb gelang es den Kräften, die die Aufhebung der Zwangswirtschaft forderten, auch ohne Schwierigkeiten, die Initiative in Großbritannien – wie auch in den übrigen Ländern – wieder zu ergreifen. Nach Tawney war es sozusagen der »letzte Atem des Individualismus des 19. Jahrhunderts, der schon auf dem Totenbett dennoch danach strebte, die vitalen Kräfte seiner vergangenen Jugend wiederzugewinnen«.[6] Wie Tawney weiter darlegt, wurde den Verfechtern einer freien Marktwirtschaft ihr Bestreben noch zusätzlich dadurch erleichtert, daß Millionen von entlassenen Soldaten zurück an die Arbeitsplätze geführt werden mußten, eine Aufgabe, die nur durch eine rasche Wiederbelebung der Industrie möglich war, »und die Wiederbelebung der Industrie, so wurde der Regierung hauptsächlich von denjenigen, die für die Industrie sprachen, versichert, war zum Teil abhängig von der Aufhebung der Kriegskontrollen«.[7] Die gleichen Probleme und Argumente findet man in Deutschland. Fundamental für die Aufhebung der Zwangswirtschaft jedoch waren in England wie in Deutschland die Illusionen und Fehlkalkulationen über die Möglichkeiten einer Rückkehr zu den Zuständen der Vorkriegszeit. Während sich die Annahmen, auf denen sich die Forderungen nach Aufhebung der Zwangswirtschaft gründeten, häufig schnell als Irrtümer entpuppten, hatten die Maßnahmen zum Abbau der Zwangswirtschaft jedoch einen entscheidenden Einfluß auf den weiteren Verlauf der wirtschaftlichen Entwicklung.

Natürlich kann man Vergleiche auch übertreiben! Staatliche Eingriffe in die Wirtschaft und, was von noch größerer Bedeutung ist, kollektives Handeln im privaten Sektor waren in Deutschland schon immer geläufiger und akzeptabler als in Großbritannien oder in den Vereinigten Staaten. Ferner beeinflußten die besonderen Verhältnisse des inneren Aufruhrs und die Bedrohung durch das feindliche Ausland nicht unwesentlich den Gang der Demobilmachung in Deutschland und verlangsamten den Prozeß der Aufhebung der Zwangswirtschaft. Dennoch können die Besonderheiten der deutschen Demobilmachung nur völlig verständlich werden, wenn man sich vor Augen hält, daß die Demobilmachung in Deutschland in Charakter und Zielsetzung ein Teil des allgemeinen Demobilmachungsprozesses war, der sich damals überall in der industriellen westlichen Welt abspielte.

Im Gegensatz zu der englischen und amerikanischen Regierung, deren Führer offensichtlich von vornherein damit gerechnet hatten, daß die Kontrollen der Kriegszeit so schnell wie möglich wieder verschwinden würden, führen Regierung und Unternehmertum in Deutschland 1917/18 erbitterte Kämpfe über die Abschaffung der Zwangswirtschaft.[8] In diesem Zusammenhang wurde manchmal eine zweifelhafte Unterscheidung zwischen Demobilmachung und Übergangswirtschaft gemacht.[9] Niemand bestritt die Notwendigkeit einer sorgfältig geplanten, ordnungsgemäßen Demobilmachung, damit Arbeitslosigkeit und soziale Unruhen auf ein Minimum reduziert blieben. Tatsächlich rief die bevorstehende Demobilmachung enorme Befürchtungen unter ihren Organisatoren hervor, ein subjektiver Faktor von nicht unbeträchtlicher Bedeutung, wenn man sich das Verhalten der Gewerkschaftsführer, Industriellen und Regierungsvertreter während der Revolution vor Augen hält.[10] Die Demobilmachung ließ eine echte Burgfriedensmentalität entstehen. Sie funktionierte nur unter der Voraussetzung, daß Arbeitgeber und Gewerkschaften, Militär- und Zivilbehörden zusammenarbeiten würden, um den Rückmarsch der Truppen und die Arbeitsbeschaffung für die heimgekehrten Soldaten zu organisieren. Dementsprechende Pläne wurden entwickelt. So sollte das Reichswirtschaftsamt die militärischen Stellen über die Kategorien von Arbeitern informieren, die zunächst dringend benötigt wurden, und aufgrund dieser wirtschaftlichen und sozialen Überlegungen sollte das Militär die Entlassungen schrittweise vornehmen.[11] Gleichzeitig erwartete man von den Arbeitgeber- und Arbeitnehmerorganisationen, daß sie ihre Haltung von 1914 wiederholten und harmonisch zusammenarbeiteten, um die drohende Arbeitslosigkeit zu vermindern. Mit anderen Worten, die Demobilmachung wurde als eine Notlage betrachtet, die sorgfältig geplant und organisiert werden mußte.

Der Kampf zwischen Industrie und Regierung entspann sich über die Frage der Übergangswirtschaft. Während Übereinstimmung darüber herrschte, daß Deutschland für den kommenden Frieden wirtschaftlich besser organisiert sein müsse als es im Krieg je gewesen war, gingen die Meinungen doch beträchtlich auseinander, sobald zur Debatte stand, wer organisieren und wie die Organisation der Wirtschaft aussehen sollte. Denn Industrie und Handel waren keineswegs mit den Leistungen der Militärbehörden auf wirtschaftlichem Gebiet zufrieden. Sie kritisierten entschieden alle Pläne, nach denen die Kriegsamtsstellen mit der Rohstoffverteilung oder anderen Aufgaben betraut werden sollten, die sich aus der Umstellung auf die Friedenswirtschaft ergaben. In der Sicht der Industriellen waren die Kriegsamtsstellen zu regional. Da sie nur Kenntnisse über ansässige Unternehmen besaßen, fehlte ihnen der Überblick über die verschiedenen Industriezweige in ihrer Gesamtheit. Gleichzeitig aber konnten sich die Industriellen auch nicht für die Organisationspläne der Zivilbehörden erwärmen. 1916 hatte das Reichsamt des Innern ein Reichskommissariat für Übergangswirtschaft eingerichtet, das bis zu seiner Eingliederung in das Reichswirtschaftsamt im September 1917 keine nennenswerten Leistungen aufweisen konnte. Allerdings legte das Reichskommissariat im November 1917 einen komplexen Organisationsplan vor, der die verschiedenen Zweige der Wirtschaft in repräsentative Fachausschüsse zusammenfaßte und einen großen Beirat vorsah, der dem Reichskanzler in wirtschaftlichen Dingen beratend zur Seite stehen sollte.[12] Diese Organisationspläne, die im großen und ganzen keine Verwirklichung fanden, gingen zum Teil auf die enthusiastische Unterstützung der Gemeinwirtschaftsideen Wichard von Moellendorffs und der von dessen Mentor Rathenau propagierten Planwirtschaft seitens des jungen Ministerialbeamten zurück. Es ist daher nur zu verständlich, daß Industrie und Handel der Überzeugung waren, daß sie sich weiterhin mit der staatlichen Lenkung der Wirtschaft abzufinden hätten, einer Art verlängerter Kriegswirtschaft also, die sie mit bürokratischer Mißwirtschaft gleichsetzten. Während der Jahre 1917/18 agitierten sie daher heftig für die Wiederherstellung der wirtschaftlichen Freiheit und behaupteten, allein auf diesem Wege könne Deutschland eine wettbewerbsfähige Position auf dem Weltmarkt wiedererlangen. Diese absolute Verpflichtung für die Wiederherstellung der wirtschaftlichen Freiheit und der damit verbundene Antagonismus gegenüber der Bürokratie kann nicht genügend betont werden, denn sie bestimmte das taktische Vorgehen der Industrie und besaß Priorität gegenüber allen anderen nüchternen Erwägungen. Als zum Beispiel der Vorstand des Vereins deutscher Maschinenbauanstalten (VDMA) die Beibehaltung der Kriegskontrollen diskutierte, »gingen die Meinungen im Vorstand ziemlich auseinander. Während die Mehrzahl der anwesenden Herren die Notwendigkeit der zeitweiligen Beibehaltung auch während der bevorstehenden Übergangswirtschaft bis zu einem gewissen Grad für ganz unerläßlich hielt, wurde doch auch von maßgebenden Herren die Ansicht vertreten, daß der Fortfall aller behördlichen und sonstigen Maßnahmen sofort wünschenswert sei, und daß nur bei der Beseitigung dieser hemmenden Bestimmungen eine rasche Gesundung der deutschen industriellen Verhältnisse erwartet werden könne«.[13] In der Öffentlichkeit allerdings waren die Führer des VDMA ängstlich darauf bedacht, eine ausschließlich negative Haltung gegenüber allen Kontrollen zur Schau zu tragen. So teilte der Vorsitzende Kurt Sorge Geheimrat Rieppel von der M. A. N. mit: »Jedenfalls hat der Vorstand mit besonderer Freude davon Kenntnis genommen, daß auch Sie die Beseitigung der Hemmungen, so rasch als es die Verhältnisse gestatten, für notwendig ansehen, denn man muß auf die Vertretung dieses Standpunktes an maßgebender Stelle um so mehr besonderen Wert legen, als ja leider viele bei der Regierung und den Parlamenten einflußreiche Persönlichkeiten dazu neigen, auf dem Wege der Gemeinwirtschaft und des Staatssozialismus fortzuschreiten und von dem durch die kriegerischen Verhältnisse bedingten staatlichen Einfluß auch für die Zukunft möglichst viel beizubehalten.«[14]

Der militärische Zusammenbruch und die Revolution erwiesen sich als äußerst günstig für diese Anstrengungen der Industrie. Wie ich an anderer Stelle näher ausgeführt habe, trieben Befürchtungen über eine nicht ordnungsgemäße oder gar chaotische Demobilmachung führende Industrielle und Gewerkschaftsführer zu einer Allianz gegen das Reichswirtschaftsamt zusammen.[15] Sie unterstützten die Einrichtung eines Demobilmachungsamtes, das die Demobilmachung in enger Zusammenarbeit mit der erst kürzlich ins Leben gerufenen Arbeitsgemeinschaft organisieren und durchführen sollte. Die Leitung wurde dem Leiter der Kriegsrohstoffabteilung, Oberstleutnant Josef Koeth, übertragen, der als ein Freund der Industrie galt und dafür bekannt war, daß er ständig alle Bemühungen Moellendorffs, die Kriegswirtschaft als ein Sprungbrett zur wirtschaftlichen Neuordnung zu benutzen, durchkreuzte. Unter seiner Führung vollzog sich die wichtigste Phase der Demobilmachung, nämlich von November 1918 bis April 1919. Obwohl dem Amte Koeths die Aufgabe der »Überführung des deutschen Wirtschaftslebens in den Frieden« übertragen war, verstand Koeth selbst seine Aufgabe als die »Aufrechterhaltung des Wirtschaftslebens während der wirtschaftlichen Demobilmachung«.[16] Koeths Konzeption ist dabei von mehr als nur beiläufiger Bedeutung. Sie deckte sich völlig mit dem Verständnis Eberts von der Revolutionsregierung als einer Übergangsregierung, die den Zusammentritt der Nationalversammlung abzuwarten hatte. Auch Koeth betonte diese Vorläufigkeit: »Erhaltung der Wirtschaft hieß aber gleichzeitig auch Erhaltung des bestehenden Wirtschaftssystems; nicht etwa aus Bedenken grundsätzlicher Art gegen das sozialistische Wirtschaftssystem – die kamen hier nicht in Betracht – sondern einzig aus der Überzeugung, daß ein Wechsel, gleichgültig, welches auch immer das neue System sein möchte, in einer solchen Krise den Zusammenbruch der Wirtschaft beschleunigen mußte.«[17]

Wie jedoch Elben und Schieck,[18] die sich mit dem Demobilmachungsamt befaßt haben, anmerken, war diese Haltung keineswegs so harmlos wie Koeth vorgab. Gerade die Übergangszeit nämlich beeinflußte entscheidend den weiteren Gang der Dinge. Koeths Wirken reichte weit über seine kurze Amtszeit im Demobilmachungsamt hinaus. Es war vor allem seine Art und Weise, die Probleme der Demobilmachung zu lösen, die für manche Grundsatzentscheidung des wirtschaftlichen und sozialen Lebens der Weimarer Republik als Richtschnur diente. Hierin liegt die Bedeutung Koeths. Wie er einmal offen gegenüber Borsig bekannte: »In Arbeiterfragen stände er mehr im sozialdemokratischen Lager, während er in Wirtschaftsfragen ganz auf der Seite der Unternehmer stände.«[19] Diese Haltung bildete den Kern seiner Politik des »Lavierens«, und genau derselbe Kurs wurde später von der Republik verfolgt, wenn es galt, sozialökonomische Probleme zu lösen.

Unter den Bedingungen von 1918 bedeutete die vollständige Parteinahme für die Industrie in ökonomischen Fragen die Annahme einer Reihe von wirtschaftspolitischen Vorstellungen, die auf falschen Voraussetzungen beruhten. Zwangsverfügungen wie die Festsetzung von Höchstpreisen für den Inlandsmarkt und Richtlinien für den Export in Form von Preis- und Mengenbestimmungen sowie Währungsvorschriften wurden von Industrie und Handel als höchst irritierend empfunden. Dabei muß jedoch betont werden, daß längst nicht alle diese Kontrollen sich ungünstig auf Handel und Industrie auswirkten. Die Eisen- und Stahlproduzenten zum Beispiel waren über die Festsetzung von Höchstpreisen für den Inlandsmarkt verärgert, weil diese 1918 für die sogenannten A-Produkte (Halbzeug, Formeisen etc.) unter den Produktionskosten lagen. Gleichzeitig aber gaben sie im privaten Kreis offen zu, daß Koeth ihnen erlaubte, einen außerordentlich guten Gewinn bei ihren weiterverarbeiteten Produkten zu erzielen und daß seine starren Preisbindungen in erster Linie der Beschwichtigung der Öffentlichkeit dienten. Ferner widerstrebte den Produzenten die quantitative Beschränkung des Exports und der damit verbundene unglaubliche Wust von Vorschriften und Ämtern, die die Zuweisungen der Rohmaterialien sowie die Exportkontingentierung regelten. Auf der anderen Seite jedoch waren sich die Industriellen wiederum bewußt, daß sie durch diese Kriegsvorschriften einen enormen Gewinn im Exportgeschäft und Währungsumtausch erzielt hatten. Durch die erzwungene Syndizierung nämlich konnten sie ihre Produkte zu gleichmäßig hohen Preisen an das neutrale Ausland verkaufen, während das Beharren der Reichsbank auf Begleichung der Rechnungen in ausländischer Währung ihnen zudem noch einen Valutagewinn ermöglichte. Die Kontrollen der Kriegszeit bildeten mit anderen Worten die Grundlage für enorme Exportgewinne, die durch die sogenannte Ausfuhrabgabe geradezu lächerlich gering besteuert wurden. Es ist daher verständlich, daß die Aufhebung der Zwangswirtschaft für Industrie und Handel ein kompliziertes Problem darstellte.[20]

Dank ihrer Prognosen für die zukünftige Wirtschaftsentwicklung gelang es ihnen aber, das Problem zu reduzieren. So wurde zum Beispiel einfach vorausgesetzt, daß die Mark nach Beendigung des Krieges wieder den Wert der Vorkriegszeit erreichen würde. Aus diesem Grunde erhoben die Industriellen auch keinen Widerstand gegen die Regierungsverfügung, daß sie ihre während des Krieges in Schweden angesammelten Erzschulden in Kronen zu begleichen hätten. Vielmehr glaubten sie, daß ihnen der Währungsumtausch noch einen zusätzlichen Gewinn bringen würde. Selbst die Situation im November 1918 scheint diese Erwartungen nicht erschüttert zu haben, denn am 7. November forderten die Industriellen vom Reichswirtschaftsamt »die Gewährung von Bewegungsfreiheit durch Freigabe der Rohstoffe, der Ausfuhr und durch Aufhebung der Devisenordnung, da sie nur ohne diese Fesseln sich wieder am Auslandsgeschäft beteiligen könnten. Sie hoben hervor, daß nach ihrer Ansicht die Mark am schnellsten wieder steigen würde, wenn es der Industrie und dem Handel überlassen bleibe zu bestimmen, in welcher Währung Auslandsgeschäfte abzuwickeln seien. Bei der jetzigen Regelung liege bei dem allgemein erwarteten Steigen der Mark der Kursgewinn auf Seiten des Auslandes. Der deutsche Verkäufer werde sich deshalb vor Abschluß von Auslandsverkäufen zu überlegen haben, ob er das hierin für ihn liegende Risiko bei Bezahlung in der Auslandswährung tragen könne«.[21]

Am darauffolgenden Tag wurden die Bestimmungen für den Währungsverkehr erleichtert, sicherlich ein gutes Zeichen für den Erfolg ihres Vorgehens. Noch am gleichen Tage erörterten die Industriellen mit dem Reichswirtschaftsamt abermals die Frage der Exportvorschriften, über die es selbst in ihren eigenen Reihen unterschiedliche Auffassungen gab. »Verbandsmänner« wie Jakob Reichert vom VdESI und Direktor Bruhn vom Roheisenverband befürworteten nur zögernd die Aufhebung der Exporteinschränkungen für syndizierte Produkte, da sie um ihre Profite bangten. Sie befürchteten als Folge einer Aufhebung der Kontrollen einen plötzlichen Fall der Exportpreise und dadurch einen schrankenlosen Wettbewerb. Ferner erkannten sie die Verbindung zwischen Exportbeschränkung und Inlandshöchstpreisen und wandten ein, daß der Wegfall der Exportvorschriften die Aufhebung der Inlandshöchstpreise nach sich ziehen werde, da anderenfalls die verarbeitende Industrie durch den Rohstoffmangel ausgehungert würde. Hugo Stinnes und Albert Vögler reagierten auf diese Einwände mit beträchtlicher Verachtung. Vögler bestand darauf, daß »die Ausfuhr Sache der Industrie allein und nicht Sache der Behörden« sei:

»Die Ausfuhrverbote müßten restlos aufgehoben werden, ebenso die Inlandshöchstpreise. Von einer Eisennot könne man dann nicht mehr sprechen, denn bisher habe Heer und Marine 85% der Gesamtlieferung der deutschen Eisenindustrie verschlungen und nur 15% sei für den Friedensbedarf übrig geblieben.«[22]

Da die Stellungnahme von Bruhn, Reichert, Vögler und Stinnes den Eindruck erwecken konnten, »als ob wir uns nicht einig seien«,[23] zogen sie sich zu privaten Beratungen zurück und erreichten einen Kompromiß. Auf der einen Seite forderten sie die schnellstmögliche Aufhebung der Höchstpreise sofort nach der Unterzeichnung des Waffenstillstandes. Hand in Hand damit sollte die Beseitigung der Exportkontrollen gehen; den Syndikaten sollte die alleinige Regelung des Exports überlassen bleiben. Auf der anderen Seite wurden wenigstens für eine kurze Zeit die bestehenden Exportkontrollen unter vereinfachten Durchführungsvorschriften beibehalten. Vögler und Stinnes erkannten also die Verbindungslinie an, die Reichert und Bruhn zwischen dem Wegfall der Exportkontrollen und der Aufhebung der Inlandshöchstpreise gezogen hatten, während umgekehrt letztere die Substanz des Vögler-Stinnes-Programms akzeptieren, das auf die Eliminierung aller Regierungskontrollen abzielte und totales Vertrauen in die industrielle Selbstverwaltung setzte. Hauptsächlich wegen der in der Fertigindustrie herrschenden Uneinigkeit jedoch schien die Frage der Beibehaltung der Regierungskontrollen auch nach dem 8. November noch nicht eindeutig geklärt zu sein. Einige kleinere und mittlere Firmen glaubten, daß ein gewisses Maß von Kontrolle immer noch vonnöten sei, und die Führer einiger Verbände zögerten, die Organisationen aus den Kriegstagen unter den herrschenden ungewissen Umständen aufzulösen. Trotzdem aber war Frölich vom VDMA bereit, das Programm der Schwerindustrie zu unterstützen, allerdings nur aufgrund der Zusage, daß in der Preispolitik für den Inlandsmarkt Mäßigung geübt und die Praxis beendet würde, höhere Preise für Rohstoffe zu fordern, die die verarbeitende Industrie für ihre Exporterzeugnisse benötigte. Aus all diesen Diskussionen wird ersichtlich, daß die Regierung auf der Beibehaltung der Kontrollen hätte bestehen können. Statt dessen aber schlug der sozialdemokratische Unterstaatssekretär im Reichswirtschaftsamt, August Müller, vor, eine Verordnung zu erlassen, die diese und ähnliche Fragen völlig den Syndikaten zur Entscheidung überlassen sollte. Müller ging in seinen Vorschlägen so weit, daß er die Verordnung ohne vorherige Ankündigung erlassen sehen wollte, um damit allen Einwänden zuvorzukommen. Lediglich dem Geschäftsführer des VDMA, der die Befürworter der Kontrollen in seinem eigenen Verbande fürchtete, war es zu verdanken, daß dieser Plan sabotiert wurde. Wo die Regierung also eine echte Wahl hatte, unterstützte sie die radikalsten Forderungen nach Aufhebung der Zwangswirtschaft. Im Falle der Exportbeschränkungen verhütete allein die Stärke der Befürworter von Kontrollen in der Industrie, daß nicht zu den extremsten freiwirtschaftlichen Maßnahmen gegriffen wurde.[24]

Eine ähnliche Entwicklung nahm das Problem der Höchstpreise. Als am 21. November die Industriellen im Stahlwerksverband zusammentrafen, um diese Frage zu erörtern, waren sie sich wiederum nicht einig. Obwohl Übereinstimmung bestand, daß nun, wo die Kriegsaufträge der Regierung ausliefen, eine Preiserhöhung für die A-Produkte berechtigt war – über die Berechtigung dieser Preiserhöhung kann es keinen Zweifel geben – standen sich bei den Industriellen mindestens drei Lager gegenüber. Die durch Direktor Bruhn von Krupp und Direktor Klemme von der GHH repräsentierte Gruppe zeigte eine kritische Haltung gegenüber den Kriegsgewinnen und glaubte, daß Mäßigung am Platze sei. Deshalb optierte sie für eine Beibehaltung der Höchstpreise; eine mäßige Preiserhöhung genügte ihrer Meinung nach im Moment. Die Gruppe um Vögler und Beukenberg wiederum wollte alle Höchstpreise eliminieren, war aber gleichzeitig bereit, eine gemäßigte Preispolitik zu betreiben und zu unterstützen. Das Interesse der letzten Gruppe dagegen, vertreten durch Klöckner und Thyssen, galt in erster Linie dem Ausgleich der Verluste durch radikale Preiszuschläge und erst in zweiter Linie dem Wegfall der Höchstpreise. Wie Klöckner ausführte, könnte eine Anhebung der Höchstpreise von Vorteil sein, wenn die kraftvolle Persönlichkeit »des Herrn Dr. Koeth hinter diesen Forderungen stünde«.

»Er ist doch ein mit unseren Verhältnissen sehr vertrauter Mann, er hat uns bisher die Preiserhöhung verweigert, weil wir den Geschoßstahl zu liefern hatten und er auf dem Standpunkt stand, daß wir zum Ausgleich dafür auch das Stabeisen mit Verlust hergeben könnten.«[25]

Der Vorschlag Klöckners wurde von den Eisen- und Stahlindustriellen angenommen. Man entschied sich, Koeth um Rat zu fragen, ein äußerst kluges und geschicktes Vorgehen, da ihnen nämlich eine Heraufsetzung der Preise bei den noch laufenden Kriegsaufträgen besonders am Herzen lag.

Als Koeth Anfang Dezember mit den Industriellen zusammentraf, erfüllte er die Erwartungen, die man in ihn gesetzt hatte. Er war bereit, die Höchstpreise für Eisen-, Stahl- und Walzwerksprodukte aufzuheben, allerdings unter der Bedingung, daß sich die neuen, von den Syndikaten festgesetzten Preise in »verteidigungswürdigen Grenzen« hielten.[26] Ferner sollte diese Maßnahme erst in Kraft treten, nachdem das Verbot des kommerziellen Eisenbahntransportes wieder aufgehoben sei. Die letzte Forderung sollte verhüten, daß Spekulanten Eisen aufkauften und horteten, um es erst nach der Preiserhöhung wieder mit großem Gewinn zu verkaufen. Auch der Neuregelung für die noch laufenden Regierungsaufträge stimmte Koeth zu, deren Bezahlung also jetzt nach den neuen Syndikatspreisen erfolgte. Verallgemeinert man diesen Einzelfall, so ist der Schluß naheliegend, daß die nachhaltigsten kurz- und langfristigen Folgen der Demobilmachung in der Rückgabe der noch verbliebenen Regierungskontrollen an die Industrie zu sehen sind. Denn dies geschah zu einem Zeitpunkt, wo die Prognosen, auf die sich die Aufhebung der Zwangswirtschaft gründete, noch völlig unklar waren, also auch die impliziten Konsequenzen nicht vorausgesehen werden konnten. Sicher waren die getroffenen Maßnahmen für die fanatischsten Gegner der Zwangswirtschaft kein Sieg. Wo ein Mann wie Direktor Guggenheimer so weit ging, daß er keine neuen Syndikate errichtet sehen wollte, da die »Weitersyndizierung unseres Wirtschaftslebens den leitenden Stellen Gelegenheit geben würde, ihre Syndizierungsgedanken noch weiter auszudehnen«,[27] mußten Organisationsführer wie Dr. Frölich an die Konsequenzen denken, die ein solches Vorgehen für die schwächeren Firmen haben würde. Dr. Frölich beharrte daher darauf, daß in Fragen der Import- und Exportpolitik die allgemeine politische Lage zu berücksichtigen sei: »Innerpolitisch sei bei der Frage der Aufhebung bzw. Anordnung von Ein- und Ausfuhrverboten auszugehen von der Arbeitsbeschaffung, vor allen Dingen als Mittel gegen den Konsumenten-Standpunkt.«[28] Die Gemeinsamkeit zwischen Guggenheimer und Frölich bestand also in der Suche nach der angemessensten Taktik, um den Standpunkt des Produzenten gegenüber dem des Konsumenten durchzusetzen. Der Kampf darum, wem die industrielle Organisation und Syndizierung zugute kommen sollte, wurde auch in der Chemischen Industrie offensichtlich, wo Fritz Haber, ein Mitarbeiter Moellendorffs, »weitgehende Pläne« entwickelte, die »weitgehende Eingriffe in Preispolitik und ähnliche Dinge» vorsahen.[29] Habers Bemühungen wurden von dem Verbandsführer der Chemischen Industrie, Dr. Horney, nach eigenen Angaben vereitelt: »Es gelang mir bereits zu verhindern, daß im gegenwärtigen Augenblick irgendwelche Richtlinien festgelegt wurden, indem ich darauf hinwies, daß alle derartigen Schritte nur nach Einberufung der Fachausschüsse möglich seien.«[30] Horney drängte darauf, daß die Industrie durch ihre Fachausschüsse möglichst schnell zusammentreten müsse, wenn nicht alles auf ein »falsches Geleis« geraten solle.

Hier muß angemerkt werden, daß die Front der Produzenten, die auf die Abschaffung der Zwangswirtschaft drängten, durchaus die Gewerkschaften und deren Mitglieder mit einschloß. Das gesamte Konzept der Arbeitsgemeinschaft ist zutiefst verwurzelt in der Tradition des Solidarprotektionismus der Produzenten gegen die Konsumenten, der seit 1879 eine entscheidende Rolle im politischen Leben Deutschlands gespielt hat.[31] Selbst ein so konservativer Industrieller wie Hasslacher wollte in der Frage der Abschaffung der Höchstpreise direkt die Arbeiterschaft um Unterstützung angehen, denn, so meinte er, »so dumm sind diese nicht, daß sie das nicht auch verstehen«.[32] Ebenfalls empfahlen die Führer der ZAG eindringlich, daß Eingaben zwecks Abschaffung der Höchstpreise nicht von einzelnen Firmen, sondern von der Arbeitsgemeinschaft der jeweiligen Industrie ausgehen sollten, da letztere sich nach dem Paritätsprinzip zusammensetzten und Eingaben, hinter denen Arbeitgeber und Arbeitnehmer stünden, wirkungsvoller seien.

Die Prognosen, aufgrund derer die Aufhebung der Höchstpreise in Eisen und Stahl und die Erleichterung der Kontrollen für den Export und den Währungsverkehr erfolgt waren, erwiesen sich schnell als Irrtümer. So berichtete Dr. Frölich am 9. Januar 1919:

»Die Befürchtungen wegen einer zeitweiligen Eisenknappheit, nicht nur in einzelnen Sorten, waren nur zu begründet; der in Aussicht gestellte Überfluß an Eisen tritt nicht ein. Der nach den Erklärungen der eisenerzeugenden Industrie erhoffte Rückgang der Eisenpreise ist nicht eingetreten. Für Kohle und Eisen, die wichtigsten Rohstoffe des Maschinenbaues, ist mit weiter steigenden Preisen zu rechnen; die Eisenpreise sind für Januar und Februar bereits erhöht worden.«[33]

Für die Frage, wer die zukünftige Wirtschaftspolitik bestimmen und organisieren sollte, waren diese Irrtümer jetzt nur noch von geringer Bedeutung. Die Regierung hatte die Kontrolle über die Eisenpreise verloren, und die Eisenproduzenten waren klug genug, von ihrer in den ersten Monaten des Jahres 1919 getriebenen Politik der rücksichtslosen Preiserhöhung abzulassen. Im April 1919 wurde der Stahlbund gegründet, eine Organisation auf freiwilliger Grundlage, in der Produzenten und Verbraucher sowie Gewerkschaftsvertreter die Preispolitik diskutierten. Aufgrund der in Regierungskreisen herrschenden Unordnung und Verwirrung verstanden die Behörden es nicht, die Empörung der verarbeitenden Industrie zu ihren Gunsten zu nutzen. Damit waren die Rohstoffproduzenten deutlich im Vorteil, bis die totale Anarchie auf dem Eisenmarkt im Winter 1919/20 eine Rebellion unter den Fabrikanten auslöste und diese sich hilfesuchend an die Regierung wandten. Jetzt erst mischte sich diese ein und schuf den Eisenwirtschaftsbund. Diese Maßnahme kam allerdings zu spät, denn der Wert der Mark war für kurze Zeit gestiegen und das ärgste Horten und der Export auf Kosten des Inlandsmarktes bereits teilweise überwunden.[34]

Hier wie anderswo in der Geschichte der Revolution spielte die Frage der Zeit eine wichtige Rolle. Die Maßnahmen des Demobilmachungsamtes hatten den entscheidenden Vorteil dem Industriesektor zugespielt, der am meisten auf Ausbeutung angelegt war. Oder positiver gesehen, der erfolgreiche Widerstand der »Verbandsmänner« gegen die Aufhebung aller Exportkontrollen sicherte den Industriellen beträchtliche Exportvorteile im folgenden Jahr. Es darf dabei aber nicht die Unwissenheit in Währungsfragen übersehen werden, mit der viele Unternehmer zum Teil Exportverträge in Mark abschlossen oder etwa in Mark kalkulierten, was zu dem berüchtigten Ausverkauf in den Jahren 1919/20 beitrug. Auf jeden Fall aber legte die Aufhebung der Zwangswirtschaft, wie sie von dem Demobilmachungsamt durchgeführt wurde, die Kontrolle über die Wirtschaftspolitik wieder in die Hände der Industrie- und Handelsorganisationen. Dies verschaffte ihnen eine günstige organisatorische und taktische Grundlage, von der aus sie alle späteren Bemühungen, ihnen diese Kontrollen wieder zu entwinden, recht erfolgreich abwehren konnten.

Wie aber ist dann die weitgehende Unzufriedenheit der Industrie mit dem Demobilmachungsamt zu erklären, und warum stimmten Industrielle sowie die Arbeitsgemeinschaft der Auflösung des Demobilmachungsamtes im April 1919 und der Übertragung seiner Aufgaben auf das Reichswirtschaftsamt so bereitwillig zu? Zunächst einmal hatten viele Unternehmer übertriebene Erwartungen gegenüber Koeth und der Arbeitsgemeinschaft, so daß sie den Ausbruch der Revolution mit dem Gefühl erlebten, alles sei unter Kontrolle. So schrieb Reichert noch am 9. November:

»Die Arbeitsgemeinschaft zwischen Industrie und Gewerkschaften marschiert gut. Die Leitung der Demobilmachung kommt in beste Hände. Schwere Unruhen sind nicht zu befürchten. Auch der Friedensschluß kann, sobald die revolutionistische Welle auch Frankreich und England erfaßt hat, erheblich besser werden, als es jetzt noch den Anschein hat.«[35]

Im Demobilmachungsamt herrschte während des Anfangsstadiums der Revolution ein ähnlicher Optimismus. Die Diskussionen über den Gang der Demobilmachung in den ersten sechs Wochen bezeugen, daß die Versorgung mit Rohstoffen und Nahrungsmitteln trotz der schwierigen allgemeinen Lage befriedigend war. Sogar die öffentliche Verkehrslage schien unter Kontrolle zu sein. Allgemein jedoch erwartete man die größeren Probleme erst nach der Heimkehr der Truppen. So schloß Koeth am 7. Dezember eine Sitzung mit der Bemerkung, »daß alle Anwesenden wohl unter dem Eindruck ständen, daß die wirklich schwere Zeit erst kommt«.[36] Zweifellos beruhte die Furcht vor einer nicht ordnungsgemäßen Demobilmachung, die zu der hastigen Errichtung des Demobilmachungsamtes geführt hatte, mehr auf subjektiven als auf objektiven Bedingungen. Koeth schien dabei den Plan zu verfolgen, die Demobilmachung in zwei Phasen ablaufen zu lassen. Während der ersten Phase, der Rückkehr der Truppen von der Front, glättete seine pragmatische Haltung sicherlich den Gang der Ereignisse. Immer wieder erinnerte er seine Kollegen: »Im allgemeinen müsse man sich vor Augen halten, daß wir Revolution haben, und daß dafür die Verhältnisse erträglich sind.«[37] Auf Zeitungskritik über den nicht ordnungsgemäßen Ablauf der Truppenentlassungen reagierte er mit der Feststellung, daß es völlig ausreiche, wenn alle Truppen die deutsche Grenze erreichten. Er erkannte, daß »der erste Leitgedanke sei: nach Hause. Diesen Gedanken dürfe man nicht gröblich durchkreuzen«.[38] Gleichzeitig war Koeth bereit, die Arbeitslosigkeit mit allen Mitteln zu bekämpfen, sei es durch unproduktive Arbeit, Verlängerung der Kriegsaufträge, öffentliche Arbeiten, unwirtschaftlichen Gebrauch von Betriebsanlagen, Verkürzung der Arbeitszeit, Subventionen oder großzügige Wohlfahrtsgelder für diejenigen, die trotz allem nicht beschäftigt werden konnten. Deshalb gab er den Kriegsamtsstellen die Direktive: »in der ersten Zeit ist es wichtiger, daß produziert, als was produziert wird.«[39] Für die genannten Zwecke sowie für die Schaffung einer Hilfskasse für gewerbliche Unternehmungen,[40] die kleinen und mittleren Firmen wieder auf die Beine helfen sollte, forderte er von den zuständigen Stellen erhebliche, fast an Verschwendung grenzende finanzielle Mittel, weshalb er mit diesen auch in ständiger Fehde lag. Er »appellierte an die Reichsfinanzverwaltung, keine falsche Sparsamkeit für eine so kurze Periode walten zu lassen. Er ist entschlossen, von seiner Befugnis Gebrauch zu machen, wenn er sieht, daß durch die Gewährung von Mitteln der notwendige Zweck erreicht wird«.[41] Von seiten der Arbeitgeber erwartete er eine ähnliche Großzügigkeit. Er bestand darauf, daß Unternehmen mit ausreichenden Reserven zunächst einmal von diesen leben sollten. Im November erklärte er sogar: »Es sei unfaßlich, daß sich Unternehmer derzeit weigerten, ihre Arbeiter für die Streiktage zu entlohnen. So grobe Fehler dürften nicht gemacht werden.«[42] Er drängte sogar auf eine Zusammenarbeit mit den Räten. Zur gleichen Zeit aber traf er die schon erwähnten schicksalsschweren Maßnahmen zur Aufhebung der Zwangswirtschaft, so daß die Arbeitgeber in der ersten Phase der Revolution allen Grund hatten, mit der Politik des Demobilmachungsamtes zufrieden zu sein.

Während der ganzen ersten Phase jedoch vergaß Koeth nicht, daß die zweite, schwierige, entscheidendere und konstruktivere Phase der Demobilmachung erst noch kommen würde. Am 20. November teilte er seinen Kollegen mit:

»Erst wenn das Heer im großen und ganzen zu Hause angelangt ist, wird man eine Weitergruppierung und Ordnung als zweiten Akt der Demobilisierung in Angriff nehmen können.«[43]

Ende November wurden dann auch eine Reihe von Maßnahmen ergriffen, die diese zweite Phase einleiten sollten. Energisch unterstützte Koeth alle Propaganda, die die Öffentlichkeit über die ernsten Probleme bei der Kohlenförderung, im Transportwesen und in der Nahrungsmittelversorgung unterrichten und sie zur harten Arbeit anhalten sollte. Er setzte den Führern der Arbeitsgemeinschaft zu, ihre Fachausschüsse so schnell wie möglich zu organisieren und begann Verordnungen zu erlassen, die das baldige Ende der Kriegsaufträge bedeuteten; denn er drängte jetzt auf einen schnellen Übergang von unproduktiver zu produktiver Arbeit in den Betrieben. Ferner warnte er, die Arbeitsunwilligkeit einerseits und die hohen Lohnforderungen andererseits müßten unbedingt zum Zusammenbruch führen[44] und suchte, diese Ansicht auch dem Zentralrat einzuprägen. Gleichzeitig bereitete ihm sein Gesetz über die Erwerbslosenfürsorge immer größere Schwierigkeiten. In den großen Städten wurde wegen der hohen Unterstützungsgelder nämlich vielfach die Arbeitslosigkeit gefördert und so seinen Bemühungen, Arbeiter für den Bergbau zu gewinnen oder Arbeitslose zu bewegen, die Städte zu verlassen und Landarbeit anzunehmen, entgegengewirkt. Folgerichtig versuchte er nach dem Jahreswechsel, die Bestimmungen für den Bezug dieser Wohlfahrtsunterstützung wesentlich zu verschärfen.[45] Offensichtlich hegte Koeth – wie einige seiner Anhänger aus der Industrie – die Illusion, daß die sozialpolitischen Umstände den Behörden einen großen Spielraum für Manipulationen und Verwaltungsinitiativen geben würden, wenn erst einmal die Anfangsphase der Demobilisierung überstanden sei.

Koeths Programm für die zweite Phase scheiterte völlig, wenn man von der Bewilligung der Eisenbahnverträge und anderen öffentlichen Notstandsarbeiten einmal absieht. Koeth wurde ein Opfer seiner eigenen »Revolutionswirtschaft«. Als er versuchte, einen Diktator für die Holzindustrie und den Kleinwohnungsbau einzusetzen, wurde er beschuldigt, langfristige wirtschaftliche Organisationen aufrichten zu wollen, was in die Kompetenz des Reichswirtschaftsministeriums fiel; von der sächsischen Regierung wurde ihm die Aufgabe liberaler Wirtschaftsprinzipien vorgeworfen.[46] Anfang

Januar scheint Koeth nicht mehr Herr der Lage gewesen zu sein. Er erklärte seinen Kollegen, er glaube nicht, daß die Wirtschaft den Belastungen standhalten könne und kam zu dem Schluß:

»Es wird soweit kommen müssen, daß jeder nach der Muskete greifen muß, um uns zunächst nach Osten Luft zu schaffen. Wie es jetzt geht, rumpeln wir feste in den Abgrund und vielleicht ist es besser, dies vollzieht sich so schnell als möglich. Diejenigen, die alsdann übrigbleiben, werden vielleicht bessere Zeiten erleben.«[47]

Als sich die Lage jedoch wieder etwas beruhigt hatte, gewann er seinen Mut zurück. Zunächst nahm er eine weitere Beschränkung der Arbeitlosenunterstützung vor und versuchte, allerdings erfolglos, die Regierung von der Notwendigkeit eines neuen Hilfsdienstgesetzes zu überzeugen. Nicht nur sei die Zeit wegen des Fehlens eines Parlaments ideal, sondern die Regierung wäre endlich auch in der Lage, die Arbeiter aus den Städten heraus zur Arbeit im Bergbau und in der Landwirtschaft verpflichten zu können.[48] Wie man sich vorstellen kann, war die Regierung nicht bereit, eine so drastische Maßnahme zu ergreifen. Im Februar schlug das Demobilmachungsamt daher einen neuen Weg ein und diskutierte die Möglichkeiten eines Landsiedlungsplans, der den Arbeitern die Ansiedlung auf dem Land schmackhafter machen sollte. Die Idee wurde jedoch mit der Bemerkung abgewiesen: »Vorschläge für die Entwicklung in der weiteren Zukunft... scheint nicht in dem Aufgabenbereich des Demobilmachungsamtes... zu sein.«[49] Im April bezeichnete Koeth daher seine Versuche, deutsche Arbeiter für die Landwirtschaft zu gewinnen als ein »vollkommenes Fiasko« und bemerkte: »Es werden nach wie vor viele Ostarbeiter zu hohen Löhnen dort angeworben und dies teilweise unter weitgehenden, nicht erfüllbaren Versprechungen.«[50]

Während Koeth sich bemühte, sein Programm für die zweite Phase der Demobilmachung zu verwirklichen, fand er häufig seltsame Verbündete auf seiner Seite. So wurde zum Beispiel sein Versuch, den Arbeitszwang einzuführen, vom Zentralrat unterstützt, wo man darauf hinwies: »Daß wir den Arbeitszwang im Kriege hatten, sollten da die Sozialisten es nicht fertig bringen, den Arbeitszwang für die eigene sozialistische Republik durchsetzen?«[51] Ferner riefen Koeths Bereitschaft, die Forderungen der Arbeiterräte in Anstellungs- und Lohnfragen zu erfüllen und sein oft impliziter Vorschlag, mit den Räten anstelle der Arbeitsgemeinschaften zusammenzuarbeiten, falls letztere sich nicht organisierten, Mißtrauen in Arbeitgeberkreisen hervor. Mitglieder des Zentralrats hatten guten Grund für die Vermutung, der Sozialdemokrat August Müller, der im Februar 1919 wegen seines offenen Angriffs auf die Sozialisierung aus seinem Amte entfernt wurde, besitze »augenblicklich mehr Vertrauen bei den Unternehmern als der bürgerliche Dr. Koeth.«[52] Als im Frühjahr 1919 Müller und Koeth aus dem Amte schieden, versuchten Wissell und Moellendorff erfolglos, die Idee der Planwirtschaft wiederzubeleben, die während der Revolution untergegangen war. Die Arbeitsgemeinschaft unternahm nichts, um das Demobilmachungsamt zu retten. Ein gut unterrichteter Beobachter bemerkte zu diesem Wechsel:

»Koeth und Moellendorff stehen sich als Antipoden gegenüber. Koeth ist der Vertrauensmann der Gewerkschaften, besonders von Legien. Die Arbeitsgemeinschaft glaubte sich im Demobilmachungsamt ein gefügiges Organ gegen das Reichswirtschaftsamt zu schaffen, sieht sich aber getäuscht, da Koeth auf die Arbeitsgemeinschaft pfeift. Es war recht interessant in der Sitzung der Arbeitsgemeinschaft vom 13. d. M. zu hören, daß die Vertreter der Industrie den lebhaften Wunsch äußerten, das Demobilmachungsamt möchte möglichst bald seine Funktionen an das Reichswirtschaftsamt zurückgeben und daß vor allen Dingen Dr. Koeth wegen seines unglückseligen Arbeitslosen-Fürsorgegesetzes, dessen Vater er sein soll, heftig angegriffen wurde, während die Vertreter der Gewerkschaften Dr. Koeth und das Demobilmachungsamt in Schutz nehmen.«[53]

Koeth als Repräsentant der Gewerkschaften zu bezeichnen, ist natürlich übertrieben, aber wie Ludwig Preller schon vor langer Zeit feststellte, verdankt die Sozialgesetzgebung der Weimarer Republik ihre Geburt der Demobilmachungszeit und den Verordnungen Koeths.[54] Ein weiteres Resultat seiner »Revolutionswirtschaft« waren die für die Inflationszeit charakteristischen unkontrollierten Preis- und Lohnerhöhungen. Die Grundidee hinter dieser Politik kommt deutlich in einem düsteren Finanzbericht zum Ausdruck, der das Demobilmachungsamt kurz vor seiner Auflösung erreichte. Hierin bemerkte der Berichterstatter: »Was den gegenwärtig hohen Stand der Löhne betrifft, so hält er dies an sich nicht für bedenklich. Die Erhöhung der Löhne trägt ihr Korrektiv in sich selbst, weil eben der Kaufwert des Geldes so gesunken ist.«[55] Am Ende war Koeths Politik besonders dem Großunternehmertum und der organisierten Arbeiterschaft zustatten gekommen, den Gruppen, die gestärkt aus dem Kriege hervorgegangen waren und von denen Koeth am meisten unterstützt wurde.

In der Situation von Oktober 1918 bis April 1919 war eine alternative Wirtschaftspolitik nur schwer vorstellbar, vor allem ist aber völlig unklar, aus welchen Kreisen die Initiative dazu hätte kommen können. August Müller war im Oktober 1918 Koeths Hauptrivale, ein Mann, der die ihm bekannten Industriellen verzweifelt von seiner gemäßigten politischen Haltung zu überzeugen versuchte. Wie Guggenheimer berichtete:

»Herr M. beabsichtigt, wie er sagt, sein Amt von jedem Bürokratismus zu befreien und es zu einem nach kaufmännischem Muster geleiteten Organ zu machen. Er hofft, auch bei einem Wechsel nach links oder rechts zu bleiben, weil er ohne viel Politisieren seine Aufgabe rein sachlich behandeln will. Er bat direkt um das Vertrauen der Industrie...«[56]

Moellendorffs Planwirtschaft stellte vielleicht eine Alternative dar, war aber unter den gegebenen Umständen sicher nicht leicht zu verwirklichen, denn sie beruhte in hohem Maße auf industrieller Selbstverwaltung und damit auf der Kooperationsbereitschaft der Betroffenen. Die Zusammenarbeit zwischen Müller und Moellendorff basierte in der Hauptsache auf der Notwendigkeit, die Position des RWM in Wirtschaftsangelegenheiten wiederherzustellen. Auf jeden Fall aber dürfte Koeths Entschlußfreudigkeit während der ausschlaggebenden Monate der Situation weit mehr entsprochen haben als die komplizierte Organisationsmanie Moellendorffs. Vielleicht hätte in dieser Periode die Politik der Nachfolger Wissells und Moellendorffs eine Erfolgschance gehabt, die Anfang 1920 die verarbeitende Industrie gegen die Rohstoffproduzenten auszuspielen versuchten, um auf diese Weise größere Kontrolle über letztere zu gewinnen. Die notwendige Entschlossenheit besaß aber keiner der Betroffenen. Von Seiten der Massen konnte es eine reale Möglichkeit für eine alternative Wirtschaftspolitik nur in Zusammenarbeit mit den mehrheitsozialdemokratischen Führern geben. Diese aber blieb aus, so daß Muths ausgezeichnete Verallgemeinerung über die Revolution wie für viele andere Aspekte auch für die Wirtschaftspolitik zutrifft:

»Die Linke hat sehr laut agitiert und hat recht wenig erreicht, außer daß die Aufmerksamkeit der Regierung recht einseitig nach links gelenkt wurde. Die Rechte hat weitgehend geschwiegen, aber gehandelt.«[57]

Es soll noch kurz angemerkt werden, daß sich die von Koeth gelenkte deutsche Demobilmachung mit der Aufhebung der Zwangswirtschaft und den Zugeständnissen an die organisierte Arbeiterschaft in vieler Hinsicht sowohl im Verlauf wie in den Folgen von dem Demobilmachungsprozeß in den alliierten Ländern unterschied. In den Vereinigten Staaten erlitten Unternehmertum und Arbeiterschaft entscheidende Rückschläge; einmal wegen der immensen Stärke der Verbraucherinteressen und zum anderen, weil die Öffentlichkeit nicht bereit war, den hohen Preis für eine Absprache innerhalb der Unternehmerschaft sowie zwischen Unternehmertum und Arbeiterschaft zu zahlen. In England zeigte die Niederlage der Arbeiterschaft, wie Susan Armitage kürzlich dargestellt hat, daß die Öffentlichkeit es ablehnte, die enge Konzeption der Arbeiterschaft gelten zu lassen, nach der die Wirtschafts- und Reformmaßnahmen der Nachkriegszeit nur für ihren Nutzen bestimmt seien und sie daher auf allen Forderungen bis ins letzte bestehen könne.[58] In beiden Ländern war letztlich die Arbeiterschaft der Verlierer. In Deutschland hinterließ die Politik der Vollbeschäftigung dagegen ein zweideutiges Resultat. Einerseits erlaubte die Inflation der Industrie und Arbeiterschaft, auf Kosten der anderen Hälfte der Nation zu profitieren. Andererseits aber blieb die entscheidende Frage für längere Zeit ungeklärt, wie und von wem die Kosten des Krieges und der Stabilisierung bezahlt werden sollten. Die Aufhebung der Zwangswirtschaft, die überall mit der Demobilmachung parallel ging, mußte deshalb am Ende zu recht unterschiedlichen politischen Ergebnissen führen. Kurzfristig gesehen war die bedeutendste Folge in Deutschland die Unterminierung des revolutionären Potentials. Die schwerwiegendste langfristige Folge ist dagegen darin zu sehen, daß das traditionelle Primat der Produzenten gegenüber den Konsumenteninteressen fortbestand, was die in der Vergangenheit angesammelte Bitterkeit in den sozialen und politischen Beziehungen in der Gegenwart fortsetzte und noch vertiefte.

6. Das deutsche Unternehmertum zwischen Krieg und Revolution: Die Entstehung des Stinnes-Legien-Abkommens[1]

I

Ein wesentlicher Bestandteil der Modernisierung entwickelter westlicher Industriegesellschaften war die Neustrukturierung der Beziehungen zwischen Arbeitgebern und Arbeitnehmern, die im Vergleich zu früheren Phasen der Industrialisierung weniger konfliktreich und unversöhnlich sind. Der Ausgang dieses Prozesses wurde von dem Experten in Fragen der »Industrial Relations«, Clark Kerr, folgendermaßen charakterisiert: »Der Klassenkampf wird vergessen sein und an seine Stelle wird der bürokratische Streit sich bekämpfender Interessengruppen treten. Es werden Korridor- statt Straßenschlachten sein, und Memoranden werden fließen statt Blut«.[2] Leider ist dieser ideale Zustand noch nicht erreicht worden, was andeutet, daß auch im relativ homogenen Westen die Prozesse der Industrialisierung und Modernisierung nicht ganz so einheitlich und vorhersehbar verlaufen, wie einige unserer zeitgenössischen Stufentheorien und andere theoretischen Modelle dies annehmen.[3] Auch so scheinbar positive Errungenschaften wie kollektive Arbeitsverträge können nur vor dem Hintergrund des konkreten historischen Kontextes und unter Berücksichtigung ihrer strukturellen Entstehungs- und Funktionsbedingungen bewertet werden.

Ein Paradebeispiel dafür ist das sogenannte Stinnes-Legien-Abkommen vom 15. November 1918, das während der Revolution von 1918 in Deutschland kollektive Arbeitsverträge einführte. Dieses Übereinkommen war ein Versuch, die Beziehungen zwischen Arbeitgebern und Arbeitnehmern zu entschärfen, indem einerseits die schlimmsten Ausschreitungen der Industrie und andererseits die Verfolgung extremer klassenkämpferischer Forderungen der sozialistischen Gewerkschaften verhindert werden sollten. Die Industriellen erklärten sich dazu bereit, die Gewerkschaften als Vertreter der Arbeiterschaft anzuerkennen, mit ihnen über Löhne und Arbeitsbedingungen zu verhandeln, Arbeitsnachweise und Schlichtungsausschüsse auf paritätischer Grundlage einzurichten, ihre finanzielle Unterstützung der »gelben« Werkvereine zu beenden und den Achtstundentag einzuführen. Die Gewerkschaften akzeptierten ihrerseits den Fortbestand des Privateigentums und der Arbeitgeberverbände – ein bedeutendes Zugeständnis, wenn man bedenkt, daß Deutschland mitten in einer Revolution unter angeblich sozialistischer Führung stand – und gingen sogar so weit, zusammen mit den

Arbeitgebern eine Arbeitsgemeinschaft zu errichten, die die Kooperation von Arbeitgebern und Arbeitnehmern bei der Aufstellung einer gemeinsamen Wirtschafts- und Sozialpolitik institutionalisierte. Diese Arbeitsgemeinschaft hielt sich, wenn auch unter großen Schwierigkeiten, bis 1924, als die schwerindustriellen Arbeitgeber den Achtstundentag abschafften und damit allen Schein einer Interessenharmonie zerstörten. Kollektive Arbeitsverträge, wie das Abkommen sie eingeführt hatte, wurden bis 1933 beibehalten, obwohl wiederholt staatliche Interventionen zu ihrer Aufrechterhaltung nötig waren.[4] Das Schicksal des Stinnes-Legien-Abkommens ist deshalb ein weiteres Beispiel für die gescheiterten Bemühungen, im modernen Deutschland Verhältnisse zu schaffen, unter denen eine moderne Industriegesellschaft gedeihen konnte. Da außerdem der Fortbestand der Weimarer Republik nicht wenig von dem guten Willen und der Kompromißbereitschaft der Unternehmer und Arbeiterschaft abhing, sind die Entstehungsgründe und die Entwicklung ihrer Beziehungen von größter Wichtigkeit.

Das Abkommen ist von Historikern verschieden interpretiert worden. Apologeten, die danach trachteten, das Image des deutschen Unternehmertums zu verbessern und die Mitbestimmung zu verhindern, lobten das Abkommen und stellten es als Musterbeispiel für die versöhnliche Haltung der Wirtschaftsführer wie auch als Alternative zu den radikalen Vorschlägen der Arbeiterschaft hin. Das Scheitern der Arbeitsgemeinschaft wurde auf die staatliche Einmischung und den Radikalismus der Arbeiter geschoben. Kommunistische Historiker betrachteten, wie man sich denken kann, das Abkommen als Verrat der reformistischen Gewerkschaftsführer an der Arbeiterklasse und als taktischen Sieg gewiefter Industrieller, die mit viel Geschick ihr wirtschaftliches und soziales Ansehen zu retten suchten. Die Meinung der nicht so eindeutig ideologisch festgelegten Historiker ist in dieser Frage ähnlich wie bei der Beurteilung der Revolution geteilt: die einen meinen, die reformistischen Sozialisten hätten mit dem Abkommen den wirtschaftlichen Zusammenbruch, die Bolschewisierung und eine mögliche Teilung Deutschlands vermieden; andere sehen es als Beispiel für die Schwäche der phantasielosen und verängstigten Führung der deutschen Sozialdemokratie, die sich den Kräften der alten Ordnung zu sehr verpflichtete und den Massen eine größere Demokratisierung der deutschen Gesellschaft vorenthielt.[5]

Wie immer man auch das Vorgehen der Sozialdemokraten beurteilen will, das Stinnes-Legien-Abkommen ist einer der besten Beweise für die Behauptung Arthur Rosenbergs, daß die deutsche Sozialdemokratie eine bürgerliche Republik ins Leben gerufen habe.[6] Das Abkommen markierte zwar das Ende des alten Herr-im-Hause-Standpunktes, aber zugleich zeigte sich auch, daß sich die Unternehmer moderne Techniken der Konfliktbeilegung innerhalb der kapitalistischen Ordnung angeeignet hatten, die Geburt der bürgerlichen Republik also nicht nur an Einrichtungen wie den kollektiven Arbeitsverträgen und der parlamentarischen Demokratie gemessen werden kann. Das Stinnes-Legien-Abkommen deutet den Beginn einer Epoche an, in der Unternehmer eine soziale und politische Bedeutung erreichten, die weit über die im alten Kaisserreich hinausging. Sie übernahmen einflußreiche Regierungspositionen, nahmen aktiver am Parlamentsleben teil, und, was vielleicht noch wichtiger war, ihre Meinungen und Wertvorstellungen gewannen neue Bedeutung und wurden sogar vorherrschend, da die alte Ordnung versagt hatte und enorme wirtschaftliche Probleme auf dem Deutschland der Nachkriegszeit lasteten.[7] Letzten Endes vertrauten die Mehrheitssozialisten und Gewerkschaftsführer schon seit Beginn der Revolution den wirtschaftlichen Plänen und der Sachkenntnis von Hugo Stinnes und seinen Kollegen. Es ist kaum möglich, das Stinnes-Legien-Abkommen zu beurteilen, ohne die Beweggründe der beteiligten Unternehmer verstanden zu haben. Diese Beweggründe waren zwangsläufig in den spezifisch historischen und strukturellen Eigenheiten des deutschen Unternehmertums verankert.

II

Bei Ausbruch des Ersten Weltkriegs war die Zusammensetzung des Unternehmertums hochdifferenziert und komplex.[8] Oberschlesische Magnaten, rheinisch-westfälische Unternehmer, Hamburger Handels- und Kaufleute, Berliner Bankiers, sächsische Textilindustrielle, einfallsreiche Unternehmer im Maschinenbau und der elektrotechnischen und chemischen Industrie, Manager und Verbandsvertreter können nicht leicht auf einen Nenner gebracht werden. Diese Verschiedenartigkeit war nicht nur eine Frage der Typologie, sondern drückte sich auch in unterschiedlichen wirtschaftlichen Interessen und politischen Konflikten aus. Debatten um Preise und Zölle zwischen Rohstofferzeugern und weiterverarbeitenden Abnehmern, Spannungen zwischen Groß- und Mittelbetrieben und Rivalitäten innerhalb der Großindustrie zwischen dem älteren Kohle-, Eisen- und Stahlsektor und den jüngeren Branchen der Chemie und Elektrotechnik führten zu organisatorischen Zersplitterungen, die wiederum mit Differenzen im politischen und sozialen Bereich korrespondierten. Die Vertreter der Schwerindustrie an der Ruhr und in Schlesien verbündeten sich mit den ostelbischen Großgrundbesitzern im Kampf gegen die Anerkennung der Gewerkschaften, während die Vertreter des jüngeren Industriesektors und bedeutende Teile der Mittel- und Kleinindustrie eher eine reformistische Grundhaltung in politischen und sozialen Fragen einnahmen. Es versteht sich von selbst, daß für Geschäftsleute nicht die Politik, sondern die Wirtschaft im Vordergrund stand; entsprechend gering war ihre politische Beteiligung, da ihre eigenen Angelegenheiten ihnen genug zu tun gaben und außerdem ihre unpolitische Haltung sie das allgemeine Wohl mit der Prosperität und Autonomie der Wirtschaft identifizieren ließ. Diese Haltung, die keineswegs nur in Deutschland anzutreffen war, wurde noch verstärkt durch eine politische Ordnung, die die politische Ohnmacht und Passivität des Unternehmertums mit wirtschaftlicher Autonomie und sonstigen Privilegien belohnte, wobei diese Haltung durch die wachsende Bedeutung der technokratisch und funktional denkenden Manager, Verbandsmänner und Gewerkschaftsführer zusätzlich verschlimmert wurde. Letzteres beeinflußte nicht nur die Wirtschaftspolitik selbst. Eine kleine Gruppe dynamischer Besitz-Unternehmer und Generaldirektoren sorgte für die Energie und die treibende Kraft eines Unternehmertums, das stark nach Sicherheit, Überorganisation und Bürokratisierung tendierte.

Was dieses bunte Vorkriegsunternehmertum verband, war das gemeinsame Ziel, frei von staatlichen Vorschriften zu bleiben und auf Selbstverwaltung zu bestehen. Die anglo-amerikanische Idee der freien Wirtschaft, bei der maximale Konkurrenz durch minimale Handelseinschränkungen erreicht wird, hatte in Deutschland aufgrund des speziellen Charakters und des bestimmten Zeitpunkts seiner Industrialisierung nie so richtig Fuß gefaßt. Das bedeutet allerdings nicht, daß deutsche Unternehmer staatliches Eingreifen in ihre Angelegenheiten mit der Geduld akzeptierten, wie manche übertriebenen Vorstellungen von der Rolle des Staates bei der preußisch-deutschen Industrialisierung uns weismachen wollen. Vor dem Krieg spielte der Staat keine bedeutende Rolle bei der Organisation der deutschen Industrie, und die wenigen Versuche des Staates, das freie Unternehmertum zu regulieren oder mit ihm zu konkurrieren, stießen auf heftigen Widerstand.[9]

Natürlich existierten zahlreiche Berührungspunkte mit dem Staat, und der Druck der Wirtschaft bei Zollfragen, Frachtsätzen, Militäraufträgen, sozialer Gesetzgebung und im Außenhandel wurde vor dem Krieg stärker. Allgemein gesehen waren es diese Punkte, mit denen der Staat das allgemeine Wirtschaftsklima positiv oder negativ beeinflussen konnte. Mit Ausnahme der Sozialgesetzgebung – und da nur bei der sozialen Fürsorge und Fabrikinspektion – rührte der Staat nicht an die Autonomie der Wirtschaft. Kontrolle über Produktion und Absatz, Preise und Löhne und der Grad der freiwilligen Einschränkung auf diesen Gebieten lagen weiterhin in den Händen des Unternehmers oder seines Verbandes.

Der Erste Weltkrieg revolutionierte das Verhältnis von Wirtschaft und Staat, da dieser sich gezwungen sah, Rohstoffzuteilung und Produktion zu regulieren und die Zuteilung der Arbeitskräfte und Güterverteilung zu überwachen. Als Hauptauftraggeber auf einem Markt, in dem die Nachfrage fast immer das Angebot übertraf, nahm die Regierung mehr und mehr Einfluß auf die Preispolitik. Gleichzeitig wollte die Regierung den inneren Frieden aufrechterhalten und die Produktion maximieren, was sie Forderungen nach hohen Löhnen seitens der Gewerkschaften unterstützen ließ. Die Vielzahl der Regierungskontrollen und Behörden verwirrte und verärgerte, aber dieses notwendige Beiprodukt der Kriegswirtschaft wurde durch die schwerfällige Struktur des Deutschen Reiches und seines überbürokratisierten Verwaltungsapparats noch verschlimmert. Militärische Einmischung in Wirtschaftsbelange war schon seit Kriegsbeginn lästig. Aber die Einführung des Hindenburg-Programms und die Errichtung des vom Heer geleiteten Kriegsamtes zur Überwachung der Wirtschaft verstärkten ab Herbst 1916 rasch die organisatorischen Schwierigkeiten und Reibereien zwischen der Wirtschaft und der Regierung, auch wenn die Wirtschaft diese Maßnahmen zu Beginn unterstützt hatte.[10]

Genau genommen tat die Regierung alles, um die Kriegswirtschaft auf dem Prinzip der Selbstverwaltung aufzubauen, das die Wirtschaft so lang vertreten hatte. Die Rohstoffkontrolle und -verteilung wurde Kriegsgesellschaften überlassen, die von Wirtschaftsvertretern geleitet wurden. 1914 regte der Staatssekretär des Innern, Clemens von Delbrück, die wichtigsten Industrieorganisationen, wie den Centralverband deutscher Industrieller, den Bund der Industriellen und den Verein zur Wahrung der Interessen der Chemischen Industrie Deutschlands, dazu an, sich im Kriegsausschuß der deutschen Industrie zusammenzuschließen. Die neugegründete Organisation sollte, unter Aufrechterhaltung der Unabhängigkeit der sie konstituierenden Mitglieder, den gesamten Wirtschaftssektor gegenüber der Regierung und dem Parlament vertreten, die Kriegsverpflichtungen der Wirtschaft beaufsichtigen und die Tätigkeit der wirtschaftlichen Fachverbände überwachen. Das Interesse der Regierung an der Selbstverwaltung der Wirtschaft förderte die Entwicklung und Verbreitung von Fachverbänden, die die Verteilung der Kriegsaufträge regelten und gegen Ende des Krieges die unangenehme Aufgabe übernahmen, unwirtschaftliche Fabriken zu schließen und die entsprechenden Industrien in Syndikaten zusammenzuschließen. Die Regierung förderte absichtlich Kartelle und Syndikate, da diese besonders gut bei Verhandlungen über Inlandspreise und zur Aufrechterhaltung hoher Ausfuhrpreise benutzt werden konnten, was Deutschland die nötigen Devisen neutraler Länder sicherte, die ihrerseits von deutschen Gütern abhängig waren. Die Interventionen der Regierung förderten deshalb die verstärkte Organisierung und Zentralisierung der deutschen Wirtschaft mit dem Ziel, öffentliche Aufgaben von privaten Wirtschaftsorganisationen ausführen zu lassen.[11]

Diese Entwicklungen bestimmten im positiven und negativen Sinn, wie Unternehmer sich die zukünftige Organisation der Wirtschaft vorstellten. Obwohl es eigenwillige Technokraten gab, die sich dem dirigistischen Programm Walther Rathenaus und Wichard von Moellendorffs von der AEG anschlossen, so lehnte doch der Großteil der deutschen Unternehmer die für die Kriegswirtschaft typische Mischung von Regierungskontrolle und wirtschaftlicher Selbstverwaltung ab.[12] So lange der Krieg dauerte, war es allerdings unmöglich, dem Einschreiten der Regierung Widerstand zu leisten, und die Unternehmer entwickelten deshalb auch die Taktik, den Regierungsforderungen nachzugeben und sich zusammenzuschließen. Der Staat brauchte eine organisierte Wirtschaft, damit die Wirtschaft der Öffentlichkeit dienen konnte; die Wirtschaft akzeptierte das Prinzip der Organisation, um staatliche Direktiven im Keim zu ersticken. Besonders deutlich wurde dies am Ausbau verschiedener schwerindustrieller Kartelle während des Krieges. Die Abkommen, auf die sich diese Kartelle stützten, waren aufgrund der wachsenden Produktionskapazitäten führender Mitglieder oder anderer kriegsbedingter Veränderungen, die die alten Quoten ungültig machten, veraltet. Trotzdem wurden diese Kartelle erneuert, da die Mitglieder meinten, »in unserm allerureigensten Interesse sollten wir uns freiwillig zusammenschließen und nicht den Druck von oben abwarten«.[13]

Widerspenstige Syndikatsmitglieder wurden mit der Bemerkung zur Ordnung gerufen, daß »es ... sehr im öffentlichen Interesse [zu liegen scheint], das Zwangssyndikat zu vermeiden. ... Die Wirkung der staatlichen Aufsicht über Kohlen und mittelbar Eisen auf die gesamte Industrie und unser Wirtschaftsleben überhaupt ist aber schlechterdings unübersehbar, und ... wir haben alle allen Grund, den staatlichen Eingriff hintanzuhalten«.[14] Diese Überlegungen trugen letzten Endes zu dem Entschluß bei, die Zusammenarbeit führender Wirtschaftsverbände auch nach dem Krieg in Form eines Industrierats weiterzuführen, der im Oktober 1916 gegründet wurde: »Auf Bildung einer einheitlichen Industrievertretung müßten die zentralen Organisationen vor allem aber auch aus dem Grunde bedacht sein, weil mit der Möglichkeit zu rechnen ist, daß die industriellen Fachverbände durch die Gesetzgebung in Zwangsorganisationen umgewandelt werden. ... Daß die zentralen Industrieorganisationen das vitalste Interesse daran haben, sich hierbei die Leitung und Einflußnahme zu sichern, falls sie in ihrer Stellung nicht eine kaum zu ersetzende Einbuße erleiden wollen, liegt auf der Hand«.[15]

Die zunehmende Organisierung verringerte allerdings nicht notwendigerweise die Spannungen innerhalb der Wirtschaft. Die Konzentration der Entscheidungsprozesse in Berlin wurde besonders in Süddeutschland mit starkem Widerwillen beobachtet, und allgemein wuchs Mißtrauen gegen die Schwerindustrie. Diese Ressentiments wurden noch durch die Schließung unwesentlicher und unwirtschaftlicher Fabrikanlagen und durch die offensichtliche Macht, die die Schwerindustrie innerhalb des Kriegsausschusses der deutschen Industrie, der industriefreundlichen Nationalliberalen Partei und der Presse genoß, verstärkt. Gustav Stresemann, Führer der Nationalliberalen Partei und ein bedeutender Vertreter des Verbandes der Sächsischen Industriellen und des Bundes der Industriellen, teilte dem Generaldirektor der Hamburg-Amerika-Linie, Albert Ballin, mit, daß er »wohl versuchte, sich aus der Umklammerung der Schwerindustrie zu befreien, um die nationalliberale Partei wieder auf eigene Füße zu stellen. ... Auch der Bund der Industriellen ... will gern sich von der Schwerindustrie befreien«.[16] Ballins Reederei war durch den Krieg lahm gelegt worden, und obwohl seine Verluste mehr als wiedergutgemacht wurden, schätzte Ballin die Kriegskonjunktur der Schwerindustrie nicht besonders und bemerkte mit Bedauern: »Die

Schwerindustrie verdient so viel Geld, daß sie schon vor Übermut nicht weiß, was sie anstellen soll«.[17] Es beunruhigte Ballin, daß die Schwerindustrie einen Teil dieses Geldes dazu benutzte, Zeitungen anzukaufen, da er meinte, sie »regiert damit nicht nur das Volk, sondern auch die Regierung«, und er verbündete sich mit dem Stuttgarter Industriellen Robert Bosch, um mit der Schwerindustrie auf diesem Gebiet zu konkurrieren. Dieses Vorgehen schien umso notwendiger, als Ballin und Bosch davon überzeugt waren, daß die Schwerindustruie »ihr eigenes Grab gräbt«, indem sie auf unmäßigen Kriegszielen bestand und innere Reformen ablehnte:

»Jetzt nagelt sie sich selbst auf ein bestimmtes Programm fest und setzte sich in den schroffen Gegensatz zu der Mehrheit in Deutschland. Diese Mehrheit würde aber kurz oder lang doch das Heft in die Hand bekommen und es würde für diese ein leichtes sein, sich zu rächen und es wäre doch nichts einfacher, als durch ein Paar Gesetze die ganze Schwerindustrie lahm zu legen. Dies bedächten aber die Herren nicht, die teils durch blinden Ehrgeiz, teils durch eine unsagbare Unkenntnis der tatsächlichen Verhältnisse angetrieben würden«.[18]

Solch zentrifugale Tendenzen wurden aber immer mehr durch zentripetale Tendenzen innerhalb der Industrie ausgeglichen. Während der Zusammenhalt der alten Kartelle und Syndikate unter dem Druck erweiterter Kapazitäten und mangelhafter Industriekontrolle zunehmend litt, schwebte es dem Stahlindustriellen Albert Vögler vor, die in dieser Zeit von Carl Duisberg gerade vorgenommene horizontale Organisation in der Chemieindustrie nachzuahmen, und Vöglers Chef, Hugo Stinnes, begann schon mit seinem einmaligen Programm vertikaler Konzentration, das ihn so berühmt machte.[19] Nicht zuletzt war es die Tatsache, daß die Schwerindustrie langsam ins Reedereigeschäft und in die verarbeitende Industrie einstieg, die das Interesse Ballins und Boschs an der Politik der Schwerindustrie weckte. Die Schwerindustrie, die sich einen guten Markt für ihre Rohstoffproduktion sichern, die Vorteile der Koordinierung des gesamten Produktionsprozesses genießen, von den Gewinnen der verarbeitenden Industrie profitieren und die Kriegsgewinnsteuer hinterziehen wollte, indem sie »alles mögliche versucht, um dieses Geld so anzulegen, daß es steuertechnisch nicht zu fassen ist«,[20] wurde von den Reedereien, den Maschinenbau- und den elektrotechnischen Industrien mit offenen Armen aufgenommen, da diese die Sicherheit garantierter Rohstofflieferungen und die beträchtlichen Kapitalmittel der Schwerindustrie dringend nötig hatten. Trotz dieser Vorbehalte gegenüber der Schwerindustrie machte es Ballin deshalb zur Politik der Hapag-Linie, »ihre Interessen in Zukunft noch mehr und entschiedener als bisher in den kapitalistischen Kreisen unserer Großindustrie und Großbanken zu verankern«,[21] und Stinnes' Beispiel, »nach Hamburg zu gehen« wurde von seinen Kollegen an der Ruhr rasch nachgeahmt. Ähnlich bedauerte Carl Friedrich von Siemens die Politik des »dickköpfigen« Schwerindustriellen Alfred Hugenberg und fürchtete eine Preispolitik der Stahlindustrie, die den Interessen der verarbeitenden Industrie schaden könnte, erkannte aber an: »Wir stehen nunmehr in dem Zeitalter der Konzentration, und ich glaube, daß sich diese Bewegung nicht mehr aufhalten läßt«.[22] Siemens wie auch Ballin sollten in die Geschäfte von Stinnes verwickelt werden, was man sich vor Augen halten muß, wenn man den Doppelzweck verstehen will, der hinter Siemens' verzweifelten und oft vergeblichen Bemühungen stand, die konkurrierenden Elemente der verarbeitenden Industrie zu organisieren und zur Zusammenarbeit zu bringen. Einigkeit war einerseits notwendig, um die Schwerindustrie daran zu hindern, die Kriegskosten auf diese Industrien abzuwälzen und um die Regierung daran zu hindern, die besonderen Interessen dieser Industrien zu vernachlässigen. Andererseits war Einigkeit geboten, damit »die Fertigindustrie den ehrlichen Versuch macht, mit der Schwerindustrie bei Aufstellung von Wünschen und Vorschlägen an die Regierung einen Kompromiß zu schließen, so daß, wenn möglich, die Industrie geschlossen nach außen auftritt. Unzweifelhaft wird ein solches Vorgehen die größte Macht in sich vereinigen und dadurch den größten Erfolg verbürgen«.[23]

Der gemeinsame Nenner der allgemeinen Einigkeitsbemühungen der Wirtschaft während der Kriegszeit war allerdings das Bedürfnis, den Eingriffen des Staates Widerstand zu leisten. In dieser Frage konnten sich große und mittelgroße Unternehmen, Handel und Banken zusammenfinden, denn alle verstanden sehr gut, daß die entscheidende Schlacht in der Zeit der Demobilmachung und der Übergangswirtschaft geschlagen würde. Die Rathenau-Moellendorff Gedanken einer Planwirtschaft und Gerüchte, daß die Regierung Zwangssyndikatsbildung weiterführen, Rohstoff-, Export- und Importkontrollen sowie Höchstpreise beibehalten würde, erregten heftigen Widerstand. Im Februar 1918 errichtete der Centralverband deutscher Industrieller einen besonderen Fonds, um gegen Sozialisierungspläne der Nachkriegszeit zu kämpfen, die in Rathenaus *Die Neue Wirtschaft* entworfen worden waren.[24] Das Reichswirtschaftsministerium, das mit der Demobilmachung beauftragt war, versuchte, die Industrievertreter zu beruhigen und schlug ihnen vor, einen Beirat zu bilden, der der Regierung bei der sozialen und wirtschaftlichen Gesetzgebung nach dem Krieg behilflich sein und auch die Demobilmachung erleichtern sollte. Einige Industrievertreter betrachteten diese Einladung mit großem Argwohn: »Wo soll das hinaus? Da sehe ich kein Ende. Zuerst soll also ein Beirat gebildet werden, dann Fachausschüsse, und Gott weiß, was nachher kommt. ... Die ganze Reichsregierung beherrscht uns dann. ... Ich möchte bitten, nicht weiter Zugeständnisse zu machen. ...«[25]

Aufmerksamere Beobachter, insbesondere einige Vertreter der Schwerindustrie, sahen hingegen die Vorteile des Beitritts zu einem solchen Beirat. Die bisherigen Methoden, sich der persönlichen Beziehungen zu Regierungskreisen zu bedienen und sich gegen unangenehme Gesetze zur Wehr zu setzen, nachdem sie einem unzuverlässigen Reichstag unterbreitet worden waren, waren offensichtlich weniger zufriedenstellend als eine regelmäßige

Überprüfung von Gesetzvorschlägen vor deren Schlußentwurf oder deren Veröffentlichung.[26]

Gegen Kriegsende und als es immer deutlicher wurde, daß der »Diktatur der Referenten«[27] kein Ende beschieden sein würde, begann die Wirtschaft ihre Kampagne zur vollständigen Wiederherstellung ihrer alten Rechte. Obwohl sie die Notwendigkeit einiger Kontrollen unmittelbar nach dem Krieg zu akzeptieren bereit war, bestand die Industrie jedoch darauf, diese auf ein Minimum zu beschränken. Sie war bereit, »eine gewerbliche Selbstverwaltung der Übergangswirtschaft mit Staatsaufsicht« zu akzeptieren, aber sie stemmte sich gegen »eine Zwangswirtschaft mit behördlicher Spitze«.[28] Die Meinungsverschiedenheiten innerhalb der Wirtschaft wurden durch die wachsende Vertrauenskrise zwischen der Wirtschaft und der Regierung während der letzten Kriegsmonate in den Hintergrund gedrängt. Im Frühjahr 1918 wurden von Hamburger Wirtschaftsgruppen und der Vereinigung Südwestdeutscher Handelskammern außerordentliche Sitzungen einberufen, die gegen die echten oder eingebildeten Pläne des Reichswirtschaftsministeriums protestierten und im Herbst rief der Industrierat zum Massenprotest auf. Die Kritik der Industrie an der Regierung war derart scharf und verächtlich, daß man es für notwendig hielt, auf die möglichen revolutionären Folgen solcher Attacken hinzuweisen: »Man müsse doch bedenken, daß durch solche Angriffe auch die Autorität der Regierung stark untergraben würde und gerade jetzt, und vor allen Dingen, für kommende Zeiten, wären doch Industrie und Handel sicherlich auf die Autorität der Regierung angewiesen. Man dürfe doch nicht die Dämme einreißen helfen, die den Strom vom Lande abhielten«.[29]

III

Nach Ansicht der meisten Unternehmer war es die Regierung und nicht sie, die die traditionelle Autorität in Deutschland untergraben hatte. Die Regierung hatte der linken Mehrheit im Reichstag in politischen und sozialen Fragen nachgegeben. Unter dem Hilfsdienstgesetz vom Dezember 1916 waren Arbeitgeber gezwungen, mit den Gewerkschaftsfunktionären der verschiedenen Kriegsausschüsse zu verhandeln und Arbeiterausschüsse in den Fabriken einzuführen. Aufgrund dieses Gesetzes wuchs die Mitgliederzahl der sozialistischen und christlichen Gewerkschaften beträchtlich, und die Arbeiterschaft war bei ihren Forderungen nach Lohnerhöhungen außergewöhnlich erfolgreich. Diese Entwicklungen verstärkten aber nur die Besorgnis der Industrie über die Nachkriegssituation, denn selbst ein totaler militärischer Sieg würde ihr nicht mehr ihre alten Absatzgebiete garantieren, und sie sah einem längeren wirtschaftlichen Krieg mit ihren Feinden entgegen. Die Unternehmer fürchteten sowohl weitere bürokratische Eingriffe, die sie ihrer für diese Situation notwendigen Flexibilität berauben würden, als auch die Macht der Gewerkschaften und die »astronomischen« Löhne, die es der deutschen Industrie unmöglich machen würden, mit ihren Rivalen zu konkurrieren. Die Wirtschaft sah sich nun dem Problem gegenüber, einerseits eine starke Regierung zu finden, die der wachsenden Macht der Arbeiterschaft Einhalt gebieten konnte, gleichzeitig aber auch zurückhaltend genug war und der Wirtschaft freien Lauf ließ. Das war umso schwieriger, als die Industrie kaum eine Massenbasis hatte, die ihr den politischen Einfluß verschaffen konnte, der zur Erreichung dieses Zieles nötig war.[30]

Die Bemühungen der politisch aktiven Elemente der Schwerindustrie brachten kaum Abhilfe. Zusammen mit den Junkern und Ludendorff brachten sie Bethmann Hollweg zu Fall, mußten aber dann feststellen, daß es wohl ein leichtes war, gemäßigte Elemente in der Regierung zu stürzen, doch nicht so leicht, eine Führung zu finden, die über das Mittelmaß eines Michaelis und Hertling hinausreichte. Bemerkenswerter wie auch einfallsreicher war der Gedanke, den Imperialismus als gesellschaftspolitisches Beruhigungsmittel zu gebrauchen und eine Massenbewegung in diesem Sinne zu fördern. Die Schwerindustrie vertrat bewußt eine extreme Annexionspolitik in der Hoffnung, daß diese die alte Ordnung abstützen würde, und trug moralisch und finanziell stark zur Unterstützung der pseudodemokratischen Vaterlandspartei bei, die unter der Führung von Wolfgang Kapp und Großadmiral von Tirpitz im September 1917 gegründet worden war. Das fiel mit den Bemühungen zusammen, die verschiedenen streikfeindlichen Gewerkschaften im Hauptausschuß nationaler Arbeiter und Berufsverbände Deutschlands zu vereinigen, um gegen die mächtigen, den Streik als Kampfmittel befürwortenden Arbeiterorganisationen ein wirkungsvolles Gegengewicht zu haben.[31] Trotzdem konnte eine Massenbewegung, die auf dem Mittelstand aufgebaut war, dessen Wurzeln in der Industriegesellschaft, falls sie überhaupt existierten, noch schwach waren, und die von Arbeiterorganisationen abhing, die von Arbeitgebern und deren Geld ins Leben gerufen und aufrechterhalten wurden, der deutschen Industrie bei ihren konkreten wirtschaftlichen und sozialen Aufgaben nur von geringem Nutzen sein. Mit dem Jahre 1917 wurden sich allmählich auch die bedeutendsten Gegner der unabhängigen Gewerkschaften dieser Tatsache bewußt.

Die Anforderungen der Kriegszeit hatten auch die extremsten Gegner der Gewerkschaften in Kontakt mit Gewerkschaftsfunktionären gebracht und sie zu aktiver und passiver Zusammenarbeit gezwungen. Beide Seiten waren zum Beispiel an einer angemessenen Lebensmittelversorgung für die Arbeiter interessiert, und als die Reichsernährungswirtschaft zusammenbrach, unterstützten beide die Schleichhandelseinkäufe der großindustriellen Firmen. Offizielle Zusammenarbeit bei der Verwaltung des Reichsernährungssystems führte oft zu einer zwanglosen Zusammenarbeit bei dessen Umgehung. Ähnlich, und das war bedeutend, existierte auch beträchtliches Einverständnis in Lohn- und Preisfragen. Ohne angemessene Regierungskontrollen und dank des Arbeitermangels waren die Arbeitgeber in der Lage, gewissen Lohnforderungen nachzugeben und dann die Kosten auf die Verbraucher abzuwälzen. Auch im Kohlenbergbau, wo die Opposition gegen die Gewerkschaften besonders stark war, entwickelte sich dennoch während des Krieges die regelmäßige Gewohnheit, Lohnerhöhungen von Preiserhöhungen abhängig zu machen. Nicht zuletzt konnten die Arbeitgeber kaum die scharfen Konflikte zwischen den Gewerkschaftsführern und den radikalen Sozialisten ignorieren und die Tatsache von der Hand weisen, daß die Gewerkschaftsführer von ihren Arbeitern patriotisches und diszipliniertes Verhalten forderten. Genauso wie die Arbeitgeber waren die Gewerkschaftsführer pragmatische Männer, denen es um Fragen der Versorgung mit Brot und Butter ging, und die Tatsache der wachsenden Macht der Gewerkschaften zusammen mit dem praktischen Vorteil, über gemeinsame Probleme zu verhandeln, konnten nicht vollständig außer acht gelassen werden.[32]

Alte Gewohnheiten sind aber zäh, und eine flexiblere Haltung von seiten der Arbeitgeber entwickelte sich nur sehr langsam. Die Gewerkschaftsführer hatten zu Beginn des Krieges die Arbeitgeber dazu aufgefordert, sich mit ihnen in einer Arbeitsgemeinschaft zusammenzuschließen, aber diese Aufforderung war von der Vereinigung deutscher Arbeitgeberverbände unbeantwortet geblieben.[33] Der offizielle Standpunkt der Arbeitgeberverbände blieb auch während des Krieges ablehnend. Arbeitsgemeinschaften wurden nur in kleineren Industriezweigen gebildet, wo Tarifverhandlungen schon vor dem Krieg bestanden hatten, z. B. in Druckereien, in der Holzverarbeitung und im Baugeschäft. In mittleren verarbeitenden Industrien und in größeren Firmen in Städten wie Berlin und Stuttgart, wo Arbeiter hochqualifiziert und gut organisiert waren, nahmen die Arbeitgeber eine nachgiebigere Haltung ein und erklärten sich bereit, mit den Gewerkschaften zu verhandeln; demgegenüber waren in Oberschlesien und an der Ruhr die Gewerkschaften schwach, während die Traditionen des Paternalismus und der Arroganz der Arbeitgeber noch stark waren. Das war besonders in Oberschlesien der Fall, wo die agrarischen Traditionen der Magnaten, die ausgeprägt persönliche Form der Kapitalisierung und eine relativ undisziplinierte Arbeiterschaft verschiedener Nationalitäten alles andere als zu einer Risikobereitschaft in sozio-ökonomischen Fragen beitrugen. Während deshalb der schlesische Industrielle Ewald Hilger die Kriegszeit damit zubrachte, gegen die Konzessionen der Regierung an die Gewerkschaften zu wüten, verhielten sich seine Kollegen an der Ruhr, auch wenn sie ungehalten waren, weitaus zurückhaltender und pragmatischer. Direktoren großer, unpersönlich finanzierter Unternehmen wie Albert Vögler und Wilhelm Beukenberg, sowie der große spekulative Unternehmer Hugo Stinnes, der nur wirtschaftlichen Dingen seine Ehrerbietung zu zollen schien, waren notgedrungen risikobereiter and flexibler.[34] Trotzdem wurde die erste Zusammenkunft zwischen diesen Industriellen und den Gewerkschaftsführern nicht von diesen Männern angeregt, sondern kam von außen.

Der Gedanke kam von Dr. August Müller und Professor Hermann Schumacher, die sich in der einflußreichen »Deutschen Gesellschaft« 1914 im Frühjahr 1917 zwanglos trafen und mit ihnen die wirtschaftlichen und sozialen Schwierigkeiten besprachen, denen Deutschland während der Demobilmachung und in der Nachkriegswirtschaft gegenüberstehen werde. Dabei kam auch die Rede darauf, wie wünschenswert es sei, eine Zusammenarbeit der Arbeitgeber und Arbeitnehmer bei der Lösung dieser Probleme zu erreichen. Müller, ein rechtsstehender Sozialist, der 1916 zum Kriegsernährungsamt gekommen war und später, im Herbst 1917, Unterstaatssekretär im Reichswirtschaftsministerium werden sollte, hatte ausgezeichnete Verbindungen zu Gewerkschaftskreisen, während Schumacher, ein angesehener Ökonom und akademischer Sozialreformer, Kontakte mit Wirtschaftsvertretern pflegte. Im Mai 1917 zeitigten diese zwanglosen Diskussionen ein konkretes Resultat, als Schumacher ein Treffen zwischen Müller und Stinnes im Berliner Hotel Continental vereinbarte. Darauf folgten zwei größere Sitzungen zwischen Industrie- und Gewerkschaftsführern, die erste am 9. August und die zweite im Oktober.[35]

Gleich zu Beginn räumte Stinnes ein, daß eine »Neuordnung« der Beziehung zwischen Arbeitgebern und Gewerkschaften am Platze sei und betonte, wie wünschenswert es sei, daß die betreffenden Parteien selbst und nicht der Staat solche Änderungen vornähmen. Es wurde allerdings nur allzu rasch deutlich, daß Stinnes die Bedingungen dieser Neuordnung bestimmen wollte. Den Gewerkschaftsführern lag daran, eine Zusammenarbeit bei der Demobilmachung, praktische soziale Fragen und besonders die Anerkennung ihrer Organisationen zu besprechen. Stinnes und seine Kollegen suchten die Unterstützung der Gewerkschaften während der Demobilmachung zu gewinnen, damit diese geordnet und ohne »bürokratische Eingriffe« verlief. Hauptsächlich suchte Stinnes allerdings den Beistand der Gewerkschaften für seine Annexionsabsichten in Briey-Longwy und Belgien. Wie zu erwarten, verkündete Stinnes seine Position in der Sprache der Kartellverhandlungen: »Wenn bei uns die große Quote (d. h. die Kriegsziele – der Vf.) erreicht ist, wird man sich über die kleine Quote (d. h. Anerkennung der Gewerkschaften – der Vf.) schon einigen«. Es ist nicht deutlich, wieweit sich die Gewerkschaften mit Stinnes auf die »große Quote« einigen konnten, aber es stand fest, daß ein Verrat am Friedensschluß vom Juli nicht gerechtfertigt werden konnte ohne die »kleine Quote«.[36] Die Verhandlungen wurden in der Zeit nach Bethmann Hollwegs Entlassung geführt, als der Annexionismus auf seinem Höhepunkt angelangt und Stinnes mehr denn je von dem Schlagwort »Ludendorff wird siegen« überzeugt war. Die von der Vaterlandspartei vertretene Sammlungspolitik konnte nur mit Hilfe der organisierten Arbeiterschaft ihre höchste Wirkung erreichen. Ohne diese Unterstützung dachte er nicht daran, Konzessionen zu einer Zeit zu machen, in der er meinte, die Oberhand zu haben.[37] Obwohl beide Teile an weiteren Diskussionen interessiert waren, wurden anscheinend keine weiteren Treffen mehr vereinbart. Die Zukunft schien beiden Seiten zu unklar, um sich auf etwas festzulegen, aber die flexibleren Ruhrindustriellen waren vorsichtig genug, einer künftigen Zusammenarbeit nichts in den Weg zu legen. Im September 1917 deutete Beukenberg an, daß die Industrie bereit sei, Gewerkschaftsfunktionäre an Diskussionen teilnehmen zu lassen, die zwischen dem Reichswirtschaftsministerium und den Interessengruppen über die zukünftige soziale Gesetzgebung geführt wurden. Nicht weniger vielsagend war eine Aussage Direktor Vöglers im April 1918, als das deutsche Heer vielversprechende Offensiven unternahm und die deutschen Industrievertreter das RWA angriffen: »Arbeitgeber und Arbeitnehmer haben ganz gleich gerichtete Interessen. Darum sollten sie sich aber auch zusammenfinden und sie gemeinsam vertreten. Findet man sich aber erst in den großen Wirtschaftsfragen zusammen, dann ist vielleicht die Brücke gefunden, die zur Milderung der sozialen Gegensätze führen kann«.[38]

Als die Verhandlungen zwischen der Industrie und den Gewerkschaftsführern wieder aufgenommen wurden, war es Sommer 1918. Die militärische Situation hatte sich zunehmend verschlechtert, und die Unternehmer, die jetzt die Initiative ergriffen, waren den Gewerkschaftsführern gegenüber weniger grob und kompromißbereiter als Stinnes. Der Urheber dieser neuen Verhandlungen war Hans von Raumer, der Geschäftsführer des Zentralverbandes der Deutschen Elektrotechnischen Industrie. Als ehemaliger Staatsbeamter von großem diplomatischen Talent und außergewöhnlichen Fähigkeiten als Unterhändler, Lobbyist und Organisator, war Raumer besonders dazu geeignet, den Gewerkschaftsführern Vertrauen einzuflößen. Raumer sah die militärische Situation Deutschlands realistisch und fürchtete, daß ohne die Unterstützung der organisierten Arbeiterschaft während der Demobilmachung und der Übergangswirtschaft die Industrie mit sozialen Spannungen, möglichem Chaos und weiteren, während der Kriegszeit üblich gewordenen bürokratischen Eingriffen zu rechnen hätte. Bei der Umgehung von führenden Wirtschaftsverbänden mit der Begründung, daß diese zu schwerfällig seien, um ihre offizielle Position ohne längere Verhandlungen und Debatten zu ändern, war Raumers Methode jedoch der von Stinnes sehr ähnlich. So verständigte sich Raumer mit führenden Vertretern der Fertigindustrie, mit denen er eng verbunden war: Carl Friedrich von Siemens, dem AEG-Präsidenten Walther Rathenau, dem Generaldirektor der AEG Felix Deutsch und dem Generaldirektor der Maschinenfabrik Augsburg-Nürnberg, Reichsrat von Rieppel. Alle waren gemäßigte Männer, kritisch gegenüber den extremeren politischen und sozialen Positionen der Schwerindustrie und leicht davon zu überzeugen, daß Raumer Verhandlungen in Gang setzen sollte, um zu einer »organischen Zusammenarbeit mit den Gewerkschaften« zu kommen, bevor die »Flut der Ereignisse über uns alle hinwegging«.[39]

Leider hinderten Krankheit und dringende Geschäfte Raumer bis zum 2. Oktober an einer Zusammenkunft mit den Führern der Freien Gewerkschaften, Carl Legien, Gustav Bauer und Alexander Schlicke. Inzwischen brachte die »Flut der Ereignisse« Ludendorffs Forderung nach einem sofortigen Waffenstillstand und Koalitionsverhandlungen, die am 3. Oktober zur Regierungsbildung Max von Badens führten, einer Regierung, die Sozialdemokraten wie Gustav Bauer als Staatssekretär des neugebildeten Reichsarbeitsamtes miteinschloß. Die Zeiten hatten sich eindeutig geändert, aber die Gewerkschaftsführer waren Raumer gegenüber noch freundlich gesinnt, da sie anerkannten, daß »die Annäherungsvorschläge von uns ausgegangen waren zu einer Zeit, wo die Verhältnisse militärisch günstig standen. Diese Tatsache gab den Herren das Vertrauen, daß unsere Verhandlung nicht durch die gewandelten Zeitumstände veranlaßt war, sondern aus einem frei gefaßten und darum aufrichtigen Wunsche entsprang«.[40] Raumer verstand, daß eine Anerkennung der Gewerkschaften als gleichberechtigte Verhandlungspartner »keine Konzession, sondern eine Notwendigkeit«[41] war, und er drängte seine Kollegen, die Verhandlungen so rasch wie möglich weiterzuführen, da sich die Situation für die Arbeitgeber nur verschlechtern könne. Hugo Stinnes, mit dem Raumer engen persönlichen und auch geschäflichen Kontakt unterhielt,[42] hatte ihm berichtet, daß sich die Kohleindustrie bald mit den Gewerkschaften einigen würde, und Raumer fürchtete, daß die Gewerkschaftsführer hohe Forderungen an ihre alten Feinde in der Schwerindustrie stellen würden, was sich wiederum ungünstig auf die Situation in Berlin auswirken könnte. Aus diesem Grund bat Raumer Stinnes, eine konkrete Abmachung an der Ruhr zu verschieben, bis ein, wie er hoffte, gemäßigteres Abkommen in Berlin erreicht sein würde.[43] Obwohl Raumer die Schwierigkeiten der Ruhrindustriellen überschätzte und die zu erwartenden Verhandlungsprobleme in Berlin unterschätzte, waren doch die Besprechungen mit Stinnes in den ersten Oktobertagen der Beginn einer regen Zusammenarbeit zwischen den wichtigsten Verhandlungszentren, die den Weg zur Führungsübernahme von Stinnes bei den Ruhr- und den Berliner Verhandlungen ebneten.

Stinnes' Ruf in der Wirtschaft hatte trotz seines so offensichtlich verfehlten Glaubens an Ludendorff erstaunlich wenig Einbuße erlitten. Die Sachkenntnis und Hartnäckigkeit, mit der er seine Interessen verfolgte, machten ihn zum geborenen Führer von Unternehmern, die sich in Notlagen weniger selbstbewußt verhielten. Albert Ballin war davon überzeugt, daß Stinnes ein guter Nachfolger für Hertling geworden wäre, da er bei der OHL und im Reichstag hohes Ansehen genoß und weil er »in seinem heftigen Egoismus [einsieht], daß es die höchste Zeit wird, Frieden zu machen, wenn man die großen Kriegsgewinne nicht zusammenschmelzen sehen will wie Butter in der Sonne«.[44] Stinnes' dringenderes Anliegen im Oktober war aber das bescheidenere Ziel einer Einigung mit der organisierten Arbeiterschaft, da ihm klar geworden war, daß »die Konsequenzen aus den Geschehnissen der letzten Jahre ... in erträglicher Weise gezogen«[45] werden müßten. Dabei ging es aber um mehr als nur fatalistische Überlegungen. Am 9. Oktober trafen sich die führenden Eisenindustriellen in Düsseldorf und ermächtigten Stinnes, mit den Gewerkschaften zu verhandeln. Mit diesem Entschluß bewiesen sie, daß sie die politische und soziale Situation, die sie zu einem Bündnis mit der organisierten Arbeiterschaft drängte, richtig eingeschätzt hatten:

»Die Versammelten waren sich einig darüber, daß unter den bestehenden Verhältnissen die Regierung des Prinzen Max von Baden und des Herrn von Payer unhaltbar sei und daß sie bald gestürzt werden würde. Man hat die Lebensdauer dieser Regierung auf nicht mehr als vier bis fünf Wochen veranschlagt, eine Voraussage, die leider auf den Tag zugetroffen ist. Jedenfalls haben sich die Eisenindustriellen von einer schwachen Regierung keine Hilfe versprechen können. Blickte man weiter und fragte man: kann vielleicht das Bürgertum künftig eine starke Stütze und Hilfe für die deutsche Wirtschaftspolitik werden, so mußte man angesichts der vielen bedauerlichen Erscheinungen und der häufigen Enttäuschungen, die man in all den Jahrzehnten erlebt hat, sich sagen: Auf das Bürgertum, wie es einmal in Deutschland ist, ist in wirtschaftspolitischen Dingen leider kein Verlaß. Einen überragenden Einfluß schien nur die organisierte Arbeiterschaft zu haben. Daraus zog man den Schluß: inmitten der wankenden Macht des Staates und der Regierung gibt es für die Industrie nur auf seiten der Arbeiterschaft starke Bundesgenossen, das sind die Gewerkschaften«.[46]

So ließen die Führer der Schwerindustrie die in ihren letzten Zügen liegende alte Ordnung fallen und mit ihr die alten Bündnisse mit den Junkern und dem Mittelstand. Ähnlich wie 1917 in den Besprechungen zwischen Industrie und Arbeiterschaft, so lag auch jetzt der grundsätzlich politische Charakter der Bewegung für kollektive Tarifverhandlungen in Deutschland auf der Hand, da sie immer eng mit der Idee einer politischen Allianz verknüpft war.

Ab Mitte Oktober wurden die ersten vorbereitenden Schritte zu formelleren Verhandlungen an der Ruhr und in Berlin unternommen. Während Raumer und seine Kollegen sich auf ausführliche Besprechungen mit den Gewerkschaftsführern am 22. Oktober vorbereiteten, vereinbarten Stinnes und Vögler Diskussionstermine über Demobilmachungsfragen, die am 26. Oktober in Düsseldorf stattfinden sollten. Dabei gelang es Stinnes, den Eindruck zu vermeiden, daß man »eine würdelose Nachlauferei« hinter den Gewerkschaften veranstalte, indem er sie dazu brachte, ihre Wünsche für die Sitzung am 26. Oktober schriftlich an die entsprechenden Industrieverbände zu richten.[47]

Bei diesen Verhandlungen war es unumgänglich, weiterreichende Fragen aufzuwerfen, die die Rolle der Koalition zwischen Industrie und Arbeiterschaft bei künftigen politischen und wirtschaftlichen Entwicklungen betrafen. Mitte Oktober war die Situation auf diesen Gebieten alles andere als angenehm. Es wurde immer deutlicher, daß Wilson Deutschland weder einen Waffenstillstand auf der Grundlage des militärischen Status quo gewähren, noch von einer Einmischung in innerdeutsche Angelegenheiten absehen würde. Die Frage, ob der Krieg weiterzuführen sei oder ob ein von Wilson und den Alliierten aufgezwungener Waffenstillstand akzeptiert werden müsse, hing deshalb in der Schwebe.[48] Zu gleicher Zeit hatte sich die vom Reichswirtschaftsamt hastig zusammengestellte Kommission für die

Demobilmachung der eingezogenen Arbeiter am 16. Oktober zu einer Besprechung getroffen, die die ohnehin schon schlechten Beziehungen zwischen dem RWA und den Unternehmervertretern noch verschlimmerte. Die Arbeitervertreter in der Kommission schlossen sich dem Berliner Metallindustriellen Ernst von Borsig und dem Elberfelder Textilindustriellen Abraham Frowein an und wiesen das Vorhaben des RWA zurück, die überall im Lande verstreuten Kriegsämter mit der lokalen Demobilmachung zu beauftragen. Ihrer Ansicht nach konnten diese Ämter unmöglich die Probleme aller verschiedenen Industrien eines Gebietes erfassen; das konnten nur die Fachverbände der betroffenen Industrien. Frowein erklärte rundweg, das »mit den Fragebogen durch die Kriegsamtstellen eingesammelte Material sei zu 90% nicht das Papier wert,« und bemerkte, »lieber sei es ihm, die Gewerkschaften machten die Sache allein (d. h. Arbeitsstellen für zurückkehrende Soldaten und arbeitslose Munitionsarbeiter zu vermitteln – der Vf.)«[49]. Die systematischste Attacke auf die Organisation und Planung des Reichswirtschaftsamtes kam allerdings von Oberstleutnant Josef Koeth, dem Chef der Kriegsrohstoffabteilung des preußischen Kriegsministeriums, der die sorgfältigen Studien der RWA-Experten als lächerlich und unangebracht empfand, zu einer Zeit, in der es nötig war, sich in »wenigen Tagen« auf »die schlechteste Situation« vorzubereiten. So eine Aufgabe konnte nicht einfach als eine von vielen Pflichten des RWA erledigt werden: Sie erforderte, daß »ein energischer Mann ... die Sache als alleiniges Gebiet bearbeiten [muß] und ... [daß] ihm ein brauchbares Instrument in die Hand [gegeben werden muß,] mit dem er arbeiten kann«. Nach Koeths Ansicht fielen die Kriegsämter nicht in diese Kategorie, und er erklärte spitz, »als verantwortliche ›Träger‹ für die Demobilmachung kommen nur in Frage: das Unternehmertum und die Gewerkschaften. Diese werden am besten in der Lage sein, die Arbeiter zu erfassen und zu leiten, da diese Erfassung nur durch Leute erfolgen kann, zu denen der Arbeiter Vertrauen hat«.[50] Was den Standpunkt und Ton anbelangt, gab es eine außerordentliche Ähnlichkeit zwischen Koeth und den Arbeitgeber- und Arbeitnehmermitgliedern der Kommission. Sie riefen alle nach einem »Diktator«, der die Demobilmachung in die Hand nehmen sollte und bestanden darauf, daß die eigentlichen Aufgaben der Demobilmachung der Industrie und der Arbeiterschaft überlassen werden sollten.

Außerdem kann kaum übersehen werden, wie kongruent die Ideen Koeths mit denen seines eifrigen Anhängers, dem Gründer der Kriegsrohstoffabteilung, Walther Rathenau, waren. Rathenau hatte erwartet, daß Deutschland Anfang Oktober noch einmal alle Kraftreserven zur Verteidigung aufbringen würde, falls Wilsons Bedingungen nicht angenommen werden konnten, und er schlug die Ernennung Koeths als »Unterstaatssekretär eines Verteidigungsamtes« vor, der mit der Koordinierung dieses Versuchs zu Hause beauftragt werden sollte.[51] Mitte Oktober hatte Rathenau jede Hoffnung auf solch eine nationale Verteidigungsanstrengung aufgegeben und seine größte Sorge war, daß die zu hastige Demobilmachung, die die Alliierten Deutschland aufzwangen, zu »Bürgerkrieg und Bolschewismus« führen würde. In einem Brief an Kriegsminister Scheüch vom 15. Oktober drängte er auf die Einrichtung eines besonderen Demobilmachungsamtes, das zusammen mit der Industrie die Arbeitsbeschaffung für die zurückkehrenden Massen übernehmen sollte. Obwohl Koeth in diesem Brief nicht erwähnt wurde, kann man doch mit gutem Grund annehmen, daß Rathenau weiterhin davon überzeugt war, daß Koeth, der in Industriekreisen äußerst populär war, der »rechte Mann am rechten Platze wäre«.[52] Sieht man Koeths Bemerkungen in diesem Kontext, so wird deutlich, wie sehr ihm daran lag, diesen Posten zu bekommen.

Obwohl die Rathenau-Koeth Idee sich schließlich durchsetzte, wurde doch eine etwas andere Idee im letzten Oktoberdrittel ernsthaft in Betracht gezogen. Sie wurde von Direktor Henrich (Siemenswerke) vor einer kleinen Gruppe führender Industrieller und technischer Experten formuliert, die sich am Abend des 20. Oktober im Verein deutscher Ingenieure trafen.[53] Im Gegensatz zu Rathenau war Henrichs Prämisse die Weiterführung des Krieges, obwohl er ebenso auch an eine schnelle Demobilmachung dachte. Beide Möglichkeiten waren eine große Gefahr für Deutschlands Industriezentren im Westen: »Eine schlecht vorbereitete Demobilisierung bringt die Revolution und damit die Zerstörung der Industrie und unseres Wirtschaftslebens durch unsere eigenen Leute. Ein schlecht vorbereiteter Endkampf bringt die Niederlage und eine Zerstörung unserer Industrie durch eigene Soldaten und die nachströmenden fremden Truppen«. Angemessene Vorbereitungen konnten niemals von den alten Regierungsbehörden getroffen werden, auch nicht mit Hilfe eines Beirats. Was benötigt wurde, war ein »sachverständiges zentrales wirtschaftliches Organ«, zusammengesetzt aus denjenigen Männern, die letzten Endes für die Produktion der nötigen Waffen und die Wiedereinstellung der zurückkehrenden Männer verantwortlich waren. Es sollten Männer sein, die aktiv am Wirtschaftsleben teilnahmen und deshalb gewohnt waren, »schnelle Entschlüsse zu fassen und deren Durchführung zu erzwingen«. Das Selbstvertrauen und die Überheblichkeit der Industrie kamen nirgends besser zum Ausdruck als in Henrichs Betonung der »Gleichstellung des Ingenieurs mit dem Militär« innerhalb der neuen Organisation. Der »Wirtschaftliche Generalstab«, den Henrich vorschlug, sollte Industrie und Öffentlichkeit einander näherbringen und den Schieber- und Wuchergeschäften, die, wie er zugab, allzu oft dem Ruf der Industrie geschadet hatten, ein Ende setzen.

Der neue Wirtschaftliche Generalstab sollte sich nicht nur aus Industriellen zusammensetzen. Auch führende Vertreter der Regierung und der Arbeiterschaft sollten anwesend sein. Die Spitze dieses Wirtschaftlichen Generalstabes allerdings »müßte Herr Stinnes bilden, weil er alle und die besten Qualitäten für die Stellung eines wirtschaftlichen Diktators, denn um einen solchen handelt es sich hier, in sich vereinigt, obgleich die Bezeichnung

»Diktator« natürlich zu vermeiden ist.« Henrich schloß seinen Vortrag mit der Berücksichtigung des politischen Teils seines Planes, da es nötig war, das Einverständnis der Regierung und die Unterstützung der Massen zu sichern. Henrich betonte besonders, daß die sozialistischen Staatssekretäre Scheidemann und Bauer, wie auch der dem linken Flügel des Zentrums angehörende Erzberger gewonnen werden sollten, überging aber den Reichskanzler und die Regierungsvertreter der bürgerlichen Partei. Die Arbeitervertreter in der Regierung »hätten dann dafür zu sorgen, daß die Gesamtregierung den Wirtschaftsstab einsetzt und ihn mit den nötigen Vollmachten ausrüstete.« Dafür würde die Industrie der Regierung ihre Unterstützung garantieren und bekanntmachen, daß die Industrie« ... jede Änderung, die innerpolitische Beunruhigung hervorrufen könnte, in der heutigen Zeit für fehlerhaft [hält.]« Henrich meinte auch, daß die Industrie auf jegliche Kriegsgewinne verzichten, Annexionen und Entschädigungen ablehnen und sich mit dem Gedanken vertraut machen solle, daß Probleme zusammen mit den Gewerkschaften zu lösen seien. Nur so könnten die Arbeiter anerkennen, daß »Industrie und industrielle Arbeiter gleiche Interessen haben.«

Stinnes war bei Henrichs Vortrag nicht anwesend, beide trafen sich aber am Abend des 21. Oktober.[54] Stinnes hatte schon im Laufe des Tages von Rathenau und vielleicht von Direktor Deutsch von Henrichs Vorschlägen gehört. Stinnes sah den Plan als annehmbar an, meinte aber, »daß die Bildung eines Wirtschaftsstabes und die Entsendung von Vertretern des deutschen Wirtschaftslebens in die Regierung von seiten der Gewerkschaften ausgehen müsse«. Er hatte die Angelegenheit schon mit Gewerkschaftsführern an der Ruhr besprochen und diese hatten zugestimmt, »daß die heutige Zusammensetzung der Regierung keine Gewähr für eine Gesundung und einen Wiederaufbau des deutschen Wirtschaftslebens böte«. Stinnes riet Henrich, den Berliner Gewerkschaften das verständlich zu machen. Er war davon überzeugt, daß, falls die Bemühungen um einen Waffenstillstand scheitern sollten, was er annahm, die Gewerkschaften mit Bestimmtheit die Einbeziehung von Männern in die Regierung fordern würden, »die das deutsche Wirtschaftsleben beherrschen ..., da die Vertreter der Gewerkschaften vollkommen anerkennen, daß es ihnen unmöglich sei, daß sie selbst die Regierung übernehmen«. Stinnes' Optimismus und seine Bereitschaft, die Zügel des deutschen Wirtschaftslebens zu diesem ungünstigen Zeitpunkt in die Hand zu nehmen, beeindruckt ebenso wie sein taktischer Scharfsinn, mit dem er den Gewerkschaften nahelegte, die Kontrolle über die staatliche Wirtschaftsmaschine den Unternehmern zu überlassen, was die alte Ordnung ihnen stets abgeschlagen hatte. Natürlich mußte dies darauf hinauslaufen, die Gewerkschaften an ihre sich bildende Allianz mit den Unternehmern auf die bestmögliche Art und Weise zu binden.

Obwohl Henrich und Stinnes die Weiterführung des Krieges erwarteten, lag doch diese Entscheidung nicht bei ihnen und konnte außerdem nicht leicht mit den friedenssehnsüchtigen Gewerkschaftsführern besprochen werden. In den Berliner Besprechungen am 22. Oktober und den Düsseldorfer Besprechungen am 26. Oktober ging es deshalb um Einzelheiten künftiger Beziehungen zwischen Arbeitgebern und Arbeitnehmern und der Zusammenarbeit bei der Demobilmachung. In Berlin wurden die Industriellen darum gebeten, die Gewerkschaften anzuerkennen, ihr Organisationsrecht zu respektieren, kollektive Tarifverträge zu vereinbaren und Arbeitsnachweise und Schlichtungsausschüsse auf paritätischer Grundlage zu bilden. Die Arbeitgeber wurden außerdem darum gebeten, den wirtschaftsfriedlichen Werkvereinen künftig ihre finanzielle Unterstützung zu versagen. Beide Teile waren sich darüber einig, daß die Demobilmachung von Einrichtungen geleitet werden sollte, die auf der gemeinsamen und gleichberechtigten Vertretung von Arbeitgebern und Arbeitnehmern beruhten.[55]

Die Besprechungen in Düsseldorf hatten einen ähnlichen Ausgang. Die Gewerkschaften standen unter großem Druck ihrer Mitglieder, den Achtstundentag zu erreichen, und obwohl sie Deutschlands Konkurrenzfähigkeit mit der »Internationalisierung« dieses verkürzten Arbeitstages sichern wollten, warnten sie doch, daß »wir Gewerkschaften ... ohne eine wirksame Konzession Ihrerseits jeden Einfluß [verlieren]« werden.[56] Die Unterhändler der Arbeitgeber standen unter ähnlichem Druck, die Vertreter der wirtschaftsfriedlichen Werkvereine in die Verhandlungen zu bringen, da die Gewerkschaften sich weigerten, die »Harmonieverbände« als legitime Arbeiterorganisationen anzuerkennen.[57] Schließlich wurden beide Probleme vertagt. Beim Hauptthema der Diskussion, der Zusammenarbeit während der Demobilmachung, herrschte größere Einigkeit. Beide Parteien waren bereit, eine Arbeitsgemeinschaft zu bilden, die sich mit den verschiedenen Problemen befassen sollte, was wiederum mehr Arbeitsstellen schaffen sollte; ebenso kamen beide Parteien überein, bei der Lebensmittelversorgung der Arbeiterschaft über den Schwarzhandel besser zusammenzuarbeiten und die Tätigkeit der Firmen, die für diese Versorgung verantwortlich waren, besser zu koordinieren. Stinnes und Vögler sahen allerdings schon über die Demobilmachung hinaus auf den zukünftigen Kampf um weltweite Absatzgebiete. Sie verlangten ein Ende der Höchstpreise, Exportfreiheit und das Recht, Handelsschiffe und was sonst noch nötig war, herzustellen, um aus der Konjunkturperiode, die Stinnes nach dem Krieg erwartete, Vorteile zu schlagen: »Ich rechne nach etwa 12 Monaten nach der Demobilmachung mit einem riesigen Arbeitermangel, der einige Jahre andauern wird. Diese 2–3 Jahre müssen wir in Deutschland benutzen. Nachher kommt auf der ganzen Welt das Sparen. Bis dahin müssen wir im Auslande wieder im Sattel sitzen«.[58] Während viele Kollegen von Stinnes aus der Notlage heraus handelten, aber einer normaleren Welt entgegensahen, in der es eine stabile Währung und niedrige Preise und Löhne geben würde, entwickelte Stinnes einen Plan, in dem die Zusammenarbeit mit den Gewerkschaften, die Inflation und die Wiederherstellung von Deutschlands weltweiter wirtschaftlicher Stellung gekoppelt waren. Dieser Plan wurde bei anderer Gelegenheit deutlicher formuliert: »Wenn wir Kohle haben, wird unser Land das gegebene Verfeinerungsland der Welt, einmal wegen unserer Valuta und dann wegen unserer Löhne, die unter Berücksichtigung der Valuta die niedrigsten der Welt seien. ... Wir müssen uns mit der Arbeiterschaft zusammensetzen und dieser geben, was ihr zukommt, dann bekommen wir die Preise, die wir brauchen«.[59] Um aber auf diese Weise von der Inflation profitieren zu können, mußte der Industrie und der Arbeiterschaft freie Hand gelassen werden. »So etwas können Behörden ... nicht regeln«, und »vor allem ... muß mit aller Gewalt und restlos mit der Berliner Bevormundung aufgeräumt werden«.[60]

Dieses Ziel konnte am besten mit Hilfe einer pressure group in dieser Stadt selbst erreicht werden. Gegen Ende Oktober wurde Berlin zum Zentrum außergewöhnlich gut organisierter Bemühungen einer mächtigen Gruppe von Industriellen, die auf ein Abkommen mit den Gewerkschaften hinarbeiteten, einem Abkommen, das der Regierung ein gemeinsames Programm von Arbeitgebern und Arbeitnehmern und der deutschen Wirtschaft eine neue Form der Organisation aufzwingen würde. Die Schaffung eines gemeinsamen Demobilmachungsprogramms war nun vordringlich, da mit der Entlassung Ludendorffs am 26. Oktober deutlich wurde, daß die Regierung einen Waffenstillstand zu den Bedingungen der Alliierten annehmen würde. Die Evakuierung aus den besetzten Gebieten mußte schnellstens vonstatten gehen, und die daraus entstehenden Gefahren würden noch verschlimmert werden, falls der Kaiser und der Kronprinz zur Abdankung gezwungen würden. Obwohl in einer Sitzung von Industriellen am 24. Oktober Borsig, Hugenberg und Vögler die Aufgabe übertragen worden war, die Verhandlungen zu führen, war doch Hans von Raumer der Meinung, daß Stinnes zusammen mit dessen Gegenpart im Lager der Gewerkschaften, Carl Legien, unbedingt die eigentliche Führung übernehmen sollte.[61]

Diese Bemühungen zeitigten am 30. Oktober ihre wichtigsten Ergebnisse. Stinnes, Raumer, Legien und Bauer, die sich vor den Folgen fürchteten, die die Abdankung des Kaisers und seines Sohnes haben könnten, sprachen bei dem kürzlich angekommenen Ludendorff vor und überredeten ihn, Hindenburg zu bitten, während der Demobilmachung Chef der Heeresleitung zu bleiben. Hindenburg wäre sicher ohnehin geblieben, aber Ludendorff davon zu überzeugen war schon eine Leistung, da Ludendorff der Meinung war, Hindenburg sei moralisch dazu verpflichtet, sein Amt zugunsten seines Kollegen niederzulegen.[62] Von weit größerer Bedeutung waren die Vorschläge, die Raumer, Henrich und Legien für einen Einspruch der Arbeitgeber und Arbeitnehmer bei der Reichskanzlei entwarfen. Dieser Einspruch begann mit der Erklärung, daß »die Organisationen der Arbeitgeber und Arbeitnehmer [entschlossen sind], in allen Fragen der Überführung der Kriegs- in die Friedenswirtschaft einheitlich zusammenzuarbeiten«.[63] Es folgte die Forderung nach der Einrichtung eines Demobilmachungsamtes mit »den umfassendsten Vollmachten«, das von einem Staatssekretär geleitet und mit Vertretern der Arbeiterschaft und der Arbeitgeber paritätisch besetzt werden sollte. Es sollte sich um die Arbeitsbeschaffung und Versorgung der zurückkehrenden Truppen und entlassenen Munitionsarbeiter kümmern und dafür sorgen, daß ausreichende Regierungsverträge und öffentliche Arbeitsprojekte eine Massenarbeitslosigkeit verhinderten. In dieser Eigenschaft sollte es über wichtige Kriegswirtschaftsbehörden bestimmen und das Recht haben, Wirtschaftsverbänden und Behörden Aufgaben zu übertragen, die im Zusammenhang mit der Demobilmachung zu erledigen waren.

Am 2. November wurde dieser Entwurf zum offiziellen Programm des sich rasch entwickelnden Bündnisses zwischen der Industrie und der Arbeiterschaft. In derselben Sitzung beschlossen die Vertreter der Interessengruppen nicht nur die Form der Demobilmachung, sondern auch, wer der Leiter der neuen Behörden werden sollte. Henrichs Vorschlag, Stinnes an die Spitze der Demobilmachung zu stellen, wurde aufgegeben, wahrscheinlich weil Stinnes nicht Koeths Erfahrung in der Verwaltung und Regierung besaß. Gleichzeitig sprach einiges für Koeth, auf den die Entscheidung fiel. Er genoß in der Industrie und unter der Arbeiterschaft einen ausgezeichneten Ruf, wahrscheinlich deshalb, weil er, wie er Borsig gegenüber einmal offen bekannte, »in Arbeiterfragen mehr im sozialdemokratischen Lager, während er in Wirtschaftsfragen ganz auf der Seite der Unternehmer stände«.[64] Außerdem war Koeth ein Mann von rascher Entschlußkraft, der in Notlagen aufblühte und langfristige Pläne verachtete, wenn er dabei war, unmittelbaren Gefahren zu begegnen. Mit Koeth an der Spitze konnten die Unternehmer ziemlich sicher sein, daß Befürworter langfristiger Planung und systematischer Regierungseinmischung kaum weiter kamen. So fand die »sozialistische« Gewerkschaftsführung Koeth ebenfalls annehmbar, da er niemals offen gegen den Sozialismus auftrat, sondern immer darauf bestanden hatte, daß nichts getan wurde, solange der Notstand herrschte. Er war deshalb gut geeignet, die Lähmung der Sozialisten hinsichtlich der Verwirklichung ihrer Doktrinen noch zu verstärken.[65]

Am 3. November 1918, noch vor der eigentlichen Revolution, begann die Revolution der Arbeitgeber und Arbeitnehmer, als Raumer im Namen »der einzigen Macht, die heute noch in Deutschland existiert, der vereinigten Unternehmer und Arbeitnehmer Deutschlands«,[66] Vizekanzler von Payer die oben erwähnten Beschlüsse überreichte. Zwei Tage später diskutierten Stinnes, Rathenau, Legien und der Vorsitzende der Christlichen Gewerkschaften, Adam Stegerwald, die Angelegenheit mit Reichskanzler Max von Baden. Prinz Max und einige seiner Kollegen protestierten gegen die Unterordnung des Reichswirtschaftsamtes und fürchteten, daß die Länder mit den außergewöhnlichen Befugnissen des geplanten Demobilmachungsamtes nicht einverstanden sein würden, worauf ihnen schlicht mitgeteilt wurde, daß, wenn die Regierung weiterhin »eine solche große Sache so kleinlich zu behandeln gedenkt, dann müßten die Organisationen der Wirtschaft ihr fernere Mitarbeit versagen«.[67] Die Regierung beugte sich dieser Einschüchterung am 7. November, als Koeth zum Chef des neugegründeten Demobilmachungsamtes ernannt und vom Bundesrat mit den nötigen Befugnissen versehen wurde.

Nicht allein die Regierung holte sich eine Abfuhr bei der Koalition von Arbeitgebern und Gewerkschaftsführern. Der Vorsitzende des Centralverbandes deutscher Industrieller, Landrat Rötger, und sein Gegenstück im Bund der Industriellen, Kommerzienrat Friedrichs, waren außer sich, daß sie und ihre Organisationen übergangen worden waren; in einem Protest an die Regierung behaupteten sie, daß die Industriellen, die an diesen Verhandlungen teilgenommen hatten, kein Recht hätten für die gesamte Industrie zu sprechen. Stinnes und Raumer entgegneten Rötger, dessen Organisation sie angesschlossen waren, daß »sie für sich und die ihnen nahestehenden Kreise dem Centralverband gegenüber die Konsequenzen aus derartigen Quertreibereien ziehen würden«.[68] Ihrer Ansicht nach verrichteten die zentralen Wirtschaftsverbände während der Krise, die Deutschland erlebte, überhaupt nichts, was die Frage aufwarf, ob diese Verbände weiterhin existieren sollten. Der Kriegsausschuß der deutschen Industrie und der Industrierat schienen im Augenblick nichts anderes als eine zusammengeflickte Einheit darzustellen, und Raumer meinte, daß die elektrotechnische Industrie sich mit der Schwerindustrie, der Maschinenbauindustrie und anderen größeren Industriegruppen verbinden sollte, um »eine neue und zeitgemäße Organisation der Industrie« zu bilden.[69] Raumer dachte, daß solch eine Organisation im Sinne der Arbeitsgemeinschaft, die gerade mit den Gewerkschaften gebildet wurde, entwickelt werden müßte, d. h. basierend auf jeweils wiederum eine Arbeitsgemeinschaft bildenden Fachverbänden der einzelnen Industriezweige, an deren Spitze ein Dachverband stünde, der zusammen mit den gewerkschaftlichen Spitzenverbänden die allen Industrien gemeinsamen Probleme behandeln würde. Es gäbe dann »eine fast vollständige Organisation der deutschen Industrie auf Grundlage des Abkommens«.[70]

Koeth beabsichtigte, das Demobilmachungsamt nach diesem Muster zu bilden, und er legte der Industrie und der Arbeiterschaft nahe, so bald wie möglich ein endgültiges Abkommen zu erreichen. Raumer und Leipart als Beauftragte ihrer jeweiligen Gruppen waren gerade dabei, den Vertragsentwurf auszuarbeiten, als die Revolution am 9. November ausbrach. Die Revolution unterbrach die Verhandlungen bis zum 11. November, aber man kann nicht sagen, daß sie die Beziehungen beider Parteien oder das Abkommen selbst, das am 12. November abgefaßt und am 15. November ratifiziert wurde, grundsätzlich veränderten. Die Revolution hatte die Position der Gewerkschaftsführer verstärkt, während das Feuer der Maschinengewehre in den Straßen Berlins vielen Industriellen Angst vor »Anarchie, Bolschewismus, Spartakusherrschaft und Chaos – wie man das nennen will«[71] einjagte. Stinnes ließ sich allerdings nicht von der Revolution einschüchtern und bemerkte, daß »sie ... die politische Macht in der Hand [haben], aber ich unterschreibe nichts, was ich nicht auch unter veränderten politischen Verhältnissen dem Geiste nach halten kann«.[72] Legien und seine Kollegen fürchteten sich ihrerseits vor einer möglichen Anarchie und waren davon überzeugt, daß die Wirtschaft ohne die Sachkenntnis der Arbeitgeber sofort zusammenbrechen würde. Legien stimmte mit Stinnes überein, daß ein freiwilliges Abkommen beider Parteien wesentlich besser sei als eine staatliche Überwachung ihrer Beziehungen, die politische Ungewißheiten kaum überdauern konnte.[73] Als Rathenau Bedenken äußerte, daß »das Ansehen der Gewerkschaftsvertreter eventuell dadurch diskreditiert werden könnte, daß sie sich bei einer solchen Bewegung mit den Unternehmern gewissermaßen koalierten«, versicherte ihm Legien, »daß er sich des Problems völlig bewußt sei, die Gewerkschaftsführer aber jedoch zu der Erkenntnis gekommen sind, daß es unbedingt notwendig ist, im Interesse der Arbeiterschaft diese Vereinbarung herbeizuführen, um Arbeitslosigkeit, Elend und Not zu vermeiden, daß wir uns ferner ... auf Anschauungen [stützen könnten], die in der Sozialdemokratie in Bezug auf die Sozialisierung bisher vorhanden gewesen sind, daß von Karl Marx alle ernstzunehmenden sozialistischen Schriftsteller gesagt hätten, daß eine politische Umgestaltung in wenigen Stunden und Wochen sich vollziehen kann, daß die Sozialisierung aber, die auf eine politische Umgestaltung zu folgen hat, sich auf Monate und Jahre erstrecken wird, und ich füge hinzu: Wir sind der Meinung, daß diese unsere Vereinbarung wesentlich dazu beitragen wird, die Sozialisierung vorzubereiten«.[74] Das war wohl der einzige Augenblick in der Geschichte, in dem Unternehmer Grund hatten, in Marx'schen Doktrinen Trost zu finden!

Weniger angenehm waren für Stinnes und seine Kollegen an der Ruhr die Konzessionen, die Legien ihnen abgerungen hatte. Der Achtstundentag sollte in allen Betrieben eingeführt werden, die Gewerkschaften sollten in allen Industrien mit Tarifverträgen anerkannt werden und Vertreter der Spitzenverbände der Arbeitgeber sollten an den Verhandlungen teilnehmen, so daß das Abkommen auch für die Arbeitgeberverbände derjenigen Industriegruppen gelten würde, die bisher nicht an den Verhandlungen teilgenommen hatten.[75] Diese Zugeständnisse der Arbeitgeber beruhten aber auf wesentlichen Kompromissen sowohl im Hinblick auf den Inhalt als auch auf die Formulierung. Ein geheimes Protokoll wurde verfaßt, in dem die Anerkennung des Achtstundentages von dessen Einführung in den führenden Industrieländern abhängig gemacht wurde. Kollektive Arbeitsverträge sollten allgemein eingeführt werden, aber »entsprechend den Verhältnissen des betreffenden Gewerbes«.[76] Es war natürlich notwendig, komplexe industrielle Probleme nicht schematisch anzugehen, aber diese Kompromisse ähnelten im Charakter denen, die zwischen beiden Parteien am 5. November über die sogenannten wirtschaftsfriedlichen Vereine vereinbart worden waren.[77] Die Arbeitgeber erklärten sich bereit, diese Vereine nicht länger finanziell zu unterstützen, während die Gewerkschaften dazu bereit waren, diejenigen als Vertreter der Arbeiter anzuerkennen, deren Organisation sechs Monate überdauerte. Letzten Endes waren die Gewerkschaften davon überzeugt, ihre Forderungen der Gründung der Arbeitsgemeinschaft unterordnen zu müssen, die mit Artikel 10 des Abkommens ins Leben gerufen wurde: »Zur Durchführung dieser Vereinbarungen sowie zur Regelung der Demobilmachung, zur Aufrechterhaltung des Wirtschaftslebens und zur Sicherung der Existenzmöglichkeit der Arbeitnehmerschaft, insbesondere der Schwerkriegsbeschädigten zu treffenden weiteren Maßnahmen wird von den beteiligten Arbeitgeber- und Arbeitnehmerorganisationen ein Zentralausschuß auf paritätischer Grundlage mit beruflich gegliedertem Unterbau errichtet«.[78] Die große Errungenschaft der Arbeitgeber, deren Initiative das Abkommen ins Leben gerufen hatte, war das Verständnis für die Stärke ihrer Position und die Möglichkeiten, die die Befürchtungen der Gewerkschaftsführer enthielten. Die Arbeitgeber hatten bewilligt, was unter den gegebenen Umständen nicht vorenthalten werden konnte und hatten zum Dank das Versprechen der Gewerkschaften erhalten, das ihnen Zusammenarbeit und die Unterstützung ihrer wirtschaftlichen Interessen sicherte.

IV

Diese Errungenschaft deutet an, daß Arthur Rosenbergs Behauptungen – »ebenso ohnmächtig wie die Feudalklassen, die in Deutschland bis zum Oktober 1918 geherrscht hatte, waren jetzt die Großindustriellen. ... Sie waren zu Allem bereit, wenn sie nur ihr Eigentum behielten«[79] – das Ausmaß ihrer Initiative unterschätzen und ihnen absprechen, wieweit sie zukünftige Möglichkeiten vorausgesehen hatten. Die Schwerindustrie, der klar war, daß sie sich jetzt politisch kompromittiert hatte, vermied absichtlich jede offene politische Tätigkeit, um den Mehrheitssozialisten nicht zu schaden und die rasche Einberufung der Nationalversammlung nicht zu beeinträchtigen. Sie verstand, daß mit Beginn des Wahlkampfes »der Moment gegeben ist, wo wir uns politisch rühren werden«. Stinnes riet seinen Kollegen, die Rufe der extremen Linken nach Sozialisierung zu ignorieren, da sein Abkommen mit Legien diese Gefahren umgehe: »Ich würde empfehlen, man soll auf diese Dinge nach Möglichkeit keine Rücksicht nehmen, sondern sollte die Sache [das Abkommen – der Vf.] hier machen, denn wenn das hier gemacht ist, entfällt das andere von selbst«.[80] Siemens und Rathenau, die einen besseren politischen Ruf hatten, waren politisch wesentlich aktiver und trugen viel zur Verjüngung der bürgerlichen Parteien und zur Beteiligung der Arbeitgeber an der Weimarer Nationalversammlung bei.[81]

Es wäre natürlich absurd, zu behaupten, daß die Industriellen die Unruhen, Sozialisierungsforderungen, Streiks, Lohnbewegungen und den Aufruhr der Revolution mit Genugtuung betrachteten. Die Massen der Arbeiter waren nicht so entgegenkommend wie Legien, und sie machten die Revolutionszeit zu einem traumatischen Erlebnis für die Arbeitgeber. Zugleich muß man sich darüber im klaren sein, wie unzufrieden die Unternehmer mit dem »Management« des Krieges durch das alte System waren und wie schnell viele von ihnen sich von diesem distanzieren konnten. Der Führer der Chemieindustrie, Carl Duisberg, äußerte sich erstaunlich offen über seine Bekehrung zur neuen Ordnung: »Von dem Tage an, wo ich sah, daß das Kabinettsystem abgewirtschaftet hatte, habe ich die Umstellung auf das parlamentarische mit Freuden begrüßt und stehe heute, wo es sich um das höchste, was es für mich gibt, das Vaterland handelt, hinter der demokratischen Regierung und gehe, wo es möglich ist, Hand in Hand mit den Gewerkschaften und suche auf diese Weise zu retten, was zu retten ist. Sie sehen, ich bin Opportunist und passe mich den Verhältnissen an«.[82] Dieser Opportunismus war aber nicht gedankenlos, und Duisberg sah mit Scharfsinn, weshalb er um den »heiligen Bürokratius« von gestern keine Tränen vergoß: »Immer habe ich gewünscht, daß einmal anstelle des durch die Juristen hineingetragenen, wenn auch rein logischen, so doch meist formalistischen Denkens und Handelns ein mehr kaufmännisch-technischer Geist einziehen möge. Das ist jetzt auf dem Wege über den Parlamentarismus und die rote Republik geschehen«.[83] Diese Bemerkung – genauso wie die Henrichs, daß der Ingenieur dem Offizier ebenbürtig sein solle – beweist, daß einige deutsche Unternehmer die soziale und politische Bedeutung ihrer Arbeit jetzt in einem größeren Rahmen sahen und die Diskrepanz zwischen den veralteten Institutionen der überkommenen Ordnung und der Modernität ihrer Tätigkeit zu verstehen begannen. Während diese Erkenntnis im Falle von Stinnes bizarre Formen annahm, rührte sie doch an grundsätzliche und anhaltende Probleme der sozialen und politischen Modernisierung Deutschlands.

Ähnlich entwickelten sich die politischen Überlegungen der Arbeitsgemeinschaft aus der quälenden Sorge, wie die Interessen der Wirtschaft in einer Gesellschaft zu verwirklichen seien, deren Struktur und politische Institutionen für die kaufmännisch-technischen Notwendigkeiten eines industriellen Unternehmens oft unempfänglich waren. Die Großunternehmer konnten nie auf das Bürgertum, die Bürokratie oder den Reichstag zählen. Schon im letzten Kriegsjahr sah man Chancen, die nötige Unterstützung durch eine Stärkung der Gewerkschaften zu erhalten, denen man durch regelmäßige Rücksprache gerade in solchen Fragen, bei denen die Sachkenntnis der Unternehmer besonders einschüchternd wirkte, schmeichelte, um sich auf diese Weise die Massenunterstützung zu sichern, die der Wirtschaft sonst nicht zu ihrer Verfügung stand. Der Primat dieser politischen Erwägung erklärt, warum die Unternehmer darauf bestanden, erst die Arbeitsgemeinschaft und dann kollektive Arbeitsverträge zu besprechen, und inwieweit ein Bündnis zwischen Arbeitgebern und Arbeitnehmern in der Republik die Rolle des Bündnisses zwischen Landwirtschaft und Schwerindustrie im Kaiserreich übernehmen sollte. Im Zeitalter der Massenpolitik kommt es allein auf Zahlen an; wie Borsig bei seiner Beschreibung der Arbeitsgemeinschaft bemerkte, sollte sie eine »wirtschaftliche Erziehungsschule« sein, in der die Gewerkschaften ausgebildet werden, um »die schwache Zahl, die die Arbeitgeber haben, ... durch die Zahl der Arbeitnehmer [zu ergänzen]«[84] und um die Wünsche der Industrie der Regierung aufzuzwingen. Diese etwas mechanische Ansicht überschätzte freilich die Macht, die die Gewerkschaftsführer während des Krieges und in der unmittelbaren Nachkriegszeit über ihre Mitglieder hatten, obwohl die Strategie der Industriellen zu Beginn der Weimarer Republik doch höchst erfolgreich sein sollte.[85]

Zur Wiederherstellung der Autonomie der Wirtschaft gab es unter revolutionären Bedingungen wohl kaum etwas Wirksameres als diesen Bund mit den Gewerkschaftsführern. Man muß sich darüber im klaren sein, daß nach Ansicht vieler Unternehmer die Revolution 1914 und nicht 1918 begonnen hatte, da der Krieg der »Konsumentenpolitik« zu einem Sieg über die »Idee der Produktion« verholfen und auf diese Weise die Freiheit der Produzenten eingeschränkt habe.[86] Es gab im November 1918 unter den Unternehmern einige Meinungsverschiedenheiten über das Ausmaß und den Zeitpunkt der Aufhebung der Ausfuhrkontrollen und Höchstpreise, aber sie waren sich alle darüber einig, daß diese Entscheidungen so weit wie möglich ihnen überlassen bleiben sollten.[87] Diese Konterrevolution gegen die Zwangswirtschaft hatte Erfolg, sie hätte aber ohne die Hilfe der Gewerkschaftsführer nicht organisiert werden können. Wie Stinnes deutlich erkannte, verschaffte die Inflation den Arbeitgebern und den Arbeitern gemeinsame Interessen – oder zumindest glaubten sie das, in einer Zeit, wo die Führer der Arbeiterschaft den Vorschlägen der Arbeitgeber keine Alternativen entgegenhalten konnten.

Im Maße wie man die Arbeitsgemeinschaft zu diesem Zeitpunkt als logische politische Alternative für die Unternehmer sehen muß, so sollte man die Art und Weise, wie die Arbeitsgemeinschaft entwickelt und geschaffen wurde, in engem Zusammenhang mit strukturellen Tendenzen der deutschen Industriewirtschaft sehen. Nicht alle Unternehmer waren den Unterhändlern des Stinnes-Legien-Abkommens dankbar. Tatsächlich wurden Stinnes, Raumer und ihre Kollegen in den Monaten nach der Revolution von den Vorsitzenden des Centralverbandes deutscher Industrieller und des Bundes der Industriellen, bedeutenden Führern der mittelbetrieblichen Industrie, Vertretern der Textil- und Bekleidungsindustrie und Vorsitzenden regionaler Wirtschaftsverbände am Rhein und in Sachsen scharf kritisiert.[88] Diese Unternehmer nahmen es übel, daß die alten Organisationen übergangen worden waren und zeigten sich ungehalten darüber, daß in Berlin Konzessionen gewährt worden waren, die in der Provinz völlig unnötig schienen. Das Argument, die schwierige Transportlage habe eine Rücksprache unmöglich gemacht, überzeugte sie nicht. Einige meinten, die Industrie hätte sich kompromittiert, indem sie die streikfeindlichen Vereine finanziell im Stich gelassen habe, und viele meinten, die Autonomie der Industrie sei durch Stinnes genauso wie durch die Bürokratie gefährdet worden, und »es gäbe somit kein Ding mehr zwischen Himmel und Erde, das der Zuständigkeit der Arbeitsgemeinschaft nicht unterliege«.[89] Ironischerweise kamen diese Beschwerden oft von denjenigen, die in der Vorkriegszeit eine offene Haltung gegenüber Verhandlungen mit den Gewerkschaften eingenommen hatten. Genauso wie sie sich nie den *guerre à outrance* der Schwerindustrie mit den Gewerkschaften hätten leisten können, so glaubten sie jetzt, daß sie für die Kosten einer so verbindlichen *entente cordiale* nicht aufkommen könnten. Das mag erklären, warum Raumer und seine Kollegen oft so doppelzüngig argumentieren mußten, da sie einerseits linke Sozialisten (und kritische Historiker) davon überzeugen wollten, daß die Unternehmer schon vor der Revolution ein Abkommen gewünscht hatten, und andererseits kritischen Unternehmern versichern wollten, daß angesichts der revolutionären Ausschreitungen das Abkommen eine »rettende Tat« sei.[90] Allerdings konnten beide Behauptungen ernsthaft gemacht werden, denn beide enthielten ein Körnchen Wahrheit: Die revolutionäre Situation war der Katalysator für das Abkommen, aber Verhandlungen waren schon im Gange, bevor die Revolution ausbrach. Interessanter für den Historiker ist jedoch, warum die Unternehmer Raumer und seinen Kollegen Vorwürfe machten, statt ihr Verhalten als weise Voraussicht zu loben.

Ein Teil der Antwort kann zum einen in den oben erwähnten Einwänden, daß das Großunternehmertum Zugeständnisse gemacht habe, die sich andere Sektoren der Wirtschaft nicht leisten konnten, zum anderen in dem allgemeinen Eindruck gefunden werden, daß die durch das Abkommen ins Leben gerufene Arbeitsgemeinschaft nur die Herrschaft der Großindustrie über die deutsche Wirtschaft begünstigte. Im Februar 1919, als man die alten wirtschaftlichen Spitzenverbände auflöste und den Reichsverband der deutschen Industrie gründete, wurde Raumers Idee, die deutsche Industrie im Sinne des Abkommens mit der Arbeiterschaft zu reorganisieren, verwirklicht. Die Gründe für das Gefühl der Niederlage, das diese Entwicklung in vielen Unternehmern auslöste, wurden von Stresemann am besten ausgedrückt:

»Besorgnis erregt bei mir aber das durch die Aufgaben der Arbeitsgemeinschaft hervortretende starke Übergewicht der Fachgruppen und die anscheinend im Verfolg dieser Entwicklung in Aussicht genommene Besetzung des künftigen Präsidiums (des Reichsverbandes – der Vf.) mit neuen Persönlichkeiten, die nicht mehr wie bisher als Träger bestimmter wirtschaftspolitischer Anschauungen einer zentralen Organisation, sondern als Vertreter ihrer Berufsgruppe in der Leitung des Reichsverbandes mitwirken sollen. So wie die Dinge liegen, wird die Kohleindustrie, die Stahl- und Eisenindustrie, die Elektrizitätsindustrie und die chemische Industrie durch ihre Führer im Präsidium vertreten sein wollen. Dazu kommt wahrscheinlich noch eine Vertretung der Berliner Großindustrie. Das bedeutet einen starken Einfluß von Persönlichkeiten wie Hugenberg, Borsig, Stinnes, Deutsch, Duisberg in dem neuen Präsidium«.[91]

Dies waren Vertreter derjenigen Industriezweige, deren relative Bedeutung ständig gewachsen war und in der deutschen Wirtschaft noch weiter zunehmen sollte. Ähnlich spiegelt auch die große Rolle, die die Maschinenbau-, elektrotechnische und chemische Industrie bei den Verhandlungen mit den Gewerkschaften gespielt hatte, den Bedeutungsgewinn dieser Industrien im Vergleich zur traditionellen Vorherrschaft des schwerindustriellen Sektors wider.[92] Und letzlich beleuchtet die Entstehung und Entwicklung der Arbeitsgemeinschaft unmittelbare wie langfristige strukturelle Entwicklungen in der deutschen Wirtschaft. Diese Industrien verzeichneten während des Krieges und der Inflationszeit die größten Expansionraten und waren am aktivsten an der vertikalen Konzentration beteiligt. Es wäre etwas zu weit gegriffen, die Zusammenarbeit von Siemens, Henrich, Stinnes und Vögler bei den Verhandlungen mit den Gewerkschaften als Vorläufer von Stinnes' großer Schöpfung, der Siemens-Rhein-Elbe-Schuckert-Union zu sehen, aber beide Entwicklungen waren eine Antwort auf verwandte wirtschaftliche und sozio-politische Umstände.

Selbstverständlich spiegelt das Abkommen auch Veränderungen in der Zusammensetzung und im Charakter der deutschen Arbeiterschaft und ihrer Organisationen wider. Die Untersuchung dieses Problems wie auch die Frage, ob die deutsche Arbeiterschaft einen anderen Weg als den einer Vereinbarung mit dem Großunternehmertum hätte wählen können, geht über den Rahmen dieses Aufsatzes hinaus. Eine solche Untersuchung müßte allerdings dieses Bündnis, so wie es hier definiert wurde, berücksichtigen. Schließlich könnten die hier angestellten Betrachtungen unter Umständen auch die Erforschung der weiterreichenderen Fragen über das liberale und pluralistische Experiment – die Weimarer Republik – fördern.

III.

Zur Organisation und Politik des deutschen Unternehmertums

7. Industrieverbände und Wirtschaftsmacht: Zur Entwicklung der Interessenverbände in der deutschen Eisen-, Stahl- und Maschinenbauindustrie 1900–1933*

Die Forschung über Interessengruppen, insbesondere zum Thema wirtschaftlicher Interessengruppen, hat sich vor allem in den letzten zwei Jahrzehnten entwickelt, sieht man von einigen noch vor dem Zweiten Weltkrieg entstandenen namhaften Studien ab. Zunächst waren es Politologen, später auch Soziologen und Historiker, die die zentrale Bedeutung dieser Institutionen für die sozio-ökonomischen und politischen Entwicklungen in Europa wie in den Vereinigten Staaten herauskristallisierten und dabei solche Begriffe wie Lobby, Interessengruppen und »pressure groups« in den Sprachgebrauch einführten und popularisierten. Es muß jedoch festgestellt werden, besonders in Anbetracht zunehmender Forschungsarbeiten zu diesem Thema oder im Vergleich zur Forschungsliteratur über Gewerkschaften, daß wirtschaftliche Interessengruppen überraschend selten zum Gegenstand historischer Analysen geworden sind. Zudem befassen sich die wenigen einschlägigen Untersuchungen mit den sogenannten Spitzenverbänden, d. h. den »zentralen Wirtschaftsverbänden, Handelskammern und anderen Gruppen,die mit dem spezifischen Endzweck gegründet wurden, die nationale Wirtschaftspolitik nach den Gesichtspunkten des produzierenden Gewerbes und Handels, der Finanz und des Transportwesens oder auch anderer Wirtschaftszweige zu koordinieren«.[1] Neben der Darstellung der Entwicklung der Organisationen richtet sich das Hauptaugenmerk dieser Studien auf die zentrale Frage, wie sich die Interessenorganisationen auf die Politik auswirkten. Dabei reduzieren manche Untersuchungen ihr Forschungsziel auf die Frage, wie die finanziellen Beiträge an verschiedene politische Parteien und Kandidaten verteilt wurden, wenngleich anspruchsvollere Analysen die unterschiedlichen Methoden und Wege berücksichtigen, die sich wirtschaftliche Interessengruppen aneigneten, um auf diese Weise auf den politischen Prozeß einzuwirken. Doch infolge der Allgemeinbetrachtungen zur politischen Rolle der Spitzenverbände sowie einzelner Unternehmer, bei der die Entwicklung ihrer eigenen Politik betont wird, wird nicht selten die Tatsache übersehen, daß derartige Verbände auch als Stellen zur Vermittlung oder Aggregation häufig divergierender Forderungen, die von untergeordneten Wirtschaftsverbänden oder einzelnen Firmen und Unternehmern ausgehen, dienen. Es ist also notwendig, auf die Frage der Übertragung von Forderungen innerhalb der organisierten Wirtschaft näher einzugehen und die Art und Weise, in der die Forderungen konkret in die Politik umgesetzt wurden, zu untersuchen. Diese Behauptung wäre um ein weiteres mit der Hypothese zu untermauern, daß die Tragweite einer solchen Politik sowie der in ihr enthaltenen unmittelbaren Forderungen nur dann verdeutlicht werden kann, wenn auch das entscheidende sozio-ökonomische Umfeld, in dem die betreffenden Ansprüche entstehen, umfassend berücksichtigt wird.

Aus der Perspektive solcher Absichten ist es möglich, unseren derzeitigen Kenntnisstand beträchtlich zu erweitern, indem spezifische industrielle Interessenvertretungen, die in modernen westlichen Gesellschaften üblicherweise bei den Branchenverbänden liegen, detaillierter analysiert werden. Besonders in Amerika haben sich die Ökonomen mit Wirtschaftsverbänden vorwiegend aus der Perspektive des »anti-trust« Problems befaßt oder ihr Augenmerk auf Handelsbeschränkungen gerichtet. Historische Untersuchungen gibt es, abgesehen von gewissen Ausnahmen, wie z. B. der hervorragenden Arbeit von Louis Galambos über den amerikanischen Textilverband, nur vereinzelt. In Deutschland sind wohl einige, zum Großteil aber vergleichsweise wenig aufschlußreiche, Arbeiten zur formalen Organisationsgeschichte deutscher Wirtschaftsverbände erschienen. Eher bieten die allgemeineren historischen Aufrisse zum Thema interessante, notwendigerweise knappe Analysen zur Rolle gewisser Wirtschaftsverbände, die diese bei den Schlüsselproblemen in der deutschen Geschichte spielten.[2] Auf diesem Forschungsfeld bleibt also noch viel zu leisten, um unsere Kentnisse über die Entwicklung von Wirtschaftsverbänden zu vervollkommnen. Darüber hinaus wäre es auch von besonderem Interesse für die Forschung, den Entwicklungsgang solcher Organisationen aus einer vergleichenden Perspektive zu betrachten, wie in den folgenden Ausführungen gezeigt werden soll.

In modernen Gesellschaften scheint eine steigende Organisationstendenz zwangsläufig und irreversibel zu sein. Diese »Organisationsrevolution« wie Kenneth Boulding sie nannte, »wird durch die starke zahlenmäßige Zunahme sowie den beachtlichen Größen- und Machtzuwachs einer Vielzahl verschiedener – insbesondere aber wirtschaftlicher – Organisationen gekennzeichnet«.[3] Doch ebensowenig wie das Wirtschaftswachstum gleichmäßig verläuft, entfalten sich auch die Wirtschaftsorganisationen nicht einheitlich. Die ökonomischen Eigentümlichkeiten einer Industrie wirken sich in hohem Maße auf die Entwicklung und das Organisationsgefüge, letztendlich auch auf die politische und wirtschaftliche Einflußnahme und die Machtvollkommenheit der Wirtschaftsverbände aus. Umgekehrt können gleichzeitig auch die den Wirtschaftsverbänden zugrundeliegenden Faktoren der Organisation, Entwicklung und Einflußnahme auf die ökonomischen Determinanten eines Industriezweigs – und damit vermutlich auf die gesamte Wirtschaft – einwirken.

Eine Vielzahl von Problemen, die Sozialwissenschaftler allgemein beschäftigen, könnten annähernd gelöst werden, wenn man die Geschichte der Branchenverbände der deutschen Eisen- und Stahl- sowie der Maschinenbauindustrie im Kontext ökonomischer, sozialer und politischer Entwicklungen betrachtet. Dies träfe z.B. auf folgende Fragen zu: die Wirkung unterschiedlicher Marktstrukturen auf die Organisation der Industrie; die Art der organisatorischen Ausgleichstaktiken, die Wirtschaftsverbände zur Abwehr bestimmter negativer Marktstrukturen anwenden können; die Mittel und Wege, durch die die Wirtschaftsmacht in politische Macht umgesetzt wird; die Methoden, die der Bewältigung interindustrieller Konflikte dienen. Wir hoffen, die folgende Erörterung beleuchtet wenigstens die Erkenntnismöglichkeiten, die sich aus einer Untersuchung dieser Fragen ergibt.

Die Entwicklung vor 1914

Sowohl das von den deutschen Wirtschaftsverbänden demonstrierte Wachstum als auch deren Macht sind in einem engen Zusammenhang mit den Veränderungen in der Wirtschaftsstruktur Deutschlands zu sehen. Pointiert gesagt bedeutete dies, daß die Verbandsentwicklung wohl bei den Kohle-, Eisen- und Stahlproduzenten, der Schwerindustrie also, am fortgeschrittensten war und diese zumindest bis zum Ende der Inflationsperiode Mitte der zwanziger Jahre die deutsche Industriepolitik beherrschten. Trotzdem wurde ihre Vorherrschaft im Organisationsnetz der Industrieverbände sowie ihre politische Einflußnahme bereits während des Ersten Weltkrieges von »jüngeren«, d.h. den Maschinenbau-, elektrotechnischen und chemischen Industrien, angefochten, die eine größere Anzahl von Arbeitern beschäftigten und einen relativ höheren Anteil an den deutschen Exportlieferungen hatten. Es wäre allerdings ein Irrtum, das Verhältnis zwischen Wirtschaftsentwicklung und der Geschichte der Wirtschaftsverbände auf die einfache Formel von Ursache und Wirkung zu bringen und dabei die Rolle der besonderen nationalen, historischen und für Deutschland spezifischen Faktoren außer acht zu lassen. Selbst ein flüchtiger Überblick zeigt – was nicht von der noch zu leistenden vergleichenden Forschungsarbeit entbindet – daß kein Wirtschaftsverband der großen eisen- und stahlerzeugenden Länder in der Vorkriegszeit vergleichsweise an die Größenordnung der Organisation und Einflußnahme des Vereins deutscher Eisen- und Stahlindustrieller (VdESI) heranreichte. Das amerikanische Iron and Steel Institute funktionierte nur auf der niedrigsten Stufe der Verbandsorganisation, insoweit als dieses ein Unternehmen – sieht man von seiner Tätigkeit des Sammelns von Statistiken und Informationen ab – einer kleinen informellen Führungsgruppe darstellte, deren Sitzungen mit »Judge« E.H. Gary beim Souper stattfanden. Die englische Iron Trade Association lag schon 1914 im Sterben und konnte sich auch in seiner Vergangenheit keiner hohen Wirksamkeit rühmen. Das französische Comité des Forges vertrat in keiner Weise eine ähnlich große Eisen- und Stahlindustrie wie die Verbände der anderen Länder und außerdem fehlte ihr der innere Zusammenhalt sowie das Gewicht, das dem VdESI in Industrie und Politik zukam.[4]

Die Stärke des VdESI sowie seine dominierende Stellung in wichtigen Branchen- und Arbeitgeberverbänden ist nur aufgrund der besonderen Eigenheiten dieser Eisen- und Stahlindustrie und ihrer eigentümlichen Stellung in Deutschland zu verstehen. Im Gegensatz zu Frankreich (wo Eisen und Kohle nie vereint waren) und zu England (wo die Konzentration vergleichsweise wenig fortgeschritten war) und auch im Gegensatz zu den Vereinigten Staaten (wo eine stark konzentrierte Eisen- und Stahlindustrie gegen eine machtvolle und politisch einflußreiche Verbraucher- und Kleingewerbeideologie anzukämpfen hatte) waren die integrierten Großunternehmen, die Kohle, Eisen und Stahl und sogar weiterverarbeitende Betriebe zusammenschlossen, typisch für die deutsche Eisen- und Stahlindustrie. Diese Großunternehmen waren geographisch auf wenige Gebiete konzentriert und bereits in dem Jahrzehnt vor dem Krieg zu einem hohen Grad kartellisiert. Ferner, und von kaum geringerer Tragweite, ›genoß‹ die Industrie ein politisches Klima, das für organisatorische Effektivität sowie Erfolge ausgesprochen günstig war. Schließlich machte es den Direktoren der großen Konzerne keine Mühe, zusammenzutreffen, da sie eine relativ kleine und homogene Gruppe vorwiegend aus Rheinland-Westfalen, Oberschlesien und aus dem Südwesten (Saarland und Lothringen) bildeten, die ohnedies ständig in beruflichem und gesellschaftlichem Kontakt miteinander standen. Der Abstand zwischen Verbandsspitze und Mitgliedern war deshalb in der Schwerindustrie relativ gering. Ebenso einfach wie Verbände zu gründen, war es auch, ihre Politik zu kontrollieren. Die Zahl der Großindustriellen, die zum engeren Führungskreis gehörten, war sehr klein. Ihre herausragende Position erlaubte ihnen, sowohl ihren Untergebenen als auch den Geschäftsführern – die, obwohl sie unerläßlich waren, häufig mit Mißtrauen betrachtet wurden - der Syndikate, Wirtschaftsverbände und anderer Interessenorganisationen Weisungen zu erteilen. Zuletzt war es auch dem preußischen Staat zuzuschreiben, der nur schwache parlamentarische Institutionen mit einer autoritären Exekutive verband und den mächtigen sozialen Gruppen als Gegenleistung für ihre politische Gefügigkeit korporative Selbstverwaltungseinrichtungen sowie sozio-ökonomische Zugeständnisse gewährte, daß die Entwicklung von Interessen- und Fachverbänden so weitgehend begünstigt wurde. Es war kein Zufall, daß die Gründung des VdESI mit der starken Schutzzollbewegung nach der Wirtschaftskrise von 1873 zusammenfiel, und daß dieser Verband zu einer der tragenden Säulen des »Bündnisses zwischen Roggen und Eisen« wurde, das im Kaiserreich eine schändliche Rolle in der Errichtung eines Bollwerks zur Abwehr der Demokratie und des Sozialismus einerseits und zum »Schutz der nationalen Arbeit« anderseits sowie zur Aufrechterhaltung der Position der »Produzenten« gegen die »Konsumenten« spielen sollte.[5]

Der VdESI wurde 1874 gegründet. Der Verbandssitz war Berlin. Er gliederte sich in acht Gruppen, darunter sechs regionale Untergruppen (Nordwestliche Gruppe, Sitz Düsseldorf; Östliche Gruppe, Sitz Kattowitz; Mitteldeutsche Gruppe, Sitz Chemnitz; Nördliche Gruppe, Sitz Hannover; Süddeutsche Gruppe, Sitz Mainz; Südwestdeutsche Gruppe, Sitz Saarbrücken) und zwei Fachgruppen (Norddeutsche Waggonbauvereinigung, Verein deutscher Schiffswerften, beide Sitz Berlin). Der Verband sollte die Eisen- und Stahlindustrie in allen wirtschaftlichen Fragen vertreten. Bereits seine Zusammensetzung zeigt, das sich der Begriff »Industrie« in dem Verständnis der Verbandsgründer nicht nur auf die Eisen- und Stahlhersteller selbst beschränkte. An der Organisation der Fachgruppen wird deutlich, daß der VdESI auch Teile der verarbeitenden und weiterverarbeitenden Industrie umfaßte. Eisen- und Stahlerzeuger im eigentlichen Sinn dominierten nur in der Nordwestlichen, Östlichen und der Südwestlichen Gruppe. In der Norddeutschen Gruppe teilten sich die Eisen- und Stahlerzeuger Macht und Einfluß mit dem elektrotechnischen Siemenskonzern. Die Süd- und Mitteldeutsche Gruppe setzte sich fast ausnahmslos aus Maschinenbaufirmen zusammen.[6]

Dadurch erhielten Charakter und Aufgabenstellung des VdESI eine gewisse Ambivalenz. Einerseits sollten über den Verband interregionale und interindustrielle Differenzen beigelegt werden, um offene Konflikte innerhalb des Industriellenlagers zu vermeiden und um allgemeine Verhaltensrichtlinien aufzustellen. Andererseits dominierten, besonders in der Nordwestlichen Gruppe, die Eisen- und Stahlerzeuger. Diese Gruppe bezahlte 1910 fast 14000 Mark an Mitgliedsbeiträgen, während die Südwestliche Gruppe mit 6500 Mark an zweiter Stelle stand. An sich ist dies kein sehr genauer Maßstab seiner Machtposition, doch es fällt ihm große Bedeutung zu, wenn man bedenkt, daß der VdESI vor und nach dem Krieg konsequent die Politik der Eisen- und Stahlerzeuger unterstützte. Darüber hinaus beherrschte die Nordwestliche Gruppe die führenden Interessenverbände der Vorkriegszeit. In seiner personellen Zusammensetzung war er weitgehend identisch mit dem Verein zur Wahrung der gemeinsamen wirtschaftlichen Interessen in Rheinland und Westfalen (Langnamverein) sowie dem – angeblich die gesamte deutsche Industrie vertretenden – Centralverband deutscher Industrieller (CdI).

Wilhelm Beumer und Henry Axel Bueck veranschaulichen sowohl die Wechselbeziehungen als auch die politische Beteiligung dieser Organisationen in der Vorkriegszeit. Ersterer war Geschäftsführer des Langnamvereins und der Nordwestlichen Gruppe sowie Mitglied des Hauptvorstandes des CdI; daneben war er Mitglied des preußischen Abgeordnetenhauses und Abgeordneter im Reichstag. Bueck war der Generalsekretär des VdESI und des CdI und Mitglied des preußischen Abgeordnetenhauses. Damit soll nicht gesagt sein, daß die Schwerindustrie vor dem Krieg unbestritten die Vorherrschaft über die deutsche Industrie hatte. Sie stieß vielmehr auf einen zunehmenden Widerstand, der von den Reihen des CdI, den kleinen und mittelbetrieblichen Industrien, die sich im Bund der Industriellen (BdI), einem Konkurrenten des CdI, zusammenfanden und regional aufgebaut waren, und von der chemischen Industrie, mit ihrer eigenen Verbandsorganisation, ausging. Die Herrschaft der Schwerindustrie blieb freilich bestehen, auch wenn sie ernsthaft angefochten wurde.[7]

Wie schon erwähnt war die Machtstellung der Erzeuger im VdESI und ihre Stärke innerhalb der gesamten Industrie wie auch die Leichtigkeit, mit der sie sich organisierten und Organisationen unter ihre Kontrolle brachten, eine Funktion der begrenzten Größe ihrer Gruppe sowie der übermäßigen Größe und der geographischen Konzentration ihrer Konzerne. Zu diesen Faktoren kam noch eine nicht zu unterschätzende Homogenität in Vorgehensweise und Gesinnung, was auf die Tatsache zurückzuführen ist, daß diese Industriellen weitgehend die gleichen Grundstoffe in Betrieben herstellten, wo die fixen Kosten hoch angesetzt und größtenteils ungelernte Arbeiter beschäftigt wurden. Auf diese Weise konnten sie alle Vorteile eines Landesverbandes mit denen eines Fachverbandes verbinden.

Hingegen waren die Bedingungen, unter denen die direkten Abnehmer in den verarbeitenden Industrien produzierten, ganz anders geartet. Eine reinliche Scheidung zwischen Eisen- und Stahlerzeugern und den verarbeitenden und weiterverarbeitenden Industrien ist indes kaum möglich. So können z. B. Walzwerke und Gießereien einmal zu der einen Gruppe, einmal zu der anderen Gruppe gehören, je nachdem was produziert wird und für wen die Produkte bestimmt sind. Außerdem befaßten sich gewisse Großkonzerne der Eisen- und Stahlproduktion selbst, wie z. B. Krupp und die Gutehoffnungshütte, weitgehend mit Maschinenbau. Trotz der fließenden Grenzen, erscheint eine gewisse Differenzierung möglich.[8]

In der Verarbeitung und besonders im Maschinenbau war eher Heterogenität als Homogenität die Regel. Die Betriebe waren über das ganze Land verstreut, die Betriebsgrößen variierten erheblich. Die durchschnittliche optimale Betriebsgröße lag im allgemeinen erheblich unter derjenigen der Schwerindustrie. Normalerweise spielten die Lohn- und Gehaltskosten bei der differenzierten Produktenskala dieser Branche eine größere Rolle als die fixen Kosten, da in der Produktion ein vergleichsweise hoher Prozentsatz gelernter Arbeiter beschäftigt wurde. Kostenberechnungen waren ausgesprochen kompliziert, da diese Industrien Produkte herstellten, deren Fertigstellung oft Monate oder Jahre brauchte. Demzufolge war es im allgemeinen auch äußerst schwierig, einheitliche Normen, sinnvolle Kostenberechnungsverfahren, vernünftige Laufzeiten und Klauseln bei Auftragsabschlüssen sowie politische Strategien für die gesamte Industrie zu entwickeln. Zweifellos treffen diese Verallgemeinerungen nicht immer zu. Der Maschinenbau trat mit solchen Konzernriesen wie der Maschinenfabrik Augsburg-

Nürnberg (M. A. N.), den Borsig-Werken und der Deutschen Maschinenfabrik AG (DEMAG) hervor. Die elektrotechnische Industrie wurde von den zwei Riesenkonzernen, Siemens und der Allgemeinen Elektrizitätsgesellschaft (AEG), beherrscht. Relativ fortgeschritten war die Kartellbildung in der Lokomotivbauindustrie. Regionale Industriegruppen konnten sich, wie das Beispiel der Kleineisenindustrie im Bergischen Land beweist, bei ausreichender Homogenität durchaus wirkungsvoll zusammenschließen. Dennoch waren Heterogenität und Uneinigkeit charakteristische Merkmale in der verarbeitenden Industrie und im Maschinenbau.

Obwohl die eisen- und stahlverarbeitenden Industrien häufig besorgt und irritiert waren über die Machtstellung der Schwerindustrie, zudem beunruhigt über deren vertikale Expansion und die Eingriffe in ihre eigenen Bereiche, unglücklich über die hohen Kartellpreise und Eisenzölle, verärgert über verspätete Lieferungen sowie ausbeuterische Vertragsbestimmungen infolge ihrer Abhängigkeit von der Rohstoffversorgung durch die Schwerindustriellen und schließlich überlastet aufgrund einer nicht immer ihren Interessen entsprechenden Personal- und Sozialpolitik, die sie zu unterstützen sich aber gezwungen sahen – trotz alledem hatten sie große Schwierigkeiten, in einer organisierten Form zu reagieren. Während die rituelle – wenngleich durchaus nicht völlig ungültige – Beschwörungsformel angewendet wurde, daß Grundstofferzeuger und Verarbeiter einander gegenseitig bedürften und wechselseitig von der Prosperität des anderen abhingen, wuchs vor dem Krieg gleichwohl die Verstimmung unter den Unternehmern der verarbeitenden Industrie. Sie waren der Meinung, daß ihre untergeordnete Stellung, gemessen an dem relativen Anteil der in beiden Industriesektoren beschäftigten Arbeiter sowie an der wachsenden Bedeutung ihrer Exportlieferungen im Verhältnis zu denen der Eisen- und Stahlindustrie, nicht länger haltbar und gerechtfertigt sei.

Es stimmte jedoch völlig mit den zuvor beschriebenen Umständen überein, daß der in der Vorkriegszeit führende Fachverband der schwerindustriellen Erstabnehmer, der Verein deutscher Maschinenbauanstalten (VDMA), 1892 in enger Zusammenarbeit mit der Eisenindustrie gegründet wurde und seinen Hauptsitz in Düsseldorf hatte. Eigentlich kamen die 27 Gründungsmitglieder des Verbandes von der Ruhr und hatten sich zum Ziel gesetzt, sich bessere Zahlungs- und Lieferungsbedingungen von den Bergwerken und Stahlhütten, die sie mit Maschinen versorgten, zu verschaffen. Doch war der erste Geschäftsführer des VDMA, Emil Schröter, gleichzeitig auch Geschäftsführer in dem Verein deutscher Eisenhüttenleute (VdE), jener beeindruckenden Organisation, die sich mit technisch-wissenschaftlichen Problemen in der Eisen- und Stahlindustrie befaßte. Zunächst war die Resonanz des VDMA nicht sehr stark, da er für ein Geschöpf der Eisenindustrie gehalten wurde. Doch allmählich zeitigten die Tätigkeiten des Verbandes erfolgversprechende Ergebnisse und er gewann zunehmend an Eigenständigkeit.[9]

Ein Markstein auf diesem Weg war die Übernahme der Geschäftsführung durch Friedrich Frölich im Jahre 1910. Er bemühte sich angestrengt darum, mehr Werke für den VDMA zu gewinnen. Als er sein Amt antrat, beschäftigten die Mitgliederwerke des VDMA nur 142 000 von insgesamt 400 000 Arbeitern in dieser Branche. Am 1. Januar 1914 zählte der VDMA 246 Mitgliederwerke mit insgesamt 189 000 Arbeitern. Vielleicht noch wichtiger war, daß der VDMA die Bildung von Fachverbänden innerhalb der Branche anregte, obwohl es sich häufig als schwierig erwies, mit Hilfe der betreffenden Untergruppen Statistiken und andere Informationen über ihre verschiedenen Tätigkeiten zu sammeln. Aber im großen und ganzen honorierten die Mitglieder der Maschinenbauindustrie zunehmend die vom VDMA herausgegebenen informativen Veröffentlichungen, seine harte Arbeit, aufgrund derer eine Interessenvertretung des Industriezweiges bei der Regierung und der Schwerindustrie durchgesetzt werden konnte, sowie die insgesamt militanter werdende Haltung des Verbandes. Trotzdem läßt sich nicht annehmen, daß sich die Vorkriegsentwicklung des VDMA im Konflikt mit der Schwerindustrie vollzog. Industrielle, die mit der Schwerindustrie enge Beziehungen pflegten, wie z. B. Kurt Sorge von den Krupp-Gruson-Werken und Paul Reusch, der Generaldirektor der Gutehoffnungshütte, waren prominente Mitglieder des VDMA. Reusch förderte den Aufbau des VDMA und gab der Einrichtung von Fachverbänden seine aufrichtige Unterstützung. Ferner wurden die Ausfuhrvergütungen, die Roheisen- und Stahlwerksverbände den Verarbeitern für den Kauf von Rohstoffen zur Verwendung in export-bestimmten Maschinen zubilligten, auf gewisse Firmen beschränkt. Solche Vergütungen erhielten nur Mitglieder von Industrieverbänden, die für die Legitimität der Ansprüche auf Ausfuhrvergütungen vollends bürgen konnten. Demnach spielte die Schwerindustrie also eine Hauptrolle in der Organisierung ihrer Erstabnehmer.[10]

Dennoch gab es reichlich Konfliktstoff, der den Wert des VDMA als Gegenkraft zur Schwerindustrie unterstrich. Der VDMA kämpfte um eine Erhöhung der Ausfuhrvergütungen und widersetzte sich energisch den wiederholten Drohungen, diese insgesamt zu streichen. Er sperrte sich gegen die Bemühungen des Stahlwerksverbandes, Vergütungen nur den Verarbeitern zuzugestehen, die ausschließlich bei Stahlwerksverbandsmitgliedern einkauften. In der Rückschau erscheint möglicherweise das wichtigste Zeichen für seine wachsende Unabhängigkeit die Entscheidung des VDMA, seine Hauptgeschäftsstelle von Düsseldorf nach Berlin zu verlegen. Die meisten Mitglieder saßen nach wie vor in Rheinland-Westfalen und in manchen Kreisen wurde befürchtet, daß der Verband gegenüber der Regierung keinen harten Kurs verfolgen würde, wenn er unter »Berliner Einflüsse« geriete. 1913 wurde dennoch die Verlegung nach Berlin beschlossen und im Oktober 1914 zog der Verband um. Da Grundsatzentscheidungen, die den Außenhandel und andere wichtige Wirtschaftsbelange betrafen, in Berlin, das selber ein Zentrum der verarbeitenden Industrie war, gefällt wurden, war der VDMA zu dem Schluß gekommen, daß er eher nach Berlin gehöre als nach Düsseldorf, wo er im Schatten des eindrucksvollen Entscheidungszentrums, des Stahlhofs, stand.[11]

Krieg und Inflation

Für die Entwicklung der Fachverbände der eisenabnehmenden Industrien waren der Erste Weltkrieg sowie die während des Krieges einsetzende und bis Ende 1923 anhaltende Inflation von entscheidender Bedeutung. Die Ausweitung des VDMA läßt sich an seinem beachtlichen Mitgliederzuwachs veranschaulichen:[12]

	Mitgliederfirmen	Belegschaft
1. Januar 1914	246	189086
1. Januar 1918	650	408551
31. Dezember 1918	814	522790

Der Organisationsgrad des VDMA wird noch deutlicher aufgrund der Zunahme seiner ihm angeschlossenen Unterverbände, wie die folgende Tabelle zeigt:

Anzahl der Fachverbände im VDMA[13]

1919	40
1920	124
1921	139
1922	143
1923	137

Im Jahre 1923 gehörten 90 Prozent der Maschinenbauindustrie dem VDMA an. Einen ebenso bedeutenden Zuwachs konnte der Personalstand des Verbandes registrieren:

Mitarbeiterstab des VDMA[14]

1914	30
1915	56
1916	115
1917	277
1918	388

In der elektrotechnischen Industrie vollzogen sich ähnliche Entwicklungen, aber vergleichsweise langsamer. Aufgesplittert in eine große Zahl unterschiedlicher Verbände und einzelner Firmen, schloß sich diese Industrie 1916 im Kriegsausschuß der deutschen elektrotechnischen Industrie zusammen, der unter die gemeinsame Aufsicht von Regierung und Industrie gestellt wurde. Erst 1918 konnte sie ihren eigenen Zentralverband der deutschen elektrotechnischen Industrie (Zendei) gründen, der während der Inflation einen – wenn auch nicht auf so spektakuläre Art und Weise wie der VDMA – steten Zuwachs verzeichnen konnte:[15]

	Mitgliederfirmen	Belegschaft
1918	286	145 300
1919	304	193 400
1920	400	240 000
1921	392	235 000
1922	415	238 000
1923	420	258 000

So bemerkenswert diese Indikatoren für die Verbandsentwicklung in den eisenverarbeitenden Industrien auch sein mögen, so bleiben sie letzlich doch nur Anfangs- und Ausgangspunkt für ein tieferes Verständnis sowohl der Wachstumsbedingungen und der Entwicklungsstadien als auch der Probleme, mit denen diese Organisationen konfrontiert wurden. Offensichtlich erfolgen die ersten Organisationsanstöße zunächst durch den Krieg. In Deutschland, ebenso wie in anderen kriegführenden Ländern, hielt man es für notwendig, die Rohstoffverteilung, Kriegsaufträge und weitere kriegsbedingte Aktivitäten der Wirtschaft zu organisieren. In kapitalistischen Gesellschaften geschah dies am wirksamsten, indem man sich sowohl des unternehmerischen Könnens wie der privatwirtschaftlichen Organisationen bediente und darüber hinaus, wo immer es als notwendig erschien, Privatunternehmen zur Selbstorganisierung zwang. Öffentlich-staatliche Funktionen an Privatunternehmen weiterzuvermitteln, war an sich nicht außergewöhnlich. Man könnte sogar behaupten, daß die Organisationsentwicklung in Deutschland keine so erschütternde Neuerung wie in anderen Ländern darstellte, wo weder die Industrieorganisation so verbreitet noch die Idee einer industriellen Selbstverwaltung so ausgeprägt war. Doch in Deutschland stellte sich aus verschiedenen Gründen die Zwangssyndikatsbildung sowie die Verbandsbildung als durchgreifender und langwieriger als anderswo heraus. Zunächst wurde es aufgrund der Blockade und ernsthaften Rohstoffknappheiten mehr denn je unerläßlich, Organisationen zu errichten und Kontrollen einzuführen, womit Probleme entstanden, die mit dem Ende des Krieges nicht verschwanden. Zweitens erforderte die Inflation eine komplizierte und strikte Kontrolle über die Exportmengen und -preise und dieser Faktor, vielleicht mehr als irgend ein anderer, war der kontinuierlichen Ausweitung industrieller Organisationen über die gesamte Zeitdauer hinweg am zweckdienlichsten. Drittens spielten auch verschiedene politische Überlegungen in das Anwachsen von Organisationen mit hinein. In diesem Sinne wurde das alte Verhaltensmuster der Eisen- und Stahlerzeuger und -verbraucher, geprägt von ihrem Schwanken zwischen Kooperation und Konflikt, in einem neuen Kontext fortgesetzt.[16]

Eine unmittelbare Folgeerscheinung der Rohstoffknappheiten von Kohle, Eisen und Stahl – sie wurden zunächst von den Kriegserfordernissen und der reduzierten Produktivität hervorgerufen und waren anschließend durch die Kriegsverluste von Deutschlands wichtigsten eisen- und stahlproduzierenden Gebieten bedingt – war, daß die Konflikte zwischen den Produzenten und ihren Erstabnehmern an Schärfe zunahmen. Die Knappheiten wirkten sich positiv auf den Zuwachs von Organisationen gegen die Produzenten aus, doch paradoxerweise ließen sie auch die Position der Erzeuger enorm erstarken. Die Ersterzeuger befanden sich, mit ihrer Kontrolle über lebenswichtige, jedoch in nur begrenzten Mengen vorhandene Produktionsmittel, häufig in der Lage, Preise vorzuschreiben sowie auch anderweitig diskriminierend zu handeln. Ferner konnten sie aufgrund ihrer Kapitalmacht – und dank der Inflation – Schulden liquidieren sowie den Prozeß der vertikalen Integration in Bereichen der verarbeitenden und weiterverarbeitenden Industrien fortsetzen. Aber auch die Eisenverbraucher nahmen die Knappheiten zum Anlaß, Interessengemeinschaften oder sogar Fusionen mit Erzeugerkonzernen zu bilden, um sich den Zugang zu Rohstofflieferungen und zu Kapital zu sichern. Die Erfolge des VDMA und Zendei, gegen die Angebots- und Preispolitik der Schwerindustrie wirksam anzukämpfen, hingen deshalb von ihrer Fähigkeit ab, inwieweit sie die Allianz einiger ihrer eigenen bedeutendsten Mitglieder mit der Schwerindustrie überwinden konnten. Mit anderen Worten: die Fähigkeit der Schwerindustrie, die interindustriellen Beziehungen zu dominieren, war davon abhängig, inwieweit diese aus ihrer Einflußnahme bei den Erstabnehmerverbänden Kapital zu schlagen wußten.[17]

Ein komplizierteres Problem stellte die Kontrolle der von den Wirtschaftsverbänden getätigten Exporte dar. Während des Krieges war die deutsche Regierung darauf bedacht, ihre Zahlungsbilanz sowie den Wechselkurs der Mark aufzubessern, indem die Schwerindustrie die freigegebenen Exportprodukte zu einem höchstmöglichen Preis verkaufen sollte. Infolgedessen errichtete die Regierung – häufig auf die Initiative der Industriellen – Zwangssyndikate, um den Exportmarkt vom Wettbewerb freizuhalten und zugleich Vorteile aus der enorm hohen Nachfrage von seiten der neutralen Länder schlagen zu können. Den Wirtschaftsverbänden wurde die Aufgabe übertragen, Ausfuhrgenehmigungen gemäß den von der Regierung gestatteten Quoten zu erteilen sowie zu überwachen, daß die exportierten Güter zu den festgesetzten Syndikatspreisen verkauft wurden. Ähnliche Bemühungen wurden auch nach dem Krieg fortgesetzt und anfangs von führenden Industriellen und Verbandsführern stark unterstützt. Trotz der Inflation glaubten eine ganze Reihe von Kleinunternehmern weiterhin, daß »eine Mark eine Mark sei« und infolgedessen verkauften sie ihre Waren im Ausland zu Schleuderpreisen. Besonders der VDMA und Zendei übernahmen fortan die erzieherische Rolle in diesbezüglichen Exportangelegenheiten. Waren die Konzerne der Schwerindustrie keiner weiteren Aufklärung insofern mehr bedürftig, als sie sehr früh im Krieg gelernt hatten, das Ausfuhrgeschäft zu ihrem eigenen Vorteil zu nutzen, so stürzten sich jetzt die Geschäftsführer der Verbände mit Vergnügen auf die Aufgabe, das Exportgeschäft zu organisieren. So kamen der Geschäftsführer des VdESI, Reichert, sowie Frölich und der Geschäftsführer des Zendei, Hans von Raumer, in den Genuß, über große Mitarbeiterstäbe in den Zentralstellen für Ausfuhrbewilligungen zu verfügen, und außerdem konnten sie sich noch an jenen verfügbaren Exportkontrollen erfreuen, die als Mittel zur Organisierung der Industrie dienten.[18]

So entwickelte die Verbandsführung bis zu einem gewissen Grade ein starkes Interesse an den oft schwerfälligen und komplizierten Kontrollsystemen, die unter staatlicher Aufsicht eingesetzt wurden, da gerade diese die Möglichkeit einer durchgreifenden Kartellisierung sowie Organisierung ihrer Industrien boten. Dies galt mehr für die Eisenabnehmer als -produzenten und entsprach mehr den Verbänden kleiner und mittelgroßer Betriebe als den großen verarbeitenden Industrien. Sowohl die grundstofferzeugenden wie die großen verarbeitenden Industriellen hatten ihre Not mit der Schwerfälligkeit des Systems und als sich die Inlandspreise nach 1921 den Weltmarktpreisen zu nähern begannen, erhoben sie zunehmend Einspruch gegen die Ausfuhrkontrollen. Sie fühlten sich jetzt stark genug, auch ohne Kontrollen Geschäfte zu machen. Hier zeigen sich wieder die inhärenten Schwächen der Verbandsentwicklung während dieser Zeit, die jene auffallende Abhängigkeit von den unmittelbaren Umständen der Kriegs- und Nachkriegszeit widerspiegeln, die das Verhalten der Unternehmer aus den erzeugenden und verarbeitenden Industrien prägte. In dieser Hinsicht war der VdESI weniger anfällig, da Reicherts Zentralstelle für Ausfuhrbewilligungen kein integraler Bestandteil seiner eigenen Organisation war und sein Stab sich nur in bescheidenem Ausmaß vergrößert hatte, d. h. von lediglich zwei Sekretariatstellen im Jahre 1914 auf eine Gruppe von zwei Hilfsbeamten und vierzehn Büroangestellte im Jahre 1921. Die Vorherrschaft der großen Konzerne war die Gewähr dafür, daß die engen Beziehungen zwischen dem VdESI und seiner Mitgliedschaft weiterhin aufrecht erhalten wurden. Im Gegensatz dazu mußten sich der VDMA und Zendei gegenüber unzähligen kleinen und mittleren Betrieben sowie deren Verbänden verantworten und infolgedessen hatte insbesondere der VDMA einen riesigen Apparat aufgebaut, um sich gegen die spezifischen Entwicklungen in der Inflationszeit zu wappnen.[19]

Durch die politische Einflußnahme z. B. bei der Kontrolle über Rohstofflieferungen oder der Bewältigung von Ausfuhrfragen konnten auf der einen Seite die Organisationen einen Zuwachs verzeichnen; andererseits aber entstanden zugleich Tendenzen, die die Wirksamkeit der eisenverbrauchenden Verbände in ihren Auseinandersetzungen mit der Schwerindustrie behinderten. Vor wie nach dem Krieg fand sich die Industrie häufig in einer Situation, in der sie sich auf Ersuchen der Regierung zusammenschloß, aber zugleich die Intentionen der Regierung zu unterbinden beabsichtigte. Alamiert wurden die Industriellen durch das Vorhaben der Regierung, die Kriegskontrollen auch in Friedenszeiten beizubehalten und sich zu diesem Zweck weiterhin auf die Industrieorganisationen zu stützen. Allerdings kamen sie dennoch zu dem Schluß, daß das wirksamste Instrument einer Opposition gegen die Regierung in der Bildung einer geschlossenen Front von Wirtschaftsverbänden sowie eines Spitzenverbandes zu finden sei, die zu einem resoluten Widerstand fähig waren. Dies wurde zunehmend dringlicher, als die Regierung große Autoritätsverluste während des Krieges erlitt, die von ihren Nachfolgern nach der Revolution von 1918 nicht wieder einzuholen waren.

Die infolge des Krieges veränderten Beziehungen zur organisierten Arbeiterschaft bildeten einen weiteren Anlaß, derartige Organisationen anzustreben. Die Industrie versuchte sich vor bürokratischen Eingriffen und den Sozialisierungsmaßnahmen durch das Revolutionsregime zu schützen, indem sie eine Arbeitsgemeinschaft, d. h. eine funktionierende Partnerschaft und Allianz mit der organisierten Arbeiterschaft schloß. Diese sollte die Bedeutung einer neuen Allianz von »Produzenten« haben, die die Regierung zur Anerkennung ihrer Vorgehensweise in Wirtschaftsfragen zwingen und einen harmonischen Ausgleich in sozialen Fragen herstellen würde. Deshalb zog die Anerkennung der Gewerkschaften auch die Verwirklichung des Koalitionsrecht auf allen Ebenen nach sich und dies erforderte ein durchgreifendes Organisationsgefüge. So wurde 1919 ein neuer Spitzenverband, der Reichsverband der Industrie, nach dem Prinzip der Fachverbandsorganisation gegründet.[20]

Trotzdem konnte die im Jahre 1918/19 vereinigte Front ebenso wie die Allianz zwischen Industrie und Arbeiterschaft die tiefen Spaltungen innerhalb der Industrie und die Konflikte zwischen Industrie und Arbeiterschaft nur vorübergehend verdecken. Weder der Reichsverband noch die Arbeitsgemeinschaft wären entstanden, wenn sich die Industriellen weiterhin allein auf ihre herkömmlichen Organisationen berufen hätten. Doch die alten Verbände wie der CdI und BdI reagierten nur langsam und schwerfällig. Während der Krisis ergriffen die Unternehmer Hugo Stinnes, Alfred Hugenberg und Jakob Reichert aus der Schwerindustrie, Anton von Rieppel von der M. A. N., Ernst von Borsig aus dem Maschinenbau und Walther Rathenau,

Carl Friedrich von Siemens und Hans von Raumer aus der elektrotechnischen Industrie die Initiative. Dies Männer handelten für die Industrie in einem ganz entscheidenden Augenblick. Sie erzwangen Lösungen, auch wenn sie damit aus strukturellen Gründen einen Großteil der mittleren und kleinen Unternehmer verärgerten, die dem Reichsverband und der Arbeitsgemeinschaft mit der starken – und wie es sich zeigte, richtigen – Vermutung beigetreten waren, daß diese Institutionen Werkzeuge großindustrieller Interessen seien. Doch mit deren gleichzeitigem Erfolg ging auch der allgemeine Wunsch der gesamten Industrie einher, die Kriegswirtschaft so weit wie möglich abzubauen und die Befugnisse der industriellen Selbstverwaltung wieder herzustellen.[21]

Die Aufhebung der Höchstpreise sowie der Ausfuhrkontrollen für Eisen und Stahl, die gegen die Einwände vieler führender Unternehmer aus der Maschinenbauindustrie von den Industriellen erzwungen wurde, stellte sich als eine der schicksalhaftesten Maßnahmen, die dem Abbau der Zwangswirtschaft dienten, heraus. Im Herbst 1919 löste dies eine offene Revolte von seiten des VDMA, des Zendei und anderer Wirtschaftsverbände aus, indem sie sich gegen die im Übermaß betriebenen Exporte der Eisen- und Stahlindustriellen, die den Binnenmarkt verkümmern ließen, und gegen deren beispiellos unverschämte Preispolitik richteten. Innerhalb der verarbeitenden Verbände waren es zwei Gruppen, die sich nicht einigen konnten, wie die Beziehungen zur Schwerindustrie zu gestalten seien. Auf der einen Seite vertraten gewisse Manager der Verbände, wie z. B. Raumer, sowie Führer der Großkonzerne, wie z. B. Siemens, Borsig und Rieppel, jenen Standpunkt, der auch von Reichert im Namen des VdESI und der Schwerindustrie befürwortet wurde, daß die Industriellen zusammenhalten müßten und Konflikte intern zu regeln seien. Dies würde der »Produktionspolitik« den Sieg über die »Verbraucherpolitik« verschaffen und außerdem jeglichen Vorwand der Regierung unterbinden, sich in ihre Angelegenheiten einzumischen. Auf der anderen Seite war es die Überzeugung einer beachtlichen Anzahl von Industriellen im VDMA und von dessen Geschäftsführer Frölich, daß gerade ein Appell an die Regierung vonnöten sei. Sie meinten außerdem, Mittel und Wege finden zu müssen, durch die sie ein wirksames Stimmrecht in der Politik der Schwerindustrie erhielten. Diese Meinung gewann Anfang 1920 den Vorrang und es wurde ein Eisenwirtschaftsbund errichtet, in dem Produzenten, der Handel und die Verbraucher angewiesen wurden, unter staatlicher Aufsicht zu kooperieren, um auf diese Weise Angebot und Preise von Eisen und Stahl zu regulieren. Die Verbandsvertreter der eisenverarbeitenden Industrien gründeten ihren Bund der Eisenverbraucher innerhalb dieser »Selbstverwaltungseinrichtung«, um damit ihre Politik koordinieren und eine geschlossene Front schaffen zu können. So schien die Verbandsentwicklung in den eisenverbrauchenden Industrien zu Beginn des Jahres 1920 endlich einen Wendepunkt erreicht zu haben, an dem die Vormachtstellung der Schwerindustrie einer neuen Konstellation von Kräften zu weichen gezwungen wurde.[22]

Diesbezügliche Erwartungen kamen indes verfrüht. Der Regierung mißlang es, die im Eisenwirtschaftsbund anliegenden wirtschaftlichen Fragen zu regeln und einige seiner Gewerkschaftsvertreter nahmen eine extreme Haltung ein, was dazu beitrug, die Produzenten und Eisenverbraucher in eine Allianz gegen Regierung und Arbeiterschaft zu treiben. Nicht weniger wichtig war auch die Tatsache, daß die Erhaltung einer gemeinsamen Front der eisenverbrauchenden Industrie sowohl durch die Politik der vertikalen Integration von seiten der Schwerindustrie als auch durch die Bereitwilligkeit wichtiger eisenverbrauchender Konzerne, vor der Schwerindustrie zu kapitulieren, erheblich erschwert wurde. Stinnes betrachtete sein bekanntes Konglomerat von Konzernen, die Siemens-Rheinelbe-Schuckert-Union, unverhohlen als eine Alternativlösung, die ihn von seiner Abhängigkeit von Verbänden oder den von der Regierung beaufsichtigten Organisationen befreien und es ihm ermöglichen würde, Rohstoffe von Siemens zu vernünftigen Preisen zu beziehen. Ähnliche Beweggründe lagen der Entscheidung der M. A. N. zugrunde, eine Interessengemeinschaft mit der Gutehoffnungshütte zu bilden. Nach 1920 wurde der Einfluß von Siemens-Vertretern im Zendei sowie GHH-Vertretern im VDMA spürbarer denn je zuvor. Der Generaldirektor der GHH, Reusch, und seine Kollegen von der M. A. N. übten einen ganz erheblichen Druck auf den VDMA aus. Sie beschuldigten ihn, seit seiner Übersiedlung nach Berlin im Jahre 1914 ein »Wasserkopf« geworden zu sein und teilten der Verbandsführung rundheraus mit, daß »der VDMA heute (1922, der Vf.) mindestens bedeutungslos, wenn nicht schädlich für uns [sei], zumal in seiner Stellungnahme gegen die wirtschaftlichen Interessen der großen Werke und in seinem Bestreben, den kleinen und kleinsten Maschinenerzeugern, die er ja zu hunderten als Mitglieder aufgenommen hat (gerecht zu werden – der Vf.) und seinen Zweck demnach nicht mehr erfüllt«.[23] Reusch und seine Kollegen drohten wiederholt mit ihrem Rücktritt und zwangen den VDMA, Frölich, sowie seinen Nachfolger, Baron von Buttlar, 1924 zu entlassen.

Zwar nahm die Kooperation zwischen Schwerindustrie und verabeitenden Verbänden während der letzten Jahre der Inflation zu, da sie beide die Regierungskontrollen eliminieren und die sozialen Errungenschaften der Arbeiterschaft aus der Revolutionszeit rückgängig machen wollten, aber die grundlegenden Spannungen blieben weiterhin bestehen. Zusätzlich zu den üblichen Protesten gegen die Rohstoffpreise bemühte sich die verarbeitende Industrie 1923 angestrengt darum, eine Opposition gegen die im Jahre 1925 zu erneuernden Eisenzölle zu mobilisieren, doch die großen verarbeitenden Firmen neigten eher dazu, die Eisen- und Stahlindustrie zu unterstützen. Wegen der politischen Spannungen Ende 1923 kam es vorübergehend zu einem Waffenstillstand, aber zu mehr nicht. Doch selbst wenn die Verbände im Maschinenbau nicht so wirksam wurden, wie dies aufgrund ihres Entwicklungsgangs seit 1914 zu erwarten war, so deuteten die Anfänge einer starken Opposition gegen die Eisenzölle am Ende der Inflationsperiode trotzdem darauf hin, daß sich neue Konflikte anbahnten, in denen die eisenverbrauchenden Industrien in einer günstigeren – wenn auch nicht völlig sicheren – Position sein würden.[24]

Stabilisierung und Wirtschaftskrise

Das Ende der Inflation brachte im politischen, sozialen und wirtschaftlichen Leben Deutschlands eine Reihe von Veränderungen und Neuerungen mit sich, die eng miteinander verknüpft waren. Wegweisend für die Geschichte der Weimarer Republik waren die Beendigung des Ruhrkampfes, die Währungsstabilisierung und die Abschaffung des Achtstundentages. Somit hatten die politischen und wirtschaftlichen Unruhen der Nachkriegszeit ihren Abschluß und die Jahre der sogenannten politischen und wirtschaftlichen Stabilisierung ihren Anfang gefunden.[25] Der Übergang von der einen zur anderen Periode war von einem Trauma begleitet. Zehn Jahre Inflation, Krieg und staatliche Intervention in einem beispiellosem Ausmaß hatten tiefe Spuren in allen Teilen der Gesellschaft und Wirtschaft hinterlassen, und die plötzliche Stabilisierung zusammen mit der Geld- und Finanzpolitik, die betrieben wurde, um jene herbeizuführen, lösten eine Wirtschaftskrise aus, die zwei Jahre andauerte. Hohe Zinsen, Steuern, Arbeitslosigkeit und wirtschaftliche Konkurse kennzeichneten diese Zeitspanne, in der Deutschland versuchte, wieder an der Weltwirtschaft ohne die künstlichen Schranken und Anreize der Inflation teilzuhaben. Parallel zu den bedeutenden Wandlungen im ökonomischen Umfeld – und in mannigfacher Hinsicht auch als deren Folgeerscheinungen – zeichneten sich äußerst wichtige Veränderungen im Organisationsgefüge der deutschen Wirtschaft sowie in den Wirtschaftsorganisationen selbst ab. Mit der Währungsstabilisierung wurden die Exportkontrollen endgültig abgebaut. Auch die bürokratischen Riesenapparate, die von den Verbänden zur Ausführung der Kontrollvorschriften eingesetzt worden waren, hatte ihre legitime Funktion verloren.

Der VdESI blieb nicht unberührt von den Folgen, die die Aufhebung der Kontrollen sowie die Stabilisierung nach sich zogen. Seine Organisation wurde in drastischem Ausmaß abgebaut, was sich unvermeidlich auf die unabhängige Stellung auswirkte, zu der sich der Verband während des Krieges und in der Inflationszeit unter dem Schutz der unmittelbaren Herrschaft seitens führender Ruhrindustrieller durchgerungen hatte. Unter der Führung von Generaldirektor Reusch versuchten diese Industriellen, die Zeit des Umbruchs zum Anlaß einer strukturellen Umorganisierung und durchgreifenden Rationalisierung der schwerindustriellen Interessenvertretung zu nehmen. Verschiedene Regional- und Fachgruppen sollten sich zusammenschließen und so die historisch bedingten Überschneidungen eliminieren. Ein Teilaspekt der Planung bestand darin, die Nordwestliche Gruppe mit dem VdESI in Berlin zu vereinigen. Somit wäre dessen Vorrangstellung und zugleich die relative Machtlosigkeit anderer Gruppen offen bestätigt worden. Diese Reformpläne scheiterten nicht nur an gewissen Geschäftsführern, sondern auch am Widerstand lokaler Interessengruppen, denen die Auflösung ihrer Organisationen bevorstand. Als Ersatz wurde ein Reformplan durchgeführt, der keine drastischen institutionellen Veränderungen voraussetzte, und infolgedessen erstarkte der Langnamverein auf Kosten anderer Organisationen, einschließlich des VdESI. Mit dem Ziel, Überschneidungen bei anderen Interessengruppen zu beseitigen, kamen Ende der zwanziger Jahre noch andere Pläne zur Sprache, die von Vögler und Poensgen, den Generaldirektoren des Riesenkonzerns Vereinigte Stahlwerke, angeregt wurden. Aber selbst die imponierende Autorität dieser Männer reichte nicht aus, die Unbeweglichkeit festgefahrener Organisationsinteressen zu durchbrechen.[26]

Trotz der sich überschneidenden Interessenvertretung konnte die Schwerindustrie eindeutige Vorteile aus dieser Situation gewinnen. Durch die beständige Mitgliedschaft der verarbeitenden Firmen im Langnamverein und im VdESI wurde einer Isolierung der Schwerindustrie vorgebeugt und gleichzeitig ihre Vormachtstellung legitimiert. Außerdem wirkte das bis zu einem gewissen Grade vorhandene Gleichgewicht der bürokratischen Kräfte wahrscheinlich insofern beruhigend auf die Industriellen, als sich dadurch keiner der Verbände zu unabhängig machen konnte. Bei wichtigen Entscheidungsfindungen war den schwerindustriellen Führern die Bürokratie zuwider und nur allzu deutlich sahen sie Gefahren, die mit einem unkontrollierten Zuwachs der Bürokratie einhergingen. Deshalb widersetzten sie sich den Verbänden, die ihre Funktionen über eine bestimmte Grenze hinaus zu erweitern suchten und achteten darauf, den Geschäftsführern nicht zu viele Vollmachten zu übertragen. Als Reichert 1928 einen Plan für Veränderungen in der VdESI-Verfassung unterbreitete, die ihn dazu ermächtigt hätten, den Verband in allen Angelegenheiten zu vertreten, stieß er auf den heftigen Widerstand seitens Reusch. Zu den vorgeschlagenen Veränderungen fügte dieser seine bissige Bemerkung hinzu, daß sie den Vorsitzenden des VdESI wohl gänzlich überflüssig machten.[27]

Die Führer der Schwerindustrie hielten nicht nur Verbandsbürokratien mit ihren expansionistischen Tendenzen in Schach, sondern waren auch vorsichtig genug, bei wichtigen Verhandlungen die Vollmachten nicht an die Geschäftsführer zu delegieren. Deshalb wurden wichtige Sitzungen mit Regierungssprechern, politischen Führern oder höheren Verwaltungsbeamten immer von einem oder mehreren Großindustriellen selbst im Beisein der entsprechenden Geschäftsführer der Verbände und deren Mitarbeiterstäbe wahrgenommen, auch wenn dies das häufige Hin-und-Her-Reisen zwischen Berlin und der Ruhr erforderlich machte. Die zahlreich vorhandenen Sitzungsprotokolle verdeutlichen, daß sowohl die Initiative als auch das entscheidende letzte Wort bei den Industrieführern lag, die es sich zur Gewohnheit machten, über die Dinge gut informiert zu sein und außerdem das notwendige Geschick sowie persönliche Ansehen besaßen, um diese Verhandlungen leiten zu können. Wenn aber die Geschäftsführer oder eigenen Vertreter der Generaldirektoren verhandelten, wurde vorher ihre Entscheidungsfreiheit zumeist mit äußerster Sorgfalt umschrieben.[28] Natürlich war dieser stark persönliche Einfluß der Industrieführer bei diversen Verhandlungen über politische und wirtschaftliche Fragen auch eine Funktion der Größe ihrer Unternehmen. Selbst wenn die Konzerndirektoren, wie z. B. Reusch von der GHH, alle Unternehmensentscheidungen eigenmächtig trafen, so stand ihnen doch ein höchst kompetentes mittleres Beamtentum der Firma zur Seite, das für die weniger weittragenden Entscheidungen und Tätigkeiten verantwortlich war. Einige der Konzerne, wie z. B. die GHH und Vereinigten Stahlwerke, hatten eigene Spezialisten für wirtschaftliche und politische Angelegenheiten in ihrem Stab, was sie weniger abhängig von der Beratung seitens der Wirtschafts- oder Fachverbände machte.[29]

Im Gegensatz dazu bestand die Maschinenindustrie aus relativ kleinen Firmen – 1930 belief sich die durchschnittliche Belegschaft der VDMA-Mitgliederwerke auf 250 –, und ihre Unternehmer besaßen weder die finanziellen noch die oganisatorischen Mittel, die den Schwerindustriellen zur Verfügung standen. Wenigstens einige von deren Vorteilen fielen auch den Führern der großen Maschinenbaukonzerne zu, so daß diese dazu neigten, die Führung ihres Verbandes zu übernehmen. Diese Tendenz gilt für die gesamte Entwicklungsphase des VDMA, bis zu Beginn der NS-Zeit mehr der Mittelstand umworben wurde.[30] Doch die unterschiedliche Verfügbarkeit von Ressourcen erklärt nicht vollends den unverhältnismäßigen Mangel einer starken Führung von seiten der Maschinenbauindustriellen. In dieser Branche zeigte sich der Besitzer bzw. Manager viel eher an den unmittelbaren Problemen entweder seiner eigenen Firma oder der Maschinenbauindustrie interessiert als an wirtschafts- und sozialpolitischen Fragen von allgemeinerer Bedeutung, außer er befand sich durch eine extreme Wirtschaftslage, wie z. B. während der großen Depression oder am Höhepunkt der Inflation, in äußerster Bedrängnis. Aber selbst wenn der Maschinenbauunternehmer ein ausgeprägtes Interesse an solchen Fragen gehabt hätte, gab es zunächst wichtige Optionen und Hemnisse, mit denen er sich auseinandersetzen mußte. Darüber hinaus hatte er als einzelner Industrieller kaum eine Chance, in Berlin – und ebensowenig beim Stahlhof in Düsseldorf – angehört zu werden. So war der Verband letzlich von größerer Bedeutung für den Maschinenbauindustriellen als für den Eisenerzeuger, dessen Position schon allein als Vertreter eines Großkonzernes ein gewisses Gewicht zukam.

Diese Faktoren erklären teilweise, warum der bürokratische Abbau den VDMA nach der Inflationszeit in seiner Wirksamkeit so stark beeinträchtigte. Die Höchstzahl von 388 VDMA-Angestellten im Jahre 1918 sank bereits bis auf 142 im Jahre 1923 infolge der Eliminierung verschiedener Kontrollen. Danach verlief der Rückgang noch schneller, so daß im Jahre 1928, als die Angestelltenzahl seit ihrem Tiefpunkt nach der Stabilisierung wieder zu steigen begann, nur noch 78 Vollzeitangestellte beim VDMA tätig waren. Dieser Rückgang bedeutete einen tiefen Einschnitt im Selbstbewußtsein der Geschäftsführer und schadete ihrem Prestige. Ebenso wurde ihre Fähigkeit, die Mitgliederfirmen zu beeinflussen stark beeinträchtigt. Die Eliminierung der Exportkontrollen bedeutete, daß die exportierenden Firmen nicht länger dem VDMA angeschlossen sein mußten. Dies war ein harter Schlag für den Verband, oft mit fatalen Konsequenzen, der sich darum bemühte, den Binnen- und den Exportmarkt für Maschinen durch kartellähnliche Tochterverbände zu regulieren. Ohne die Gebühren, die für die Bearbeitung von Ausfuhranträgen erstattet wurden, fehlte es an ertragreichen Einkünften, und so waren die Angestellten der Tochterverbände auf die freiwilligen Beiträge von seiten der Mitgliederfirmen angewiesen, die aber häufig ausblieben. Es konnte keine kooperative Mitwirkung der zahlreichen unabhängigen Firmen bei der Festsetzung von Preisen und Produktionsmengen aufrechterhalten werden, ohne daß die aktiven Geschäftsführer in den Tochterverbänden fortwährend Druck ausübten. So verringerte sich deren Zahl zwischen 1924 und 1925 von 108 auf 91 Tochterverbände, während bei den restlichen Verbänden eine anhaltende Schwächung ihrer Marktkontrollen zu verzeichnen war. Die Vermutung ist sicherlich richtig, daß der Wettbewerb in der Maschinenbauindustrie nach 1924 zunahm.[31]

So hatte die Maschinenbauindustrie zu Beginn des Jahres 1924 kurzfristige Niederlagen mit der Entlassung ihrer energischsten Geschäftsführer, Frölich und von Buttlar, erlitten. Mit dem Wegfall künstlicher, inflationsbedingter Anreize für Organisationen schien sie nun von einer anderen Seite insofern bedroht, als jene latent vorhandenen zentrifugalen Kräfte der Branche sich wieder regen konnten. Unter diesen Umständen wäre ein starker Rückgang der Verbandsmitgliedschaft im Jahre 1924 nicht überraschend gekommen, zumal die Wirtschaftskrise den Verarbeitern sicherlich genügend Anlaß bot, alle unnötigen Ausgaben im Budget zu streichen. Es ist aber in Anerkennung sowohl der erzieherischen Bemühungen des VDMA in den vorangegangenen Jahren als auch der Fähigkeit des neuen Geschäftsführers, für den Verband nützliche Funktionen neu zu entwickeln, festzustellen, daß der vorhergesagte Rückgang der Mitgliedschaft nicht eintrat. Vielmehr wurde der VDMA in den folgenden zwei Jahren zu einem der mächtigsten, am besten durchorganisierten und in vielerlei Hinsicht sogar modernsten Wirtschaftsverbände umgewandelt.[32]

Für die Schwerindustrie erwies sich die Beseitigung der alten Geschäftsführer gewissermaßen als ein Pyrrhussieg. Während ihr Nachfolger, Karl Lange, wohl konzilianter war, zeigte er sich auch als ein gefährlicherer und widerstandsfähigerer Verhandlungsgegner. Daß der Verband an Bedeutung und Macht hinzugewann, ging größtenteils auf sein Konto. Als einem Mann von nicht allzu hohem Intellekt, dem es auch an Charisma fehlte, kam ihm eine Mischung von Charaktereigenschaften zugute, die durch die Anpassungsfähigkeit eines Chamäleons – oder hart ausgedrückt: Prinzipienlosigkeit – und ein außergewöhnliches Fingerspitzengefühl für die Grenzen des Erreichbaren gekennzeichnet waren. Daneben zeigte er die Begabung, einen ungewöhnlich fähigen Mitarbeiterstab aufzubauen und diesen auf höchst wirksame Weise einzusetzen.

Allerdings wäre es kaum möglich gewesen, in einem Verband wie dem VDMA, der im Jahre 1924 fast ständig am Schrumpfen war, einen effektiven Pesonalstab aufzubauen. Der Umschwung dieses negativen Trends war nur teilweise dem Geschick der neuen Verbandsführung zuzuschreiben. Vielmehr lag es an der Art und Weise, wie sich ökonomische Faktoren mit den Bemühungen diverser Institutionen, ein neues Äquilibrium nach der wirtschaftlichen Stabilisierung herzustellen, wechselseitig bedingten, daß sich der VDMA von seinem Niedergang erholen konnte. Während die Industriellen im allgemeinen sowohl die Währungsstabilisierung als auch die Eliminierung wirtschaftlicher Kontrollen begrüßten, ließ ihre Begeisterung nach, als der wirtschaftliche Abschwung mit den Krediteinschränkungen im April 1924 einsetzte. Zu ihrer Bestürzung mußten die Eisenerzeuger feststellen, daß ihre Kosten das Niveau ihrer europäischen Konkurrenten überstiegen hatten und sie infolgedessen zum ersten Mal einem harten Konkurrenzkampf ausgesetzt sein würden. Auf herkömmliche Art und Weise wurde dieses Problem mit der Einführung höherer Zölle gelöst, doch dies führte zwangsläufig zu einem Interessenkonflikt mit den heimischen Erstabnehmern, und insbesondere mit den größten darunter, den Maschinenbau-, elektrotechnischen- und Kleineisenindustrien.

Als sich diese Eisen- und Stahlverbraucher im Jahre 1923/24 allgemein neu organisierten und auf den herannahenden Kampf um die Zollgesetzgebung vorbereiteten, hatten sie auch eine neue gemeinsame Interessenorganisation – die Arbeitsgemeinschaft der Eisen verarbeitenden Industrien (AVI) – gegründet.[33] Diese Organisation ersetzte den älteren und schwächeren Bund der Eisenverbraucher und wurde als Gegenlösung zu dem Reichsverband verstanden, der, aus Sicht der AVI-Gründer, die Eisenproduzenten überrepräsentierte und deshalb einen Ausgleich durch die Gründung einer neuen Organisation erforderlich machte. Der VDMA, der von den verarbeitenden Verbänden am besten organisiert war, wurde mit den Verwaltungsaufgaben des AVI beauftragt. Diese neue Arbeitsgemeinschaft sollte als sachkundiger Wortführer der gesamten verarbeitenden Industrie noch ganz beachtlich den Rücken des VDMA stärken. Zudem erwies sich auch der VDMA mit seiner organisatorischen Stärke als tragende Säule des AVI, die damit zu einem für die Schwerindustrie gleichwertigen Verhandlungsgegner wurde. Zwischen 1924 und 1926 schlossen AVI und Schwerindustrie eine Reihe komplizierter rechtlich bindender Abkommen ab. Die Schwerindustrie sagte den dem AVI angeschlossenen Firmen u.a. eine Rückvergütung auf die Stahlmengen zu, die in den Exportgütern verarbeitet wurden, um sie für die Differenz zwischen den Weltmarkt- und Inlandspreisen zu entschädigen. In der Tat verpflichtete dies die Stahlproduzenten, Eisen- und Stahlstoffe, die in den für den Export bestimmten verarbeitenden Produkten benutzt wurden, zu Weltmarktpreisen zu liefern und damit die Wettbewerbsfähigkeit diesbezüglicher Güter auf dem Weltmarkt zu gewährleisten. Als Gegenleistung versprachen die verarbeitenden Industrien, weder den Vorkriegszöllen noch der Errichtung von nationalen und internationalen Eisen- und Stahlkartellen im Wege zu stehen. Diese komplizierte Allianz wirkte wie ein Rückversicherungsvertrag auf die Schwerindustrie, durch den sie ihre wirtschaftliche Position festigen und ihre politische Macht beibehalten konnte. Demzufolge war sie auch von ausschlaggebener Bedeutung für die weitere politische Geschichte der Weimarer Republik.[34]

Für den VDMA, wie für andere verarbeitende Verbände war diese Allianz von Bedeutung, weil sie Firmen anregte, dem Verband beizutreten und eine wichtige Einkommensquelle verfügbar machte, die nicht länger nur aus Mitgliedsbeiträgen bestand. Die Fachverbände der Verarbeiter fungierten nämlich als eine Clearingstelle für die Vergütungsanträge und rechneten einen handfesten Satz, zwischen acht und zwölf Prozent, der anfallenden Rabatte als Bearbeitungsspesen ab. Als Anregung für Nichtmitglieder, dem VDMA beizutreten, wurde die Gebühr für Außenseiter um einige Prozent erhöht.[35] Gemessen an seinen positiven Auswirkungen auf die Organisation der Verarbeiter, kam das AVI-System als rechtzeitiger Ersatz für die Außenhandelskontrollen der Inflationszeit, doch unterschied es sich von diesen in einer wichtigen Hinsicht. Bisher war das gesamte System der Außenhandels- und Preiskontrollen zumindest teilweise öffentlich gewesen und hatte außerdem Gewerkschaftsvertreter miteinbezogen, während das neue System fast ausschließlich auf privater Ebene zustande kam und geheim war. Hier war die Rolle des Staates primär die eines Schiedsrichters. Er sollte dafür sorgen, daß die Bestimmungen des Abkommens von beiden Seiten eingehalten wurden und ein strukturelles Umfeld schaffen, d. h. ein Zollgesetz verabschieden und mit Frankreich ein günstiges Handelsabkommen abschließen, welches das neue System funktionsfähig machte. Das AVI-Abkommen ist ein bemerkenswertes Beispiel dafür, daß die Regierung die Privatisierung industrieller Spannungen tolerierte. Zudem schuf es den organisatorischen und rechtlichen Rahmen für die nachfolgenden Konflikte, die zwischen den zwei mächtigen industriellen Gruppierungen ausgetragen wurden. Demzufolge wurde über wichtige wirtschaftliche Fragen mit Hilfe zweier Interessengruppen und fast gänzlich unter Ausschluß öffentlicher Kontrollen beschlossen. Staatliche Interventionen in die Wirtschaft wurden während der Stabilisierungsphase Deutschlands zwischen 1924 und 1929 deutlich geringer.

Im wirtschaftlichen und politischen Bereich nahm die Entscheidungsfreiheit des VDMA und der Eisen- und Stahlindustriellen beträchtlich zu. Dem VdESI hingegen brachte die Allianz keinen Machtzuwachs, zumal die Verhandlungen zwischen der AVI und den Schwerindustriellen ausschließlich in den Kartellen geführt wurden. Zu Anfang konnte Reichert noch aktiv sein, doch nicht mehr in den späteren Verhandlungen, da diese vornehmlich in die Stahlkartelle nach deren Reform im November 1924 verlagert wurden. Außerdem entwickelten sich diese Kartelle, mit denen ein ausgedehnter bürokratischer Apparat geschaffen wurde, zu einem Konkurrenten des VdESI auf denjenigen Gebieten, in die der Verband während der vorübergehenden Kartellschwäche in der Inflationszeit eingedrungen war.

Wie bereits erwähnt, ging der VDMA weitgehend gestärkt aus der AVI-Allianz mit der Schwerindustrie hervor. Lange hatte nicht nur entscheidend zu den Verhandlungen selbst beigetragen, sondern er begann auch eine immer größere Unabhängigkeit und Eigenständigkeit zu zeigen. Zwischenzeitlich hatte auch der Personalstab wirksamere Methoden entwickelt, die der weitergehenden Unabhängigkeit des VDMA nützlich waren. Lange traf eine wichtige Personalentscheidung mit der Einstellung des jungen Alexander Rüstow als seinem Personalchef. Dieser brilliante junge Volkswirtschaftler der orthodox-liberalen Richtung – nach dem Zweiten Weltkrieg sollte er noch eine Schlüsselrolle in der Erneuerung der deutschen Wirtschaftswissenschaften spielen – versammelte eine Gruppe hochqualifizierter junger Intellektueller um sich. (Einige aus dieser Gruppe sollten später, u.a. im Dritten Reich, in der Bundesrepublik Deutschland und der DDR sowie in den Vereinigten Staaten wichtige Rollen spielen – genannt seien nur Wilhelm Utermann und Theodor Eschenburg). Ferner entwickelte Rüstow eine Strategie, um die wirtschaftliche und politische Einflußnahme des VDMA zu steigern. Die wichtigste Erneuerung kam mit der Errichtung einer Abteilung für Wirtschaft und Statistik, die weitreichende Funktionen hatte. Vor 1914 verfügte der VDMA über keine Gesamtproduktionsstatistiken der Industrie, was für den Verband ein großes Problem darstellte. Die Statistiker in der Regierung beschränkten sich auf die Sammlung nur dürftiger Daten zum Außenhandel. Hingegen wurden von der statistischen Abteilung des VDMA Informationen wie z.B. zur Anzahl von Aufträgen und Lieferungen, zur Höhe des Umsatzes und der Belegschaften sowie zu Indikatoren wirtschaftlicher Tätigkeit im Industriesektor gesammelt und veröffentlicht. Da es keine weitgehend effektiven Kartelle gab, sollten diese Statistiken den Maschinenbaufirmen dazu verhelfen, den Ausstoß ihrer Güter der meistens sehr unbeständigen Nachfrage anzupassen, um auf diese Weise eine Überproduktion mit den daraus resultierenden Niedrigpreisen für ihre Produkte zu verhindern. Es ist schwer zu sagen, inwieweit dieses Ziel erfüllt werden konnte. Doch die Dienstleistung als solche wurde von den Firmen in der Branche hoch geschätzt, da die Statistiken auch wertvolle ökonomische Analysen im Hinblick auf die sich abzeichnenden Konjunkturlagen verarbeiteten.[36] Die ökonomischen Argumente des VDMA, mit statistischen Analysen entsprechend untermauert und mit leicht verständlichen Graphiken veranschaulicht, wurden zum Hauptinstrument seiner Taktik, um sowohl den maßgeblichen politischen und bürokratischen Beziehungen als auch dem Prestige der Eisen- und Stahlindustriellen die Waage zu halten. Deshalb erschien Lange nie bei den Verhandlungen mit der Schwerindustrie und/oder Regierungsvertretern ohne seine volle Ausrüstung von Daten und Statistiken, mit denen er seine Gegner häufig verblüffte und deren weniger stichhaltige Argumente durchlöcherte.[37]

Schließlich wurden die Produktions-, Außenhandels- und Belegschaftsstatistiken auch dazu benutzt, die grundsätzliche und beharrliche Stellungnahme des VDMA im Hinblick auf seine nationale Bedeutung zu untermauern: Wie die verarbeitende Industrie im allgemeinen, so sei es der Maschinenbau im besonderen, der mehr Arbeiter und Angestellte beschäftige, einen wesentlich höheren Exportüberschuß aufweise und einen viel größeren Beitrag zum deutschen Sozialprodukt leiste als die Eisen- und Stahlindustrie.[38] Natürlich lag in dieser These die implizite Schlußfolgerung, daß der VDMA und die AVI entsprechend ihrer wirtschaftlichen Bedeutung ein ebenso gewichtiges Stimmrecht in politischen Fragen haben sollten. Da aber nach wie vor das persönliche Prestige sowie die politische Machstellung der schwerindustriellen Generaldirektoren bei den Behörden stärker ins Gewicht fielen, verloren die mit den Statistiken untermauerten Forderungen zumeist an politischer Durchschlagskraft und wurden nicht ernst genommen.

Der VDMA entwickelte ein vielseitiges Publikationsprogramm, um mit seinen Argumenten und Ideen in der Öffentlichkeit bekannt zu werden und auf Ministerien und Reichstag einen indirekten Druck auszuüben. Der technischen Zeitschrift *Maschinenbau*, die der VDMA seit 1922 zusammen mit dem Verein deutscher Ingenieure verlegte, wurde ein Wirtschaftsteil beigefügt. Um weitere Anhänger außerhalb der eigenen Branche zu gewinnen, erschien der VDMA mit seinen Aufsätzen in einer ganzen Reihe von Veröffentlichungen, in wissenschaftlichen, allgemeinen, intellektuellen und ökonomischen Zeitschriften. Sein wirksamstes Organ aber blieb die Tagespresse. Durch Rüstow hatte der VDMA gute Beziehungen mit den drei wichtigsten bürgerlich-liberalen Zeitungen der Weimarer Republik, dem *Berliner Tageblatt*, der *Frankfurter Zeitung* und der *Vossischen Zeitung*, geknüpft.[39] Es ist schwierig, die Wirkung dieser Werbebemühungen auf die öffentliche Meinung oder in der Regierung genau abzuschätzen. Jedenfalls beunruhigten sie die Eisen- und Stahlindustriellen ganz beträchtlich, die den Erfolg des VDMA honorierten, indem sie einige seiner Methoden nachahmten. Auf diese Weise erweiterten sie die statistischen und ökonomischen Anwendungsbereiche und koordinierten die gesamte Presse, die entweder in ihrem Besitz oder unter ihrer Kontrolle war, in einem gemeinsamen Angriff auf die vom VDMA inspirierten Presseartikel. In dem Bereich der »public relations«, der zunehmend aktueller und umkämpfter wurde, errichteten die Eisenerzeuger 1928 eine Zentrale Pressestelle, um ihre Offensiven wirksamer zu koordinieren. Hingegen übernahm der VDMA zwei Formen der traditionellen Vorgehensweisen – die Bereitstellung von Subventionen und die Ausübung von Druck durch Zeitungsreklamen –, durch die die Schwerindustrie vormals die Presse beeinflußt hatte. Der VDMA bemühte sich ständig darum, der Einflußnahme der Eisen- und Stahlerzeuger auf das soziale, politische und wirtschaftliche Organisationsnetz entgegenzuwirken. Wie bereits vorhin erwähnt, war die Gründung des AVI größtenteils eine Reaktion auf die Vormachtstellung der Schwerindustrie im Reichsverband. Die Funktionäre des VDMA gaben sich nicht damit zufrieden, lediglich das Zusammenwirken der Eisenverarbeiter erreicht zu haben. Vielmehr knüpften sie auch Verbindungen mit anderen Verbänden, wie die der Textil- und Chemiebranche, die im Reichsverband vertreten waren, um in manchen Fragen ad hoc Allianzen gegen die von der Schwerindustrie betriebene Politik innerhalb des Reichsverbandes zu bilden.[40] Auch mit gewissen Verbandsfunktionären, die Mitglieder des Reichsverbandes waren, wurden Verbindungen aufgenommen, um auf diese Weise ein »Frühwarnsystem« gegen die Aktivitäten der Schwerindustrie herzustellen und sich gleichzeitig eine Lobby für die Interessen der Verarbeiter innerhalb der Bürokratie dieses Spitzenverbandes zu verschaffen.

Ähnlich gestalteten sich auch die Versuche, enge Beziehungen mit der staatlichen Bürokratie und besonders dem Reichswirtschaftsministerium anzuknüpfen. Diese äußerst wichtigen persönlichen Kontakte gewannen dadurch zusätzlich an Bedeutung, daß Rüstow ebenso wie viele andere Interessengruppenvertreter nach dem Ersten Weltkrieg zunächst Beamter in der Staatsregierung war und sechs Jahre im Reichswirtschaftsministerium verbrachte, bevor er in den VDMA ging. Das für diese Zeit typische Berufsverhalten, daß Angestellte ihre Positionen zwischen Regierung und Industrie wechselten, war eine Folge des zunehmenden Staatsinterventionismus, der während des Krieges in Erscheinung getreten war. Auch Rüstows Bruder war in den späten zwanziger Jahren im Reichswirtschaftsministerium angestellt. Auf diese Weise liefen die Verbindungslinien zwischen dem VDMA und dem Ministerium sogar über vewandtschaftliche Beziehungen.[41]

Die Eisen- und Stahlindustriellen hatten leichten Zugang zu den hohen Ministerialbeamten und außerdem war eine der wichtigsten Funktionen des VdESI, regelmäßig Informationen zwischen Bürokratie und der Ruhrindustrie zu vermitteln. Doch waren diese ausgezeichneten Verbindungswege nicht ausreichend für die Stahlindustrie, die durch den Langnamverein im geheimen sogar einen Staatssekretär für ihre Dienste einspannte.[42]

Da die Schwerindustrie genügend finanzielle Mittel besaß und traditionsgemäß ihren Einfluß auf eine ganze Reihe politischer Aktivitäten ausübte, genoß sie in der Politik einen starken Vorsprung gegenüber der Maschinenbauindustrie. So war z. B. der Geschäftsführer des VdESI, Reichert, zwischen 1920 und 1930 auch deutschnationaler Abgeordneter im Reichstag. Deshalb konnte er auf direkte Art und Weise die Eisen- und Stahlinteressen in Partei und Parlament vertreten. Aber dies war nur einer der zahlreichen

Wege, die der Schwerindustrie zur Verfügung standen, um auf alle bürgerlichen Parteien Einfluß zu nehmen.[43]

Dagegen war die Position der Maschinenbauindustrie vergleichsweise schwach. Z. B. besaß sie keine direkte Interessenvertretung im Reichstag. Im Gegensatz zu Reichert war Lange nicht einmal Parteimitglied (bis er im Dritten Reich der NSDAP beitrat), zweifellos deswegen, um nicht bei einer der Industrien, die in seiner Branche stark variierten, Anstoß zu erregen. Einem seiner höchsten Angestellten erlaubte Lange, einen wichtigen Posten in der Berliner Organisation der Zentrumspartei anzunehmen, indes war dies in keiner Weise vergleichbar mit der Schwerindustrie und ihren zahlreichen Stützpunkten politischer Macht.

Der VDMA knüpfte zwar Kontakte mit Reichstagsabgeordneten, konnte aber aufgrund der Strukturen seiner Mitgliedschaft weder finanziell noch auf andere Weise einen Reichstagskandidaten aktiv unterstützen. Da sich aber die Stellungnahmen der Schwer- und der verarbeitenden Industrien zu wirtschaftlichen und politischen Fragen, wie z. B. der Lohnpolitik oder der Opposition gegen Regierungsausgaben, in vielerlei Hinsicht glichen, konnte sich der VDMA auf die Einflußnahme der Schwerindustrie bei der Regelung dieser Fragen verlassen. In einer Rede an den VDMA deutete Reichert einmal an, daß in der politischen Sphäre eine Arbeitsteilung stattfinden solle, wobei sich die Maschinenbauindustrie mehr mit der Kommunalpolitik in den Gegenden, wo es keine Schwerindustrie gab, befassen und letztere sich dafür mehr auf die nationale Politik konzentrieren solle.[44] Aber die Frage, was sein würde, wenn die Interessen beider Industrien nicht übereinstimmten, ließ er außer acht. Bei Konflikten, wie z. B. den Auseinandersetzungen über die Zollpolitik, konnte der VDMA im Reichstag immer mit der Unterstützung der gemäßigten Rechten, des Zentrums und sogar mit der ungefragten, wenn auch hochgeschätzten, Hilfe der Sozialisten rechnen, die im allgemeinen immer auf der Seite der Opposition gegen die Schwerindustrie standen. In der Tat kritisierte die sozialistische Presse mehrfach den VDMA dafür, daß er sich der Schwerindustrie nicht energischer widersetzte und sich mit dem AVI-Abkommen kaufen ließ.

In den frühen dreißiger Jahren versuchte der VDMA seinen politischen Einfluß auszuweiten, indem er eine Organisation gründete und finanzierte, die, wie man hoffte, eine breite Grundlage haben, sich für eine wirtschaftlich liberale Politik einsetzen und insbesondere gegen die verschiedenen Autarkiebewegungen optieren würde. Obwohl sie eine Reihe bekannter liberaler Sozialwissenschaftler anzog, kam ihr vor der NS-Machtübernahme keine große Bedeutung zu. In der Einrichtung dieser Organisation wurden die taktischen Vorgehensweisen der Schwerindustrie nachgeahmt, die gelegentlich besondere Interessengruppen gebildet hatte, um für bestimmte von ihr bevorzugte Reformen, wie z. B. Verfassungsänderungen, einen breiten Rückhalt zu gewinnen.[45]

Die Gründung dieser Organisation, wie auch viele andere Aktivitäten des

VDMA, wurden in zunehmendem Maße vom Fachpersonal des Verbandes unter Ausschluß der Mitgliedschaft angeregt und anschließend vom Vorstand genehmigt. Diese immer größer werdende innere Unabhängigkeit des Verbandsstabs sowohl von der Mitgliedschaft als auch vom Vorstand stand in einem direkten Verhältnis zu der wachsenden äußeren Unabhängigkeit des Verbandes von der Schwerindustrie und zugleich seiner zunehmenden Bedeutung als einer eigenständige Organisation. Erfolge wie das AVI-Abkommen erhöhten sein Prestige und zogen neue Mitglieder an, während die verschiedenen Dienstleistungen, die der VDMA seinen Mitgliederfirmen anbot, eine ähnliche Wirkung hatten. Durch seine Dienstleistungen regte der VDMA u. a. die Entwicklung einheitlicher Normen innerhalb der Industrie sowie die Durchführung gemeinsamer Kostenberechnungsverfahren an und versuchte, die Zusammenarbeit der Industrien auf dem Auslandsmarkt sowie bei der Errichtung von inländischen Handelsmessen zu fördern. Aus der Perspektive einer atomistischen Struktur der Industrie sowie der inneren und äußeren Erfolge des VDMA und der Tatsache, daß sich kein Unternehmer fand, der die Industriefirmen zur Einigkeit mobilisieren konnte, gelang es den Verbandsfunktionären, ein vergleichsweise viel größeres Maß an Unabhängigkeit von seiner Mitgliedschaft als dies dem VdESI möglich gewesen war, zu erreichen. Für die Eisen- und Stahlindustrie hatte die durchgreifende Bürokratisierung einige ausgesprochen günstige Folgen. Da der Erfolg des VDMA größtenteils aus dem AVI-System der Rückvergütungen und Gebühren erwachsen war, entwickelte der Verband ein unumstößliches Interesse an diesem System und infolgedessen stabilisierte sich auch die Beziehung zwischen den beiden Industrien. Sie veränderte sich nur als die Stahlindustriellen während der Wirtschaftskrise das System abzuändern versuchten und damit, wie zu erwarten, auf den heftigsten Widerstand stießen.

Zusammenfassung und Ergebnisse

In der Tat hat sich der VDMA – in Galambos Worten – in einen »politikgestaltenden Verband« entwickelt, der sich durch seine herausragende Verbandsführung sowie eine klar umrissene und sorgfältig artikulierte Ideologie und durch vorbildliche Programme zur Kooperation auszeichnete. »Er war eine teilweise autonome wirtschaftliche Institution mit einer Identität, die sich deutlich von der seiner Mitgliedschaft unterschied. Bei den Bemühungen, die Verbandsziele und -vorstellungen durchzusetzen, wirkte er stark auf das Verhalten einzelner verarbeitender Unternehmer sowie auf Mitglieder und Nichtmitglieder ein«.[46] Diese Feststellung läßt sich nicht auf den VdESI übertragen, der unter der überragenden Kontrolle führender Eisen- und Stahlindustrieller stand, die von dem Verband nicht vereinnahmt werden konnten. Auch die amerikanische Textilindustrie, Ausgangspunkt für Galambos Definition, hatte eine industrielle Struktur, für die die zahlreichen, relativ kleinen Firmen typisch waren und in dieser Hinsicht der deutschen Maschinenbauindustrie ähnelte. Damit wäre die Allgemeingültigkeit der Thesen von Thomas C. Cochran und William Miller zu unterstreichen, die folgendermaßen über die amerikanische Verbandsbewegung schreiben: »Wirtschaftsverbände bemühten sich darum, den Wettbewerb der Industrie, die von einer Vielzahl kleiner Firmen durchsetzt war, zu regulieren. In denjenigen Branchen, wo nur einige Konzerne führend waren, waren keine so komplizierten Mechanismen der Wettbewerbsregulierung notwendig«.[47] Wie wir gezeigt haben, hatten die deutschen Verbände neben der Regulierung des Wettbewerbs noch viele andere Funktionen, doch ist die Cochran-Miller-These auch für diese Bereiche gültig. In diesem Sinne benötigte der VDMA eine große Organisationsstruktur, um jene Aktivitäten durchzuführen, die der Macht der Schwerindustrie entgegenwirken sollten. In einem wichtigen Aspekt ist die Cochran-Miller-These auf die deutsche Situation allerdings nicht anwendbar. Ein entscheidender Grund dafür, daß der VdESI weiterhin eine Organisation kleineren Umfangs blieb, war, daß er lediglich als eine politische und wirtschaftliche Interessengruppe handelte und nicht den Wettbewerb schlechthin regulierte. Diese Funktion wurde von den unabhängigen Kartellen übernommen, deren Organisationsstrukturen hochentwickelt waren. Als der VdESI während des Ersten Weltkrieges schließlich doch zu Regulierungsfunktionen überging, wuchs seine Organisation ganz beträchtlich. Dagegen sind in den Vereinigten Staaten angesichts der vorhandenen Oligopol- oder Preisführerschaftssysteme keine weiteren Regulierungsmechanismen notwendig.

Dieses Beispiel zeigt, daß die Verbandsstruktur verschiedene Alternativen hat. Mit anderen Worten: Der großen Firma steht eine Reihe von Möglichkeiten zur Auswahl, um die Ziele zu erreichen, die die Wirtschaftsverbände für die kleineren Firmen erfüllen. Aus diesem Grunde können entweder Kartelle oder andere Formen oligopolistischer Preisfestsetzungen eine marktregulierende Funktion haben, können persönliche Kontakte der Konzernführung für politische Ziele zweckdienlich sein und kann die vertikale Integration einen Ersatz für Prozesse interindustrieller Übereinstimmung und deren Probleme bieten.

Unter konkurrierenden Industrien mit zahlreichen Niederlassungen wird der Verband zur einzigen Organisation, die solche Aufgaben erfüllen kann. Hingegen wirkt gerade die Beschaffenheit dieser Industrien einer effektiven Organisation entgegen. Häufig bleibt das Problem an der Regierung hängen, die Industrien zu einem höheren Organisationsgrad zu zwingen. Die Organisationserfahrungen des Ersten Weltkrieges erinnerten noch stark daran, was erreichbar gewesen war, und so richtete sich das Augenmerk der Verbände während der Stabilisierungsphase in den zwanziger Jahren auf die Mittel, mit denen die nachhaltigen Probleme von Überkapazitäten lösbar zu sein schienen. In den Vereinigten Staaten wandelte sich die Haltung sowohl der Regierung wie auch der Wirtschaft gegenüber Verbänden und den Bemühungen, den Wettbewerb einzuschränken. Doch oft genug stellte sich heraus, daß es nur die unter der Aufsicht der Regierung entstehenden Verbände aufgrund des National Recovery Act waren, die auch tatsächlich die starken Wirtschaftsverbände in den konkurrierenden Industrien wurden. Im Ergebnis konnte die amerikanische Maschinenbauindustrie erst im Jahre 1933 einen vereinten Verband ihrer vielen Branchen gründen und in dieser Hinsicht mit dem VDMA zu diesem Zeitpunkt verglichen werden. Interessanterweise legten alle Verbände dieser Industrien großen Wert auf das Sammeln von Statistiken, die Standardisierung ihrer Güter, ein gemeinsam festgelegtes Kostenberechnungsverfahren sowie ein gemeinsames Verfahren für Vertragsabschlüsse. Es wurde weithin angenommen, daß die Anwendung dieser Methoden zur Verringerung des starken Wettbewerbs führen würde.

Sowohl der Organisationsgrad als auch das ›timing‹ der Verbandsbewegung variierten erheblich von Land zu Land. Für Deutschland, einem spätindustrialisierenden Land, stellt sich die interessante Frage, warum sich hier ein umfassendes Verbandswesen, einschließlich einem Spitzenverband, früher als in allen anderen Nationen entwickelte. Dieser Unterschied ist einer Reihe von Faktoren zuzuschreiben, von denen die wichtigsten folgendermaßen zu kennzeichnen sind: die anhaltende korporative Denkweise in Deutschland, die zahlreichen halboffiziellen Interessengruppen, die aus den Traditionen des Korporativismus hervorgingen; die starke bürokratische Tradition; das Fehlen einer haltbaren Idealvorstellung zur Legitimierung des Wettbewerbs; die übermäßige Größe der Industrieunternehmen Deutschlands infolge seines Status als industrieller »Spätankömmling«; die Probleme, mit denen sich die Industrie konfrontiert sah. Während viele dieser Faktoren auch für andere europäische Nationen und die Vereinigten Staaten gültig sind, verbinden sie sich in dieser eigenartigen Mischung in keinem anderen Land so wie in Deutschland.

Außerdem hing die Bedeutung und das Verhalten der Verbände sehr von politischen Umständen in Deutschland und der Autorität des Staates während dieser Zeit ab. Die wilhelminische Bürokratie hatte im Rahmen ihrer antiparlamentarischen Einstellung die Entwicklung von Wirtschaftsverbänden und Interessengruppen gefördert und dabei stets darauf vertraut, daß der Staat seine Aufsichtsfunktionen über die industriellen Selbstverwaltungseinrichtungen nach wie vor voll beibehalten würde. Doch gegen Ende des Krieges trug gerade die Bildung von Verbänden erheblich zum Autoritätsverlust des Staates bei, da sie aufgrund ihrer organisatorischen Bemühungen während des Krieges erstarkt und demzufolge geneigt waren, sowohl ihre Unabhängigkeit gegenüber der Bürokratie und den politischen Parteien zu demonstrieren, als auch einen besonderen Führungsanspruch auf die Regelung sozio-ökonomischer und sogar politischer Fragen zu erheben. Die politischen Schwächen und Zerklüftungen der Weimarer Republik verstärkten noch die Tendenz von Industrieorganistionen, sich in ihrer Vormachtstellung zu behaupten, öffentliche Funktionen zu übernehmen sowie diese durch private Abkommen intern zu regeln und die Strukturen ihres Organisationsnetzes weitgehend auszubauen.

Sobald Organisationen entstehen, neigen sie dazu, sich von selbst zu vermehren. Dies kann beim VdESI beobachtet werden, der zur Gründung anderer, wie z. B. des Spitzenverbandes der Vorkriegszeit, anregte; dieser förderte wiederum das Wachstum weiterer Interessenverbände und brachte einen Prozeß in Gang, der sich beispielsweise in der Gründung des VDMA durch die Maschinenbauindustrie manifestierte. Die Kartellisierung der deutschen Schwerindustrie wirkte als starker Anreiz auf die Errichtung von Verbänden in der verarbeitenden Industrie, die einerseits auf den direkten Druck der Schwerindustrie, aber andererseits auch als Verteidigungsmaßnahmen gegen diese entstanden. Die Gründung der National Association of Manufacturers in den Vereinigten Staaten schuf einen organisatorischen Schwerpunkt für die Gründung weiterer Wirtschaftsverbände. Ferner weckte die weitverbreitete Entwicklung von Trusts den Wunsch kleinerer Firmen, einige Vorteile der großen Konzerne durch eine enge Zusammenarbeit mit anderen Firmen ihrer Branche zu gewinnen.

Es ist schwierig, die Auswirkungen des in Deutschland vorhandenen ausgedehnten Organisationssystems richtig einzuschätzen. Es gibt eindeutige Indizien dafür, daß die gesamte Struktur im Jahre 1930 gleichsam zu überorganisiert war, um sich den veränderten Umständen der Depression noch anpassen zu können. Diese Überorganisation ließ das System bis zu einem gewissen Grade erstarren, so daß jeglicher Reformversuch an den einflußreichen institutionellen Kräften scheiterte, die am Fortbestand des Systems zwangsläufig interessiert und dieses Interesse mit allen Mitteln zu verteidigen bereit waren. Ironischerweise gehörten die Eisen- und Stahlindustriellen zu einer der ersten Gruppen, die sich über die Überorganisation besorgt zeigten. Zwölf der führenden Industriellen vereinigten sich im Jahre 1927 zu einer inoffiziellen Gruppe, der Ruhrlade, die sich monatlich traf, um wichtige politische und wirtschaftliche Fragen auf unverbindliche Art und Weise zu regeln.[48]

Der Versuch, die zahlreichen Organisationen zu umgehen, signalisierte – und dies ist nicht ohne Ironie – die bemerkenswerte Rückkehr zu einer frühen Form der Industrieorganisation, den Dinnergesellschaften, die auch in der Stahlindustrie der Vereinigten Staaten, wie den Gary-Dinners, üblich waren. In den frühen dreißiger Jahren liebäugelten die deutschen Stahlindustriellen sogar mit dem Gedanken, das gesamte Kartellsystem sowie andere restriktive Organisationen zu zertrümmern, um ihrerseits dann unbelastet einen neuen Anfang machen zu können. Die Nazis ließen die grundlegende Organisationsstruktur unbeschädigt bestehen, rationalisierten aber schonungslos, indem sie die sich überschneidenden und konkurrierenden Organisationen innerhalb der verarbeitenden Industrie auflösten. Diese veränderte Struktur bildete die Grundlage der späteren bundesrepublikanischen

Wirtschaftsorganisationen und bestätigt damit die These, daß die NS-Zeit in mannigfacher Hinsicht Deutschland »modernisierte«.

Die oben erörterten allgemeinen Probleme könnten mit guten Ergebnissen als Bestandteil der – wie sie bezeichnet worden ist – Organisationsgeschichte untersucht werden. In Amerika, wo dieser methodologische Ansatz bereits am gründlichsten ausgearbeitet worden ist, hat er Ergebnisse gezeitigt, die Galambos als den »Durchbruch der Organisationssysteme in der modernen Geschichte Amerikas« bezeichnet.[49] Eine solche Synthese umfaßt die Industrieverbände, die eine wichtige Rolle in den modernen bürokratischen Wirtschaftsorganisationen spielen. Diese Art von bürokratischen Strukturen hat die deutsche Entwicklung maßgeblich geprägt, zumal insbesondere Deutschland bahnbrechende Erneuerungen in den Selbstverwaltungseinrichtungen der Industrie und auf dem Gebiet der sich selbstregulierenden Wirtschaftsmechanismen hervorbrachte. Solche wirtschaftsorganisatorischen Formen setzten stets ein mehr oder weniger starkes öffentliches Verantwortungsbewußtsein voraus, ebenso wie sie auf der Annahme beruhten, daß im Fall einer nicht funktionierenden Selbstverwaltung der Staat regulierend eingreifen würde. Auch in den Bemühungen, interindustrielle Beziehungen und Konflikte zu regeln, zeigte sich die deutsche Industrie als sehr erfahren; zudem demonstrierte sie eine beachtliche Flexibilität in der Art und Weise , wie sie sich abwechselnd auf die verschiedenen Organisationsstrukturen stützte, um ihr Ziel zu erreichen - eine Strategie von nicht geringer Bedeutung für jeden Wissenschaftler, der die Allianzen und Gruppierungen innerhalb des gegenwärtigen pluralistischen Gesellschaftssystems erforscht. Schließlich nehmen die Interessenverbände sowie andere Organisationsformen der Industrie einen wichtigen Stellenwert sowohl in den politischen Entscheidungsprozessen als auch in den ökonomischen Planungen der Regierung ein: Sie können als Instrumentarium zur Erreichung gewisser Ziele dienen, ebenso wie sie diese aufgrund ihrer eigenen Sonderinteressen, denen sie den Vorrang geben, verhindern können. An der Geschichte der deutschen Wirtschaftsverbände erweist sich die Behauptung von Wilhelm N. Parker als richtig, daß es bei der Analyse des Wirtschaftswachstums um mehr als nur die »Preisbeziehungen und die Biographien industrieller Großunternehmer« geht.[50] Dies gilt auch für eine Untersuchung, die sich schwerpunktmäßig mit der Frage der wirtschaftlichen Machtpolitik befaßt.

8. Das Großunternehmen im deutschen Industriesystem: Die M. A. N. 1900–1925*

Alle Bemühungen, fortgeschrittene kapitalistische Industriesysteme unter Rubriken wie »Staatsmonpolkapitalismus«, »Spätkapitalismus« oder »Organisierter Kapitalismus« auf einen allgemeinen Begriff zu bringen, müssen vom Historiker mehr als Forschungsrahmen und weniger als Paradigmen verstanden werden, die diese Industriesysteme erklären.[1] Diese Bezeichnungen sind nützlich als Anregungen, die Bestandteile moderner kapitalistischer Systeme zu identifizieren und systematisieren, ihre wechselseitigen Beziehungen zu verstehen, Veränderungen zu untersuchen sowie als Grundlage für einen brauchbaren Vergleich bzw. Differenzierung dieser Systeme unter- und miteinander.

Im Hinblick auf Deutschland wurden in letzter Zeit beträchtliche Erfolge bei der Untersuchung der Rolle erzielt, die Industrielle und ihre Interessenorganisationen in der Innen- und Außenpolitik gespielt haben.[2] Erstaunlich ist dabei aber, daß Firmen und Konzerne selten als Bestandteile dieser Konstellation von Unternehmern und Interessengruppen, aus denen der Industriesektor zusammengesetzt ist, untersucht worden sind. Es geht hier weder darum, Qualität und Quantität der Firmengeschichten aufzubessern, noch darum, die Vorgehensweise bestimmter berühmter Großunternehmen wie Krupp oder I. G. Farben in bezug auf ihre Ziele und Handlungsstrategien zu untersuchen, soweit sie von Bedeutung für ihre Geschichte waren. Natürlich sind Untersuchungen beiderlei Art notwendig und wünschenswert, aber der Historiker hat in bezug auf Firmen oder Konzerne noch eine weitere Aufgabe: er muß untersuchen, auf welche Weise die besonderen Eigenschaften und Interessen bedeutender Firmen und Konzerne, wie sie von ihrer Führung vertreten wurden, sich auf die organisierten Industriegruppen auswirkten, mit denen sie verbunden waren. Dies ist besonders wichtig bei der Behandlung des deutschen Industriesystems, in dem Großunternehmen und Konzerne gewöhnlich das Bindeglied zwischen prominenten Unternehmern und mächtigen Interessengruppen gebildet haben. Die Bedeutung der hier vorgeschlagenen Untersuchungsart ist ziemlich offensichtlich, wenn man etwa die hochgradig oligopole Eisen- und Stahlindustrie betrachtet oder Industrien, die von ein oder zwei Riesenunternehmen wie z. B. der I. G. Farben in der Chemie oder Siemens und der A. E. G. in der Elektrotechnik dominiert werden. Zielformulierung und Entscheidungsfindung in den Kartellen, Syndikaten und Wirtschaftsverbänden dieser Industrien können als eine

Funktion der Interessen und Ansichten derer gelten, die diese Giganten führen und vertreten, obwohl erwähnt werden muß, daß die entsprechenden Probleme und Prozesse bei weitem noch nicht ausreichend untersucht worden sind.[3] In einem bedeutenderen Industriezweig wie der Maschinenbauindustrie ist die Situation allerdings weniger eindeutig. Diese Industrie bestand aus einer Unzahl von kleinen und mittelgroßen Betrieben, die überall im Land verstreut waren, und einer nur relativ kleinen Anzahl von Großunternehmen wie Borsig, der Deutschen Maschinenfabrik Aktiengesellschaft (DEMAG) und der Maschinenfabrik Augsburg-Nürnberg (M. A. N.), die aber weit kleiner waren als ihre Gegenstücke in den oben erwähnten Industrien.[4] Solche Firmen sind umso interessanter, als sie eine Brücke sowohl zwischen der Schwerindustrie und der verarbeitenden Industrie als auch zwischen großen und mittleren Unternehmen schlagen und auf diese Weise oft kritische sozio-ökonomische Lücken im deutschen Industrieleben schließen. Alle modernen Industriesysteme zeichnen sich durch Asymmetrien und Diskrepanzen zwischen Größe und Macht aus. Im Fall Deutschlands waren allerdings diese Asymmetrien – im Gegensatz zu den Vereinigten Staaten – von einem hohen Grad an Organisation begleitet, der den Starken, weniger Starken und Schwachen sozusagen eine Intimität in der Organisation aufzwang. Herauszufinden auf welche Weise eine Firma wie die M. A. N. sich gegenüber anderen Maschinenproduzenten verhielt, wie sie innerhalb von Industrieorganisationen funktionierte, wie sie mit der Schwerindustrie und dem Staat verhandelte und sich in Beziehung setzte, könnte deshalb zu einem besseren Verständnis dessen führen, wie und wodurch die sozio-ökonomische Politik der deutschen Wirtschaft im ersten Viertel dieses Jahrhunderts bestimmt wurde.

Obwohl die M. A. N. aus Gründen der Zugänglichkeit des Quellenmaterials zum Gegenstand dieser Arbeit gewählt wurde, ist sie doch aus zweierlei Gründen von besonderem Interesse. Zunächst war sie ein bayerisches Unternehmen. Unternehmen in der Maschinenbauindustrie hatten immer den Nachteil, daß sie für ihre Rohstoffe von der Schwerindustrie abhingen und über relativ geringe Kapitalressourcen verfügten. Zu diesen Problemen kam bei bayerischen und süddeutschen Unternehmen noch die Tatsache hinzu, daß sie von den Rohstoffen und anderen Vorzügen des Ruhrgebiets wie auch vom Verwaltungs- und Wirtschaftszentrum Berlin weit entfernt waren. Die M. A. N. war daher gezwungen, ihre Absatzmärkte immer außerhalb ihres relativ wenig industrialisierten Umlandes zu suchen. Zweitens verlor die M. A. N. 1920/21 einen großen Teil ihrer Unabhängigkeit, als der Ruhrkonzern Gutehoffnungshütte, weitgehend von Aktionären der Familie Haniel kontrolliert, die Aktienmehrheit der M. A. N. erwarb und damit zwischen den beiden Unternehmen eine Interessengemeinschaft gründete, die heute noch besteht. Die Geschichte der M. A. N. zwischen 1900 und 1925, die hier nur sehr selektiv und skizzenhaft behandelt werden kann, liefert eine gute Gelegenheit festzustellen, wie der »Aufkauf« der M. A. N. durch ein Unternehmen der Schwerindustrie die Zukunft, Rolle und Politik des Unternehmens innerhalb des deutschen Industriesystems beeinflußte.

I

Die M. A. N wurde 1898 durch den Zusammenschluß der Aktiengesellschaft Maschinenfabrik Augsburg mit der Maschinenbau-Aktien-Gesellschaft Nürnberg gegründet. Das erstgenannte Unternehmen war 1840 von Ludwig Sander gegründet, dann 1844 an Carl August Reichenbach und Carl Buz verpachtet worden, die es zu einem Hauptthersteller von Druckerpressen, Dampfkesseln, Dampfmaschinen, Wasserturbinen, Pumpen und Triebwerksystemen machten. Im Jahre 1864 übernahm der begabte Ingenieur Heinrich Buz die Führung und erweiterte später die Produktion auf Eismaschinen und – von besonderer Wichtigkeit – auf Dieselmotoren. Der Zusammenschluß der Augsburger und Nürnberger Firmen wurde von dem Generaldirektor des Nürnberger Unternehmens, Anton von Rieppel, angeregt, der 1889 die Führung in Nürnberg übernommen hatte, nachdem er eine Zweigstelle des Unternehmens in Gustavsburg höchst erfolgreich geleitet hatte. In Gustavsburg hatte Rieppel die betriebsmäßige Herstellung beim Brücken- und Dammbau sowie bei der Stahlkonstruktion aufgebaut, und in Nürnberg erweiterte er beträchtlich die Eisenbahnwaggon- und Materialproduktion. Rieppel drängte Buz zum Zusammenschluß mit der Begründung, daß die Produktionsprogramme der beiden Unternehmen einander ergänzen würden, betonte aber auch andere gegenseitige Vorteile. Einerseits würde der Zusammenschluß weiterhin eine bayerische Kontrolle über das Nürnberger Unternehmen aufrechterhalten, die bis zum Jahre 1841 zurückging und durch nichtbayerische Interessen bedroht sei, falls sein Hauptaktionär, Baron von Cramer-Klett, seine Aktien dem erstbesten Abnehmer verkaufen würde. Andererseits würde die Verbindung, wie Rieppel Buz gegenüber unverhohlen äußerte, »eine süddeutsche Industriemacht« von nicht geringem Ausmaß begründen.[5]

Die M. A. N. stellte in der Tat nicht nur in Süddeutschland, sondern in ganz Deutschland eine Industriemacht dar; es wäre daher falsch anzunehmen, daß Rieppel nur aus provinziellen oder partikularistischen Neigungen den süddeutschen Charakter des Unternehmens bewahren wollte. Die M. A. N. war nach den Schuckert-Werken nicht nur das zweitgrößte Unternehmen in Bayern, sondern auch einer der größten Maschinenproduzenten in Deutschland. Rieppel erreichte deshalb ebenso rasch wie planmäßig eine führende Position in bayerischen und nationalen Wirtschafts- und Berufsverbänden. Er war Vorsitzender des Gesamtverbandes Deutscher Metallindustrieller im Jahre 1911, Mitbegründer und Vorsitzender des Verbandes Bayerischer Metallindustrieller, Vorsitzender des Verbandes Deutscher Dampfkraftmaschinen-Fabrikanten, 1905 Vorsitzender des Bayerischen Industriellenverbandes, 1890 stellvertretender Vorsitzender des Vereins Deutscher Ingenieure und 1908 des Vereins Deutscher Maschinenbauanstalten (VDMA) sowie von 1901 bis 1918 Direktoriumsmitglied des führenden Spitzenverbandes der deutschen Vorkriegsindustrie, dem Centralverband Deutscher Industrieller (CVDI). Außerdem war er nach 1898 Mitglied der Wirtschaftskommission, die das Reichsamt des Inneren beriet. Und Rieppels Beteiligung an all diesen Organisationen war nicht nur reine Formsache. Natürlich konnte er eine solche Führungsrolle nur aufgrund seiner Qualifikationen und seiner diesbezüglichen Interessen übernehmen, die sich von denen des zurückhaltenden Heinrich Buz unterschieden. Es steht aber außer Frage, daß Rieppel diese Tätigkeiten als äußerst wichtig für die Interessen der M. A. N. betrachtete.[6]

Rieppel war sich völlig der Notwendigkeit bewußt, die Nachteile der M. A. N. als süddeutsches Unternehmen, das von der Schwerindustrie abhing, zu überwinden. Im Gegensatz zu Buz verfolgte er daher eine Expansionspolitik, die darauf abzielte, sich an der Ruhr einen festen Standort zu verschaffen und ihm eine Stimme in dem großen Stahlindustriekartell, dem Stahlwerksverband, zu geben. 1905 schlug Rieppel deshalb vor, daß die M. A. N. die Thyssen Maschinenfabriken in Mülheim/Ruhr für eine Aktienbeteiligung von Thyssen an der M. A. N. erwerben solle. Die Fabrik in Mülheim würde dann ein Hauptabnehmer für das Eisen, das in den Thyssenanlagen in Differdingen hergestellt wurde, während die M. A. N. eine Stimme im Stahlwerksverband gewann, der nach Rieppels Ansicht eine Preispolitik verfolgte, die die süddeutsche Industrie erdrosselte. Buz und seine Kollegen im M. A. N. Vorstand stimmten Rieppels Plan nicht zu, aber Rieppel trug sein Anliegen 1909/1910 noch einmal vor, indem er argumentierte, daß die Fracht- und Rohstoffkosten wie auch die Löhne und Steuern in Bayern besonders drückend seien. Da die M. A. N. gezwungen war, im Westen und im Ausland zu verkaufen, riet er, diese Nachteile mit dem Bau einer Fabrik an der Ruhr zu mildern, was Transportvorteile hätte. Diesmal konnte sich Rieppel durchsetzen. In Duisburg wurde ein Grundstück erworben und mit dem Bau einer Gießerei und anderer Werksgebäude begonnen. 1912 wurde die Fabrik in Betrieb genommen. Als Buz in den Ruhestand trat und Rieppel 1913 Generaldirektor der M. A. N. wurde, war er eigentlich schon der wichtigste Mann in den beiden bedeutendsten Zweigwerken der M. A. N. wie auch in dem Werk in Gustavsburg, und mit dem Bau der Duisburger Fabrik hatte er, wenngleich ungewiß und mit Schwierigkeiten verbunden, an der Ruhr Fuß gefaßt.[7]

Die großen und tollkühnen Bemühungen Rieppels, Zweigwerke der M. A. N. im Herzen von Deutschlands wichtigster Industrieregion zu errichten, geben ein Bild davon, mit welcher Taktik er und die M. A. N. sich gegen die enorme Macht der Schwerindustrie zu Wehr setzten. Es war eine Politik der Zusammenarbeit mit der Schwerindustrie und den Großunternehmen, wann immer es möglich war, und eine Politik des Widerstandes innerhalb des geographischen und organisatorischen Umfeldes der Schwerindustrie, wann immer es nötig war. Die Vorteile dieser Taktik liegen auf der Hand. Hatte man mit der Schwerindustrie ein Abkommen getroffen, konnte man von ihrer Macht profitieren. Traten Differenzen auf, war man in der Lage, sich mit der Schwerindustrie unter Bedingungen auseinanderzusetzen, unter denen Opposition nicht ignoriert werden und auch ihr an einem Kompromiß liegen konnte. Rieppel war sowohl modern als auch realistisch. Er war überzeugt davon, daß industrielle Konzentration unvermeidbar war und glaubte, daß ein guter Industrieführer seinem Unternehmen und seiner Industrie am besten diente, indem er für sie innerhalb der gegebenen Machtstrukturen einen Platz gewann.[8]

Behält man diese Beweggründe im Auge, dann kann vielleicht einiges in der verworrenen und unnötig hitzigen Debatte um Rieppels Rolle in der Industriepolitik der Vorkriegszeit geklärt werden, einer Debatte, die zu der größeren Diskussion um die grundsätzlichen Tendenzen der wilhelminischen Politik gehört. In seiner wichtigen Untersuchung des CVDI vertritt Hartmut Kaelble die Ansicht, daß Rieppel als einer der Hauptsprecher einer informellen Gruppe von Industriellen im CVDI fungierte, die die mittleren Unternehmen der Textil-, Maschinenbau- und Metallindustrie repräsentierte. Laut Kaelble war diese Gruppe ein Gegenpol einerseits zu den »argarischen« Schwerindustriellen, die das alte Bündnis zwischen Junkern und Industrie aufrechterhalten wollten und andererseits zu den Syndikats- und Kartelldirektoren, die eine auf Protektionismus und hohe Binnenmarktpreise abzielende Politik verfolgten, die der verarbeitenden Industrie schadete. Während Kaelble anerkennt, daß Rieppel und einige seiner Kollegen in der verarbeitenden Industrie aus sehr großen Unternehmen kamen, weist er doch darauf hin, daß diese Männer »in ihrer Funktion als Verbandsvertreter ... sich nach den vorwiegend mittelbetrieblichen Mitgliedern ihrer Verbände richten [mußten]«.[9]

Grundlegend in Kaelbles Arbeit ist die Annahme, daß sich der CVDI und die Industriepolitik der Vorkriegsjahre aufgrund der wachsenden Bedeutung dieser mittleren Industriegruppe allgemein in Richtung einer liberalen Wirtschafts- und Sozialpolitik bewegten. Eine entgegengesetzte Ansicht wird von Dirk Stegmann in *Die Erben Bismarcks* vertreten, wo er die allgemeine Vorstellung der allmählichen Liberalisierung vor 1918 angreift und auf der Kontinuität und dem Erfolg der alten rechten Sammlungspolitik besteht. Dabei kritisiert er Kaelble scharf, unter anderm wegen der Nichtbeachtung der Tatsache, daß Rieppel sich den schwerindustriellen CVDI-Direktoren anschloß, während er 1909 aus dem liberalen Hansabund austrat. Ebenso kritisiert er an Kaelble eine »apologetische« Interpretation des CVDI, die die Kontinuität in dessen reaktionärer Politik außer acht lasse, wie sie zum Beispiel durch Rieppels annexionistischer Haltung während des Krieges dargestellt wird.[10]

Selbst auf der Grundlage der Beweise, die Kaelble und Stegmann bringen, gibt es Gründe, beide Interpretationen von Rieppels Rolle in Frage zu stellen. Obwohl Rieppel sicherlich die – auch oft »liberalen« – Ansichten der mittleren Industrie in einer Fülle von wirtschafts- und sozialpolitischen Angelegenheiten vertrat, so gibt es doch keinerlei Beweise dafür, daß Rieppel sich verpflichtet fühlte, andere als von ihm gewählte Interessen oder Standpunkte zu vertreten. Rieppel saß im CVDI-Vorstand eher als Einzelner und nicht als Repräsentant einer bestimmten Gruppe, und seine Verpflichtung gegenüber dem CVDI scheint wesentlich stärker gewesen zu sein, als gegenüber jeglicher anderen Interessengruppe, die er hätte vertreten sollen. In Fragen der Handelspolitik etwa, an denen seinen Kollegen sehr viel lag, fand Rieppel die festgefahrene Situation im CVDI so enttäuschend, daß er kurzerhand den Vorschlag machte, der CVDI solle seine Bemühungen zur Lösung dieser Fragen aufgeben und dieses Problem den Fachverbänden der entsprechenden Industrien überlassen. Trotzdem ließ ihn solcher Ärger aber nicht den Bund der Industriellen (BdI) unterstützen, der 1895 gegründet worden war, um die liberaleren Interessen der verarbeitenden Industrie und des Handels zu vertreten, und er brachte den Bayerischen Industriellenverband dazu, dem CVDI beizutreten als Gegenleistung für seinen Betritt in die bayerische Organisation. Kaelble verkennt das Ausmaß, in dem Rieppels Führung eines großen Unternehmens seine Stellung als Vertreter bestimmter Interessen komplizierte, die ihn gegenüber den Sorgen und Anliegen der mittleren Industrie zu einem gewissen Grad unempfindlich werden ließ. Obwohl er zugab, daß die verarbeitenden Interessen im CVDI nicht gebührend berücksichtigt wurden, bestand Rieppel doch darauf, daß das deren eigener Fehler sei, da sie im Vergleich zu den Schwerindustriellen nicht energisch und aktiv genug seien. Im selben Atemzug wies aber Rieppel auch darauf hin, daß die verarbeitenden Industriellen ihrerseits aktiv an den Angelegenheiten des CVDI teilnehmen und nicht alles den Geschäftsführern der Verbände überlassen sollten. Was Rieppel aber nicht erklärte war, wie jemand – außer den Vertretern von Großunternehmen wie er selbst – Zeit und Mittel aufbringen konnte, um so aktiv an den Tätigkeiten von Interessengruppen teilnehmen zu können und so zu versuchen, mit den Schwerindustriellen auf ihre eigene Art und Weise zu konkurrieren. Die M. A. N. als entscheidende Variable bei der Erklärung von Rieppels Position im CVDI ist in Kaelbles Analyse übersehen worden.[11]

Auch wenn man mit Stegmann argumentiert, daß Rieppel mit seinen antisozialistischen, antidemokratischen und annexionistischen Aktivitäten ein gutes Beispiel für die Kontinuität und Zusammensetzung rechter Sammlungspolitik darstellt, so macht das aber Kaelbles Behauptung nicht ungültig, daß Rieppel sich in gewissen kritischen Aspekten der deutschen Industriepolitik für Veränderungen einsetzte. Wie Stegmann selbst bemerkt, trat Rieppel während des Krieges für eine gemäßigtere Haltung gegenüber der Arbeiterschaft ein. Hinzu kommt, daß er sich gegen zu hohe Kriegsgewinne aussprach und die gemäßigte Position General Wilhelm Groeners unterstützte, der das preußische Kriegsamt leitete, bis er im August 1917 durch eine Kabale von Offizieren und Schwerindustriellen aus seinem Amt entfernt wurde.[12] Sowohl Stegmann als auch Kaelble gehen mit ihrer Auffassung einer geradlinigen Entwicklung zu weit: der erstere mit seiner Kontinuitätsthese, der letztere mit seiner Behauptung, Rieppel und die verarbeitenden Interessengruppen hätten eine neue »Gesellschaftsauffassung« entwickelt.[13] Rieppel und seine Kollegen in der verarbeitenden Industrie waren sich darin einig, bei wirtschaftlichen und sozialen Fragen gegenüber der Schwerindustrie mehr Stimmrecht zu verlangen, und dies war ein wichtiges Element der Kontinuität während dieser Zeit. Das heißt allerdings nicht, daß die verarbeitenden Industriellen immer eine klare Vorstellung von dem besaßen, was sie eigentlich konkret wollten. Die Kontinuität in den sozialen und politischen Standpunkten der kleinen und mittleren Industriellen im CVDI und BDI ist deshalb um einiges geringer, da diese Standpunkte je nach Zeit und Umständen in hohem Grade schwankten.[14] Auch Rieppels Standpunkt schien sich oft zu ändern, doch solch eine Harmonie in der Ungewißheit und Widersprüchlichkeit nachzuweisen, bedeutet nicht, die einfache Tatsache zu übergehen, daß Rieppel zuallererst sich selbst und sein Unternehmen vertrat, bevor er offiziell oder inoffiziell zum Sprachrohr irgendeiner Gruppe wurde.

Die besondere Lage des Großunternehmens in der verarbeitenden Industrie wird noch deutlicher, wenn man die organisatorischen Tendenzen bedenkt, die Rieppel vor und während des Krieges unterstützte. Tatsächlich gingen die organisatorischen Bemühungen der verarbeitenden Industrie, die Spitzenverbände der deutschen Industrie während des Krieges so umzustrukturieren, daß die Vormachtstellung der Schwerindustrie reduziert würde, hauptsächlich von Großunternehmen und deren Vertretern aus und waren weniger auf die gemeinsamen Anstrengungen von den Industrieverbänden sowie deren Geschäftsführern zurückzuführen. Im allgemeinen neigten die letzteren dazu, sich während dieser Zeit der Führung der ersteren zu überlassen. Deshalb wurde die Reorganisation des CVDI im Jahre 1916 aufgrund von Besprechungen vorgenommen, die Rieppel mit den Führern der beiden großen elektrotechnischen Konzerne geführt hatte: Walther Rathenau und Felix Deutsch von der AEG und Carl Friedrich von Siemens und Wilhelm Siemens von den Siemens-Schuckert-Werken. Diese Männer waren sich darüber einig, daß die Macht der verarbeitenden Industrien erweitert werden müsse. Die AEG-Führer bevorzugten jedoch einen neuen industriellen Spitzenverband unter der Führung der elektrotechnischen Industrie, während die Brüder Siemens und Rieppel sich gegen eine weitere Zersplitterung der Industrie aussprachen und für eine Arbeitsgemeinschaft der verarbeitenden Interessengruppen innerhalb des CVDI eintraten, wobei letzterer auf der Basis von Fachverbänden wiederaufgebaut werden sollte, die der wachsenden wirtschaftlichen Bedeutung der verarbeitenden Industrie gerecht würden. Hierzu muß bemerkt werden, daß sich bei dieser Diskussion weder die eine noch die andere Seite besonders für die Forderungen der kleinen und mittleren Geschäftsleute interessierte. Rathenau vertrat die Einstellung, daß die vorgeschlagene Arbeitsgemeinschaft der verarbeitenden Industrieverbände Unternehmen wie die AEG auf die gleiche Stufe mit Spieldosen- und Metallspielwarenherstellern stellen würde, während Rieppel behauptete, daß solche Unternehmen, soweit sie überhaupt teilnähmen, nützliche Verbündete sein könnten, ohne eine große Rolle zu spielen. Dabei führte er seine Erfahrungen im Verband Bayerischer Metallindustrieller zum Beweis an. Was immer auch die Meinungsverschiedenheiten unter diesen Männern gewesen sind, so waren sie sich doch darin einig, daß die Industrie- und Spitzenverbände von den Großunternehmen beherrscht werden müßten.[15]

In Wahrheit versuchten die Führer der Großunternehmen – und sie waren dazu auch in der Lage –, so weit wie möglich die Taktik der Schwerindustriellen nachzuahmen, die diese bei ihrer Interessenvertretung benutzen. Einerseits hatten sie guten Kontakt zueinander: Rieppel saß im Aufsichtsrat der Schuckert-Werke in Nürnberg, eine Position, die die enge Zusammenarbeit zwischen M. A. N. und Schuckert bei verschiedenen Aspekten ihrer Produktionsprogramme widerspiegelte. In dieser und anderen Stellungen hatte Rieppel regelmäßigen Kontakt und Briefwechsel mit C. F. von Siemens, der sich natürlich über das Geschäftliche hinaus auch auf politische, soziale und wirtschaftliche Fragen erstreckte. Rieppel unterhielt außerdem enge Beziehungen zu den Leitern der AEG, auch hier in politischen wie gemeinsamen geschäftlichen Angelegenheiten, doch war er mit Rathenaus besonders feindseliger Haltung gegenüber der Schwerindustrie nicht einverstanden und widersetzte sich allen organisatorischen Vereinbarungen, die möglicherweise der elektrotechnischen Industrie eine Bevormundung der Maschinenbauindustrie erlaubten. In dieser Haltung fand Rieppel Verbündete bei den Leitern des VDMA, Kurt Sorge von den Krupp-Gruson Werken und F. Frölich, dem Geschäftsführer des VDMA. Beide Männer wollten die verarbeitenden Industriellen innerhalb des CVDI stärken, meinten aber, wie Rieppel und Siemens, daß der BDI bei der Regierung und im Reichstag in Berlin einfach nicht die Lobby und den Einfluß des CVDI besäße. Rieppel und Sorge waren deshalb in einer günstigen Position, die Politik des VDMA zu bestimmen und während des Krieges eine Reform des CVDI durchzusetzen, indem dieser auf der Basis von Fachverbänden, die die verschiedenen Industrien vertraten, umstrukturiert und so der verarbeitenden Industrie mehr Macht gegeben wurde. Sie erwarteten damit nicht nur eine Stärkung der Fachverbände, sondern auch der Großunternehmen, die die Industrieverbände wie den VDMA zu dieser Zeit dominierten.[16] Andererseits waren die Lobbytaktiken des von Schwerindustriellen dominierten CVDI denen der Großunternehmensführer ähnlich. Wenn Rieppel und die M. A. N. auch viel Zeit auf ihre Lobbytätigkeit in München verwendeten und die bayerische Politik zu beeinflußen suchten, konzentrierten sie ihre Bemühungen doch immer mehr auf Berlin, besonders nach Kriegsbeginn. Dorthin hatte auch der CVDI dank der außergewöhnlich guten formellen wie informellen Beziehungen der Schwerindustrie seine Aktivitäten verlagert. Das politische Gewicht des CVDI hing größtenteils von dem politischen Einfluß seiner mächtigen Mitglieder ab, die leichten Zugang zu den Zentren der politischen Macht im Reich hatten. Mittlere und kleinere Unternehmer hatten selten die Gelegenheit zu solch einer persönlichen Beteiligung. Deshalb war es kein Zufall, daß der BDI stark auf seine Landesverbände baute. Die M. A. N. war dagegen kaum gezwungen, auf diese Weise durch die Landesverbände zu agieren, und ihre Taktiken glichen mehr dem persönlichen Lobbystil des CVDI.[17]

Rieppel reiste häufig nach Berlin, um an Zusammenkünften teilzunehmen und die Interessen der M. A. N. zu vertreten, doch ein Großteil der Berliner Lobbytätigkeit wurde von dem Direktor der M. A. N. Augsburg, Emil Guggenheimer, geführt, der Jurist war und 1903 auf Rieppels Empfehlung in die M. A. N. eingetreten war und dort bis 1926 arbeitete. Guggenheimer zeichnete sich vor dem Krieg bei Patentverhandlungen aus und war daneben sehr aktiv bei der Organisation von wirtschaftsfriedlichen (»gelben«) Gewerkschaften in Augsburg. Aufgefallen war er auch durch die harte Linie, die er im CVDI in bezug auf eine streikfeindliche Gesetzgebung sowie andere soziale Angelegenheiten einnahm. Rieppel scheint in seinen sozialen Ansichten moderner und an einer Verständigung mit der organisierten Arbeiterschaft interessierter gewesen zu sein als die Augsburger Direktoren, doch nahm er Guggenheimers Dienste immer mehr in Anspruch und beauftragte ihn, im September 1916 mit seiner Familie umzuziehen, um die Interressenvertretung der M. A. N. in deren neuer Berliner Geschäftsstelle zu übernehmen. Die M. A. N. war nicht das einzige Unternehmen, das zu dieser Zeit einen festangestellten Lobbyisten in Berlin hatte: das war ein allgemeines Zeichen für die wachsende wirtschaftliche und politische Zentralisierung des Reiches sowie des Interesses und der Fähigkeit der Großunternehmen, in der Hauptstadt ständig vertreten zu sein.[18]

Wie zu erwarten, lag es in Guggenheimers Aufgabenbereich, sich nach günstigen Aufträgen und Handelsgeschäften für seine Firma umzusehen und seine ohnehin schon engen Kontakte mit den führenden deutschen Firmen und Banken sowie mit Vertretern der ausländischen Konzerne und Regierungen auszubauen, die in der Lage waren, Aufträge an die M. A. N. zu erteilen. Die allgemeine Anweisung zur »Wahrung unserer vielseitigen Interessen in Berlin« enthielt aber auch die wichtigen Aufgaben, »ständige Fühlung mit den Zentralbehörden des Reiches und Preußens« und ebenso »ständige Fühlung mit den wirtschaftlichen Verbänden« aufrechtzuerhalten.[19] Guggenheimer war bereits sehr aktiv und hatte ausgezeichnete Beziehungen in diesen Kreisen, doch lag ihm daran, daß Rieppel als Mitglied des Reichskommissariats für Übergangswirtschaft und als anerkannter Führer der verschiedenen Verbände dem neuen M. A. N. Vertreter in Berlin offiziellen Charakter verlieh, so daß die Regierungs- und Verbandsvertreter verstünden, »daß der Weg zu ihm [Rieppel], wenn er nicht direkt gewählt werden wolle, auch über mich gehen [könne] ...«[20] Ähnlich betonte Guggenheimer bei der Besinnung auf seine Beziehungen zu den Wirtschaftsverbänden in Berlin seine Funktion als Vertreter des Unternehmens und dessen Direktoren und wünschte ständig, über den Standpunkt der Firma zu verschiedenen Fragen informiert zu werden, »weil es mir wertvoll erschien, die Interessen unserer Firma bei der Stellungnahme der Verbände möglichst in den Vordergrund treten zu lassen, jedenfalls eine Stellungnahme der Verbände zu verhindern, die unserer Firma hätte nachteilig werden können«.[21] Bewußter kann der Standpunkt und das Verhältnis zwischen dem Vertreter einer großen Firma und den Verbänden nicht ausgedrückt werden.

Es war kein Zufall, daß Unternehmen wie die M. A. N. während des Krieges ständige Vertreter in Berlin hatten und daß gleichzeitig eine starke Bewegung zur Reform und Konzentration der Wirtschafts- und Spitzenverbände einsetzte.[22] Die Anforderungen der Kriegswirtschaft und die Sorge um staatliche Intervention in wirtschaftliche Angelegenheiten nach dem Krieg beschleunigten Prozesse, die schon früher begonnen hatten. Trotzdem neigt man leicht dazu, die Spannungen zwischen diesen beiden Richtungen der wirtschaftlichen Interessenartikulation zu übersehen, Spannungen, die bei Kriegsende besonders scharf auftraten. Wenn die Führer der Großunternehmen und Konzerne mehr Zentralisierung und Wirksamkeit in ihren Organisationen forderten, riefen sie in Wirklichkeit nach Organisationen, die eher ihre eigenen Zwecke und Ziele erfüllen sollten. Rasch verloren sie die Geduld, wenn die Organisationen nicht gefügig waren oder die Geschäftsführer eine »Geschäftsführerpolitik« verfolgten, die durch Aktivität oder Passivität an der Seite der »falschen« Parteien nur der Organisation selbst diente. Während der Krise von 1918/19 waren es nicht die Spitzenverbände, die bei dem Versuch einer Verständigung mit der Arbeiterschaft durch die Zentralarbeitsgemeinschaft (ZAG) die Führung übernahmen und von der Regierung ein neues Demobilmachungsamt erzwangen, das die Bürokratie umgehen und die Wirtschaft im Sinne der neuen Koalition von Industrie und Arbeiterschaft aufbauen sollte. Vielmehr war dies das Verdienst einer kleinen Gruppe von führenden Unternehmern der Schwer- und Verarbeitungsindustrie: Hugo Stinnes, C. F. von Siemens und dem Siemensdirektor Otto Henrich. Rieppel, der während des Krieges immer mehr von der Notwendigkeit überzeugt worden war, die Beziehungen zwischen Industrie und Arbeiterschaft neu zu ordnen, nahm, wie Direktor Gertung von der M. A. N. Augsburg, an wichtigen Verhandlungen teil. Der einzige Nichtindustrielle, der eine führende Rolle spielte, war der kürzlich zum Geschäftsführer des Zentralverbandes der deutschen Elektrotechnischen Industrie ernannte Hans von Raumer, der allerdings in Geschäftskreisen ein Neuling war und im Grunde Siemens und zum Teil Stinnes vertrat. Erfahrene Geschäftsführer wie Dr. Töwe vom Gesamtverband deutscher Metallindustrieller waren über Raumers Arroganz verärgert, während der Vorsitzende des CVDI, Roetger, und der Vorsitzende des BDI, Friedrichs, sich über die Arroganz der Industriellen gegenüber den Spitzenverbänden empörten. Diese Männer wurden wiederum wegen ihres Mangels an Initiative mit Verachtung behandelt. Außerdem ärgerten sich die mittelbetrieblichen und kleinen Unternehmen über die Gründung der ZAG und über den im Februar 1919 neugegründeten Spitzenverband der deutschen Industrie, dem Reichsverband der Deutschen Industrie (RDI), da sie sich kostspieligen Abkommen mit der Arbeiterschaft, die über ihre Mittel gingen, ebenso unterworfen sahen wie Organisationsstrukturen, die ihre Abhängigkeit von den Großunternehmen auf Dauer festlegten. Es ist deshalb wichtig, sich nicht von dem Wirrwarr an organisatorischer Betriebsamkeit während des Krieges und der Revolution irreführen zu lassen. Organisation und Leitung dieser Tätigkeiten wurden oft von den Führern der Großunternehmen übernommen, und deren Interessen liefen oft denen der meisten Verbandsmitglieder und Geschäftsführer zuwider, deren Verhalten wiederum die Großunternehmer ständig in Gleichklang zu bringen suchten.[23]

Direktor Guggenheimer gab während der ganzen Revolutionszeit ein ausgezeichnetes Beispiel dafür. Er war in der Tat seiner Pflicht nachgekommen und hatte seine Kontakte in Berlin erweitert. Einer der wichtigsten war der rechtssozialistische Unter- und spätere Staatssekretär des Reichswirtschaftsamtes, August Müller. Guggnheimer war ein überzeugter Gegner staatlicher Kontrollen, besonders der bürokratisch überwachten Exportkontrollen, und er beeinflußte Müller soweit, daß dieser fast eine Verordnung herausgegeben hätte, die Exportkontrollen für Produkte der Maschinenbauindustrie abschaffte. Daß Guggenheimer scheiterte, war nicht Müller, sondern dem Geschäftsführer des VDMA, Frölich, zuzuschreiben, der erkannte, daß die kleinen und mittelbetrieblichen Unternehmen seiner Organisation, deren Zahl während des Krieges enorm gewachsen war, ein großes Interesse daran hatten, die während des Krieges errichteten Syndikate beizubehalten, um einen mörderischen Konkurrenzkampf unter den deutschen Exporteuren zu vermeiden. »Derjenige Teil der Industrie« war für Guggenheimer verachtungswürdig, »der nun einmal den Büttel will und in sich selbst nicht die nötige Kraft fühlt, um seine Angelegenheiten in Ordnung zu bringen, und sich unter die schützenden Fittiche des Staates stellt«.[24] Dieser Kommentar gibt Aufschluß darüber, in welchem Lichte er die Interessen der schwächeren Unternehmen in seiner Industrie sah und welches Verhalten er von den Verbänden erwartete. Natürlich ist es wichtig, Großunternehmen wie die M. A. N. nicht als Monolith und ihre Vertreter nicht als simple Sprachrohre der Betriebspolitik zu behandeln. In diesem Fall war Guggenheimer weiter gegangen als viele seiner Kollegen wünschten, so daß er zu seinem Leidwesen entdecken mußte, daß die Zweigstelle in Gustavsburg Kontrollen beibehalten wollte und Gertung ihn anwies, in der Exportkontrollangelegenheit ähnlich wie Frölich eine gemäßigtere Position einzunehmen.[25] Nichtsdestoweniger war der Vorfall symptomatisch für eine neue Tendenz. Je mehr Frölich und seine Kollegen im VDMA versuchten, ihre Organisation auszubauen und sie zur Sprecherin der gesamten Industrie zu machen, desto größer wurden die Spannungen zwischen dem VDMA und der M. A. N.

Das wurde im Winter 1919/20 besonders deutlich, einer Zeit schwerer Konflikte zwischen der verarbeitenden Industrie und der Schwerindustrie wegen der Kohle- und Eisenknappheit sowie der niedrigen Stahlproduktion. Die verarbeitenden Industrien litten ständig an Rohstoffmangel, während die Schwerindustrie ihre hohen Eisenerzschulden an die Schweden, die noch von der Kriegszeit herrührten und in Kronen rückzahlbar waren, tilgen wollten und deshalb exportierten, um zu ausländischer Währung zu kommen oder ihre Kunden im Inland aufforderten, ihre Rechnungen zum Teil in ausländischer Währung und Schrott zu begleichen. Die Geschäftsführung des VDMA reagierte auf die Forderungen der immer mehr in – ihren Rängen entsprechenden – Verbänden organisierten mittelbetrieblichen und kleinen Unternehmen sowie auf die ständigen Vertrauensbrüche seitens der Schwerindustrie, indem sie sich mehr und mehr hilfesuchend an die Regierung wandte. Dabei verlangten sie Höchstpreise und einen Selbstverwaltungskörper für den Eisenhandel, der die Hersteller dazu bringen sollte, die Schwierigkeiten unter den betroffenen Industrien zusammen mit den Verbrauchern zu regeln. Selbstverständlich wurden solche Lösungen von den Herstellern heftig bekämpft, darunter auch von vielen der größeren Maschinenbaukonzerne und besonders von der M. A. N. Guggenheimer, Rieppel und ihre Verbündeten bei Siemens fürchteten, daß ein Appell an die Regierung nur wieder die alte Zwangswirtschaft der Kriegszeit ins Leben rufen und die Situation nur noch verschlimmern würde. Auch wenn sie mehr Organisation zwischen den verarbeitenden Industrien und anderen Eisenverbrauchern zu deren Interessenvertretung unterstützten, bestanden sie doch darauf, daß die Schwierigkeiten mit der Schwerindustrie am besten durch freundschaftliche Verständigung der Beteiligten untereinander und ohne staatliche Intervention zu lösen seien. Aus diesem Grunde waren Guggenheimer und seine Verbündeten empört, als der VDMA mit dem Reichswirtschaftsministerium zusammenarbeitete, um den Eisenwirtschaftsbund zu gründen, der am 1. April 1920 offiziell ins Leben gerufen wurde und die Eisen- und Stahlindustrie zu überwachen hatte. Sie protestierten wütend, daß die Großunternehmen übergangen und ihre Interessen nicht respektiert worden waren.[26]

In der M. A. N. war man durchaus nicht einer Meinung; Gertung z. B. scheint dem staatlichen Schutz für die verarbeitende Industrie vor der Schwerindustrie weit positiver gegenüber gestanden zu sein als Guggenheimer.[27] Trotzdem wurde durch den einflußreichen Direktor der M. A. N. in Berlin das Gewicht der M. A. N. beharrlich gegen jegliche staatliche Intervention eingesetzt. Guggenheimer war einer der sechs Mitglieder des RDI-

Direktoriums, der mehr als Individuum denn als Vertreter einer Firma oder einer Gruppe zu seiner Position gekommen war und zweifellos nicht alle Fragen als Vertreter der M. A. N. behandelte.[28] Es sieht allerdings so aus, als ob Guggenheimers private und öffentliche Tätigkeiten miteinander verbunden waren. Als M. A. N. Lobbyist in Berlin zählten zu seinem Bekanntenkreis so prominente Politiker und Beamte wie der erwähnte August Müller und der demokratische Minister für Wiederaufbau und spätere Reichswehrminister Otto Gessler. Die Beziehung zu Gessler war besonders eng, da der ehemalige Bürgermeister von Nürnberg als Generaldirektor nach Rieppels Pensionierung vorgesehen war. Guggenheimer hatte aber auch andere öffentliche Aufgabenbereiche. Zum Beispiel war er Präsident der Reichskommission, die für die Rückgabe der im Krieg beschlagnahmten Maschinen und Ausrüstungsgegenstände verantwortlich war. Auch spielte er, sowohl offiziell auf seiten der Regierung, als auch inoffiziell in Verbindung mit seiner Mitgliedschaft im RDI-Direktorium eine wichtige Rolle im Zusammenhang mit der Durchführung des Friedensvertrages und des Wiederaufbaus. Diese Fragen waren eindeutig von großem Interesse für die M. A. N., besonders wenn es um Lieferungsverträge ging, die die alten beschlagnahmten Maschinen durch neue ersetzen sollten; und wenn es auch nicht bewiesen werden kann, daß Guggenheimer seine Position mißbrauchte, so kann man doch annehmen, daß alle Beteiligten die Bedeutung seiner mannigfaltigen Rollen für die M. A. N. verstanden.[29]

Guggenheimer, Rieppel, ihren Kollegen in der M. A. N. und vielen anderen Industrieführern von Großunternehmen lag ständig daran, den RDI stark genug zu machen, um gegenüber Bedrohungen von seiten der Regierung wie der Sozialisten ein handlungsfähiges Instrument im Interesse der Industrie zu besitzen. Bei diesen Bemühungen wurden sie aber immer wieder enttäuscht und betrachteten den RDI allmählich als schlechten Kompromiß, sowohl hinsichtlich seiner Struktur als auch in seiner Führung. Kurt Sorge, der erste Präsident des RDI, wurde von vielen seiner Kollegen als besonders schwach eingeschätzt und Rieppel wurde unter erheblichen Druck gesetzt, Sorge als RDI-Präsidenten abzulösen, was Rieppel aber ablehnte.[30] Zur gleichen Zeit hatten Guggenheimer, Deutsch und Direktor Wiedfeldt von den Krupp-Werken den Einfall, August Müller zum ersten Geschäftsführer des RDI zu ernennen, um den »Arbeitern« eine Stimme in dem industriellen Spitzenverband zu geben. Guggenheimer bemerkte hierzu: »Der Sozialismus des Herrn Dr. Müller ist wirklich nicht gefährlich und wenn keine schlimmeren Sozialisten in der Regierung sitzen würden, so würden wir alle sehr zufrieden sein dürfen«.[31] Die Stelle ging dann schließlich an einen Diplomaten, Dr. Simons, für den man gemäßigte Begeisterung empfand. Die erfolglosen Bemühungen, den RDI zu stärken, brachten aber Guggenheimer zu dem Schluß, daß der Spitzenverband »lächerlich« und eine »Mißgeburt« sei, die niemals der Industrie die organisatorische Macht verschaffen könnte, die diese nötig hätte. Die Führer der M. A. N. beklagten wie viele ihrer Kollegen weiterhin, daß die deutsche Industrie »führerlos« sei.[32]

Solche Ansichten wurden durch die negative Einstellung gegenüber der Weimarer Regierung noch verstärkt und gefördert, und der Zorn der M. A. N. Direktoren Rieppel, Gertung und Guggenheimer über das Betriebsrätegesetz vom Februar 1920 läßt ihre Gründe erkennen. Rieppel war voll und ganz davon überzeugt, daß der Gesetzentwurf zu wirtschaftlichem Chaos führen würde und empfahl Guggenheimer, in Berlin sein möglichstes zu tun, um die Verabschiedung dieses Gesetzes zu verhindern. Sein größtes Anliegen war die Sorge, daß die Anwesenheit von Arbeitern im Aufsichtsrat die Betriebsleitung beeinträchtigen, den Verrat technischer und finanzieller Geheimnisse bedeuten und die Autorität des Arbeitgebers zerstören würde. Guggenheimer, der diese Ansichten vollständig teilte, konnte Rieppels Bedenken nach Besprechnungen mit französischen und belgischen Geschäftsleuten nur bestätigen mit der Bemerkung, daß »dieses Gesetz als der Ruin des Kredits der deutschen Industrie betrachtet wird«.[33] Guggenheimer sollte die negative ausländische Haltung gegenüber dem Betriebsrätegesetz in seinen Kontakten mit Parteiführern und anderen einflußreichen Personen in Berlin so weit wie möglich ausnutzen und im Grunde eine ablehnende Haltung provozieren. In diesem Zusammenhang wurde er dazu aufgefordert, sich durch Wiegand von der Hearst Presse, seinem amerikanischen Verbindungsmann in Berlin, die Verurteilung der Gesetzvorlage von seiten amerikanischer Geschäftsleute zu beschaffen, wobei ihm versichert wurde, daß »die Kosten der Erkundigung einschließlich einer Vergütung für Wiegand die Industrie übernehmen [könne]«.[34] Industrie- und Verbandsführer, die das Gesetz bekämpften, teilten die Ansicht, daß einzig das Argument von der Bedrohung des deutschen Auslandskredits die Verabschiedung des Gesetzes wirksam aufhalten könne, und es wäre aufschlußreich zu wissen, inwieweit diese Argumente die Abänderungen der Gesetzesvorlage beeinflußten. Was auch immer der Fall gewesen sein mag, die Leiter der M. A. N. waren auch noch nach seiner Verabschiedung im Februar 1920 über das Gesetz empört und beschwerten sich ständig, daß Parteien wie die DDP die Industrie vor dem Gesetz nicht genügend in Schutz genommen hätten und daß selbst der RDI die Gefahren des Gesetzes für Großunternehmen wie die M. A. N. mit ihrem komplizierten Netz von Zweigwerken, ihren wichtigen Handelsgeheimnissen und der ständigen Suche nach großen Summen ausländischen Kredits nicht völlig verstanden hätte.[35]

II

Zwischen 1919 und 1920 war die Sorge der deutschen Industrie um ihre ausländische Kreditwürdigkeit, wie im Zusammenhang mit dem Betriebsrätegesetz zum Ausdruck kam, für die Führer der M. A. N. durchaus real. Die

Finanz- und Rohstoffschwierigkeiten der M. A. N. – im Kontext des »führerlosen« Zustandes gesehen, in dem sich die deutsche Industrie und Politik befand – erklären, warum die M. A. N. ihr Heil in der Verbindung mit großen Konzernen und nicht in Industrieverbänden, Spitzenverbänden oder staatlich geförderten Selbstverwaltungseinrichtungen suchte. Das ganze Jahr 1919 über hatten die M. A. N. und andere führende deutsche Firmen und Konzerne verzweifelt versucht, sich in Europa und den Vereinigten Staaten ausländische Kredite zu besorgen. Besonders die M. A. N. bemühte sich sehr, wichtige geschäftliche Beziehungen in der Schweiz als Brücke zum amerikanischen Geld zu benutzen. Mit der immer schlechter werdenden Wirtschaftslage in den USA verloren die amerikanischen Geschäftsleute aber jegliches Interesse an solchen Kapitalanlagen, und das zu einer Zeit, in der Rohstoffknappheiten und harte Rückzahlungsbedingungen von seiten der Schwerindustrie die Liquiditätsschwierigkeiten der M. A. N. noch verschlimmerten. Ähnliche Probleme brachten sogar Konzerne wie Siemens dazu, sich mit dem Gedanken einer Interessengemeinschaft mit der Schwerindustrie zu tragen, die von Hugo Stinnes und Albert Vögler zwischen den Deutsch-Luxemburgischen und den Gelsenkirchener Bergwerken angebahnt wurde. Während der Verhandlungen zwischen den Leitern der Schwerindustrie, Hugo Stinnes, Albert Vögler und Emil Kirdorf einerseits und den Leitern von Siemens, C. F. von Siemens und Otto Henrich andererseits, drückten beide Seiten den Wunsch aus, die M. A. N. als wichtiges Verbindungsglied in einem vertikalen Produktionsprozeß miteinzubeziehen, der die Gewinnung von Rohstoffen mit der Verarbeitung feinster elektrotechnischer Produkte verbinden sollte.[36]

Natürlich war diese Verbindung wirtschaftlich motiviert und legitimiert. Die Schwerindustrie auf der einen Seite konnte sich einen sicheren Markt für ihre Rohstoffe verschaffen und von den höheren Gewinnen beim Verkauf der Fertigprodukte profitieren. Die verarbeitende Industrie auf der anderen Seite konnte ihren Bedarf an Rohmaterial decken und außerdem würde ihr das beträchtliche Kapital der Schwerindustrie zur Verfügung stehen. Für ein Unternehmen wie die M. A. N., das darunter litt, in Bezug auf sein Rohmaterial von der Schwerindustrie und in Bezug auf sein Kapital von den Banken abzuhängen, war die Möglichkeit einer endgültigen Lösung dieser Schwierigkeiten sehr verlockend, auch wenn sie auf Kosten einer völligen Unabhängigkeit ging. Es wäre allerdings falsch, solche prosaischen, wenn auch wichtigen wirtschaftlichen Überlegungen als die einzige Grundlage der geplanten Verbindung zu betrachten. Rieppel, der ein Abkommen mit Stinnes und Siemens begeistert unterstützte, wies darauf hin, daß die staatlichen Instanzen, die die verarbeitende Industrie vor der Schwerindustrie in Schutz nehmen und ihnen die Rohstofflieferungen sichern sollten, viel zu schwach seien, als daß man sich auf sie verlassen könne und daß die Ausweitung der Schwerindustrie auf die verarbeitende Industrie nicht aufzuhalten wäre. Der Krieg und die Inflation hatten offenbar Rieppels Hoffnung zerstört, die

M. A. N. könne sich mit der Schwerindustrie unter ihren eigenen Bedingungen zusammentun. Es schien ihm deshalb für die Firma angebracht, das Beste aus dieser schlechten Lage zu machen. Stinnes und Henrich, sein Verbündeter bei Siemens, unterstrichen die politischen Vorteile der geplanten Interessengemeinschaft, die Rieppel möglicherweise beeindruckten. Sie betonten, daß eine solche wirtschaftliche Organisation in Deutschland und der Welt ihresgleichen suchen könne, daß ihr Einfluß in Industriekreisen von großer Bedeutung sein und sie eine wichtige soziale und politische Rolle übernehmen würde. Stinnes verband bei seinem Versuch, die Direktoren der M. A. N. von diesem Projekt zu überzeugen, politische und wirtschaftliche Erwägungen äußerst schlau:

»Stinnes ist der Meinung, daß die Zeitereignisse auf die Bildung solcher Gemeinschaften hindrängen. Er erwähnte das Betriebsrats-Gesetz (damit meinte er die Notwendigkeit, über die Geschicke von Gesellschaften zu verfügen, ohne dabei die Zuständigkeit des Betriebsrates der betreffenden Gesellschaft zu berühren), die steuerlichen Fragen (Wegfall der Umsatzsteuer bei sich ergänzenden Werken, allgemeine Verfügung über Gewinn), die wirtschaftliche Seite (Aufteilung der Fabrikation, gegenseitige Belieferung), die finanzielle Bedeutung (Erleichterung der Geldbeschaffung durch ein einheitliches Gebilde, Kreditierung der Lieferungen von Rohmaterialien an die verarbeitenden Werke) und ähnliches mehr«.[37]

Aus demselben Grund erwähnte Henrich alle möglichen sozialpolitischen Perspektiven, als er Rieppel seine Vorstellungen vortrug. Genauso wie von Stinnes, Vögler, Henrich, Siemens und Rieppel die Zentralarbeitsgemeinschaft ins Leben gerufen worden war, um die Wirtschaft zusammen mit der Arbeiterschaft zu lenken und dabei die staatliche Bürokratie sowie bestehende Industrieorganisationen höhnisch zu übergehen, so sollte auch die Interessengemeinschaft aufgrund ihrer Macht und Größe ein »bessere[s] Verhältnis zwischen Arbeitgeber und Arbeitnehmer« fördern.[38] Sie wäre auch in der Lage, ein wirtschaftliches Programm zu entwickeln, das industrielle Konflikte überwinden könne, wobei sie sogar im Reichstag vertreten wäre, in dem einige ihrer Führer Mitglieder waren. Kurzum, sie wäre ein bedeutender Bund großer Firmen und Konzerne, die national und international ihre eigene große Politik betreiben könnten. Auch wenn Rieppel die Beteiligung der M. A. N. an der im Frühjahr und Sommer 1920 entstehenden Siemens-Rheinelbe-Schuckert Union stark befürwortete, sollte man nicht denken, daß er das blind und gedankenlos tat. Er war schon immer der Meinung gewesen, daß die M. A. N. eine engere Verbindung zur Ruhr benötigte, um sich ihre Rohstoffversorgung zu sichern; dabei gab er sich aber nicht länger der Hoffnung oder Einbildung hin, die M. A. N. könne bei solch einem Abkommen der dominierende oder zumindest ebenbürtige Teilhaber sein. Er war sicher, daß die dann einsetzende Durchdringung der verarbeitenden Industrie durch die Schwerindustrie nicht aufzuhalten war, und er hoffte nur, daß die M. A. N. eine solche Verbindung unter den bestmöglichen Bedingungen eingehen könne. Er wußte, daß Stinnes nicht der einzige Ruhrindustrielle war, der Interesse dafür zeigte, seine Hände an die M. A. N. zu legen. Reusch, der Generaldirektor der Gutehoffnungshütte, war ebenfalls darauf bedacht, die M. A. N. für die Haniel-Gruppe unter Kontrolle zu bekommen, doch Rieppel empfand Reuschs offene und direkte Taktik als »rücksichtslos und roh«. Rieppel erkannte aber die nur geringen Unterschiede zwischen den beiden Männern und meinte: »Stinnes unterscheidet sich von Reusch nur in den Manieren und Gewohnheiten; er ist geschickter, klarer in seinen Zielen und pocht weniger auf seine Machtmittel als auf Überzeugung der Notwendigkeit seiner Vorschläge und Absichten«.[39] Dies war jener Stil von Industriepolitik gewesen, den Rieppel für die M. A. N. in den letzten beiden Jahrzehnten praktiziert und gepflegt hatte und deshalb ist es nicht erstaunlich, daß ihm die geplante Interessengemeinschaft gefiel. Praktisch gesehen war Rieppel auch daran interessiert, aus wirtschaftlichen und politischen Gründen die Beziehung zwischen der M. A. N. und den Schuckert-Werken in Nürnberg zu verbessern. Sie würde einen alten Bund festigen und als Gegengewicht für die norddeutsche und schwerindustrielle Gruppe in der Interessengemeinschaft dienen. C. F. von Siemens war durch die Dominierung der Schwerindustriellen und die besondere Macht von Stinnes nicht weniger als Rieppel beunruhigt, so daß er diesem ständig nahelegte, die M. A. N. in die Interessengemeinschaft zu bringen, um einen süddeutschen Block gegen die Schwerindustriellen zu bilden. Ebenso versuchte er Vögler von der Notwendigkeit eines Beitritts der Schuckert-Werke und der M. A. N. zu überzeugen, da ihre Produktionsprogramme sich gegenseitig ergänzten und sie die größten Werke in Bayern waren.[40]

Zum Leidwesen von Rieppel, Siemens, Stinnes und Vögler waren nicht alle, die über das Schicksal der M. A. N. entscheiden konnten, von der geplanten Interessengemeinschaft begeistert. Dr. Gertung fürchtete nicht nur, daß die M. A. N. ihre Unabhängigkeit verliere und eine Filiale für Stinnes' Privatinteressen werde. Er meinte auch, daß die angestrebte Allianz sozial und politisch gefährlich sein könne, da sie die Entente erschrecken, Sympathien für die M. A. N. als süddeutsche Firma verringern und die Gewerkschaften ängstigen würde.[41] Die Angelegenheit wurde schließlich aber weder durch Gertungs Bedenken noch durch Stinnes' Überredungskunst geregelt, sondern durch die Befürchtungen des sehr konservativen Aufsichtsratsvorsitzenden der M. A. N., Baron von Cramer-Klett, der Stinnes mißtraute und Reusch für solide und sympathisch hielt. Aufgrund der etwas byzantinischen Beziehungen der Führer der M. A. N. untereinander und da Rieppel aufgrund einer Krankheit die Zügel etwas lockern mußte, war Cramer-Klett im Sommer 1920 in der Lage, der Haniel-Gruppe einen beachtlichen Anteil von M. A. N.-Aktien zu verkaufen. Damit gab er Reusch und der Gutehoffnungshütte die Basis, von der aus sie innerhalb eines Jahres die Mehrheit in der M. A. N. erlangten. Die Affaire war höchst unangenehm; sie zog endlose Prozesse ebenso nach sich wie den Rücktritt Rieppels und öffentliche Anschuldigungen gegen einen rheinisch-westfälischen Imperialismus in Süddeutschland.[42]

Was bedeutete die Kontrolle der Gutehoffnungshütte über die M. A. N. für die »große Politik« der Firmen und Konzerne, die sich Rieppel, Henrich und Stinnes vorgestellt hatten, und wie beeinträchtigte sie die Rolle, die die M. A. N. bisher in der deutschen Industriepolitik gespielt hatte und noch weiter zu spielen hoffte? Gewiß würde die M. A. N. bei Eintritt in eine Interessengemeinschaft mit einem schwerindustriellen Konzern einen Großteil ihrer Unabhängigkeit verlieren. Zweifellos wäre ihre Autonomie trotz der überwältigenden Persönlichkeit von Stinnes in der Siemens-Rheinelbe-Schuckert-Union größer gewesen, da Siemens-Schuckert und die M. A. N. den süddeutschen Block gebildet hätten, den C. F. von Siemens sich vorgestellt hatte und da Siemens stark genug war, sowohl seine eigenen wie auch die Interessen der Bundesgenossen zu schützen. Darüber hinaus hätte die M. A. N. wahrscheinlich ihre Unabhängigkeit nach dem Zusammenbruch des Stinnes-Imperiums im Jahre 1924 und der kurz danach folgenden Auflösung der Interessengemeinschaft mit Siemens zurückgewonnen. Wie Cramer-Klett richtig voraussah, standen Reusch und die Haniel–interessen, die Reusch vertrat, auf festerem Boden, und die Verbindung mit der GHH erwies sich als dauerhafter. Einerseits bedeutete das Zugang zu den Rohstoffen der GHH und den finanziellen Ressourcen von Haniel, was der M. A. N. gewiß zugute kam. Andererseits mußte sie sich aber auch der GHH und seinem mächtigen Leiter in einem hohen Grade unterordnen.

Diese Unterordnung bedeutete für die Betroffenen mehr als nur einen psychischen Schmerz. Außerdem wurde die äußere Kontrolle auch dort empfunden, wo die Politik und die grundsätzliche Richtung der M. A. N. sich im wesentlichen nicht änderten und trotz der vielen Vorteile, die die Verbindung mit der GHH mit sich brachte. Obwohl die GHH ein bedeutender Rohstofferzeuger war, betonte sie doch auch immer die Weiter- und Endverarbeitung. Deshalb war sie gegen übertrieben hohe Rohstoffpreise, harte Rückzahlungsbedingungen und andere Praktiken der Schwerindustrie, die der verarbeitenden Industrie schadeten. Die GHH und Reusch hatten sich in den Reihen der Schwerindustrie schon immer um ein gemäßigtes und verantwortungsvolles Geschäftsgebaren bemüht, und man konnte damit rechnen, daß Reusch im Namen der M. A. N. die Interessen der verarbeitenden Industrie verteidigen würde. Gleichzeitig jedoch befürwortete Reusch notwendigerweise ein freundschaftliches Abkommen zwischen der Schwerindustrie und der verarbeitenden Industrie und war außerdem ein überzeugter Gegner staatlicher Wirtschaftskontrollen. Auch wenn er sich der M. A. N. gegenüber nicht bis ins kleinste Detail einmischte und nicht viel Aufhebens darum machte, als die M. A. N. zum Beispiel im Juni 1921 um die Beibehaltung staatlicher Exportkontrollen bat, während er sie bekämpfte,[43] bestärkte Reuschs Einfluß doch jene in der M. A. N, denen, wie Guggenheimer, daran lag, daß der VDMA die Interessen der Großunternehmen und Konzerne vertreten und den Konflikt mit der Schwerindustrie vermeiden sollte. Es ist gut möglich, daß eine unabhängige M. A. N. sich auf denselben

Standpunkt wie die DEMAG und sein Generaldirektor Wolfgang Reuter gestellt, zudem die Schwerindustrie heftig bekämpft und den VDMA dazu aufgefordert hätte, die mittleren und kleinen Betriebe für die gemeinsame Sache zu gewinnen.[44] Die GHH hatte dagegen keinerlei Geduld mit solchen Vorstellungen. Mayer-Etscheit, der Direktor der GHH teilte im Februar 1922 Guggenheimer offen mit: »Der VDMA [ist] heute mindestens bedeutungslos, wenn nicht schädlich für uns, ... zumal in seiner Stellungnahme gegen die wirtschaftlichen Interessen der großen Werke und in seinem Bestreben, den kleinen und kleinsten Maschinenerzeugern, die er ja zu hunderten als Mitglieder aufgenommen hat, gerecht zu werden, und seinen Zweck demnach nicht mehr erfüllt«.[45] All das war Wasser auf die Mühle Guggenheimers und Direktor Lipparts von der M. A. N. Nürnberg, der diese feindselige Einstellung dem VDMA gegenüber teilte. 1922 drohten die M. A. N. und die GHH mit ihrem Austritt aus dem VDMA, wenn dieser seine Politik nicht änderte, und 1924 brachten sie die Geschäftsführer des VDMA mit ähnlichen Drohungen zum Rücktritt.[46] Es ist fraglich, ob die M. A. N. alleine dem VDMA gegenüber eine so harte Poltik verfolgt hätte.

In der Sozialpolitik verhärteten sich die Fronten auf ähnliche Weise. 1922 organisierte die süddeutsche Metallindustrie eine Aussperrung, um die Arbeiter zu zwingen, die 48-Stunden Woche zu akzeptieren. Die M. A. N. nahm selbstverständlich daran teil, was sie sicher auch ohne ihr Bündnis mit der GHH getan hätte. Doch Reusch, der ein Scharfmacher ohnegleichen war, hielt die M. A. N. dazu an, bis zum Sieg durchzuhalten, während er von Direktor Richard Buz fast täglich Berichte über die Verhandlungen bekam. Als Reusch irrtümlich annahm, daß ein in Bayern unter staatlicher Aufsicht erzieltes Übereinkommen einen Kompromiß bedeute, beschuldigte er die Direktoren der M. A. N., »der übrigen süddeutschen Industrie in den Rükken gefallen«[47] zu sein, und beruhigte sich erst, als ihm gezeigt wurde, daß das Abkommen zwar ein versteckter, aber vollständiger Sieg für die Industrie war. Auf ähnliche Weise betonte Reusch auch die Bedeutung der M. A. N. bei der Unterstützung der gelben Gewerkschaften in Süddeutschland und legte der Firma nahe, mit der Bereitstellung von Mitteln, »die diesem Zweck dienten, nicht kleinlich zu sein«.[48] Er nahm an, daß die M. A. N. nicht, wie gewisse andere Firmen, die rechtssozialistisch ausgerichteten *Sozialistischen Monatshefte* finanziell unterstützen würde.[49] Die Tage der Zusammenarbeit zwischen rechtsstehenden Sozialisten und den Direktoren der M. A. N. waren eindeutig vorbei. In der Wirtschaftskrise, die nach der Stabilisierung von 1925 eintrat, legte Reusch besonderen Wert darauf, daß die M. A. N. ihre Produktion drosseln und die Belegschaft reduzieren würde. Diese Politik wäre wahrscheinlich ohnehin verfolgt worden, wurde aber von erbosten M. A. N.-Arbeitern auf die Vorherrschaft der GHH geschoben. Während einer hitzigen Sitzung beschuldigte einer der Arbeiter Cramer-Klett auf höchst vulgäre Weise, 51 Prozent der M. A. N. Aktien verkauft und damit die Autonomie der M. A. N. zerstört und die schlechte Lage geschaffen zu haben, unter der sie jetzt litten. Solches Heimweh nach den guten alten Tagen unter Rieppel erheiterte Reusch nicht. Statt dessen beschuldigte er den Fabrikdirektor, bei seinem Verhalten gegenüber den Arbeitern sich »hinter der Konzernleitung versteckt und nicht den Mut aufgebracht [zu haben], die Verantwortung für die leider notwendigen Maßnahmen selbst zu übernehmen«.[50]

Bis zu welchem Grade die Unabhängigkeit der M. A. N durch die Verbindung mit der GHH verringert oder aufgehoben wurde, kann nicht eindeutig beantwortet werden. Wie es scheint, verfolgte die M. A. N. eine Politik, die in ihrer Geschichte deutliche Vorläufer aufwies, jetzt aber bestimmter und eindeutiger wurde, was dem Einfluß der GHH und Reuschs Herrschaft zuzuschreiben ist. Die Firma hatte schon immer in der bayerischen Politik eine mächtige Rolle gespielt, und Reusch benutzte diese Macht, um in konservativen Zeitungen wie den *Münchener Neuesten Nachrichten*, dem *Fränkischen Kurier* und rechten Zeitschriften wie den *Süddeutschen Monatsheften* die Interessen des Haniel-Konzerns zu vertreten, sowie um führende bayerische Regierungsbeamte und Politiker zu beeinflussen. Im allgemeinen verhielt sich Reusch den nationalsozialistischen und völkischen Bewegungen gegenüber feindselig, da er diese als die rechte Kehrseite der Kommunisten ansah, während er die harte konservative Richtung unterstützte, die den Interessen der Industrie Beachtung schenkte. Er forderte zum Beispiel den *Fränkischen Kurier* auf, seine böswilligen Angriffe auf diejenigen einzustellen, die die Verhandlungen in Locarno führten, da sie »vor allem von den Wirtschaftskreisen aufs Schärfste verurteilt werden«[51] würden. Die M. A. N. und ihre Direktoren wurden deshalb in vieler Hinsicht als Vertreter der Haniel-Interessen und der Politik Reuschs in Süddeutschland benutzt.

Dieser Aufsatz kann auf die Fragen, die sich bei der Einordnung des Großunternehmens in das deutsche industrielle System während dieser Zeit ergeben, keine einfachen oder völlig zufriedenstellenden Antworten liefern. Er beabsichtigte, mit Hilfe einer Fallstudie die Bedeutung eines Unternehmens während dieser Zeit zu unterstreichen und einige Konsequenzen einer erfolgreichen vertikalen Konzentration zu beschreiben. Die M. A. N. und ihre Führung spielten vor 1920 eine Rolle von nationaler Bedeutung und veränderten beträchtlich die Industriepolitik, indem sie sowohl die Schwerindustrie dazu brachten, den Interessen der verarbeitenden Industrie größere Beachtung zu schenken als auch die Selbstbehauptung der verarbeitenden Industrie auf das Maß begrenzten, das der M. A. N. wünschenswert erschien. Nach 1920 gelang es der GHH, die M. A. N. als Werkzeug zu benutzen, um die wirtschaftlichen, sozialen und politischen Ziele der Schwerindustrie zu verfolgen, womit sie die M. A. N. daran hinderte, an Bewegungen teilzunehmen, die etwa nach 1925 auf eine Verringerung der schwerindustriellen Macht hinarbeiteten. Ebenso sollte man nicht vergessen, daß die relative Bedeutung von Unternehmen wie der M. A. N. und der GHH sich mit der Zeit veränderte. Es gibt beispielsweise gute Belege dafür, daß es dem

VDMA nach 1924 gelang, sich von dem Druck und der Macht der Haniel-Gruppe weitgehend zu befreien, um wieder eine unabhänigere Rolle zu spielen. Die genaue Bedeutung und Macht von Großunternehmen und Konzernen sowie verschiedenen Industrien zu unterschiedlichen Zeitpunkten bedarf noch der konkreten historischen Untersuchung. Es ist aber zu hoffen, daß diese Arbeit Hinweise darauf gab, wie die spezifischen Asymmetrien im deutschen Industriesystem während des ersten Viertels dieses Jahrhunderts es gewissen Großunternehmen und Konzernen ermöglichten, in der Industriepolitik eine entscheidende Rolle zu spielen. Gerade dies muß der Historiker in Betracht ziehen, der sich damit beschäftigt, wie nun eigentlich der »organisierte Kapitalismus« organisiert war.

9. Die Sozial- und Wirtschaftspolitik der deutschen Unternehmer 1918–1929

Unternehmer beschäftigen sich vorwiegend mit der Wirtschaft, nicht mit der Politik, und folglich wird ihr politisches Interesse größtenteils von ihren sozialwirtschaftlichen Belangen bestimmt. Das politische Verhalten der Unternehmer in der Weimarer Republik ist ein besonders auffallender Beweis für diese Verallgemeinerung. Die zahlreichen Nachlässe und Quellenbestände von Wirtschaftsorganisationen und einzelnen Firmen, die sich in den Staats- und Wirtschaftsarchiven in beiden Teilen Deutschlands befinden, ermöglichen es, die Zusammenhänge zwischen den sozio-ökonomischen Problemen sowie der Politik der Unternehmer einerseits und dem Charakter und Tempo ihrer politischen Betätigung andererseits gründlicher denn je zu erforschen.[1] Die folgende Untersuchung befaßt sich mit den wesentlichen und symptomatischen Charakteristika dieses Beziehungsgeflechts im Zeitraum zwischen der Revolution von 1918 und dem Beginn der großen Wirtschaftskrise.

Der Glaube an den Primat wirtschaftlicher vor politischer Erwägungen bestimmte in hohem Maße die Politik der Unternehmer. Es ist nicht nur eine deutsche Eigenart, daß Männer aus der Wirtschaft das allgemeine Wohl mit dem Wohlergehen und der Autonomie der Wirtschaft gleichstellen. Diese Tendenz wurde jedoch durch die Politik des deutschen Kaiserreiches noch verstärkt, indem das Reich die Bejahung seines politischen Systems mit wirtschaftlicher Autonomie, sozialen Privilegien und politischen Vorteilen belohnte. Das alte Regime wurde für dieses systematische Opportunismustraining entsprechend belohnt, als es am Vorabend der Novemberrevolution von führenden Unternehmern aufgegeben und lebendig begraben wurde. Carl Duisberg, der Gründer der I. G. Farben und von 1925 bis 1930 Vorsitzender des Reichsverbandes der deutschen Industrie, ließ darüber keinen Zweifel. Im September 1918 noch ein treuer Anhänger Erich Ludendorffs, begrüßte er die Republik fast drei Wochen zu früh. Einem Kollegen teilte er Mitte Oktober folgendes mit: »Von dem Tage an, wo ich sah, daß das Kabinettssystem abgewirtschaftet hatte, habe ich die Umstellung auf das parlamentarische mit Freuden begrüßt und stehe heute, wo es sich um das höchste, was es für mich gibt, das Vaterland, handelt, hinter der demokratischen Regierung und gehe, wo es möglich ist, Hand in Hand mit den Gewerkschaften und suche auf diese Weise zu retten, was zu retten ist. Sie sehen, ich bin Opportunist und passe mich den Verhältnissen an«. Tatsächlich war Duisberg im November davon überzeugt, daß die »rote Republik« etwas zu bieten hatte. »Immer habe ich gewünscht, daß einmal anstelle des durch die Juristen in die Verwaltung hineingetragenen, wenn auch rein logischen, so doch meist formalistischen Denkens und Handelns ein mehr kaufmännisch-technischer Geist einziehen möge.« Duisberg konnte dem »heiligen Bürokratius« der Vergangenheit keine Träne nachweinen.[2]

Duisbergs Bemerkungen sind von Bedeutung, da sie zu einem Verständnis sowohl der zugrundeliegenden Psychologie als auch des Inhalts dieses Primats der Wirtschaft vor der Politik verhelfen können. Der Opportunismus, den Duisberg so unverfroren erwähnte, ermöglichte in der ersten Zeit der Republik das Überleben der Unternehmer und wurde in den höchst pragmatischen und erstaunlich klugen Reaktionen auf Probleme zum Ausdruck gebracht, wo Prinzipientreue hätte Unglück bedeuten können. Ein eindrucksvolles Beispiel dafür war die Geschwindigkeit, mit der die Industriellen ein Bündnis mit den Gewerkschaftsführern schlossen – die sogenannte Zentralarbeitsgemeinschaft –, um gemeinsam die sozio-ökonomischen Angelegenheiten des Landes zu regeln. Ebenso eindrucksvoll war die Art und Weise, in der die Unternehmer von 1918 bis 1920 aktiv an der Sozialisierungsdiskussion teilnahmen, und zwar nicht als Verteidiger von »free enterprise«, sondern als Experten, um auszuhelfen. Wie Paul Silverberg, ein Führer der Braunkohleindustrie später vermerkte, würgten die Unternehmer die Sozialisierung ab, indem sie ständig neue Ideen unterbreiteten. Es ist bemerkenswert, daß die Zeitschrift des rechten Flügels der Sozialdemokratischen Partei, die *Sozialistischen Monatshefte*, beachtliche Summen aus bestimmten Wirtschaftskreisen bezogen.[3]

Soweit die Unternehmer es für nötig hielten, ihre opportunistische Taktik zu rechtfertigen, gelang ihnen dies mit dem Hinweis darauf, daß die Bürokraten und Politiker versagt hätten, den »kaufmännisch-technischen Geist«, auf den Duisberg Bezug nahm, zu entwickeln. Die »free enterprise«-Doktrin in ihrer anglo-amerikanischen Bedeutung, daß der Wettbewerb durch Verbote von Handelsbeschränkungen gesteigert wird, faßte nie Fuß in Deutschland. Das bedeutet aber nicht, daß die deutschen Unternehmer staatliches Einmischen in ihre Angelegenheiten wohlwollend duldeten, wie dies aus mehreren übertriebenen Vorstellungen über die Rolle des Staates in der Industrialisierung von Preußen und Deutschland zu erschließen ist. Die Unternehmer bestanden häufig darauf, daß die eigentliche Revolution im Jahre 1914 stattgefunden habe, als die Regierung die Autonomie der Wirtschaft massiv zu untergraben begann. Die Schuld an der Kriegsniederlage wurde oft der Regierung zur Last gelegt, da sie unfähig gewesen sei, der wirtschaftlichen Lage Herr zu werden.[4] Während es die Absicht der Bürokratie war, die Politik auf Verwaltungsfragen zu reduzieren, wollten die Weimarer Unternehmer im Interesse der Wirtschaft, der Industrie und der Finanzwelt die Politik auf wirtschaftliche Fragen reduzieren. Die Zentralarbeitsgemeinschaft beruhte auf der Annahme, daß die Gewerkschaftsführer aufgrund der kontinuierlichen Kontakte sowie der Zusammenarbeit mit den

Arbeitgebern die wirtschaftlichen Notwendigkeiten der Stunde zu würdigen lernten. 1918 gründete Carl Friedrich von Siemens ein Kuratorium für den Wiederaufbau des deutschen Wirtschaftslebens mit dem bestimmten Zweck, die Wahl in den Reichstag von Unternehmern aller politischen Richtungen zu fördern und finanziell zu ermöglichen. Die zu diesem Zweck gesammelten enormen Geldsummen wurden nicht an Parteiorganisationen weitergegeben, sondern bestimmten Leuten in den Parteien, den Demokraten des Zentrums und der Deutschnationalen sowie in der Deutschen Volkspartei überlassen, die dafür sorgen würden, daß das Geld nur an »solche Kandidaten in sämtlichen bürgerlichen Parteien kam, von denen die Vertretung einer die industrielle Wirtschaft fördernden Politik zu erwarten ist«.[5] Die Unternehmer betrachteten die Wirtschaft als ein monolithisches Gebilde, das nur nach vorbestimmten und unveränderlichen Regeln funktionierte.

In Wirklichkeit wurde die Wirtschaft natürlich durch innere Uneinigkeiten persönlicher, funktionaler und struktureller Art erschüttert. Die beiden Führer der elektrotechnischen Industrie, Siemens und Walther Rathenau, hatten eine völlig entgegengesetzte Auffassung über die Rolle, die der Staat in der Wirtschaft übernehmen sollte. Der kühne Unternehmer und Spekulant, Hugo Stinnes, der außergewöhnlich hohe Anteile von Kohle-, Eisen-, Stahl- und Reedereiaktien besaß, sah die Möglichkeit der Inflation in einem wesentlich günstigeren Licht als die Leiter von Privatkonzernen, wie der Generaldirektor der Gutehoffnungshütte, Paul Reusch. Die sogenannte verarbeitende Industrie – die elektrotechnische und Maschinenbauindustrie – stritt sich ständig mit der Schwerindustrie über Rohstoffpreise. Letztlich waren auch einfache Motive wie das Eigeninteresse oft Anlaß zum Konflikt zwischen den Industriellen und verhinderten ein kollektives Vorgehen. Die Gebrüder Klöckner waren beispielsweise bereit, 1925 ihre Unternehmerseelen für eine staatliche Beihilfe für die Kohleindustrie aufs Spiel zu setzen, obwohl Reusch davor warnte, daß diese Aktion die Einmischung staatlicherseits legitimieren würde. Der Krupp-Konzern nahm zwischen 1927 und 1928 an den Vorbereitungen für eine kollektive Aussperrung im Ruhrgebiet teil, wollte aber einige seiner Betriebe, die offensichtlich Gewinne einbrachten, davon ausnehmen.[6]

Es ist natürlich falsch zu argumentieren, daß die Notwendigkeit, die Unternehmerschaft differenziert zu betrachten, zugleich Verallgemeinerungen ausschließe. Ebenso wäre es unrichtig anzunehmen, daß die wichtigsten Aspekte der Differenzierung in der Individualität der verschiedenen Unternehmer begündet sind. Die Betonung der Unterschiede ist in der Tat notwendig, weil dadurch die Generalisierung präziser wird und mit größerer Sicherheit festzustellen ist, inwieweit die politische Führung der Weimarer Republik die Meinungsverschiedenheiten innerhalb der Großindustrie dazu benutzt haben könnte, die Wirtschaft und Gesellschaft vor den schlimmsten Folgen eines hemmungslosen Kapitalismus zu bewahren. Die kollektive

Tätigkeit der Unternehmer ist im Rahmen einer strukturbedingten Entwicklung der Wirtschaft und Gesellschaft zu verstehen. Wie in allen modernen Industrieländern des zwanzigsten Jahrhunderts, fand die größte Wachstumsrate in der deutschen Wirtschaft im Bereich der Investitionsgüter und nicht im Bereich der Verbrauchsgüter statt. Das relative Wachstum der Investitionsgüter in den elektrotechnischen und chemischen Industrien, teilweise auch in der Maschinenbauindustrie, war größer als das in der schwerindustriellen Gruppe, die Kohle, Eisen und Stahl herstellte.[7] Der Krieg beschleunigte diese Entwicklung, und die Organisation der Industrie in der Weimarer Republik wurde größtenteils dadurch bestimmt. Die Idee zur Gründung des Reichsverbandes der deutschen Industrie kam von einer Koalition zwischen der Schwerindustrie (Stinnes, Alfred Hugenberg, Wilhelm Beukenberg), der elektrotechnischen Industrie (Siemens, Rathenau, Hans von Raumer, Felix Deutsch), der Maschinenbauindustrie (Ernst von Borsig und Anton von Rieppel) und der Chemieindustrie (Rudolf Frank und Duisberg). Die Arbeitsgemeinschaft wurde von denselben Gruppen zur gleichen Zeit ins Leben gerufen, und beide Organisationen sollten dazu dienen, die organisatorische Struktur der Wirtschaft nach Fachverbänden statt nach Regionalverbänden einzuteilen. Der Sieg des Fachverbandes war ein schwerer Schlag für die kleinen und mittleren Betriebe, deren Stärke in den Regionalgruppen lag, die auf nationaler Ebene in dem jetzt überholten Bund der Industriellen organisiert waren. Ebenso stieß die Bereitwilligkeit der Großunternehmer, alle sozialen und wirtschaftlichen Probleme zusammen mit den Gewerkschaften zu lösen und industrieweite Tarifverträge wie auch – wenigstens vorübergehend – den Achtstundentag anzuerkennen, auf Widerstand in den kleinen und mittleren Betrieben. Diese Gruppen, die hauptsächlich die Verbraucherindustrien vertraten, hatten vor dem Krieg bei ihren Verhandlungen mit der organisierten Arbeiterschaft eine bemerkenswerte Flexibilität gezeigt, da sie sich den guerre à outrance nicht leisten konnten, den die Großunternehmen mit den Gewerkschaften führten. Jetzt sahen sie sich nicht dazu in der Lage, an der entente cordiale zwischen den Großunternehmern und der organisierten Arbeiterschaft teilzunehmen. Wie dem auch sei, die organisatorischen Veränderungen der Jahre 1918/1919 markierten den Sieg einer erweiterten Großindustrie, die aus den oben genannten Gruppen zusammengesetzt war, und die Geschichte des Reichsverbandes ist größtenteils die Geschichte ihres wechselseitigen Einflusses.[8]

Zwischen 1918 und 1924 war Stinnes der treibende Geist hinter dem Reichsverband und der Arbeitsgemeinschaft; sein Ruf in der Welt der Unternehmer sowie im ganzen Land liegt darin begründet, daß seine große Sachkenntnis und die Hartnäckigkeit, mit der er seine Interessen verfolgte, ihn zum geborenen Führer machten, während andere Männer aus der Wirtschaft Notlagen mit weit weniger Selbstvertrauen bewältigen konnten. Stinnes' gesamte Politik beruhte grundlegend auf der Inflation, und sein berühmtes Programm der vertikalen Konzentration sowie seine Bereitwilligkeit, mit den Gewerkschaften zusammenzuarbeiten, kann nur hiermit erklärt werden. Während die meisten Kollegen Stinnes' von einer heilen Welt mit einer stabilen Währung, von niedrigen Preisen und niedrigen Löhnen träumten, stellte sich Stinnes eine Welt vor, in der die Verbindungslinien von der vertikalen Konzentration, der Zusammenarbeit mit den Gewerkschaften und der Inflation bis hin zur Wiederherstellung Deutschlands als Weltwirtschaftsmacht reichen würden: »Wenn wir Kohle haben, wird unser Land das gegebene Verfeinerungsland der Welt sein, einmal wegen unserer Valuta und dann wegen unseren Löhnen, die unter Berücksichtigung der Valuta die niedrigsten der Welt sind ... Wir müssen uns mit der Arbeiterschaft zusammensetzen und dieser geben, was ihr zukommt, dann bekommen wir die Preise, die wir brauchen«.[9] Was auch immer die Einwände von Konservativen wie Reusch gewesen sein mögen, Stinnes begriff doch den Geist und die Praxis der sogenannten Inflationskonjunktur. Ein ununterbrochener Angriff auf den Achtstundentag im Namen einer maximalen Kohleproduktion war gekoppelt mit einer allgemeinen Bereitwilligkeit, hohe Löhne mit einer aufgeblähten Währung zu bezahlen. Zur gleichen Zeit gelang es Deutschland, sich durch systematisches Valutadumping weltweite Absatzgebiete zurückzuerobern, während Verbraucher im Inland mit dem Versprechen vertröstet wurden, daß die Knappheiten dann aufhören würden, sobald die Binnenpreise das Niveau der Weltpreise erreicht hätten. Die Inflation selbst, die sowohl für Spekulationszwecke als auch zur Schuldentilgung und Steuerhintertreibung geeignet war, wurde für unaufhaltbar erklärt, solange eine ungünstige Handelsbilanz existiere und die Reparationsfrage nicht auf sachliche Weise geregelt worden sei. Eine falsche Theorie der Inflationsursachen zusammen mit einem passenden Sündenbock von außerhalb hielt die Druckerpressen in Gang.[10]

Diese Situation war einer sozialwirtschaftlichen Harmonie gewiß nicht förderlich. Die Gewerkschaften konnten nicht über die fallenden Reallöhne ihrer Mitglieder hinwegsehen, während die verarbeitende Industrie unter der Knappheit und den hohen Preisen der Rohstoffe leiden mußte. Folglich herrschte Uneinigkeit im Reichsverband und die kollektiven Bemühungen der Industrie, staatliche Kontrollen zu vermeiden, wurden geschwächt, da die verarbeitende Industrie sich im Kampf gegen die Preispolitik der Schwerindustrie oft mit der Arbeiterschaft verbündete. Auch innerhalb der Schwerindustrie kämpften die Gruppen in den Kartellen, die konservativer waren und weniger spekulierten, Sitzung für Sitzung um eine gemäßigtere Preispolitik. Letzten Endes jedoch überredeten oder zwangen Stinnes und seine Verbündeten ihre Widersacher, sich ihrer Führung anzuvertrauen. Im Herbst 1922 hatte die Hyperinflation begonnen und Ausfuhrgewinne zerrannen, als die Binnenpreise die Weltmarktpreise übertrafen. Die Gemäßigten in den Syndikaten wurden aber immer noch ignoriert. Entmutigt berichtet einer von ihnen: »Versuche, zu bremsen, blieben vollständig erfolglos ... Irgendein höherer Gesichtspunkt kommt in den Verhandlungen nicht mehr zur Geltung, es kommt einem so vor, als ob jeder den Zusammenbruch herannahen sieht und vorher noch an sich reißen möchte, was erhascht werden kann ... Die Geldversteifung sieht jeder klar vor Augen, aber man zieht keine Folgen daraus. Man redet so viel und so eindringlich von Verlusten, bis man schließlich selbst daran glaubt«.[11]

Im Kontext der oft übersehenen Hyperinflation des Jahres 1922 waren die Ruhrbesetzung und der passive Widerstand von 1923 für die Unternehmer ein zweifelhafter Segen. Der Mord an der Mark durch schlechte Finanz- und Wirtschaftspolitik von seiten der Reichsbank, der Regierung und der Wirtschaft konnte immer noch unter dem Vorwand des allgemeinen Widerstands verdeckt werden. Die Unternehmer benutzten das Ende des passiven Widerstands zur Abschaffung zahlreicher sozialer und wirtschaftlicher Errungenschaften der Revolution. Absprachen mit den Besatzungsmächten lieferten einen bequemen Vorwand zur einseitigen Abschaffung des Achtstundentages und zur Wiederauflebung des Vorkriegstones in den Arbeitgeber-Arbeitnehmer-Beziehungen. Eine Firma erklärte ihren Arbeitern noch taktvoll: »Wir müssen unter allen Umständen wieder zu produktiver Arbeit kommen, die bisherige Schlamperei hat aufzuhören«.[12]

Es wäre natürlich falsch, die Zeit zwischen 1924 und 1928 als das goldene Zeitalter für die Großunternehmer darzustellen. Im Frühjahr und frühen Sommer 1924 war eine Stabilisierungskrise zu verzeichnen und eine weitere Stabilisierungskrise fand zwischen dem Herbst 1925 und Herbst 1926 statt. Der wirtschaftliche Aufschwung, der dann aufgrund der inneren Bankpolitik, einer guten Ernte und zum Teil aufgrund des großen englischen Kohlestreiks von 1926 folgte, hielt bis Ende 1927 an. Eine Flaute während des Jahres 1928 mündete in eine Rezession. Trotz der »Prosperität« in den Jahren 1928/29 war der Pessimismus in Unternehmerkreisen tiefgreifend, und in diesem Jahr ereigneten sich die schlimmsten Arbeitskonflikte seit der Revolution.[13]

Diese Konflikte wurden absichtlich von einer einflußreichen, machtvollen und politisch aktiven Unternehmergruppe unter der Führung des Generaldirektors Reusch von der Gutehoffnungshütte und des Generaldirektors Albert Vögler von den Vereinigten Stahlwerken angefacht. Sie waren davon überzeugt, daß der Wohlstand gefährdet war und fürchteten um den Erfolg des Rationalisierungsprogramms, das sich auf kurzfristige ausländische Kredite stützte. Mit der Rationalisierung wurden die allgemeinen Unkosten bei der Preisfestsetzung stärker berücksichtigt, so daß es Reusch und Vögler leicht fiel, die gewinnlose Prosperität auf die hohen Steuern zu schieben, durch die hohe staatliche Ausgaben ermöglicht und die Kosten einer Sozialpolitik abgedeckt würden, die von der Wirtschaft als eine fortwirkende Beleidigung empfunden wurde. Das Arbeitslosenversicherungsgesetz von 1927 sowie das Arbeitszeitgesetz im selben Jahr und die unablässige staatliche Einmischung in die Verhandlungen, die von Arbeiterschaft und Industrie mit Hilfe der Verbindlichkeitserklärung geführt wurden, riefen eine wachsende Verzweiflung hervor und lösten die fortwährenden Anschuldigungen gegen das Arbeitsministerium aus, daß es die deutsche Industrie daran hindere, ihre Kapitalreserven auszubauen.[14]

Nicht alle Unternehmer teilten den Pessimismus und die antigewerkschaftliche Haltung Reuschs und Vöglers. Doch durch seine führende Position im Langnamverein und in der Nordwestgruppe des Vereins deutscher Eisen- und Stahlindustrieller gelang es Reusch, 1926 Peter Klöckner wegen einer optimistischen Ansprache über die Wirtschaft kaltzustellen und fast völlig zu isolieren. Außerdem organisierte er im gleichen Jahr die erfolgreiche Opposition gegen Silverbergs in Dresden gehaltene Rede an den Reichsverband, in der dieser die Wiederherstellung der Arbeitsgemeinschaft befürwortete. Aufgrund ihrer einflußreichen Position in der verarbeitenden Industrie konnten Reusch und Vögler dafür sorgen, daß in der Organisation der Maschinenbauindustrie Männer an die Führung kamen, die der Schwerindustrie freundlich gesonnen waren. 1927 gründete Reusch seine berühmte Ruhrlade, eine Gruppe von zwölf ausgewählten Industriellen, die sich monatlich trafen, um gemeinsame Probleme zu besprechen und eine allgemeine Politik für die Industrie zu formulieren. Im August 1927 begannen Reusch und Vögler, einen Schutzverband zu organisieren, der aus verschiedenen Firmen im Ruhrgebiet zusammengesetzt war. In diesem Verband wollte man sich auf die Arbeitskonflikte vorbereiten, die zwischen 1927 und 1928 die Industriegeschichte kennzeichnen sollten und Ende 1928 in der großen Aussperrung gipfelten. Durch die Aussperrung wurde das staatliche System der Verbindlichkeitserklärung zum Teil aufgehoben. Am Vorabend der großen Wirtschaftskrise, aber inmitten der vermeintlichen wirtschaftlichen Prosperität von 1927/28 und der soziopolitischen Stabilisierung, die von der Großen Weimarer Koalition vom Mai 1928 signalisiert wurde, begann die Schwerindustrie ihre große Offensive gegen das soziale System der Weimarer Republik. Diese Offensive beschränkte sich nicht nur auf die Wirtschaftskämpfe an der Ruhr; sie versuchte auch, politische Parteien zu beeinflussen und forderte Unternehmer dazu auf, eine bewußtere politische Rolle zu spielen. Und in einer sehr energischen Kampagne durch den Bund zur Erneuerung des Reiches, der 1926 von Reusch, Robert Bosch und anderen führenden Unternehmern gegründet worden war, versuchte diese Offensive die Verfassung des Reiches zu reformieren.[15]

Wie ist nun das Verhältnis der sozialwirtschaftlichen Politik der Unternehmer in der Weimarer Republik zu ihrem politischen Verhalten zu bewerten? Fest steht, daß trotz des inflationsbedingten Vorsprungs und der nachfolgenden Rationalisierung deutscher Industrieanlagen die Unternehmer immer noch großen Belastungen ausgesetzt waren: die Kapitalisierung mit Hilfe von kurzfristigen ausländischen Anleihen war gefährlich; das Problem der Reparationen war durch den Dawes-Plan abgemildert, aber nicht gelöst worden; die Regierung verschwendete – besonders auf lokaler Ebene – enorme Geldsummen für wirtschaftlich fragwürdige Aufwendungen, wie

z. B. Theater und öffentliche Bäder; die Verwaltungs- und Finanzstruktur des Reiches mußte überholt werden; die Sozialpolitik des Arbeitsministeriums war oft politisch motiviert und wirtschaftlich gesehen nicht immer vernünftig. Außerdem wird im Rückblick deutlich, daß die deutsche Industrie eine besonders schwierige Entwicklungsphase unter höchst ungünstigen Bedingungen durchmachte. Die Krise im Bergbau und die Strukturprobleme der Schwerindustrie, die heute unverkennbar sind, tauchten in dieser Zeit zum ersten Mal auf. Größtenteils sind sich auch die Wirtschaftswissenschaftler darüber einig, daß der Industrie nicht genügend Zeit gewährt worden war, um die Vorteile der Rationalisierung zu genießen.[16]

Allerdings muß im Auge behalten werden, daß Weimar – ob nun von Vorteil oder nicht – der deutschen Industrie viel Spielraum überließ, um ihr Schicksal selbst zu bestimmen.[17] Die Politik der Industrie während der Inflation war oft unbesonnen und egoistisch, und zweifellos war der Zusammenbruch des Stinnes-Imperiums und anderer Mischmaschgebilde der Inflationszeit mehr als verdient. Das Weimarer Kartellgesetz von 1923 war mehr als schwach; die Weimarer Regierungen unterstützten im Grunde die deutsche Industrie beim Aufbau einer komplexen Struktur von in- und ausländischen Kartellvereinbarungen, wie sie zwischen 1924 und 1926 getroffen wurden. Die außergewöhnlich große Wirksamkeit im Reichstag von Lobbyisten wie Raumer, die relativ gute Koordination von Interessen zwischen der Schwerindustrie und der verarbeitenden Industrie, die die Gründung der Vereinigten Stahlwerke und anderer Riesenunternehmen ohne Zahlung einer Fusionssteuer ermöglichte,[18] wie auch die Zollgesetze und internationalen Kartellabkommen dieser Jahre beweisen, daß die Industrie durchaus die Machtvollkommenheit hatte, ihre eigenen Strukturen und ihre Politik zu bestimmen. Das Verhalten dieser Kartelle und Gesellschaften zeigt, daß das Arbeitsministerium nicht allein für die gewinnlose Prosperität der späten zwanziger Jahre verantwortlich war. Während einer Sitzung im Jahre 1931 äußerte einer der Direktoren des Kartells freimütig gegenüber seinen Kollegen: »Auch die Kehrseite dürfe nicht vergessen werden: 1926, 27, 28 hätten wir unsere Produktionsapparate kaputtproduziert und lediglich mengenmäßig, aber nicht preislich aus der Konjunktur Nutzen gezogen. Hätten wir schon damals ein beweglicheres Preissystem gehabt, wäre uns wohler gewesen und wir hätten Geld verdient«.[19]

Solche Zugeständnisse waren natürlich nicht für die Öffentlichkeit bestimmt, vielmehr beharrte die Wirtschaft auf ihrer arroganten Pose der Unfehlbarkeit. Der kritische Punkt ist allerdings, daß dies durch das Verhalten der Regierenden im Weimarer Deutschland ermöglicht wurde, weil sie selbst dem Mythos zum Opfer gefallen waren, daß die Industrie auf alles eine Antwort habe. Die Sozialdemokraten, bei denen vor allem die Verantwortung für Alternativen lag, hatten keine eigenen Verbesserungsvorschläge für die Wirtschaft, so daß sie viele der Ideen und Gepflogenheiten der Großindustrie akzeptierten. Die Regierungen unternahmen kaum etwas, um aus den Meinungsverschiedenheiten innerhalb der Wirtschaft oder ihrer soziopolitischen Isolierung Kapital zu schlagen. Die Großunternehmer trugen nie die Kosten für ihre Unfähigkeit, ein dauerhaftes Bündnis mit der Arbeiterschaft zu gründen, ihre vorkriegszeitliche Verbindung mit der Landwirtschaft zu erneuern oder die mittleren und kleinen Betriebe und Firmen zurückzugewinnen, die unter ihren inflationären Praktiken und unter den Nebenwirkungen ihrer brutalen Kämpfe mit der Arbeiterschaft in den späten zwanziger Jahren gelitten hatten. Während sie uneingeschränkt ihre soziale und wirtschaftliche Macht ausübten, konnten sie auch das Ansehen der Republik mit ständiger Kritik untergraben. Wie die Bürokratie und das Heer, die den Rückzug in einen mystischen »Dienst am Staat« pflegten, gaben die Großunternehmer ihrer Gleichgültigkeit oder Feindseligkeit gegenüber der Republik Ausdruck, indem sie ihre Dienste einer Abstraktion leisteten, die sie als »die Wirtschaft« bezeichneten. Daß ihnen dies gewährt wurde, beweist nicht, daß die Führer der Weimarer Republik den Primat der Wirtschaft nicht erkannten, sondern daß sie darin versagten, den Primat der Politik zu verwirklichen.

Nachwort

Seit dem Erscheinen dieses Aufsatzes ist vom Verfasser sowie anderen Historikern viel Forschungsarbeit geleistet worden, deren Ergebnisse die in diesem Aufsatz skizzierten Argumente m. E. sowohl bestätigen als auch vervollständigen.[20] Im Hinblick darauf stellt der abschließende Aufsatz dieses Bandes den Versuch meinerseits dar, auch die neuere einschlägige Literatur weitgehend zu berücksichtigen sowie die aufgegriffene Thematik zu der letzten Phase der Republik in Beziehung zu setzen. Während ich nach wie vor an den grundlegenden Argumentationslinien der beiden Aufsätze festhalte, erachte ich es doch als notwendig, darauf hinzuweisen, daß die kürzlich erschienenen Arbeiten von Knut Borchardt – sicherlich stellen sie den bislang anregendsten und einfallsreichsten Durchbruch nicht nur in der Historiographie der Weimarer Periode, sondern auch in der Erforschung der Beziehungen zwischen ökonomischer Entwicklung und politischem Verhalten dar – die Analyse der Weimarer Großindustrie in mehrfacher Hinsicht komplizieren.[21] Borchardts These, daß es eine »Krise vor der Krise« gab, kann kaum in Frage gestellt werden, während sein Argument, daß sich Weimar seine sozialen Programme ebensowenig wie das damals bestehende relativ hohe Lohnniveau leisten konnte, nicht schon deshalb, weil es als unbequem empfunden wird, schlichtweg abgelehnt werden kann. Zumindest waren die Argumente, die Kritiker aus industriellen Kreisen gegen die Weimarer sozialpolitischen Maßnahmen anführten, plausibler als die meisten Historiker dies – bis Borchardts Thesen bekannt wurden – zuzugestehen bereit waren; gleichzeitig läßt diese Tatsache auch die Vermutung zu, daß die politischen Optionen viel begrenzter waren, als man dies gemeinhin wahrhaben möchte. Freilich werden die führenden Arbeitgeber dadurch nicht von ihren un- oder antidemokratischen Verhaltensweisen entlastet, die auch für einen Großteil der deutschen Gesellschaft charakteristisch waren.

Aber selbst wenn Borchardts Argumentation im Hinblick auf die Chancen der Weimarer Republik in Richtung eines tiefen Fatalismus führen, müssen wir trotzdem nach den verschiedenen gewichtigen Gründen für diesen Fatalismus suchen, und demnach sollte man einige der Argumentationslinien von Borchardt, die entweder als zu einseitig oder als zu eng konzipiert erscheinen, im folgenden hervorheben. Zunächst sollten Sozialpolitik und Löhne nicht isoliert betrachtet werden; es stellten nämlich, wie auch mein Aufsatz zeigt, Investitionspolitik, Kartellstrukturen und Preispolitik ebenso ernsthafte Problemkreise – sowohl im ökonomischen wie im politischen Bereich der Weimarer Republik – dar. Die Annahme, daß die Vorgehensweise von Unternehmern aus volkswirtschaftlicher Sicht überaus optimal waren, ist noch nicht stichhaltig bewiesen worden. Zweitens wäre eine mehr vergleichende Perspektive dieser Fragen sowohl angemessen als auch notwendig. Das Beispiel der Vereinigten Staaten und Großbritanniens zeigt einerseits, daß die Art und Weise, wie man die Arbeiterklasse behandelte, nicht notwendig unvereinbar mit der Aufrechterhaltung einer demokratischen Ordnung war, auch wenn diese keine ideale Form der Demokratie darstellte. Andererseits konnte auch eine derartige Politik die Depression nicht verhindern. Damit komme ich zum dritten Punkt und gleichzeitig dem wichtigsten Themenbereich, der noch weitergehender Forschung und ebenso des gründlicheren Nachdenkens bedarf, nämlich: die Bedingungen für ein erfolgreiches Krisenmanagement in modernen demokratischen Industriegesellschaften. Borchardt würde ebenso wie ich argumentieren, daß die Rettung der Weimarer Republik in den frühen Jahren gerade in der Inflationspolitik lag.[22] Vielleicht wurde das Vermächtnis der Bemühungen, eine solche Politik zu betreiben, zum Schicksalsschlag für die Republik in den nachfolgenden Jahren,[23] vielleicht auch nicht; aber der Handlungsspielraum der Staatsmänner während der Depression möchte doch nicht so eingeschränkt gewesen sein, wie Borchardt dies mit seinen Argumenten zu zeigen versucht.[24] Wie im Falle Roosevelt demonstriert wird: Der »Erfolg« mußte nicht tatsächlich real sein, um seinen politischen Zweck zu erfüllen. Das Argument für den Primat der Politik bleibt also noch zu widerlegen.

10. Die Großindustrie und der Kapp-Putsch*

Der Kapp-Lüttwitz Putsch, der am 13. März 1920 überstürzt begann und am 17. März mit dem Rücktritt von Dr. Wolfgang Kapp ruhmlos scheiterte, ist bereits zum Gegenstand wichtiger Untersuchungen geworden. Einzelheiten, wie z.B. der Charakter und die Motive der Verschwörer, die von den politischen Parteien und deren Führung eingenommene Haltung und die Gründe für das Mißlingen des Putsches sind relativ gut bekannt. Übereinstimmung besteht allgemein darüber, daß der Kreis der Verschwörer eine zu begrenzte soziale Basis hatte und zu unterschiedliche Ziele verfolgte, um erfolgreich zu sein. Im Grunde war es eine Revolte stellungsloser, reaktionärer ostelbischer Beamter, zu denen Kapp selbst und sein »Innenminister« Traugott von Jagow gehörten, unzufriedener, konservativer Militäroffiziere, deren bedeutendster Kopf Freiherr von Lüttwitz war, und schließlich militärischer Abenteurer wie Oberst Max Bauer, Major Pabst und Hauptmann Ehrhardt. Während es Kapp um tiefgreifende verfassungsmäßige und politische Veränderungen ging, strebte Lüttwitz eher nach kurzfristigen Zielen, d.h. einer Umformung des Kabinetts, das sich aus »Fachleuten« zusammensetzen sollte, nach neuen Wahlen und einem größeren Heer. Das Kapp-Regime konnte sich aber nicht durchsetzen, da ihm die Regierungsbeamten ihre Unterstützung verweigerten und die Gewerkschaften am 14. März zum Generalstreik aufriefen.[1]

Die zentrale Frage, die sich im Falle des Kapp-Putsches stellt, ist nicht die des Erfolges, sondern die nach der Art und Weise seines Scheiterns. Die rechtmäßige Regierung in Stuttgart bestand auf Kapps bedingungslosem Rückzug; demgegenüber erklärten sich einige Regierungsvertreter in Berlin, viele Politiker der rechten Parteien und sogar einige Sozialisten des rechten Flügels dazu bereit, mit Kapp über die Rückzugsbedingungen zu verhandeln. Diese Haltung wurde von einigen aufgrund ihrer Übereinstimmung mit Kapps Zielen und von anderen wegen der wachsenden Unruhe in Berlin über den Generalstreik und der damit verbundenen Gefahr eines linken Aufstandes eingenommen; bei anderen wiederum spielten beide Motive eine Rolle. Insgesamt gesehen ist der Kapp-Putsch deshalb von besonderem Interesse für den Historiker der Weimarer Republik, weil anhand des durch den Putsch ausgelösten Spektrums von Reaktionen eine Analyse der Einstellung bedeutender sozialer und politischer Gruppen gegenüber der Republik während dieser kritischen Zeit möglich wird. Kennzeichnend für diesen Zeitraum, der sich von der Unterzeichnung des Versailler Vertrages im Juni 1919 bis zu den Reichstagswahlen im Juni 1920 erstreckt, ist die sich vermindernde Unterstützung für die Republik und das Aufleben der Rechten. Dieser Aufsatz soll die Reaktion einer jener Gruppen, nämlich die der Großindustrie, auf den Kapp-Putsch untersuchen.

Wenngleich es in den Reihen der Großindustrie erhebliche Unterschiede in den Reaktionen auf die vom Kapp-Putsch aufgeworfenen Probleme gab, die in etwa mit denen innerhalb und zwischen den »bürgerlichen« Parteien zu vergleichen sind, so ist doch eine schwerpunktmäßige Untersuchung der Wirtschaftskreise aus verschiedenen Gründen berechtigt und wünschenswert. Die wirtschaftlichen und sozialen Probleme der Weimarer Republik verliehen der Großindustrie eine besonders einflußreiche und bedeutende Stellung im politischen Leben der Nation. Dies zeigte sich an der aktiven Mitwirkung der Unternehmer bei der Innenpolitik wie bei diplomatischen Verhandlungen. Zugleich war der Versuch gemacht worden, den Einfluß der Wirtschaft durch die Gründung einer zentralen Organisation – des Reichsverbandes der Deutschen Industrie als Vertreter der gesamten Wirtschaft – wirksamer zu gestalten. Die Fähigkeit des Reichsverbandes, in seiner Funktion als Wortführer der Wirtschaft auch während einer Krise zu handeln, sollte durch den Kapp-Putsch auf die Probe gestellt werden. Ebenso wichtig – und vielleicht von noch weitergehender Bedeutung – war, daß der Kapp-Putsch die besonderen Beziehungen zwischen der organisierten Arbeiterschaft und der organisierten Wirtschaft, die mit dem Stinnes-Legien-Abkommen vom 15. November 1918 begründet und in der sogenannten Zentralarbeitsgemeinschaft (ZAG) formalisiert worden waren, stark belastete. In dieser Organisation, wie auch in den für alle Industriezweige errichteten Arbeitsgemeinschaften, sollte die Führung auf beiden Seiten gemeinsame Probleme in gegenseitigem Einverständnis regeln. Zweck der ZAG war, die Beziehungen zwischen der Industrie und Arbeiterschaft zu »entpolitisieren«. Durch die Ereignisse des Kapp-Putsches wurde in Frage gestellt, ob die ZAG einen von den Gewerkschaften einseitig ausgerufenen Generalstreik sowie die nachfolgende Forderung nach einer Streikentschädigung für die Arbeiter überdauern konnte. Die Berücksichtigung dieser Seite des Kapp-Putsches und ebenso des darauffolgenden Aufstandes an der Ruhr verdeutlicht, daß die deutsche Wirtschaft den Kapp-Putsch und seine Nachwirkungen besonders intensiv erlebte.[2]

I

Allgemein war es bei den Unternehmern und ihren Firmen üblich, »Beiträge zu guten Zwecken« zu leisten – so der Euphemismus einer der Firmen[3] – und finanzielle Mittel verschiedenen rechten Gruppen und Organisationen, wie z. B. der Nationalen Vereinigung, aus deren organisatorischem Kern der Kapp-Putsch ja entstanden war, zukommen zu lassen. Es wäre jedoch falsch, daraus zu folgern, daß diese Spenden ebenso der Unterstützung rechtsradikaler Putsche dienten. Fast ausnahmslos war damit ein Beitrag zum Kampf gegen den Bolschewismus und zur Unterstützung der Propaganda von »national ausgerichteten« Organisationen beabsichtigt, die die öffentliche Meinung in den bevorstehenden Wahlen nach rechts rücken wollten. Als z. B. der Chemieindustrielle Carl Duisberg finanzielle Beiträge der Nationalen Vereinigung zukommen ließ, hätte er nie geglaubt, daß ihre Führer putschen würden und war dementsprechend wütend über die Dummheit, Unzeit und Unannehmbarkeit ihrer Handlungsweise:

»... Wer hätte es gedacht, daß die Militärpartei ... gerade in dem ungünstigsten Augenblick, den es für unser armes niedergetretenes Vaterland gibt, die Gewalt an sich reißen und die Regierung vertreiben würde. ... Gerade in dem Augenblick, wo wir wieder anfingen, mehr als bisher zu arbeiten, wenigstens in den Kohlenbergwerken – und die Kohle ist im Augenblick die Hauptsache –, wo in London die Erkenntnis reift, daß man durch die Erzwingung des Versailler Friedens eine fürchterliche wirtschaftliche Dummheit begangen hat und dementsprechend die Valuta sich zu bessern begann, wirft die Militärpartei, noch dazu unter Führung eines Mannes, der als Reaktionär verschrien ist, wieder alles über den Haufen und zwingt unsere Arbeiter zu Generalstreik und Demonstrationen, die auch nicht nötig sind, weil damit nichts erreicht wird. ... Man faßt sich an den Kopf und fragt, ob Menschen mit Gehirn und Verstand oder Narren und Verrückte sich der neuen Herrschaft bemächtigt haben. Ich verurteile also als Wirtschaftler, was geschehen, in Grund und Boden und hoffe, daß die militärischen Brauseköpfe in Berlin bald zur Einsicht kommen. Ich hoffe daneben, daß die Nationalversammlung nunmehr die Dummheiten, die sie mit der Hinausziehung der Neuwahlen und mit der beabsichtigten Verletzung der Verfassung begangen, einsieht und nunmehr die Neuwahlen so schnell als möglich ausschreibt. Sie kann dabei nicht verlieren, sondern nur gewinnen. Letzten Endes aber trägt den Schaden wiederum unsere in den letzten Zügen liegende Wirtschaft, noch dazu in einer Zeit, wo wir nicht wissen, wie wir unser Volk ernähren und die Hungersnot von ihm fernhalten sollen...«[4].

Wie stark auch immer Duisbergs sentimentale Zuneigung zur alten Ordnung und seine freundschaftlichen Gefühle für den Kriegskameraden und Mitarbeiter Oberst Max Bauer gewesen sein mögen, seine opportunistische Billigung der Republik wollte er doch nicht zurücknehmen. In einer Weise, die typisch für den Großteil derjenigen Unternehmer ist, für die quellenmäßige Belege gefunden werden können, verurteilte Duisberg den Putsch als »Verbrechen« und mißbilligte den Generalstreik als sinnlos; zugleich kritisierte er die Verzögerung der Neuwahlen als zum Teil verantwortlich für die Ereignisse.

Sogar diejenigen, die weniger resigniert über die Republik als Duisberg waren, bemerkten die geographische und soziale Isolierung der Putschisten und bedauerten den Putsch als einen verhängnisvollen politischen Rückschlag, der gerade zu einem Zeitpunkt erfolgte, als die politische Situation für die Rechte günstiger auszusehen begann. So schrieb der Berliner Lobbyist und Vertreter der Interessen Thyssens, Fritz Semer:

»Die Tat von Kapp und Lüttwitz war in der Form, wie die Leute es angefangen haben, ein Verbrechen. Der Zug nach rechts war mächtig im Gange und wir hätten tatsächlich gute Wahlen gehabt, wenn nicht dieser elende Kapp mit seinem Putsch gekommen wäre. Diese Leute aus Ostpreußen glaubten, sie könnten Deutschland erobern, aber sie haben nicht bedacht, daß man zunächst mal den Westen auf seiner Seite haben muß. Die Sache war bereits durchgesickert, ich habe persönlich Noske ein Warnungsmittel gegeben, aber duch das Vorhandensein der

Baltikumstruppen und durch den Streit mit Lüttwitz gab es kein Aufhalten mehr. Zwar wäre der Putsch von radikaler Seite zweifellos auch gekommen, denn es steht zweifelsfrei fest, daß bereits acht große Werbezentralen für die Rote Armee seit Monaten bestanden und reichliche Geldmittel von Rußland geflossen sind, aber ein solcher Putsch von radikaler Seite wäre leichter geschlagen worden, wenn nicht der Kapp Putsch vorangegangen wäre. Zunächst wären die Truppen besser intakt gewesen, welche nun durch den Kapp Putsch vielfach gespalten waren. Dann aber auch hätten die Gewerkschaftsführer nicht immer die Phrasen gebrauchen können von dem Schreckgespenst des monarchistischen Putsches. – Kapp und Genossen haben tatsächlich ein Verbrechen am deutschen Volk verübt. Welche direkten und indirekten Werte sind uns wieder verloren gegangen!«[5]

Derartige Reaktionen auf den Kapp-Putsch machen das politische Durcheinander der rechten Gruppen in der Weimarer Republik sichtbar. Mag die Zusammenarbeit von Junkern, Industriellen, Heer und Bürokratie in der Monarchie nicht immer ohne Spannungen gewesen sein, so hatten diese Gruppen doch einen ziemlich starken Block zur Verteidigung der alten Ordnung gebildet. Einen vergleichbaren Block gegen die Republik gab es 1920 nicht, was eine wichtige Voraussetzung für ihren Fortbestand war; ebensowenig gab es einen Block, der ein allgemein verbindliches Programm der Rechten unterstützte. Diese Situation sowie die Eskapaden der extremen Rechten stellten aber die Wirtschaft vor besonders schwierige Aufgaben, so daß es den Unternehmern schwer fiel, entsprechende Taktiken bei ihrer Bewältigung zu entwickeln.

Die »unpolitische« Taktik der Zusammenarbeit mit den Gewerkschaften in der ZAG trug zur Mäßigung der Gewerkschaftsführer bei; Streiks konnten verhindert und die Kohleproduktion durch Überstundenabkommen verbessert werden; auch war gewährleistet, daß die von den Industrieführern befürworteten wirtschaftlichen und außenpolitischen Maßnahmen die Unterstützung der Arbeiterschaft erhalten würden. Im Jahre 1920 wurden aber die Grenzen dieser unpolitischen Taktik offenkundig. Um ihre Hauptaufgabe zu erfüllen, war die ZAG nie stark genug, so daß sie Bürokratie und Parlament nicht daran hindern konnte, in sozial- und wirtschaftspolitische Angelegenheiten einzugreifen. Ferner war es auch den sozialistischen Gewerkschaften kaum möglich, in einem politischen Vakuum zu agieren. Die größte Gewerkschaft, der Deutsche Metallarbeiterverband, fiel im Juni 1919 unter die Führung der Unabhängigen Sozialisten und trat aus der ZAG aus. Für die ZAG war dies ein harter Schlag, aber hinzu kam noch, daß es den Gewerkschaftsführern nicht gelang, sich den Forderungen der Arbeiterschaft nach einem Betriebsrätegesetz, das im Januar 1920 verabschiedet wurde, zu widersetzen. Zahlreiche Arbeitgeber waren schon von Anfang an gegen die ZAG, und derartige Beweise ihrer Schwäche stärkten nur die Opposition. Trotzdem wurde sie weiterhin von den mächtigsten deutschen Industrieführern sowie der Geschäftsführung des Reichverbandes unterstützt. Dadurch, daß sich die Idee der Arbeitsgemeinschaft weiterhin fortsetzen ließ, konnten viele ihrer Anhänger aus der Wirtschaft erstaunlich blind gegenüber den politischen Verpflichtungen und Anliegen der Gewerkschaftsführer bleiben. Für die Arbeitgeber z. B. kam der Kapp-Putsch insofern ungelegen, als ihre derzeitigen Bemühungen, den Achtstundentag durch eine Vereinbarung in der ZAG abzuschaffen, vorübergehend abgebrochen werden mußten. Anscheinend konnten sich die Arbeitgeber nicht vorstellen, daß die Gewerkschaftsführer nie bereitwillig das aufgeben würden, was von vielen als die einzige proletarische Errungenschaft der Novemberrevolution angesehen wurde.[6]

Auch die politische Taktik der finanziellen und persönlichen Beteiligung an der Politik war nicht ohne Zweideutigkeiten und Widersprüche. Die frühen Versuche wichtiger »linker« Kräfte in der Industrie, wie z. B. Walther Rathenau und C. F. von Siemens, die Deutsche Demokratische Partei (DDP) in eine starke bürgerliche Partei umzuwandeln, schlugen fehl; auch die vergleichbaren Intentionen, die Gustav Stresemann für die Deutsche Volkspartei (DVP) und Alfred Hugenberg für die Deutsch-Nationale Volkspartei (DNVP) hatten, scheiterten. Zwar wurde der Traum einer starken und einigen bürgerlichen Partei nie ganz aufgegeben, aber praktisch wurde die Unternehmerschaft dazu ermuntert, ihren politischen Überzeugungen zu folgen und alle bürgerlichen Parteien so zu beeinflussen, daß zumindest die Aussicht auf eine rechtsgerichtete Koalitionsregierung mit einem wohlwollenden Wirtschaftsministerium bestand. Die Mächtigen der Wirtschaft waren vorwiegend in der DVP beheimatet, in der Großindustrielle wie Hugo Stinnes und Albert Vögler eine politische Mitte zwischen der republikanischen DDP und der rechten DNVP finden konnten. Dies verärgerte manch einen überzeugteren Gegner der Weimarer Republik wie Alfred Hugenberg, der sich in der DNVP isoliert fühlte und deshalb klagte: »Die Stütze einer einzelnen kleinen Partei kann der Industrie nicht nützen, wie überhaupt die Zersplitterung der national und rechts gerichteten Elmente in die verschiedenen Parteien nur zur politischen Einflußlosigkeit führen kann. Die Industrie hat vielmehr nach der ganzen Vielgestaltigkeit ihrer Zusammensetzung die Aufgabe, möglichst viele Parteien zu durchdringen und alsdann auf ihren politischen Zusammenschluß hin zu arbeiten, damit wir endlich zu einer regierungsfähigen, staatserhaltenden Parteibildung gelangen …«.[7]

Solche Argumente konnten und sollten letztlich auch nicht wirkungslos auf die führenden Persönlichkeiten der Wirtschaft bleiben und verdeutlichen die heikle Lage der führenden Vertreter des Reichsverbandes, als sie mit dem Kapp-Putsch konfrontiert wurden. Die Auflösung der ZAG – ihres »unpolitischen« Zufluchtsorts in einer linken Republik – mußten sie zu verhindern versuchen, ohne dabei den politischen Tendenzen der rechten oder linken Mitglieder zu nahe zu treten. Ferner mußten sie bei ihren endgültigen Beschlußfassungen immer im Auge behalten, wie brüchig ihre eigene Organisation war. Der Reichsverband war kaum ein Jahr alt, und seine Gründung war nicht ohne kritische Konflikte verlaufen, die den Verdruß über die vorherrschende Rolle der Großindustrie und das von den Provinzen aufkommende Mißtrauen gegenüber den Initiativen aus Berlin wiederspiegelten. Zwar wünschten sich die Unternehmer eine Organisation, die rasch und entschlossen handeln konnte, neigten aber doch stark dazu, Maßnahmen, die ohne ausgiebige Rücksprache getroffen wurden, zu beanstanden. Wie man sieht, befanden sich Dr. Kurt Sorge, Vorsitzender des Reichsverbandes und Dr. Walter Simons, der Geschäftsführer, beim Ausbruch des Kapp-Putsches in keiner beneidenswerten Situation.[8]

Als der Putsch am Samstag, den 13. März, in Gang gesetzt wurde, war es zum Leidwesen dieser Herren noch nicht einmal möglich, eine Mehrheit im Präsidium zu versammeln, um zu besprechen, wie in dieser Angelegenheit vorzugehen sei. Nur acht der siebzehn Mitglieder waren anwesend: Sorge, Simons, Ewald Hilger, Ernst von Borsig, Felix Deutsch, Dr. Jordan, Peter Riepert und Direktor Rosenthal.[9] Hinzu kamen noch Dr. Jakob Herle, Mitarbeiter der Geschäftsführung des Reichsverbandes, Direktor Henrich von den Siemens-Werken und Hans von Raumer. Raumer, ein Abgeordneter der DVP und Geschäftsführer der Deutschen Elektrotechnischen Industrie, war bei der Gründung der ZAG und des Reichsverbandes behilflich gewesen und infolge seiner engen Kontakte zu den Gewerkschaftsführern war er von Simons gebeten worden, der Sitzung beizuwohnen. Von Samstag, dem 13. März bis mindestens Donnerstag, dem 18. März traf sich diese Gruppe täglich. Sieht man einmal von dem Einfluß ab, der möglicherweise durch vertrauliche Beratungen mit dem Direktor und Vorsitzenden Hans Kraemer und mit Alfred Hugenberg – beide waren zu der Zeit krank – geltend gemacht wurde, so wird deutlich, daß die Verantwortung, in diesem kritischen Augenblick im Namen des Reichsverbandes zu handeln, einer sehr kleinen Gruppe übertragen wurde. Obwohl man allgemein der Meinung war, daß der Reichsverband und die ZAG in einer so ernsthaften wie der vom Kapp-Putsch hervorgerufenen Lage doch auf irgend eine Art und Weise zusammenstehen sollten, wollte die Mehrheit des Präsidiums »eine gewisse zurückhaltende Stellung einnehmen ..., um den ja im letzten Jahre wiederholt aufgetretenden Vorwurf gegen eigenmächtiges Vorgehen irgendeiner Berliner Richtung nicht wieder hervorzurufen«.[10]

Wenngleich Simons und Sorge die Befürchtungen ihrer Kollegen im Präsidium teilten, Schritte zu unternehmen, die zu einem Angriff auf die »Berliner« führen würden, wandte Simons mit Unterstützung von Sorge ein, daß eine Erklärung notwendig sei, die die Verpflichtung des Reichsverbandes gegenüber der ZAG stark hervorheben und das Wohlwollen gegenüber den Arbeitern bekunden müsse. Nur Hilger stimmte gegen jegliche Erklärungen, während die anderen sich vorwiegend mit Formfragen beschäftigten. Es schien, als ob sich Simons mehr als seine Kollegen mit den Arbeitern solidarisch erklären wollte, aber von der Mehrheit überstimmt wurde; ihr ging es um eine ganz kurze Aussage, bei der die Betonung auf der ZAG lag. Die trockene Erklärung, auf die man sich schließlich einigte, war in einem Satz zusammengefaßt: »Der Reichsverband der Deutschen Industrie hält, wie sich auch die politische Lage Deutschlands gestalten mag, weiter an den

Grundsätzen fest, die zur Bildung der Zentralarbeitsgemeinschaft der industriellen und gewerblichen Arbeitgeber und Arbeitnehmer Deutschlands geführt haben«.[11] Faktisch konnte sie als eine Aussage gegen einen Generalstreik aufgefaßt werden, da ja einer der Grundsätze der ZAG die Ablehnung von Generalstreiks war. Jedenfalls wollten sich weder Sorge noch Simons mit dieser Erklärung zufrieden geben; sie wünschten dringend ein Zusammentreffen mit den Direktoren der ZAG, d.h. eine Zusammentreffen mit dem Führer der sozialistischen Gewerkschaften, Carl Legien. Aber es gelang ihnen weder vor noch nach der Präsidiumsitzung vom 13. März mit Legien in Verbindung zu treten, und Legien schien seinen Arbeitgeberpartnern in der ZAG aus dem Weg zu gehen. Das ließ den beiden Reichsverbandsführern keine andere Wahl, als zu versuchen, das Präsidium aus seiner Passivität herauszuholen. Als das Präsidium am Montag, dem 15. März zusammentraf, konnte kein Zweifel mehr an der Wirkung des am Vortag ausgerufenen Generalstreiks bestehen. Auch wenn Sorge gewiß nicht die Absicht hatte, den Streik zu unterstützen, so meinten er und Simons doch, daß eine weitergehende Erklärung als die vom 13. März angemessen sei. Da aber Hilger, Borsig, Rosenthal und Riepert sich diesem Schritt widersetzten, wurde beschlossen, nichts zu unternehmen.

Wenn die Arbeitgeber in der ZAG Legien bald zu beschuldigen begannen, Grundsätze von Parität und gegenseitiger Rücksprache aufgrund seines eigenmächtigen Aufrufs zum Generalstreik verletzt zu haben, so war Legiens Antwort darauf, daß mit einer Rücksprache kostbare Zeit sinnlos vergeudet worden wäre, durchaus gerechtfertigt.[12] In der Tat hatte sich das Präsidium – mit Ausnahme von Sorge und Simons – erstaunlich gleichgültig gegenüber Legiens Situation gezeigt, eine Situation, die bestimmt nicht durch die von den Arbeitgebern bekundeten Loyalitätserklärungen gegenüber der ZAG – »wie sich auch die politische Lage Deutschlands gestalten mag« – verbessert werden konnte. Hätte Legien mit seinem Aufruf zum Generalstreik, der sich ja spontan entfaltet hatte, gezögert, hätte er die Unterstützung der Arbeiterschaft verloren. Er bemühte sich ohnehin schon ständig, den extremeren Forderungen der Unabhängigen Sozialistischen Partei und anderer radikaler Gruppen aus dem Weg zu gehen. Diesen Punkt brachte Legien besonders deutlich zum Ausdruck in einer Besprechung vom 15. März mit Hans von Raumer, Direktor von Stauss von der Deutschen Bank und dem Zentrumsabgeordneten Fehrenbach. Er teilte ihnen mit, daß er vom Reichsverband eine Erklärung brauche, in der Opposition gegen Kapp und Unterstützung für die Arbeiter bekundet werde. Sonst müsse er die ZAG auseinanderbrechen lassen und weitreichende Konzessionen an die Unabhängigen machen. Legien selbst erwartete keine große Hilfe vom Reichsverband, dennoch befand er sich in einer echten Zwickmühle. Sein Einsatz galt ja auch der ZAG, aber bei den Gewerkschaftsmitgliedern war seine Politik auf erheblichen Widerstand gestoßen. In Berlin waren Plakate aufgetaucht, die die Arbeitgeber der Unterstützung des Kapp-Putsches bezichtigten; weder konnte Legien diese Beschuldigungen mit Gegenbeweisen widerlegen, noch den Gewerkschaften nahelegen, daß ihre fortgesetzte Mitgliedschaft in der ZAG berechtigt sei.[13]

II

Als Hans von Raumer und Direktor von Stauss mit Sorge und Simons am späten Nachmittag zusammentrafen, hatten sie einiges zu berichten. Sie beschrieben ihre Unterhaltung mit Legien und teilten den beiden Reichsverbandsführern mit, daß Legien bis 19.30 Uhr eine Erklärung benötige, um schwerwiegende Zugeständnisse an die Linke vermeiden zu können. Von Hugo Stinnes, mit dem sie in Verbindung getreten waren, übermittelten sie gleichzeitig wichtige Informationen über ein Abkommen, das von der Arbeitsgemeinschaft Bergbau am nächsten Tag veröffentlicht werden sollte.

Hugo Stinnes war von allen Wirtschaftsführern bestimmt der einfallsreichste und geschickteste, was die Aufteilung »politischer« und »wirtschaftlicher« Fragen in getrennte Zuständigkeitsbereiche betraf. Wie Stinnes eigentlich über den Kapp-Putsch dachte, ist schwer zu beurteilen. Er hatte die Nationale Vereinigung unterstützt und korrespondierte mit Kapp sowohl vor wie nach der Affäre. Trotzdem kann nicht nachgewiesen werden, daß er vom Putsch im voraus Bescheid wußte oder in irgendeiner Weise darin verwickelt war. Seinem Sohn Edmond sagte er angeblich, daß er dazu bereit wäre, seine Hochöfen »zusammenschießen« zu lassen, falls sich Kapp als ein Diktator erweisen würde, der die Entschlossenheit und Fähigkeit besaß, den Sieg davonzutragen.[14] Dennoch übte er scharfe Kritik an der Untätigkeit des Reichsverbandspräsidiums und behauptete schließlich: »Man könne auch nur Geschäfte mit demokratischen Staaten in Zukunft machen«.[15] Stinnes' Laufbahn deutet insgesamt daraufhin, daß er nicht jemand war, der seinen Besitz für einen Mitmenschen oder eine gute Sache geopfert hätte. Seine Einstellung zur Politik scheint opportunistisch und berechnend gewesen zu sein, was durch sein Verhalten während des Putsches auch bestätigt wird. Für eine Politik im konventionellen Sinne konnte er weder Veständnis noch besonderes Interesse aufbringen, und dennoch war er ein Mann der Tat. Er fühlte sich der Zusammenarbeit von Arbeitgebern und Arbeitnehmern in der ZAG entschieden verpflichtet, weil diese am ehesten der Verwirklichung seiner sozial- und wirtschaftspolitischen Ziele diente.

Stinnes war am 14. März zu einer Sitzung der Arbeitsgemeinschaft Bergbau mit einem Plan gekommen, der dazu bestimmt war, den politischen Inhalt der jüngsten »Ereignisse« vorsichtig zu umgehen. Er nahm an, daß die »Ereignisse« in Berlin auch dort zu einem Generalstreik führen würden. Jedoch bemühte er sich darum, einen solchen Streik im Bergbau zu vermeiden und Ruhe an der Ruhr zu bewahren, indem er für genügend Lebensmittel sorgte; er wollte »die ganze Kohlenmacht« dafür einsetzen, um in

Deutschland wieder Ordnung herzustellen und den Separatismus zu verhindern. Der gesamte Plan war in einer Resolution enthalten, die er der Arbeitsgemeinschaft vorlegte. In der Einleitung stellte er die Behauptung auf, daß der Generalstreik die Lebensmittelversorgung an der Ruhr gefährde, während die Ruhrindustrie aufgrund der allgemeinen politischen Situation mit dem Verlust wichtiger Binnenmärkte durch den Separatismus bedroht würde. Um diesen Gefahren entgegenzuwirken, schlug Stinnes ein Vier-Punkte-Programm vor. Erstens sollte sich das Kohlensyndikat keine Vorschriften über die Kohleverteilung machen lassen und statt dessen Kohle in der Weise verteilen, daß die Industriegebiete versorgt, die Exporte nach Holland als Gegenleistung für die Lebensmitteleinfuhr steigen und alte Verteilungsabkommen weiterhin gültig bleiben würden. Zweitens sollte ein paritätischer Ausschuß der Arbeitsgemeinschaft ermächtigt werden, rasche Beschlüsse über die Lebensmittelversorgung, die Einstellung von Kohlelieferungen an Gebiete mit separatistischen Tendenzen und über die Menge der Wiedergutmachungsabgaben an die Entente zu fassen. Drittens sollten Arbeitgeber und Arbeitnehmer im Bergbau zusammenarbeiten, um Produktion sowie Ordnung aufrechtzuerhalten »und die ganze Kohlenmacht dafür einsetzen, daß in einem nicht weiter verkleinerten Deutschland schleunigst gesetzliche Zustände unter Vermeidung von Blutvergießen herbeigeführt werden«.[16] Letztlich sollten Arbeitgeber und Arbeitnehmer ihre Absicht von neuem bekräftigen, »an dem Wesen und den Zielen der Arbeitsgemeinschaft und an den bisherigen Vereinbarungen, ungeachtet der gegenwärtigen und etwa noch kommenden Umwälzung, festzuhalten«.[17]

Diese klug formulierte Resolution vermied absichtlich jeglichen Hinweis auf Kapp und die legitime Regierung in Stuttgart; sie ließ die Tatsache außer acht, daß die Bergarbeiter bereits zum Streik aufgerufen worden waren und implizierte, daß die »Kohlenmacht« diktatorisch für alle Vorschriften machen konnte. Sie wurde von den Gewerkschaftsführern abgelehnt. Der sozialistische Gewerkschaftsführer Otto Hue bat die Arbeitgeber, gegen Kapp Stellung zu nehmen und den Generalstreik anzuerkennen. Während er mit Stinnes hinsichtlich der gefährdeten Lebensmittelversorgung einer Meinung war, bestand er darauf, daß ein paar Tage Kohleproduktion berechtigterweise geopfert werden könnten, um so dem Verbrechen in Berlin Einhalt zu gebieten. Um Stinnes zu überzeugen, wies Hue darauf hin, daß eine Wahl unter Aufsicht der gesetzmäßigen Regierung wahrscheinlich zu einer neuen industriefreundlicheren Regierung führen würde. Stinnes lehnte aber den Gedanken einer politischen Stellungnahme ab:

»Es erscheint vollständig ausgeschlossen, daß wir hier in der Arbeitsgemeinschaft irgendwelche politischen Erklärungen abgeben. Wir haben uns nur zu wirtschaftlichen Fragen zu äußern. Verlangen Sie nicht, daß wir in dem politischen Streik für oder gegen Partei ergreifen. Die Sorge hat uns beide getrieben, unseren Leuten vor Augen zu führen, was auf dem Spiel steht. Wir haben dafür zu sorgen, daß wir am Leben bleiben. Wir bleiben nicht am Leben, wenn wir nicht arbeiten. Wer über landwirtschaftliche Produkte verfügt, kann schließlich auch ohne

Kohle auskommen. Wir aber müssen landwirtschaftliche Produkte, Brot und Getreide haben. Erhalten wir diese nicht, so kommen wir zum Bürgerkrieg und auch die Gewerkschaften gehen vor die Hunde«.[18]

Der Führer der christlichen Gewerkschaften, Imbusch, gab zu, daß er mit der alten Regierung nicht zufrieden gewesen sei, aber er warnte Stinnes, daß die Arbeiter von der Opposition der Arbeitgeber gegen Kapp überzeugt sein müßten, da es sonst Schwierigkeiten gäbe. In diesem Punkt war Hue nicht so höflich. Unverhohlen beschuldigte er Stinnes, auf Kapps Seite zu stehen, was Stinnes heftig leugnete, indem er darauf hinwies, daß er in diesem Fall Kapp auch offen unterstützen würde; ebenso bestand er darauf, daß sie nicht hier seien, um politische Debatten zu führen. Indessen beharrte Hue weiterhin darauf, daß Kapp öffentlich verurteilt werden müsse; er forderte dazu auf, Berlin von allen Kohlelieferungen abzuschneiden und lehnte es ab, die Bergarbeiter eine von den übrigen deutschen Arbeitern abweichende Haltung zum Generalstreik einnehmen zu lassen.

Die festgefahrenen Positionen beider Seiten wurden schließlich am 15. März durch die wieder aufgenommenen Verhandlungen beseitigt, die zu der formellen Annahme einer Resolution durch die Arbeitsgemeinschaft führten. Als Grundlage diente der Text von Stinnes, dem aber kritische Zusätze beigefügt wurden, die erheblich von seiner ursprünglichen Konzeption abwichen. Die Arbeitsgemeinschaft, wurde in einem einleitenden Satz erklärt, »verurteilt entschieden jeden Versuch einer gewaltsamen Regierungs- und Verfassungsänderung, so auch die jetzigen Vorgänge in Berlin«.[19] Im Klartext hieß es weiterhin, daß das Kohlensyndikat »von Herrn Kapp«[20] keinerlei Weisungen hinsichtlich der Kohleverteilung entgegennehmen dürfe und daß die Richtlinien der Arbeitsgemeinschaft für die Kohleverteilung Gültigkeit »bis zur Aufnahme der Verwaltung durch die verfassungsmäßige Regierung« haben müßten. Kurzum, es wurde eindeutig zwischen Kapp und der rechtmäßigen Regierung unterschieden – und zwar zugunsten letzterer. Ebenso sollte erwogen werden, die Kohlezufuhr nicht nur Gebieten mit separatistischen Tendenzen, sondern auch den Gebieten, die die Verfassung nicht unterstützten, abzuschneiden. Ein Satz, der die Arbeiter zur Ruhe und Vernunft aufrief, wurde hinzugefügt, aber dann führte man noch eine völlig neue Klausel mit den Bestimmungen ein, daß die Streiktage bis einschließlich Mittwoch, dem 17. März, nicht vom Urlaub abgezogen und die Arbeiter trotz ihrer Beteiligung an dem Generalstreik keinem Disziplinarverfahren ausgesetzt werden sollten; dabei wurde erwartet, daß so weit wie möglich am 17. März die Arbeit wieder aufgenommen würde.

Es war diese revidierte Resolution, die Stinnes von Raumer mitgeteilt und die letzterer wiederum mit der zusätzlichen Nachricht über Legiens Forderungen an Sorge und Simons weitergegeben hatte. Ferner waren Sorge und Simons wahrscheinlich von dem Beschluß unterrichtet – er wurde am gleichen Tag, dem 15. März, von der Arbeitsgemeinschaft der Chemischen Industrie in Berlin gefaßt –, den Generalstreik zu unterstützen und sich mit den Arbeitern solidarisch zu erklären.[21] Mit Sicherheit wußten sie von den Plakaten in Berlin, die die Industrie der Unterstützung des Kapp-Putsches bezichtigten. In Hinblick auf diese Entwicklung konnten jetzt Sorge und Simons unmöglich die am selben Nachmittag beschlossene passive Politik des Präsidiums billigen, doch inzwischen war es bereits zu spät, eine weitere Sitzung einzuberufen, da Legien darauf bestand, bis 19.30 Uhr ein Kommuniqué zu erhalten. Folglich beschlossen Simons und Sorge, auf eigene Verantwortung zu handeln und übersandten Legien eine Erklärung, mit der sie die Beschuldigungen der Plakate zurückwiesen. Ferner versicherten sie, daß die Arbeitgeber durch die jüngsten Ereignisse genauso überrascht worden seien wie die Arbeiter und bestanden darauf, daß »sie ... mit der Arbeiterschaft entschieden jeden Versuch einer gewaltsamen Regierungs- und Verfassungsänderung [verurteilen], die keine andere Folge haben kann, als die Gefährdung aller Grundbedingungen für einen wirtschaftlichen Wiederaufbau Deutschlands. Ein solcher Wiederaufbau kann nur geleistet werden von einer Regierung, die sich auf den Willen des ganzen Volkes stützt.« Noch einmal bekräftigten sie ihre Verpflichtung gegenüber der ZAG, die sie als »ein Hauptmittel zur Gesundung unserer inneren Verhältnisse« betrachteten.[22]

Während der Mittagssitzung des Präsidiums am Dienstag, dem 16. März, wurden Sorge und Simons für ihre Handlungsweise kaum unterstützt und außerdem von ihren Kollegen einer wohl verständnisvollen, aber harten Kritik unterzogen.[23] Nur Dr. Jordan bestätigte ihre Aktion, während die übrigen diese für »mehr oder weniger überflüssig« hielten. Hilger betrachtete den Brief an Legien als »ein zu weitgehendes Abrücken von der neuen Regierung«, und Hugenberg, dessen Ansichten von Dr. Jordan zum Ausdruck gebracht, aber nicht geteilt wurden, war der Meinung, daß »die Industrie dem Putsch zwar fern stünde, aber doch im Interesse der Sache nicht von der neuen Regierung abrücken dürfe, da diese ohne eine Unterstützung natürlich sich unmöglich halten werde«. Diese letzte Stellungnahme wurde von keinem der Präsidiumsmitglieder unterstützt, und die Mehrheit meinte, daß sich der Reichsverband »zwischen den beiden neuen Regierungen neutral halten sollte«. Bislang wurde Neutralität mit Nichtstun gleichgesetzt. Allerdings rückte der Zeitpunkt schnell näher, an dem etwas unternommen werden mußte, um den bedingungslosen Rücktritt der neuen Regierung zu verhindern.

III

Obwohl eine offizielle Kontaktaufnahme zwischen dem Reichsverband und der »neuen Regierung« aufs peinlichste vermieden worden war, hatten die Mitglieder des Präsidiums und ebenso andere prominente Unternehmer in regelmäßigem Kontakt mit den Führern des Kapp-Regimes gestanden, so mit Kapp selbst, sowie mit Oberst Max Bauer und General Ludendorff. Borsig und seine Kollegen der Berliner Metallindustrie waren am regsten in dieser Hinsicht, aus dem einfachen Grund, weil die Gefahr einer gewalttätigen Konfrontation zwischen den streikenden Arbeitern und den Kapp-Truppen in Berlin am größten und die Stadt höchst anfällig für Versorgungsschwierigkeiten bei Lebensmitteln und anderen Vorräten war. Im Gegensatz zu Direktor von Stauss, der die Putschisten am 14. März informiert hatte, daß sie sich von der Fianzwelt keinerlei Unterstützung erhoffen könnten,[24] wollten die Berliner Metallindustriellen eine Vermittlerrolle zwischen der alten und der neuen Regierung spielen. Borsig und zwei seiner Kollegen, Pfeil und Rower vom Verband Berliner Metallindustrieller sprachen am Nachmittag des 15. März bei Vizekanzler Schiffer vor – er war das bedeutendste Mitglied der in Berlin verbliebenen Teile der rechtmäßigen Regierung –, um ihrer Besorgnis, daß die Stadt bald keine Lebensmittel mehr haben würde, Ausdruck zu verleihen. Um ernste wirtschaftliche und politische Katastrophen zu verhindern, war es ihrer Ansicht nach notwendig, »möglichst schnell und auf gütlichem Wege dem Streit ein Ende zu machen«. Wenngleich Schiffer gewissen Konzessionen nicht abgeneigt war, um sich der Kapp-Regierung zu entledigen und einen Aufruhr zu verhindern, mußte er sich an die strikten Anweisungen der Regierung in Stuttgart halten, nicht über die Art von Kapps Rückzug zu verhandeln. Borsig und seine Kollegen waren darüber »erstaunt«, »weil gerade die Sozialdemokratie es stets sehr unangenehm empfinde, wenn in Arbeitskämpfen die Unternehmerschaft nicht wenigstens zu Verhandlungen bereit sei; sie erhebe immer die Forderung, daß man unter allen Umständen sich zu einem gemeinsamen Tisch zusammenfinde«.[25] Offensichtlich wurde von Borsig und seinen Kollegen der Versuch, die Regierung zu stürzen mit einem Arbeitskampf gleichgesetzt, was als ein interessantes Beispiel für die eigenartige politische Perspektive mancher Industrieller gewertet werden kann. Da Borsig und seine Kollegen bei Schiffer nicht vorankamen, trugen sie ihr Anliegen Oberst Bauer in der Kanzlei vor. Er war von ihren Argumenten hinreichend beeindruckt, um sich Schiffers Begründung für den sofortigen Rücktritt des Kapp-Regimes anzuhören, aber entweder wollte oder konnte er das Kommunikationszentrum in der Kanzlei nicht verlassen, um Schiffer selbst zu sehen. Da sich Schiffer weigerte, in die Kanzlei zu gehen, so lange sie in den Händen der Putschisten war, scheiterten Borsigs Bemühungen.

Am 16. März, dem Tag nach dieser Episode, verwandelte sich die Angst der Berliner Industriellen in Panik, als sie hörten, daß die Kapp-Regierung Befehl erteilt hatte, auf Streikposten zu schießen. Diese Nachricht wurde von Karl Helfferich, Direktor von Stauss und einem Offizier übermittelt, die eine Sitzung des Präsidiums des Reichsverbandes mit der Aufforderung unterbrachen, so schnell wie möglich etwas zu tun, um diesen Befehl rückgängig zu machen. Die Ausführung dieses Befehls hätte zu offenen Gewalttätigkeiten geführt und mit Sicherheit eine Regelung des Putsches durch Verhandlungen völlig unmöglich gemacht. Borsig und Henrich wurden zu Oberst Bauer geschickt und sie überzeugten ihn davon, den Befehl zu widerrufen. Unglücklicherweise war es nicht mehr möglich, den weiteren Umlauf des Flugblattes, das den Befehl erhielt, zu verhindern, woraus eine Situation entstand, die die Industriellen sicherlich entnervend fanden.[26]

Nichtsdestoweniger hatte die Präsidiumssitzung vom 16. März durch ihre eisige Reaktion auf die von Sorge und Simons ergriffenen Initiativen am Tag zuvor deutlich gezeigt, daß es den Mitgliedern dieser Grupe an Bereitschaft mangelte, aktiver zu werden. Welche Aktionen auch immer eigenmächtig von Borsig und anderen unternommen wurden, die Mehrheit des Präsidiums wünschte keine Beteiligung von seiten des Reichsverbandes. Zum wiederholten Male jedoch stand Sorge unter dem Druck, diesen Zustand des Immobilismus zu überwinden. Während vorher dieser Druck von Legien ausgegangen war, kam er diesmal von seinem Freund Gustav Stresemann, der am Morgen des 17. März Sorges Sohn mit der Mitteilung losgeschickt hatte, daß der Verständigungsversuch zwischen der alten und der neuen Regierung an der Halsstarrigkeit der alten Regierung gescheitert sei. Für Stresemann war wesentlich, daß »der Reichsverband aus seiner Reserve insofern herausträte, als er auch seinerseits irgendeinen Druck auszuüben versuche, auf eine Verständigung zwischen der alten und der neuen Regierung, damit geschlossen gegen die ständig wachsende Gefahr des Bolschewismus aufgetreten werden könnte«.[27] Sorge teilte diese Meinung, glaubte aber nicht mehr daran, daß sich im Präsidium eine Mehrheit, die überhaupt für eine Aktion stimmte, finden lasse. Jetzt hoffte er, etwas durch die ZAG erreichen zu können, deren Geschäftsführung endlich eine Sitzung für denselben Morgen anberaumt hatte.

Zum Leidwesen Sorges fiel die Sitzung[28] verdrießlich und unproduktiv aus, was auch nicht anders zu erwarten war. Sorge und Simons eröffneten die Diskussion mit den Behauptungen, daß Deutschland von einer Aufspaltung zwischen Nord und Süd, von einer Räteregierung und von Blutvergießen bedroht sei. Für die ZAG sei es an der Zeit, in die Situation einzugreifen, sowie mit Vorschlägen für beide Seiten zu kommen; sie würde sich hohes Ansehen verschaffen, wenn sie den Konflikt auf eine Art und Weise beenden könnte, die mit dem Programm der ZAG, »jede politische Frage auszuschalten« konform sei und so die Existenz Deutschlands sichern würde. Sie bekräftigten gegenüber den Vertretern der Arbeiterschaft, daß die hinsichtlich des Putsches bestehenden Differenzen zwischen Arbeitgebern und Arbeitnehmern lediglich eine Frage der Nuance seien und informierten die Versammlung darüber, daß das Kapp-Regime am Tag zuvor einen Abgeordneten an Direktor Kraemer vom Reichsverband geschickt, Kraemer aber jegliche Verhandlung abgelehnt und den bedingungslosen Abzug Kapps verlangt hätte. (Natürlich blieb die von Hugenberg vertretene »Nuance« unerwähnt.) Simons unterstrich auch die Rolle des Reichsverbandes, der die Aufhebung des Befehls, auf die Streikposten zu schießen, erwirkt habe und wies mit Stolz auf die Beschlüsse der Arbeitsgemeinschaft Bergbau hin. Einem Vorschlag des christlichen Gewerkschaftsführers Baltrusch folgend, der wie die Arbeitgeber befürchtete, daß der Abzug der Ehrhardt-Brigade aus Berlin zu einem linken Aufstand führen könnte, und der mit Oberst Bauer Besprechungen geführt hatte, argumentierte Sorge, daß die Bezeichnung »Verhandlungen« einer Verständigung nicht im Wege stehen sollte und zu seiner Begründung fügte er hinzu: »Die Verhandlungen können selbstverständlich in die Form von Forderungen gekleidet werden«.

In der Tat waren die Arbeitgebervertreter in der ZAG auf Baltrusch angewiesen, sowohl was die Form als auch was den Inhalt der Intervention, die die ZAG um der Verständigung willen zwischen den beiden Regierungen erwogen hatte, anbelangte. Die Vorschläge der christlichen Gewerkschaften enthielten folgende Empfehlungen: Rücktritt der Kapp-Regierung; Wiederherstellung verfassungsrechtlicher Zustände; Bildung einer Koalitionsregierung »auf breitester Grundlage«; Ausschreibung von Neuwahlen zum baldmöglichsten Zeitpunkt; Einsatz der ZAG zur Aufrechterhaltung des wirtschaftlichen Lebens bis zur Versammlung des neuen Parlaments. Diese vorgeschlagene Verhandlungsbasis hörte sich für die Vertreter der Arbeitgeber aus offensichtlichen Gründen zufriedenstellend an.[29] Einerseits erwähnten sie mit keinem Wort den Abzug der Kapp-Truppen aus Berlin, das wohl *der* Hauptpunkt aus dem Blickwinkel der Arbeitgeber war. Andererseits bedeuteten die Schaffung einer vorübergehenden Koalitionregierung auf breitester Basis sowie die vorgeseheneen Neuwahlen eine Absicherung gegen die Fortsetzung des Generalstreiks, der ja auf eine pures Arbeiter-Regime zielte, während die Regelung von wirtschaftlichen Angelegenheiten durch die ZAG die gleiche antirevolutionäre Wirkung wie 1918/19 haben würde.

Dieses Programm, das zunächst in geringem Ausmaß die Unterstützung von Neustedt, dem Vertreter der liberalen Hirsch-Duncker-Gewerkschaft erhalten hatte, wurde von den sozialistischen Gewerkschaftsvertretern Legien, Cohen und Grassmann schroff abgelehnt. Sie würden nur eine solche Erklärung der ZAG in Erwägung ziehen, die darauf begrenzt sei, den sofortigen Rücktritt der Kapp-Regierung, einschließlich des Abzugs ihrer Truppen, zu fordern. Der Gedanke einer Amnestie wurde fallengelassen und Cohen bemerkte, daß Kapp und seine Anhänger – wäre ihnen dies möglich – sich sogleich in Sicherheit bringen würden. Aber selbst wenn sich die Arbeitgeber auf eine Erklärung, die Kapps unmittelbaren Rücktritt verlangte, geeinigt hätten, einem Abzug der Truppen konnten sie nicht zustimmen. In Hinblick darauf wurde nun den Arbeitgebern ausgerichtet, auch tatsächlich die volle Verantwortung für ihre Neutralität zu übernehmen. Da sie zu Beginn des Putsches nicht gewillt gewesen waren, sich auf die Seite der Gewerkschaften zu stellen, konnten sie nicht erwarten, daß sie am Ausgang der Affäre beteiligt sein würden. Die Arbeiter würden jegliches Abkommen mit den Arbeitgebern, insofern es nicht den von den Gewerkschaftsführern getroffenen Bestimmungen entsprach, als eine Konzession betrachten. Dies würde die Vertrauenswürdigkeit und die Autorität der Gewerkschaftsführer zerstören. In der Tat ließ eine gemeinsame, alle Bedingungen offen haltende Erklärung Legien völlig kalt, da die Arbeiter eine solche nur als den verspäteten Versuch der Arbeitgeber, sich auf die Seite der Sieger zu schlagen, betrachten würden. Legien zeigte sich auch ziemlich aggressiv. Er machte deutlich, daß er »selbst auf die Gefahr einer ganz wilden Proletariatsherrschaft in Berlin« alles riskieren würde, um Kapp und seine Truppen loszuwerden. Außerdem teilte er den Arbeitgebervertretern mit, die alte Regierung in Stuttgart wäre ausdrücklich darüber unterrichtet worden, daß die Gewerkschaften den Generalstreik nicht deshalb führten, um die alte Ordnung wiederherzustellen und sie auch »für die zukünftige Zusammensetzung des Kabinetts ihren maßgebenden Einfluß geltend machen [würden]«.

So hatte sich die Vormittagssitzung der ZAG festgefahren, und die beiden Parteien einigten sich auf eine weitere Sitzung am Nachmittag. Aber vor dieser zweiten Sitzung und vor der Sitzung des Reichsverbandspräsidiums, die dieser vorausgehen sollte, kam die Nachricht, daß Kapp und sein Regime abgezogen seien. Das bedeutete, daß sich Legiens Forderung nach einer Stellungnahme des Reichsverbandes zu dieser Frage erübrigte. Das Präsidium lehnte jegliche Erklärung, die den Abzug der Truppen forderte, ab. Es fürchtete sich vor linken Unruhen und konnte nun argumentieren, daß es angesichts der Wiederherstellung verfassungsrechtlicher Zustände unangemessen sei, der Regierung Anweisungen in bezug auf seine Truppen zu erteilen. In der darauffolgenden Sitzung der ZAG schienen nur noch Baltrusch und Neustedt zu glauben, daß eine Erklärung der ZAG und ebenso der Versuch, ein Programm durchzuführen, noch sinnvoll seien.[30] Ohne vorhandene konstruktive Möglichkeiten wurde die Sitzung größtenteils von gegenseitigen Anklagen ausgefüllt. Die Arbeitgeber beschuldigten die Gewerkschaftsführer, mit dem eigenmächtigen Generalstreik die ZAG untergraben zu haben, während die Gewerkschaftsführer die in der Erklärung vom 13. März enthaltene Neutralität der Arbeitgeber angriffen und wissen wollten, warum der Simons-Sorge Brief vom 15. März Legien inoffiziell statt der ZAG offiziell gezeigt worden war. Als Cohen die Führer des Reichsverbandes in Verlegenheit bringen wollte, indem er auf die Unterstützung des Generalstreiks durch die Arbeitsgemeinschaft der Chemischen Industrie hinwies, erwiderte Simons unverblümt, daß er den Vertretern dieser Gruppe die unterschiedlichen Ansichten innerhalb des Reichsverbandes vermittelt hätte und meinte letztlich, »das Präsidium bedauere und mißbillige die Erklärung«. Trotz dieser Spannungen verlief die Nachmittagssitzung der ZAG wesentlich friedlicher als die vorangegangene, hauptsächlich weil Legien einen gemäßigteren Ton angeschlagen und eine versöhnlichere Haltung eingenommen hatte. Den Arbeitgebern gegenüber beteuerte er seinen Wunsch, die ZAG zu erhalten; beide Parteien stimmten über die Notwendigkeit einer engeren Zusammenarbeit sowie einer zu erstrebenden gegenseitigen Rücksprache noch vor der Ausfertigung zukünftiger Erklärungen überein.

Als Dr. Sorge am 18. März auf die Ereignisse der letzten fünf Tage zurückblickte,[31] war er mit seiner eigenen Leistung zufrieden. Obschon er eine aktivere Politik befürwortet hatte, um die ZAG zu erhalten und dem Sieg der extremen Linken zuvorzukommen, hatte er nie danach gestrebt, so weit wie die Arbeitsgemeinschaft der Chemischen Industrie zu gehen, zum Teil zweifellos deswegen, weil ihre Haltung seinen eigenen politischen Überzeugungen nicht entsprach, hauptsächlich aber, weil die Billigung des Generalstreiks die Arbeitgeber in zwei Lager geteilt hätte. Vieles sprach für das letztere Argument. Das Verhalten der führenden Persönlichkeiten der Arbeitsgemeinschaft Chemie in Berlin war auf eine starke Opposition innerhalb der Industrie insgesamt gestoßen. Es hatte z. B. im Arbeitgeberverband der Chemischen Industrie von Hannover eine »außerordentliche Verwunderung und Entrüstung ausgelöst« mit dem Ergebnis, daß er seine Verbindung mit der zentralen Organisation aufkündigte. Die meisten Arbeitgeber hielten den Generalstreik für eine unnütze Maßnahme gegen den »unsinnigen« Putsch. Einige Kritiker vermuteten, daß die Berliner Chemieindustriellen, von denen einige jüdisch waren, ihren Entschluß zum Teil aus »einer gewissen Angst vor einer etwa nach Gelingen des Kappschen Versuchs eintretenden antisemitischen Bewegung« gefaßt hätten.[32]

Gleichzeitig erkannte Sorge, daß der Generalstreik nicht zu vermeiden gewesen war, und die Tatsache, daß die Angelegenheit nie im voraus in der ZAG besprochen worden war, war vermutlich deshalb günstig, weil dies sonst unter Umständen die Organisation zerstört hätte. Für die Arbeitgeber bestand jetzt der Vorteil darin, einerseits den Gewerkschaften ihr Versäumnis, die Arbeitgeber nicht zu Rate gezogen zu haben, zum Vorwurf machen zu können, wenngleich in dieser Frage nie so weit gegangen wurde, die ZAG selbst darüber zerbrechen zu lassen. Was Sorges sich selbst schmeichelnde Beobachtung allerdings außer acht ließ, war der zugleich erlittene Schiffbruch der Idee, daß »unpolitische« Organisationen wie der Reichsverband und die ZAG eine bedeutende und wirksame Rolle in einer politischen Krisis von größerem Ausmaß spielen konnten. Natürlich war auch der Standpunkt der Gewerkschaftsführer nicht unzweideutig. So bemerkte Sorge: »In Momenten, wo er (Legien) glaubt, seine Gewerkschaften damit besser in der Hand halten zu können, braucht er die Arbeitsgemeinschaft und seinen Einfluß darin und wird dann für die letztere mehr eintreten«.[33] Dies stimmte wohl, bedeutete aber, daß die Last der Erhaltung der ZAG während einer Krisis völlig auf den Schultern der Arbeitgeber ruhte, und einige hätten sich mit Recht fragen können, zu welchem Nutzen.

IV

Die Zukunft der ZAG war in den zwei Wochen nach der Beendigung des Kapp-Putsches tatsächlich etwas unsicher. Obwohl Sitzungen zwischen dem 18. und dem 29. März anberaumt waren, wurden sie von Legien und Cohen mit der Begründung abgesagt, sie seien anderweitig zu beschäftigt. Dies war durchaus glaubhaft, denn die Gewerkschaftsführer waren intensiv an den Verhandlungen beteiligt, die zur Bildung der Regierung Hermann Müller vom 26. März führten. Doch verständlicherweise waren die Arbeitgeber mit der Frage beschäftigt, wie weit Legien gehen würde, um sein offen bekundetes Ziel, die verlorenen Chancen vom November 1918 wieder wettzumachen, zu erreichen. Sorge war nicht der Meinung, daß die Wirtschaft Einwände gegen Legiens Absicht, die politische Zusammenstellung und den Charakter der Regierung zu beeinflussen, erheben könnte, aber er war darüber beunruhigt, daß die Gewerkschaftsführer versuchen könnten, wirtschaftliche und soziale Angelegenheiten unter Ausschluß der Arbeitgeber zu bestimmen. In der Präsidiumssitzung vom 18. März gelangte man einstimmig zu dem Standpunkt, daß dies so viel wie eine »Kriegserklärung« bedeuten würde, die zur Auflösung der ZAG führe. Das Präsidium beauftragte Simons, den Führern der DVP, DDP und des Zentrums mitzuteilen, daß der Reichsverband es vorziehe, die Kosten, die durch die Weiterführung des Generalstreiks entstünden, zu tragen, als daß diejenigen, die mit den Gewerkschaftsführern verhandelten, die Bedingungen der Arbeiterschaft ohne Einschränkungen akzeptierten.[34]

Wie sich herausstellte, bewahrheiteten sich die schlimmsten Befürchtungen der Vertreter der Wirtschaft nicht. Mit seinen unnachgiebig gestellten Forderungen beabsichtigte Legien, die Unabhängigen Sozialisten von den Kommunisten abzuspalten und so den Radikalen den Wind aus den Segeln zu nehmen. Das soll nicht heißen, daß Legien nicht ernsthaft den Wunsch hegte, die Zustände, die den Kapp-Putsch ermöglicht hatten, abzuändern; wie es sich aber bei der Beendigung des Generalstreiks und bei der Wiederherstellung verfassungsmäßiger Zustände unter der Weimarer Koalitionsregierung erwies, war Legien nicht gewillt, Kanzler einer reinen Arbeiterregierung zu werden. Die öffentliche Aufmerksamkeit wurde schnell von der Gefahr von rechts auf den Konflikt mit den Kommunisten an der Ruhr abgelenkt, während die darauffolgende Zwangslage anderer Ereignisse und das Ergebnis der Wahlen vom Juni 1920 jegliche Wirkung, die aufgrund der von den Gewerkschaften erhobenen Bedingungen erfolgt wäre, stark abschwächten.[35]

Weniger ernst, aber schwieriger für die Arbeitgeber war letzten Endes die Frage, wer die Kosten für den Generalstreik tragen würde. Es war ein altes Gewerkschaftsprinzip, nie die finanziellen Mittel für einen Streik aus irgendwelchen anderen als den gewerkschaftseigenen Streikfonds anzufordern oder gar anzunehmen. Dieses Prinzip schien besonders im Fall eines politischen Streiks, der »idealistische« Ziele verfolgte, angemessen zu sein. Gleichzeitig führten der politische Charakter des Streiks ebenso wie notwendige finanzielle Berücksichtigungen die Gewerkschaftsführer zu dem Entschluß, ihre Streikkasse unberührt zu lassen. Obwohl viele Arbeiter und ihre Organisationen von Anfang an eine Entschädigung forderten, hielt Legien so lange wie möglich an dem tradierten Standpunkt fest. Deshalb ließ er diese Forderung auf eigene Verantwortung aus, auch wenn sie zu Beginn einen Teil der Forderungen ausmachte, die von den Gewerkschaften an die politischen Parteien herangetragen wurden, »da er sich geschämt [hatte], namens der Arbeiterschaft für diesen revolutionären Kampf Bezahlung der Streiktage zu verlangen«.[36] Legiens Einstellung wurde von seinen Anhängern weitgehend nicht geteilt.

Allgemein war man im Glauben, daß die Regierung die Arbeiter zum Streik aufgerufen hatte und sie – sowohl als verantwortungsvoller Vermittler wie als Nutznießer des Streiks – dafür sorgen müßte, daß die Arbeiter keine materiellen Verluste erlitten. Formal gesehen war dieser Glaube falsch. Ein Streikaufruf wurde nicht von der Regierung, sondern eher von ihren sozialdemokratischen Mitgliedern erlassen. Da sich aber sogar Präsident Ebert an dem Aufruf beteiligt hatte, wurde die Verwirrung unvermeidbar. Legien wäre dieses Argument, daß die Regierung zum Streik aufgerufen hatte, nicht gelegen gekommen, denn es widersprach seinen Behauptungen, daß die Gewerkschaften unabhängig gehandelt hatten und daß ihre Ziele höher gesteckt waren als die bloße Vertreibung der Kapp-Putschisten. Letztlich stützten sich die Arbeitgeber selbst auf die Behauptung, die Regierung hätte zum Streik aufgerufen, um ihrerseits Entschädigung für die finanziellen Ausfälle fordern zu können. Aber ihre unmittelbare Reaktion unterschied sich – mit gewissen wichtigen Ausnahmen – kaum von der Legiens. Sie weigerten sich, den Arbeitern für die Streiktage Lohn auszuzahlen.[37]

Das Reichsverbandspräsidium bestätigte zwar intern seine grundsätzliche Einstellung gegen eine Streikentschädigung, leitete aber die Frage an die Vereinigung der deutschen Arbeitgeberverbände als die einzige angemessene Geschäftsstelle, die eine Erklärung zur »sozialen« Frage abgeben konnte, weiter. Eine Sitzung der Direktoren dieser Organisation wurde zum 19. März einberufen, auf der gegen jegliche Form von Entschädigung gestimmt wurde. Dies ensprach dem allgemeinen Grundsatz, keine Entschädigung für Streiks zu leisten. Darüber hinaus wurde aber auch darauf bestanden, daß die Kosten eines politischen Streiks von denen bestritten werden sollten, die ihn zur Verteidigung ihrer eigenen Ideale einsetzten und daß eine Entschädigung für einen solchen Streik unberechtigterweise die Abgrenzung zwischen wirtschaftlichen und politischen Angelegenheiten verwischen würde. Außerdem meinten die Arbeitgeber, daß ein Entgelt an die Arbeiter ungerecht gegenüber anderen sozialen Gruppen sei, nachdem alle unter dem Generalstreik gelitten hätten. Natürlich war man recht besorgt darüber, unter Umständen einen Präzedenzfall zu schaffen und somit die Arbeiterschaft indirekt zum Streik zu ermuntern, sobald ihre politische Position bedroht schien. Wie konnte man zwischen einem rechtmäßigen und einem unrechtmäßigen politischen Streik unterscheiden? Als dringlicher erschien die Tatsache, daß einige Sitzungsmitglieder meinten, ein Entgelt würde die Arbeiter dazu ermutigen, den Streik wie bisher und so lange weiterzuführen, bis ihre gesamten politischen Forderungen erfüllt waren.[38]

Diese Meinungen wurden dem Arbeitsminister Schlicke bei einer Arbeitgebersitzung unterbreitet, die auf sein Geheiß am 20. März einberufen worden war. Schlicke und seine Kollegen im Ministerium spielten mit dem Gedanken einer Verordnung, die den Arbeitern eine Entschädigung von den Arbeitgebern zusprach. Schlicke war auch der Ansicht, daß der Streik eher abgebrochen würde, wenn man den Arbeitern eine Entschädigung zusicherte. Letzteres sahen die Arbeitgeber zwar ein, blieben aber dennoch der Ansicht, daß das Prinzip der Nichtentschädigung um jeden Preis aufrecht erhalten werden müsse und lehnten mit Nachdruck eine gesetzliche Regelung dieser Frage ab. Anderen Wünschen Schlickes gegenüber waren sie allerdings aufgeschlossener. Sie hatten keine Einwände gegen den Vorschlag, Arbeitgeber dahingehend zu ermuntern, Lohnvorschüsse in Notfällen zu gewähren; ebenso waren sie mit einer Erklärung einverstanden, die den Streik nicht als Vertragsbruch auffaßte und erklärten sich dazu bereit, den Arbeitgebern zuzureden, streikende Arbeiter nicht zu entlassen oder zu disziplinieren.[39]

Das Unglück hinsichtlich der Stellungnahme des zentralen Arbeitgeberverbandes war, daß sie nicht der Handlungsweise zahlreicher Arbeitgeber und Arbeitgeberverbände überall im Land entsprach. Die Chemieindustrie wie auch einige sächsische Textilindustrielle und Arbeitgeber in Düsseldorf hatten zugestimmt, die Arbeiter zu entschädigen. Einige Arbeitgeber waren bereit, einen Teil der verwirkten Löhne zu zahlen. Oft waren Arbeitgeber unter Gewaltandrohungen zu zahlen gezwungen worden. Der Beschluß in Berlin zeigte in der Tat den besonders harten Kurs, den Borsig und seine Kollegen in der Berliner Metallindustrie eingeschlagen hatten. Allerdings gabe es auch hier Abweichungen. Ein Kompromiß wurde von Direktor Paul Rohde der Otto Mansfeld & Co. vorgeschlagen: Bezahlung sollte bis zum und einschließlich dem 18. März erfolgen, allerdings mit der Androhung, daß, wenn der Streik nicht umgehend abgebrochen würde, die Arbeitgeber selbst streiken, ihr Geld ins Ausland schicken und auf diese Weise ein Chaos ähnlich dem in Rußland entstehen lassen würden.[40] In der Sitzung des Arbeitgeberverbandes vom 19. März wurde dieser ungewöhnliche Vorschlag wie auch der versöhnlichere Kurs der Chemieindustriellen abgelehnt, doch war zu erwarten, daß der schwankenden Haltung der Unternehmer zufolge Schwierigkeiten auftreten würden.

Vergrößert wurden diese Schwierigkeiten dadurch, daß von den Arbeitern selbst, dem Arbeitsministerium und der Demokratischen Partei nachhaltig Druck ausgeübt wurde, die Lohnauszahlung vorzunehmen. Dr. Sorge, der auch Vorsitzender der Vereinigung der Deutschen Arbeitgeberverbände war, sah sich schon wieder in die Lage versetzt, nach einer vernünftigen Lösung, die keinen der Beteiligten zu sehr verärgern würde, suchen zu müssen. Düster bemerkte er am 27. März:

»Augenblicklich spielt die Frage der Bezahlung der Streiktage speziell hier in Berlin eine große Rolle in der Diskussion, auch hier fehlt die Geschlossenheit der Arbeitgeberschaft wieder, und während man nach meiner Ansicht teilweise sich zu schroff ablehnend verhält, kommt ein anderer Teil ohne Berücksichtigung der zentral eingenommenen Stellungnahme zu weit entgegen. Schließlich bleibt einem ja nichts weiter übrig, als zu hoffen, daß trotz aller Schwierigkeiten wir über die ja sonst geradezu verhängnisvolle Lage hinwegkommen, denn sonst müßte man ja den Mut an jede Weiterarbeit und der wirtschaftlichen und politischen Gesundung unseres Volkes verlieren«.[41]

In so einer wirren Situation war es unmöglich, die unkomplizierte Stellungnahme des nationalen Arbeitgeberverbandes in Berlin aufrechtzuerhalten. Von den Arbeitern wurde sie abgelehnt und von vielen Arbeitgebern wurde gegen sie verstoßen. Hinzu kam noch, daß die Regierung sich bereit erklärt hatte, ihren eigenen Arbeitnehmern bis zum offiziellen Ende des Streiks am 23. März Löhne auszuzahlen. Natürlich wurden die Arbeiter in der Privatindustrie dadurch ermutigt, ähnliches zu fordern, während sich der Druck auf die Arbeitgeber verstärkte. Das Arbeitsministerium erschwerte die Lage zusätzlich, indem es an die ZAG mit der Bitte herantrat, die Angelegenheit zu besprechen, und so wurde die Frage auf die Tagesordnung der Sitzung am 29. März gesetzt. Allerdings ging dieser Sitzung eine Reichstagsdebatte voraus, die mit Sicherheit den Ausgang der ZAG-Sitzung bis zu einem gewissen Grad beeinflußte.

Ungeachtet Legiens persönlicher Meinung zur Frage der Streikbezahlung, konnten indessen die Forderungen der Arbeiter, die höheren Lebenshaltungskosten nach dem Streik und die Tatsache, daß die staatlichen Arbeitnehmer bezahlt worden waren, nicht übersehen werden. In seiner Reichstagsrede bat Legien deshalb die Arbeitgeber, die während des Streiks verloren gegangenen Löhne zu ersetzen und forderte das Arbeitsministerium auf, diese Lösung zu unterstützen. Er bestand allerdings auch darauf, daß die Arbeitgeber, die nicht in der Lage waren, diese unproduktiven Arbeitskosten finanziell zu bestreiten, ihrerseits mit Mitteln aus der Staatskasse entschädigt werden sollten. Er teilte dem Reichstag mit, daß er keine Opposition von seiten der Arbeitgeber erwarte, die an diesem Nachmittag in der ZAG zusammenträfen. Er erwarte von ihnen die Einsicht, »daß die Arbeitnehmerschaft es war, die diesen Putsch abgewehrt hat und tatsächlich die demokratische Republik vor den Kappisten und Militaristen gerettet hat«.[42] Wie vorauszusehen, wurde diese Einstellung zu den Ursachen des gescheiterten Streiks wie zur Frage der Ansprüche auf Entschädigung von der Rechten stark angefochten. Die Notwendigkeit eines Generalstreiks selbst wurde in Zweifel gezogen, und der Abgeordnete Heinze von der DVP betonte besonders die Rolle von Stinnes und Vögler bei der Beschlußfassung der Arbeitsgemeinschaft Bergbau, dem Kapp-Regime die Kohleversorgung zu verweigern. Zwar versuchte Heinze darauf hinzudeuten, daß Stinnes und Vögler diesen Standpunkt bereits am 14. März eingenommen hätten, aber er und alle Anwesenden wurden durch die sozialdemokratischen Zwischenrufe daran erinnert, daß bis zum 16. März noch kein Abkommen in der Arbeitsgemeinschaft entstanden war. Dennoch bestand Heinze darauf, daß die Art und Weise, in der Stinnes den Putsch zum Scheitern gebracht hatte, »wirtschaftlich nützlicher« und »moderner«, dagegen aber die von den Gewerkschaften angewandten Methoden »rückständig« gewesen seien.[43]

Stinnes und Vögler vertraten in der ZAG-Sitzung ähnliche Auffassungen,[44] aber Legien und seine Kollegen waren nicht davon überzeugt, daß Stinnes den besten und sichersten Weg gefunden hatte, Putsche zu bekämpfen. Die Arbeiterführer wiesen darauf hin, daß sich eine Kohleblockade gegen Kapp erst nach zwei Wochen als wirksam erwiesen und eine solche Blockade letzten Endes die gleiche Wirkung wie die eines Generalstreiks gehabt hätte. In ihrer Stellungnahme für die Bezahlung der Arbeiter betonten sie weniger die wirtschaftliche Notwendigkeit und hoben statt dessen die politischen Implikationen hervor. Legien drohte nicht mit seinem Austritt aus der ZAG, falls die Arbeitgeber unnachgiebig blieben, aber er warnte davor, daß sich die positive Haltung der Arbeiter gegenüber der ZAG ändern würde, falls die Arbeitgeber nicht hinter den Arbeitern stünden und wenigstens im nachhinein ihre Opposition gegen den Kapp-Putsch offenkundig machen würden. Es wurde den Arbeitgebern nahegelegt, daß eine verständnisvolle Haltung ihrerseits den allgemeinen Eindruck, daß sie Kapp unterstützt hätten, zum Verschwinden bringen könnte.

Zwar beschwerten sich die Arbeitgeber während der Sitzung darüber, daß Legien sie vor dem Streik nicht zu Rate gezogen hatte und außerdem wurde bis zu einem gewissen Grad mit der Vorstellung gespielt, wie Kapp von der Szene verschwunden wäre, wenn ihm nur die Vertreter der ZAG mitgeteilt hätten, daß er weder die Unterstützung der Arbeitgeber noch der Arbeitnehmer besaß, aber im allgemeinen sah man ein, daß solche Überlegungen im nachhinein zunehmend nutzloser wurden. Niemand behauptete, daß die Arbeitgeber gesetzlich dazu verpflichtet waren, die Arbeiter zu entschädigen, aber ebenso wollte niemand die ZAG gefährden. Legien erklärte, daß die ZAG »für den Übergang der privat-kapitalistischen zur gemeinwirtschaftlichen Produktion« erforderlich sei, während Stinnes behauptete, daß die ZAG den Bemühungen, »den Friedensvertrag abzuändern« diene. Es muß kaum betont werden, daß eine Diskussion über das Bezugsgeflecht dieser Zielsetzung oder das Ausmaß eines gegenseitigen Einverständnisses darüber nicht geführt wurde; aber es gab einen Konsens, daß eine Kompromißlösung gefunden werden müßte, die bewies , daß die ZAG imstande war – wenn auch sehr verspätet –, etwas zu leisten.

In einer Besprechung der Arbeitgebervertreter, die noch vor der ZAG-Sitzung stattgefunden hatte, war ein Vorschlag entwickelt worden, der die unterschiedlichen Einstellungen der Arbeitgeber zur Entschädigungsfrage zu verschleiern suchte. Aber selbst wenn man auf dem Prinzip beharrte, keine Streikentschädigung zu leisten, mußte man trotzdem die wirtschaftlichen Probleme der Arbeiter, die Forderungen Legiens und die unterschiedlichen Reaktionen der Arbeitgeber in Betracht ziehen. Deshalb schlug Simons der ZAG die Bildung eines Ausschusses aus zwei Arbeitgebern und zwei Arbeitnehmern vor, der durch die Ausarbeitung verschiedener Vorschläge die Arbeitgeber bei der Handhabung des Problems beraten sollte. Diese Lösung, die eine allgemeine ZAG-Erkärung vermieden hätte, wurde von den Gewerkschaftsführern abgelehnt, und beide Seiten mußten sich nun getrennt treffen, um einen anderen Weg zu finden. Die Mehrheit der anwesenden Arbeitgeber war bereit, Legiens Forderungen nachzugeben und sich formal zu einer Streikentschädigung zu verpflichten. Diese Position wurde von einer lautstarken Minderheit, zu der auch Borsig und einige Ruhrindustrielle gehörten, abgelehnt. Sorge konnte die Mehrheit mit der Begründung, daß dies angesichts der Opposition einer so starken Minderheit eine unangemessene Position sei, überreden, ihren Vorschlag zurückzuziehen.[45]

Als Endergebnis kam ein Kompromiß zustande, der in der ZAG vorgelegt und mit einer Gegenstimme von seiten der Arbeiterschaft angenommen wurde. Er war in Form einer Entschließung gefaßt, die drei Abschnitte enthielt, von denen zwei nach der Sitzung der Presse übergeben wurden. Der erste Abschnitt drückte Bedauern darüber aus, daß eine »Verkettung von Umständen« die Direktoren der ZAG daran gehindert hätte, gemeinsam gegen den Putsch vorzugehen und bestätigte außerdem von neuem die Verbindlichkeit der ZAG für beide Seiten. Der zweite Abschnitt behandelte die Frage der Streikentschädigung: »Was die Frage der Bezahlung der Streiktage anlangt, so hält der Zentralvorstand der Zentralarbeitsgemeinschaft dafür, daß, trotzdem eine rechtliche Verpflichtung zur Bezahlung der Streiktage nicht besteht, wirtschaftliche Weitsicht es gebietet, in diesem außergewöhnlichen Fall für die Zeit des Generalstreiks eine weitgehende wirtschaftliche Beihilfe zu gewähren. Auch dürfen die Streiktage nicht auf die Urlaubstage angerechnet werden. Bei bereits abgeschlossenen freien Vereinbarungen solle es sein Bewenden haben«.[46] Allem Anschein nach bedeutete dies einen klaren Sieg für die von der Arbeiterschaft eingenommene Position. Niemand bestritt die Rechtsfrage, wobei in dieser Sache die ZAG ihren Mitgliedern ohnehin keine Verpflichtungen auferlegen konnte. Wesentlich war, daß die ZAG dem Prinzip der Streikentschädigung ihre moralische Autorität verliehen hatte. Im dritten und unveröffentlichten Abschnitt wurde allerdings offenkundig, daß es dieser moralischen Autorität an moralischem Charakter mangelte: »Der Zentralverband der Zentralarbeitsgemeinschaft wird sich dafür einsetzen, daß der Arbeitgeberschaft die in Ausführung des Beschlusses vom 29. 3. 20 gemachten Aufwendungen auf Antrag aus öffentlichen Mitteln ersetzt werden«.[47] Sogar diejenigen Arbeigeber, die sich zu einer Bezahlung der Arbeiter bereit erklärt hatten, ohne für ihre

Aufwendungen eine Entschädigung zu erwarten, waren jetzt dazu aufgefordert, der Regierung ihre Rechnung zu übersenden, was auch von vielen befolgt wurde.[48] Unglücklicherweise für die ZAG sowie für das Arbeitsministerium, das diese Resolution befürwortete und nun durchzuführen suchte, setzte das Finanzministerium heftigen Widerstand dagegen und schließlich brachte der Reichsrat die beantragte Maßnahme am 17. Mai 1920 zu Fall. Letzten Endes scheint es keine allgemeingültige Formel für die Lösung des Problems gegeben zu haben, wenngleich alles dafür spricht, daß die von der Kohleindustrie praktizierte Lösung nicht untypisch war. Dort zeigte sich, wie mittels einer Lohn- und Preiserhöhung inflationsbedingte Taktiken dazu benutzt werden konnten, das Funktionieren einer »Arbeitsgemeinschaft« von Arbeitern und Arbeitgebern zu erleichtern.[49]

V

Die Gewerkschaftsführer wurden erst beim Leipziger Kongreß im Jahre 1922 für ihre Zustimmung zum letzten Paragraph der Entschließung zur Rede gestellt. Erst zu diesem Zeitpunkt wurde er publik und trug nicht unwesentlich dazu bei, den ohnehin geringen Rückhalt der ZAG bei der Arbeiterbasis noch mehr zu erschüttern. Aber es dauerte nicht lange, bis die Arbeitgeber, die dem zweiten Abschnitt der Resolution zugestimmt hatten, durch die Kollegen im ganzen Land kritisiert wurden. Der Zentralausschuß der Leipziger Arbeitgeberverbände behauptete, diese Entscheidung der ZAG hätte bei ihren Mitgliedern derartige Empörung ausgelöst, daß dadurch ihre Bereitschaft, in den Arbeitsgemeinschaften weiterzuarbeiten, in Frage gestellt werde. Der ZAG wurde vorgeworfen, sie zeichne politische Streiks mit einer »Prämie« aus und sie wurde darüber unterrichtet, daß die Leipziger Arbeitgeber einstimmig beschlossen hatten, den Standpunkt der ZAG abzulehnen. Außerdem waren sie zu dem Entschluß gekommen, eine Abänderung in der Zusammensetzung der Arbeitgebervertretung in der ZAG zu beantragen. Schließlich schlugen sie eine Reihe von Maßnahmen vor, die gewährleisten sollten, daß alle wichtigen Entscheidungen in Zukunft die Zustimmung der Arbeitgeberverbände aus den verschiedenen Industriezweigen und -regionen erhielten.[50] Der Allgemeine Industrie-Verband in Hamburg brachte seine »Entrüstung« über den Vorschlag der ZAG zum Ausdruck und wies darauf hin, daß er von Arbeitgebern im ganzen Land mit »berechtigter Empörung« abgelehnt worden wäre. Die Hamburger Arbeitgeber hätten den Arbeitern zu helfen versucht, ihre verloren gegangenen Löhne zu ersetzen, indem sie Überstunden anboten. Trotz der ablehnenden Haltung der Gewerkschaften hätten viele Arbeiter diese Gelegenheit wahrgenommen. Sollten diese Arbeiter nun doppelt bezahlt werden?[51] Ähnlich klagte Direktor Gröbler, ein Industrieller aus Südwestdeutschland, bitter darüber, daß seine Kollegen in Berlin dem »Terror« dort ständig nachgeben und darüber vergessen würden, daß die Bedingungen in den Provinzen so schlimm nicht seien. Er warf der ZAG vor, das Leben der Unternehmer außerhalb der Hauptstadt schwerer statt leichter zu machen.[52]

Derartig einfältige Angriffe auf die »Berliner« machen zum einen die provinzielle Einstellung zur Hauptstadt und zum anderen den Zentralisierungsprozeß, der sich während der Weimarer Republik vollzog, offenkundig. Den Tatsachen in diesem besonderen Fall werden sie jedoch kaum gerecht. Es waren ja der Berliner Borsig und seine Kollegen in der Berliner Metallindustrie, die den Arbeitern jegliche Entschädigung verweigert und öffentlich diejenigen Arbeitgeber, die eine andere Strategie verfolgten, verurteilt hatten, während die Arbeitgeber in Düsseldorf, Teilen Sachsens und anderen Gebieten Deutschlands auf die Forderungen der Arbeitnehmer eingegangen waren. Stinnes und Vögler hatten es zwar abgelehnt, ihre eigenen Arbeiter zu entschädigen und auf eine ähnliche Weigerung von seiten der Dortmunder Arbeitgeber aufmerksam gemacht, andererseits aber waren sie in der ZAG nicht auf Borsigs Seite gestanden und hatten statt dessen die Resolution vom 29. März unterstützt. Die Beschwerden über die »Berliner« waren häufig nur Ausdruck eines Provinzialismus und stammten oft von denjenigen, die sich den Luxus einer Kritik erlauben konnten, da sie weniger Verantwortung zu tragen hatten.[53] Jedenfalls schwang hier ein beträchtliches Ausmaß nutzloser Nörgelei mit, die lediglich dazu diente, Entscheidungsprozesse auf nationaler Ebene noch schwieriger zu machen, als sie ohnehin schon waren.

In den internen Besprechungen nach dem Kapp-Putsch wurde Dr. Sorge, der zwar von vielen als »ein guter Kerl«, indessen aber auch als »ein durchaus ungeeigneter Vertreter für die deutsche Industrie«[54] angesehen wurde, heftig kritisiert. Wenn seine Kritiker bemängelten, nicht schnell genug gegen Kapp aufgetreten zu sein, übersahen sie dabei die Tatsache, daß selbst die wenigen schwachen Aktionen, die Sorge gegen Kapp unternommen hatte, auf starken Widerstand innerhalb des Präsidiums gestoßen waren. Gewiß hatte Sorge allen Grund, sich zu fragen, wie viele seiner Kritiker ihre Schlußfolgerungen über Kapp erst nach dem offenkundigen Scheitern statt beim eigentlichen Ausbruch des Putsches gezogen hatten. In der Tat gibt es keinen besseren Maßstab für die Uneinigkeit innerhalb der Unternehmerkreise als die Sitzung der Direktoren des Reichsverbandes am 13. April 1920, in der die Führer der Chemieindustrie zunächst das Präsidium für seine Passivität schroff kritisierten, um dann umgekehrt selber für ihre frühzeitigen Stellungnahmen gegen Kapp und zugunsten der streikenden Arbeiter gerügt zu werden.[55] Außerdem hatten die Ereignisse während des Kapp-Putsches vielfach klar gemacht, daß zahlreiche Arbeitsgemeinschaften, Wirtschaftsverbände und sogar einzelne Unternehmer bei ihrer Stellungnahme nicht auf die Entscheidungen des Präsidiums warteten und eigenmächtig handelten. Deshalb mußte jeder Beschluß des Präsidiums zu Fragen des Streiks und der Streikentschädigung für die Arbeiter zwangsläufig mit zahllosen Beschlüssen, die anderweitig in Wirtschaftskreisen gefaßt worden waren, in Konflikt geraten. Mit Recht argumentierten Sorge und Simons gegen diejenigen Kritiker, die von der Reichsverbandsführung verlangten, ein auf mehr Macht gerichtetes Verhalten an den Tag zu legen, daß zu allererst eine straffere Organisation und eine stärkere Kontrolle über die Mitglieder notwendig seien.[56] Damit soll nicht gesagt sein, daß eine bessere Führung und liberalere Mitglieder des Präsidiums es nicht auch dem Reichsverband ermöglicht hätten, in einem günstigeren Licht nach dem Kapp-Putsch zu erscheinen; aber Sorges unentschlossenes Verhalten stimmte in etwa mit der Konstellation von Kräften innerhalb der Wirtschaft überein.

Aus einer weiteren Perspektive sind allerdings die Fragen der zeitlichen Festlegung und der Taktik in bezug auf das Vorgehen gegenüber dem Putsch von sekundärer Bedeutung im Vergleich zu den Problemen, die sich aus der politischen Haltung der prominentesten Männer der deutschen Wirtschaft ergaben. Größtenteils wollten die Unternehmer den Putsch nicht und gewährten ihm auch nicht ihre Unterstützung; dabei verurteilten sie ihn oft aus den falschen Gründen und auf eine Weise, die der Festigung der Weimarer Republik kaum förderlich war. Die Art und Weise wie es vielen gelang, Wirtschaft und Politik fein säuberlich zu trennen, war gewissermaßen ein Kunststück geistiger Akrobatik. Der Putsch war ein »Verbrechen«, da er die Wirtschaft zerrüttete und die Wirtschaftsverbände sowie ihre Beziehungen zur Arbeiterschaft zu »politisieren« drohte. So wurde zwar zugestanden, daß ein politischer Akt wirtschaftliche Konsequenzen haben konnte, aber nur wenige Wirtschaftsführer zogen die logische Schlußfolgerung, daß jegliche Reaktion auf den Putsch zwangsläufig auch politische Implikationen haben mußte. Die Neutralität gegenüber Kapp verband sich mit dem allgemeinen Gefühl, daß seine Taten, moralisch gesehen, nicht anders einzuschätzen waren als die der Arbeiter im November 1918.[57] Ähnlich wiederholten die Unternehmer immer wieder, daß der Generalstreik ebenso wie der Putsch ein »Verbrechen« gewesen sei und wiesen darauf hin, daß die Weigerung der Bürokratie, sich in Kapps Dienste zu stellen, dessen Bewegung zerstört habe. Abgesehen davon, daß die Arbeiterschaft am 13./14. März diese Möglichkeit kaum voraussehen hätte können, offenbarte diese Haltung zum Generalstreik eine fundamentale Ignoranz hinsichtlich der großen Bedeutung, die der Einsatz der deutschen Arbeiterklasse für den Fortbestand der politischen Demokratie in Deutschland hatte.

Sorge, Simons, Stinnes, Vögler und andere hegten die Absicht, die ZAG aufrechtzuerhalten, aber zugleich war man allgemein der Meinung, daß die Zusammenarbeit mit der Arbeiterschaft in dieser Institution durch den Kapp-Putsch unmöglich gemacht worden sei und die Industrie enorme Opfer von »Selbstachtung« und »Überzeugungen« gebracht hätte, um die ZAG überhaupt weiterhin funktionsfähig zu erhalten. Die Kritiker der ZAG hofften nunmehr, in Kürze ein »Leichenbegängnis erster Klasse« miterleben zu können, während die Verteidiger mit dem defensiven Argument auftraten, der Bruch müsse von seiten der Arbeiterschaft erfolgen.[58] Überprüft man aber das Verhalten einiger Unternehmer sorgfältiger, so wird der ganze Komplex der Prinzipien immer undurchsichtiger. Als die DVP am 14. März mit Kapp verhandelte und ihn zu überreden versuchte, seine Regierung zu erweitern, schlug ihnen ein der Industrie nahestehender Abgeordneter vor, sie »sollten ... dafür eintreten, daß die Zentralarbeitsgemeinschaft mit herangezogen wird, die in der Lage ist, Fachleute zu stellen, evtl. auch der Reichsverband der Deutschen Industrie. Um politische Persönlichkeiten kann es sich jetzt doch nicht handeln. Wenigstens nicht mit einem Ministerium Kapp«.[59] Aber als Borsig im Juni 1920 auf die Entschließung der ZAG hinsichtlich einer Streikentschädigung für die Arbeiter zurückblickte, beklagte er sich darüber, daß zwar allgemein von einer Entpolitisierung der Wirtschaft die Rede sei, daß aber in Wirklichkeit »durch die Arbeitsgemeinschaft die Wirtschaft nicht entpolitisiert, sondern politisiert wird«.[60]

Trotz dieser eigenartigen und opportunistischen, letztlich auch nicht folgerichtigen Trennung von Wirtschaft und Politik in ihre jeweiligen Zuständigkeitsbereiche bleibt allerdings festzustellen, daß die Taktiken der Unternehmerschaft während des Kapp-Putsches nicht ohne Erfolg waren. Wie feindselig auch immer die Unternehmer der Republik gegenübergestanden haben mögen, sie haben es im März 1920 ebensowenig wie während der Ereignissse im November 1918 dazu kommen lassen, unbedachte Opfer ihrer eigenen Emotionen zu werden. Sie wußten, daß die Zeit für den Sturz der Republik nicht »reif«[61] war und ärgerten sich gründlich darüber, daß Kapps »politisches Manöver« die Besserung der wirtschaftlichen Lage »unterbrochen« hatte.[62] Die Unternehmerschaft kam aber aus der Affäre relativ ungeschoren davon und konnte die ZAG vor dem Zusammenbruch bewahren. In den Wahlen vom Juni 1920 hatte die politische Repräsentation der Wirtschaft im Reichstag beachtlich zugenommen und wichtige Ministerien fielen an die DVP. Aber wie Dr. Reichert, der Geschäftsführer des Vereins Deutscher Eisen- und Stahlindustrieller, seinen Kollegen mitteilte, bleibe die politische Lage ungewiß und nach wie vor bestünde die Gefahr, daß sowohl die Rechte als auch die Linke versuche, einen Putsch in Gang zu setzen, um eine Diktatur zu errichten. Er schloß seine Ausführungen mit einem Zitat aus einem Artikel, der seinen eigenen Gedankengängen entsprach: »Ein diktatorisches Regierungssystem hat unleugbare Vorteile vor der Demokratie voraus«. Diesem Zitat ging die Bemerkung voran: »Ich glaube, daß wir im wesentlichen darin einig sind, daß die Demokratie bisher keine idealen Zustände geschaffen hat und schwerlich dazu in der Lage sein wird.«[63] Das Verhalten Reicherts und vieler seiner Kollegen während des Kapp-Putsches macht deutlich, daß sie selbst einen nicht unbeträchtlichen Beitrag geleistet haben, daß dies zu einer sich selbsterfüllenden Prophezeiung wurde.

11. Aspekte deutscher Industriepolitik am Ende der Weimarer Republik 1930–1932*

Die deutsche Industriepolitik in der Wirtschaftskrise am Ende der Weimarer Republik stellt den Historiker vor eine nicht leichte Aufgabe. Für sich genommen schon von höchster politischer Brisanz, wird sie noch erschwert durch den zusätzlichen Versuch, Vergangenheit und Gegenwart zu vergleichen. Max Horkheimers Diktum »Wer aber vom Kapitalismus nicht reden will, sollte auch vom Faschismus schweigen«[1] wird hierzulande mit fast liturgischer Regelmäßigkeit vorgebracht, und nicht zufällig oszilliert die gegenwärtige Debatte zwischen einer scharfen Auseinandersetzung um feinste Quellendetails zur Verantwortung der Industrie für den Zusammenbruch der Weimarer Republik und die Machtergreifung Hitlers einerseits und einem wahrhaft olympischen Streit über Faschismustheorien andererseits.[2] Dabei lassen die historische Literatur und der Forschungsstand über das Verhalten der Industrie in der Krise durchaus zu wünschen übrig; erst seit kurzem gibt es zur Frage der Reaktion der Industrie auf die verschiedenen Phasen der Wirtschaftskrise und der Anpassung an sie Arbeiten, die sich sowohl mit einzelnen Personen beschäftigen, als auch einzelne Regionen und Wirtschaftssektoren untersuchen.[3] Die Forschungsarbeit des Verfassers beschränkt sich hauptsächlich auf die Jahre 1914 bis 1929, insbesondere 1914 bis 1924;[4] es ist daher hier nicht der Ort, die bestehenden Forschungslücken für die Jahre 1930 bis 1932 zu füllen. Ferner ist dies weder ein Beitrag zu der Dokumentenschlacht um die Rolle der Industrie bei der nationalsozialistischen Machtergreifung, noch geht es darum, den Faschismustheoretikern ein Gefecht um der bloßen Abstraktion willen zu liefern. Es seien hier lediglich einige Hypothesen und Forschungsvorschläge formuliert, die sich als aufschlußreich erweisen und weiterer Forschung als Ansporn dienen mögen. In erster Linie ist das Folgende ein Versuch, das Verhalten der deutschen Industrie während der Wirtschaftskrise im Zusammenhang zu sehen mit vorangegangenen Erfahrungen und Traditionen, die spätere Verhaltenweisen bestimmten. Dabei soll auch ein kurzer vergleichender Blick auf andere Industrieländer geworfen werden.

Zunächst muß man sich ins Gedächtnis rufen, daß nicht ausschließlich die deutsche Industrie und ihre Repräsentanten mit der Wirtschaftskrise konfrontiert waren, sondern daß sich das Problem in gleicher Weise in allen übrigen Industrieländern stellte. Die deflationäre Politik, für welche die deutschen Industriellen während der längsten Zeit der Wirtschaftskrise eintraten, der Wunsch nach Lohnsenkungen, nach Reduzierung oder völliger

Eliminierung der staalichen Wohlfahrtseinrichtungen und Wohlfahrtsleistungen, das Bestehen auf einen ausgeglichenen Staatshaushalt und auf Einsatz all der erprobten und unglücklicherweise falschen Formeln, welche die internationale Geschäftswelt seit langem für Zeiten der wirtschaftlichen Depression bereithielt, waren keineswegs ein typisch deutsches Phänomen. Aber wie in Deutschland, so löste auch in anderen Ländern die Erfolglosigkeit dieses überkommenen Instrumentariums schließlich einen qualitativen Umschwung in der Rolle und in der Funktion des Staates bei der Bewältigung zyklischer Krisen aus und führte in Industriekreisen zu einer wenn auch zögernden Hinnahme systematischer und anhaltender antizyklischer Maßnahmen der Regierung.[5] Es gibt Beweise dafür, daß einige deutsche Industrielle nach dem Sommer 1931[6] bereit waren, neue Wege einzuschlagen, als nämlich offensichtlich wurde, daß die traditionellen Rezepten folgenden Maßnahmen Brünings nicht den gewünschten Erfolg brachten. Es wäre interessant, die Haltung der deutschen Industriellen mit der ihrer ausländischen Partner zu vergleichen und dabei festzustellen, wer von ihnen einen Gesinnungswandel vollzog, sowie diesen Wandlungsprozeß genau zu bestimmen. Man hüte sich allerdings vor einer Überbetonung des Wandels im Verhalten der Industriellen; es darf nicht vergessen werden, daß es letzlich von den Regierungen,[7] also von politischen Führern und Bürokraten erzwungen wurde. Sehr wahrscheinlich war die Zahl der Industriellen, die sich zu einer neuen Konzeption von der Rolle des Staates in der Wirtschaft vorarbeiteten, weit geringer als die Zahl derjenigen, die in ihrer Verzweiflung und Ausweglosigkeit bereit waren, die von der Regierung angewandten unorthodoxen Methoden zu tolerieren und diese dann mehr schlecht als recht in ihre überkommenen Wirtschaftsvorstellungen einzufügen. Hier besteht ein großes historisches Problem, das nur vergleichend angegangen werden kann und bei dem noch viele Fragen ungelöst sind. Der Erste Weltkrieg hatte die traditionelle Rolle des Staates in der Wirtschaft entscheidend verändert und die bestehenden liberalen Vorstellungen in dieser Hinsicht unterminiert. Sie waren allerdings nicht gänzlich zerstört worden, und in den zwanziger Jahren kam es allgemein zu dem ersthaften Versuch, zu den Zuständen und Traditionen der Vorkriegszeit zurückzukehren. Der Wirtschaftskrise und dem Zweiten Weltkrieg blieb es vorbehalten, gründlich und auf Dauer – ungeachtet der heutigen Attacken auf den Keynesianismus – mit den traditionellen Praktiken und Vorstellungen aufzuräumen; jedoch sind der exakte Verlauf dieses Wandlungsprozesses und der genaue Charakter der eingetretenen Veränderungen bisher keineswegs zufriedenstellend erforscht.[8]

Von großer Bedeutung ist, daß Verlauf und Resultat des Wandels in den verschiedenen Ländern sehr unterschiedliche Begleiterscheinungen hervorriefen. Sowohl nach Intensität als nach Ausmaß kann die deutsche Wirtschaftskrise nur mit der in den Vereinigten Staaten verglichen werden, und obwohl erst jüngst verschiedene Versuche unternommen wurden, die Ähnlichkeit der Lösungswege in beiden Ländern aufzuzeigen – sofern es überhaupt richtig ist, hier von »Lösungen« zu sprechen –, sollte es offensichtlich sein, daß die politischen Vorzeichen und die Ergebnisse in beiden Ländern sehr unterschiedlich waren. In den Vereinigten Staaten führten die Wirtschaftskrise und die Bemühungen, sie abzumildern, zur längst überfälligen Anerkennung der organisierten Arbeiterschaft und ihrer vollen Integration in das Wirtschafts- und Sozialgefüge, was unzweifelhaft eine Vertiefung der demokratischen Traditionen der Vereinigten Staaten bedeutete. In Deutschland dagegen war die Lösung der durch die Wirtschaftskrise geschaffenen Probleme letzlich mit der Zerstörung der Arbeiterbewegung und der parlamentarischen Regierung verbunden.[9]

Mittlerweile herrscht in der Literatur Übereinstimmung darüber, daß die ersten größeren Maßnahmen zur Einleitung von Arbeitsbeschaffungsprogrammen von der Regierung Papen getroffen wurden, und es ist kaum zu bestreiten, daß zwischen den Maßnahmen Papens und des Hitler-Regimes eine deutliche Kontinuität besteht.[10] Ferner dürfte wohlbekannt sein, daß es die Regierung Papen war, die über die stärkste Unterstützung deutscher Industriekreise verfügte, während die Unterstützung des Naziregimes erst nach dessen Machtantritt einsetzte und selbst dann noch zumeist opportunistisch motiviert war oder eine Anerkennung für seine Industriefreundlichkeit darstellte.[11] Während in den Vereinigten Staaten und in anderen Ländern die Lehren Keynes' und seiner Anhänger mit dem politischen Liberalismus identifiziert wurden, trat in Deutschland eine Identifikation des Keynesianismus mit dem autoritären Staat und dem totalitären System ein. Selbst Eberhard Czichon, der, wenn auch nicht gerade überzeugend, die deutschen Industriellen nach rechten und linken Keynesianern unterscheidet, weist mit Nachdruck darauf hin, daß der gemeinsame Nenner für beide Gruppen der Wunsch nach einer autoritären politischen Lösung war.[12] Antizyklische staatliche Maßnahmen unter demokratischen Vorzeichen, wie sie die Woytinski-Tarnow-Baade-Gruppe im ADGB vertrat, wurden viel zu spät vorgeschlagen und konnten daher in Deutschland erst nach 1945 eine Zukunft finden.[13] Damit scheinen die jüngeren Interpretationen bestätigt, die eine notwendige Verbindung zwischen der Bereitwilligkeit der Industrie, antizyklische Maßnahmen zu akzeptieren und der Ausbildung eines autoritären Regimes in Deutschland postulieren. Den wohl extremsten Standpunkt in dieser Richtung bezieht Reinhard Kühnl:

> »Der Kapitalismus benötigte eine politische Gestalt, die durch keinerlei Rücksicht auf Verfassungsnormen, oppositionelle Parteien und Gewerkschaften gehemmt, die Konjunktur wieder in Gang setzte – und zwar durch Staats-, vornehmlich Rüstungsaufträge. Nur so konnte die soziale Herrschaftsposition der Oberklasse wieder gefestigt werden.«[14]

Der Nachteil dieser Art ideologisch motivierter Analysen ist leider häufig, daß man von der Vorstellung ausgeht, grundsätzliche Erklärungen könnten die Beweisführung anhand der Fakten ersetzen. Sowohl die Männer der

Wirtschaft, welche die Bemühungen um eine Verfassungsreform zum Zwekke der Stärkung der Exekutive anführten, als auch der Personenkreis, der in ihren Diensten stand (beispielsweise der Reichsbankpräsident und der Vorsitzende des Bundes zur Erneuerung des Reiches, Hans Luther) waren keineswegs bereit, gegen Recht und Gesetz zu verstoßen. So machte Luther als Antwort auf Carl Schmitts im November 1932 vor dem Langnamverein gehaltene Rede, in der dieser Legalität als das »Funktionsprinzip der modernen Bürokratie« definiert hatte, warnend darauf aufmerksam, daß die kapitalistische Privatwirtschaft der Rechtssicherheit bedürfe. Gleichzeitig drückte Luther die Hoffnung aus, daß nach den bitteren Erfahrungen der Währungskrise 1923 und den schweren Leiden in der damaligen Wirtschaftskrise Deutschland zumindest von einer Rechtskrise verschont bleiben möge.[15] Weiter spricht gegen Kühnl, daß mit Ausnahme Deutschlands und Italiens der Kapitalismus nicht die Art von politischer Gewalt benötigte, die Kühnl im Auge hat.

Eine gemäßigtere Variante dieser Argumentation verdient ernster genommen zu werden. Hier wird der Standpunkt vertreten, daß die Einsicht in die Notwendigkeit antizyklischer Maßnahmen seitens des Staates die Industriellen in eine autoritäre Richtung gedrängt habe. So meint Michael Schneider:

»Das Bestreben nach Sicherung des Unternehmereinflusses ergab sich jedoch vor allem aus der Einsicht, daß die Bekämpfung der Krise die Intervention des Staates erfordere, dessen Interessenbindung es darum auf die Dauer zu festigen galt. Dies mußte um so mehr geboten sein, als sich die ökonomische Krise – wie Borsig erkannte – ›in einer außerordentlichen Verschärfung der sozialen Spannungen auswirkte‹, deren Risiko für die Industrie gerade in einer parlamentarischen Demokratie unkalkulierbar schien.«[16]

Wenn Schneider davon spricht, daß die Arbeitgeber eine dauernde Verknüpfung der staatlichen mit den industriellen Interessen zu erreichen versuchten, so berührt er einen für das damalige Verhalten der Industrie zentralen Punkt. Allerdings stellt sich die Frage, ob die historische Bedeutung dieses Versuchs der Arbeitgeber nicht durch die Schlußfolgerung verzerrt wird, die Wurzel des Problems liege in der »dem kapitalistischen System immanenten Herrschaftsausübung«.[17] Später stellt Schneider sogar eine »mehr oder weniger deutliche Kontinuität der unternehmerischen Haltung von der Weimarer Republik zur Bundesrepublik« fest.[18] Ungeachtet der Vor- und Nachteile der Mitbestimmung und des Widerstandes der Arbeitgeber gegen sie schafft es nur Verwirrung, wenn man die Haltung der Industrie zu Staatsintervention und politischer Demokratie in den dreißiger Jahren zu den ganz anders gearteten Zuständen und Bedingungen in Beziehung setzt, die seit 1945 in Deutschland herrschen. Ein solches Vorgehen lenkt unsere Aufmerksamkeit nur von den spezifischen Problemen ab, die sich zwischen 1930 und 1932 durch das Aufeinandertreffen zweier eigenständiger, gleichzeitig jedoch miteinander verflochtener Phänomene ergaben, nämlich dem zeitlichen Zusammenfall der politischen Systemkrise mit der Krise des Wirtschaftssystems, deren beider Entwicklung sich vor dem Hintergrund der Erfahrungen vollzog, welche die Industrie in der Zeit von 1914 bis 1929 gemacht hatte. In diesem Zusammenhang ist die Gesamtproblematik der Staatsintervention einzuordnen.

Hans-Jürgen Puhle hat mit Recht darauf aufmerksam gemacht, daß die staatliche Intervention während der Wirtschaftskrise drei verschiedene Züge trug.[19] Erstens ist die Tradition der preußisch-deutschen Staatsintervention erkennbar, deren Ziel es war, die Industrie zu fördern und die Privilegien und Interessen zunächst der agrarischen Gruppen, dann auch der Industrie, sowohl durch Zölle wie durch eine freundliche Gesetzgebung und andere Arten der staatlichen Begünstigung zu schützen. Damit eng verbunden war der Solidarprotektionismus, der sich u. a. durch einen hohen Grad der industriellen Selbstverwaltung in Form von Verbänden und Kartellen auszeichnete. Mit anderen Worten: seit dem zweiten Kaiserreich charakterisierte eine eigenartige Mischung von Wirtschaftsliberalismus, Kollektivkapitalismus und neumerkantilistischer Staatsintervention das deutsche industrielle System.

Zweitens kam es ab 1914 zu einer von der ersten grundlegend verschiedenen Art der Staatsintervention, die sowohl Ausfluß des Krieges und der außenpolitischen Probleme als auch Resultat der politischen Verzweigung einer zusehends komplexeren Industriewirtschaft war. Komponenten und Merkmale dieser Form der Staatsintervention waren die teilweise staatlich erzwungene Syndikalisierung und Kartellierung, die industrielle Selbstverwaltung unter staatlicher Aufsicht oder Direktive, scharfe Aus- und Einfuhrkontrollen, Devisenbewirtschaftung, die staatliche Einmischung in das Arbeitnehmer-Arbeitgeber-Verhältnis, begleitet von Sozial- und Wohlfahrtsprogrammen verschiedener Art, und schließlich das verbindliche Schlichtungssystem, dem die Aufgabe zugedacht war, in Industriekonflikten den sozialen Frieden wiederherzustellen. Parallel dazu expandierte die staatliche Unternehmertätigkeit, was auf dem Kapitalmarkt einen Wettbewerb zwischen staatlichen und privaten Unternehmern auslöste, der auch auf andere Märkte, zum Beispiel den Baumarkt übergriff. Höhepunkt dieser sogenannten Zwangswirtschaft waren die Jahre 1916 bis 1923, die Zeit des Krieges, der Revolution und der Inflation. Zwischen 1922 und 1923 wurden die meisten Wirtschaftskontrollen wieder aufgehoben, und selbst bei der bis dahin gesetzlichen Regelung der Arbeitszeit trat man den Rückzug an. Dennoch waren die Regierungen auch nach 1923 nicht bereit, den Arbeitgebern so viel Verfügungsfreiheit über ihre Arbeiterschaft zu gewähren, wie ihnen (ein Kennzeichen der Stabilisierungsphase) auf dem Gebiet der Kartellierung, Trustifizierung und Rationalisierung zugestanden wurde. Es blieb nicht nur bei der verbindlichen staatlichen Schlichtung, vielmehr wurden im Jahr 1927 auch noch wichtige Gesetze über die Arbeitszeit und die Arbeitslosenversicherung verabschiedet.[20]

Drittens sind für die Staatsintervention der dreißiger Jahre Maßnahmen und Methoden charakteristisch, die sich während der Wirtschaftskrise selbst herausbildeten. Allerdings kam es dabei nicht unbedingt zu einem scharfen Bruch mit der vorherigen Praxis. Für die staatlichen Rettungsaktionen, die Flick, Krupp und andere größere Konzerne vor dem Untergang bewahrten, gab es schon Präzedenzfälle, und wie früher waren sie hauptsächlich von militärischen Überlegungen und Sonderinteressen bestimmt – man vergleiche nur die Operationen Flicks im polnischen Oberschlesien.[21] Die staatlichen Maßnahmen besaßen jetzt jedoch eine Größenordnung, die der Regierung die Möglichkeit zu noch größerer Kontrolle und noch weiterreichenden Eingriffen bot. Aus diesem Grunde erregte Flicks Verkauf von Gelsenberg-Aktien an die Regierung auch so sehr die Gemüter und führte zu einem tiefen Bruch im schwerindustriellen Lager. Das Ausmaß des staatlichen Aktionsradius wird noch offensichtlicher durch die Regierungsaktivitäten während der Bankenkrise 1931. Die Einrichtung eines Reichskommissariats mit weitreichenden Vollmachten schuf einen Mechanismus, der die Möglichkeiten staatlicher Kontrolle gegenüber früher wesentlich erweiterte.[22] Arbeitsbeschaffung durch die Vergabe von Staatsaufträgen an die Privatindustrie war mit Sicherheit keine neue Maßnahme, sie hatte vielmehr in dieser Form schon während der Demobilmachung 1918/19 und der Rezession im Frühjahr 1926 weitgehend Anwendung gefunden. Papens Bruch mit diesen Präzedenzfällen und auch mit denen seines Vorgängers Brüning bestand trotz der Überdeckung mit einer wirtschaftsliberalen Ideologie und in ihrer arbeiterfeindlichen Ausrichtung daher in erster Linie in der Größenordnung und in dem Umfang seines Programms. Die quantitativen Unterschiede waren so groß, daß sie eine qualitative Änderung bewirkten. Dietmar Petzina hat richtig ausgeführt, daß die für die Verwirklichung der Vorschläge Papens nötige Kreditbeschaffung ebenso starke inflationäre Auswirkungen auf die Wirtschaft gehabt hätte wie die Kreditbeschaffung für das Programm der Gruppe Schleicher-Gereke, die nach Papen an die Regierung kam.[23]

Für die meisten Industriellen waren die drei beschriebenen Formen des Staatsinterventionismus in der hier genannten Reihenfolge jeweils glückliche Erinnerungen, schlimmste Alpträume oder Ursache ständiger Befürchtungen und neuer Risiken. Ihre kollektive historische Erfahrung bildete die Grundlage für ihre Reaktion auf die Probleme der Wirtschaftskrise. Das Erbe der Zeit vor 1914 lastete in verschiedener Hinsicht schwer auf dem industriellen System der Weimarer Republik. Vor dem Ersten Weltkrieg wurden bestimmte Gruppen auf Kosten anderer begünstigt, so insbesondere die stark kartellierte, oligopolistische Industrie an der Ruhr gegenüber der stärker exportorientierten verarbeitenden Industrie in anderen Teilen Deutschlands und der neueren elektrotechnischen und chemischen Industrie. Während die Schwerindustriellen im großen und ganzen ihren Wirtschaftsliberalismus deutlich von ihrem politischen Liberalismus zu trennen wußten, war das für bedeutende Industrielle aus anderen Branchen nicht unbedingt der Fall. Wo sich vor dem Krieg eine einheitliche Front der Industrie herausgebildet hatte, richtete sich diese gegen die Arbeiterbewegung und diejenigen Personen in Regierung und Reichstag, die für eine Aussöhnung zwischen Kapital und Arbeit plädierten. Gewöhnlich waren diese Mobilisierungen Bestandteil einer reaktionären Sammlungspolitik von Industrie, Junkertum und Mittelstand zum Zwecke der Bewahrung der bestehenden politischen Ordnung. Grundsätzlich hegte man dabei die Erwartung, die Autorität des Staates werde zum Schutz der Produzentenpolitik eingesetzt. Immer wieder wurde daher betont, der Zugang zur Macht, den vor allem die Führer der Schwerindustrie im Centralverband deutscher Industrieller besaßen, müsse erhalten bleiben, und alle Industrieverbände unternahmen systematische Anstrengungen, durch Geldspenden und Propaganda Einfluß auf die bürgerlichen Parteien auszuüben.[24]

Während des Krieges veränderte sich jedoch die Gesamtsituation so, daß die Industriellen begannen, die alte Wirtschaftsordnung zu idealisieren und dabei auch geflissentlich die Spannungen und Belastungen vergaßen, unter denen diese gelitten hatte. Die Einmischung der Zivil- und Militärbehörden in fast alle wirtschaftlichen Angelegenheiten führte zu einem wachsenden Befremden der Industriellen. Nicht nur verabscheuten sie die Zwangswirtschaft, sie fürchteten auch die Experimente mit einer Plan- und Gesamtwirtschaft, wie sie von Walther Rathenau und Wichard von Moellendorf vertreten wurde. Zur gleichen Zeit machte die Kriegführung die Hilfer der organisierten Arbeiterschaft nötig, und die Regierung zwang aus diesem Grunde die Industriellen zu Zugeständnissen.[25]

Die Spannungen zwischen Regierung und Industrie hatten also schon vor Gründung der Weimarer Republik eingesetzt; sie hätten allerdings kaum ihr späteres Ausmaß erreicht, wäre das alte Regime an der Macht geblieben. Bereits in den letzten Jahren des Kaiserreiches erhoben die Industriellen eine Reihe von Forderungen, die weniger eine eindeutige Stellungnahme zum Verhältnis zwischen Regierung und Industrie erkennen lassen, als vielmehr das Dilemma anzeigen, in dem sich die Industriellen befanden, weil ihnen eine über ihre wirtschaftliche Interessen hinausgehende politische Bindung völlig abging. So beanspruchten sie auf der einen Seite, die einzig wahren Experten zu sein, identifizierten ihre Interessen mit denen der Nation und bestanden darauf, die Wirtschaftspolitik zu bestimmen, sei es durch Selbstverwaltung der wirtschaftlichen Angelegenheiten oder durch gleichzeitige Besetzung der Schlüsselpositionen in den staatlichen Behörden, deren Aufgabe die Bewältigung wirtschaftlicher Probleme war. In der klaren Erkenntnis, daß ihnen die Exekutivgewalt fehlte, erhoben sie aber andererseits ein lautes Geschrei und verlangten die Gründung von Behörden mit diktatorischer Gewalt und staatliche Interventionen zu ihren Gunsten. Gleichzeitig kritisierten sie jede staatliche Maßnahme, die nicht ihren, sondern anderen Interessen entgegenkam.[26] Nur wenn man Marxist-Leninist ist und daran glaubt, daß ein starker Staat tatsächlich der Vollstreckungsausschuß der herrschenden Klasse sein kann, wird man die Haltung der Industriellen nicht als paradox empfinden. Tatsächlich forderten die Industriellen nämlich einen starken Staat ohne Autonomie, und das ist ein Widerspruch in sich.

Mit Herannahen der Revolution präsentierten sich die vorherrschenden industriellen Interessen dann so, als gäbe es den Staat überhaupt nicht mehr. Durch die Arbeitsgemeinschaft mit der organisierten Arbeiterschaft wurde der Solidarprotektionismus neu belebt. Diese Arbeitsgemeinschaft maßte sich an, ohne staatliche Einmischung allein auf der Grundlage eines Übereinkommens zwischen den verschiedenen Interessengruppen die auftauchenden Wirtschafts- und Sozialfragen zu regeln. In der Realität erwies sich die Arbeitsgemeinschaft als äußerst kurzlebig, da sie auf einer Überschätzung der Gemeinsamkeit in Interessen und Zielen beruhte. Lediglich durch eine Reihe gegenseitiger inflationärer Zugeständnisse konnte sie aufrecht erhalten werden; nach deren Wegfall am Ende der Inflationsperiode von 1918 bis 1923 zerfiel auch die Arbeitsgemeinschaft.[27] Ohne ihre positiven Leistungen in Abrede stellen zu wollen, muß betont werden, daß die ZAG im großen und ganzen eine Allianz gegen die Revolution war. Weitverbreitete Befürchtungen und Ängste hatten zu ihrem Zustandekommen geführt, und im Falle der Industrie spiegelte die Arbeitsgemeinschaft zudem die Tatsache wider, daß die alten Bundesgenossen aus Landwirtschaft und unterem Mittelstand künftig nicht mehr verfügbar und vor allem äußerst unzuverlässig geworden waren. Sicherlich war die Existenz der Zentralarbeitsgemeinschaft ein wichtiger Faktor für die erfolgreiche Abwehr größeren Unglücks von der Industrie; diese benutzte jedoch die zunehmenden Mißerfolge der ZAG, das erneute Einsetzen von sozialen Konflikten und staatlicher Einmischung als Legitimation dafür, ihre alte Behauptung zu wiederholen, daß die wirtschaftlichen und sozialen Probleme in Deutschland nur dann gelöst werden könnten, wenn Wirtschaft und Industrie in Ruhe gelassen würden.[28]

Ganz gleichgültig, ob man die Gründung der ZAG für richtig hält oder ob man der Meinung ist, die Fortführung der Revolution wäre besser gewesen, ist es wichtig, sich für die Rolle der Industrie in der Spätphase der Weimarer Republik die funktionellen Konsequenzen des Kriegsausganges und der Revolution deutlich vor Augen zu führen. Der Rohstoffmangel in der Kriegs- und Nachkriegszeit, der Verlust von Gebieten samt ihrer Industrie- und Werksanlagen, die Energiekrise der Jahre 1917 bis 1920 sowie die Reparationsprobleme verhinderten eine entscheidende Kräfteverlagerung im Industriesektor zugunsten der verarbeitenden Industrie und neuer Industriezweige auf Kosten der Schwerindustrie, was unter normalen Bedingungen durch die Strukturveränderungen in der Wirtschaft unausweichlich eingetreten wäre. Mit anderen Worten, die Vorherrschaft der Schwerindustrie erhielt eine neue Lebensgarantie, und in dieser Entwicklung spielten die wagemutigen Schwerindustriellen wie Hugo Stinnes durch ihr Zusammengehen mit aufgeschlossenen Industriellen anderer Industriebranchen eine entscheidene Rolle. Kaum war die unmittelbare Notsituation vorüber, so führte die feindselige Ablehnung des Achtstundentages durch die Schwerindustriellen dazu, daß das Arbeitszeitproblem in disproportionalem Verhältnis zu seiner eigentlichen Bedeutung aufgebauscht wurde, was nicht zuletzt den Ausschlag zum coup de grâce für die ZAG gab.[29]

In diesem Zusammenhang dürfen auch die wirtschaftlichen und sozialpolitischen Folgen der Inflation nicht außer acht gelassen werden. Obwohl richtig ist, daß die Inflation Deutschland einen schnelleren Wiederaufbau seiner Industrie ermöglichte und zur Schuldenabtragung beitrug, stärkte sie doch eindeutig die Stellung der Schwerindustrie. Diese Stärke drückte sich in dem raschen Kapazitätenausbau aus, was später wiederum zur Verschärfung des Rationalisierungsproblems beitrug.[30]

Ein weiteres Erbe der frühen Weimarer Republik, das besonders zwischen 1924 und 1933 an Bedeutung gewann, war das übertriebene, fast fanatische Festhalten wichtiger Teile der Industrie an traditionellen Wirtschaftswahrheiten, so bei der Sanierung der Finanzen, dem Bestehen auf enger Koppelung von Lohnerhöhungen und Produktivitätssteigerungen, der Senkung der Sozialkosten usw. Im Gegensatz zu Großbritannien und den Vereinigten Staaten hatte nämlich in Deutschland unmittelbar nach dem Krieg keine Deflation stattgefunden, so daß eine Lohnsenkung und damit eine Machtbeschneidung der erstarkten Arbeiterschaft ausgeblieben war. Als die Deflation dann 1923/24 einsetzte, wurden die Industriellen in ihrer Verbitterung über den durch die Revolution geschaffenen sogenannten Gewerkschaftsstaat und, von Schuldbewußtsein erfüllt, angesichts der eigenen Verstöße gegen gesunde Wirtschaftsprinzipien zu den lautstärksten Verteidigern einer traditionellen Politik in der ganzen Welt, und so verhielten sie sich auch wegen der Reparationsverpflichtungen.

Wieder übernahm die Schwerindustrie die Führung. Als entscheidende Vetogruppe im Reichsverband der deutschen Industrie gelang es ihr, die gemäßigteren Elemente, die eine Aussöhnung mit der Arbeiterschaft suchten und sogar an eine Wiederbelebung der Arbeitsgemeinschaft dachten, auszuschalten. In erster Linie ist hier an Paul Silverberg zu denken.[31] Der Sieg gelang der Schwerindustrie nicht zuletzt durch den Abschluß des AVI-Abkommens mit der verarbeitenden Industrie. Es brachte diese zwar, als Gegenleistung für eine Unterstützung der Eisenzölle und der schwerindustriellen Kartellierungs- und Trustifizierungsbestrebungen, in den Genuß von Ausfuhrrückvergütungen, schränkte gleichzeitig aber ihre Fähigkeit ein, in politischen und sozialen Fragen in Gegensatz zur Schwerindustrie zu treten. Das wurde offensichtlich, als die Schwerindustrie den Kampf gegen das verbindliche Schlichtungswesen aufnahm und anführte und mit der großen Aussperrung 1928 Deutschland den wohl schlimmsten Arbeitskonflikt der Weimarer Republik bescherte.[32]

Der Ton für die Politik der Industrie wurde in Weimar von der Schwerindustrie angegeben, und die ihr eigene Unzufriedenheit spiegelte sich deutlich in den Reden Paul Reuschs vor dem Langnamverein wider, vor allem, wenn er forderte: »Laßt die Wirtschaft einmal in Ruhe«.[33] Deutlich zutage tritt jener Pessimismus auch in der grimmigen, programmatischen Denkschrift des Reichsverbandes der deutschen Industrie vom Dezember 1929, »Aufstieg oder Niedergang«, die unzweideutig eine »entscheidende Wendung« in der deutschen Wirtschafts-, Finanz- und Sozialpolitik verlangte und darüber hinaus als Grundlage des Verhältnisses zwischen Staat und Wirtschaft verkündete: »Die Eingriffe des Staates in die Wirtschaft finden ihre Grenzen in der grundsätzlichen Anerkennung der Gewerbefreiheit«.[34]

Vor diesem Hintergrund fällt die Analyse des Kollektivverhaltens der Industrie während der Wirtschaftskrise trotz aller bestehenden Unterschiede und der beträchtlichen Verwirrung in den Reihen der Industriellen um einiges leichter. Tatsächlich bestanden erhebliche Differenzen innerhalb der Industrie, die lediglich durch die kurze Phase der Prosperität überdeckt worden waren. Entscheidend ist jedoch, daß diese Differenz zwischen 1930 und 1932 nicht mehr zum Schutz der Demokratie eingesetzt werden konnte. Eine der verpaßten Chancen Weimars, besonders in den frühen Jahren, war vielleicht, daß man versäumt hat, die rivalisierenden Gruppen in der deutschen Industrie gegeneinander auszuspielen und insbesondere die verarbeitende, aber auch die elektrotechnische Industrie gegen die Schwerindustrie zu mobilisieren.[35]

Gleichwohl löste die Wirtschaftskrise im industriellen Lager große Spannungen aus. Die Feindseligkeit gegen die Kartelle der Schwerindustrie war beträchtlich. Man hatte den Verdacht, die Schwerindustrie nutze ihre Kartellstruktur aus, um die Lasten der Wirtschaftskrise anderen aufzubürden. Die Schwerindustriellen selbst erkannten, daß ihre Kartellstruktur zu starr war und sahen die Notwendigkeit von Preisnachlässen ein. Gleichzeitig aber waren sie darauf bedacht, nicht nur die Preise, sondern vor allem auch die im Rahmen des AVI-Abkommens zu zahlenden Ausfuhrrückvergütungen zu senken. Allerdings waren sie klug genug, das System der Ausfuhrrückvergütungen, wenn auch in reduzierter Form, beizubehalten, um auf diese Weise die größeren Firmen der verarbeitenden Industrie und deren Anhang weiter an sich zu binden. Das gelang ihnen insofern, als diese Firmen die Bemühungen Brünings um Preissenkung und eine Auflockerung des schwerindustriellen Kartellsystems nicht unterstützen.[36] Schwerwiegender aber ist, daß die Opposition der mittleren und kleinen Firmen gegen die Schwerindustrie in einer Radikalisierung nach rechts, sogar gelegentlicher Nazifizierung bestanden zu haben scheint, etwa in Sachsen, wo die Industrie besonders schwer unter der Wirtschaftskrise litt, und unter den Kleineisenindustriellen im Bergisch-Märkischen Land. Die Forderungen solcher Gruppen nach staatlicher Zwangssyndikalisierung ihrer Industriezweige standen in direktem Gegensatz zum Bestehen der Schwerindustrie auf Wirtschaftsfreiheit, was zu ernsten Differenzen im Reichsverband der deutschen Industrie führte.[37] Häufig stützten sich diese Forderungen auf ständische und faschistische Ideologien, und immer waren sie von offener Feindseligkeit gegen die Gewerkschaften begleitet; zumindest in diesem Punkt bestand eine gewisse Übereinstimmung mit der Schwerindustrie.[38] Die Diskussion darüber, wieviel Unterstützung die Industrie Hitler angedeihen ließ und in welchem Maß die kleineren und mittleren Firmen daran im Verhältnis zur Großindustrie beteiligt waren, verschleiert häufig das grundlegende Strukturproblem der deutschen Wirtschaftsentwicklung, das für den gesamten Fragenkomplex vielleicht das zentrale Problem ist, nämlich daß die lange und auch später ungebrochene Vorherrschaft der Schwerindustrie wesentliche Teile der deutschen Industrie zu einer Radikalisierung nach rechts drängte und daß dadurch potentielle Reserven für eine liberale demokratische Politik vernichtet wurden. In diesem Sinne trägt die Schwerindustrie für die Unterstützung Hitlers durch die deutsche Industrie mehr Verantwortung, als man ihr aufgrund ihrer direkten Einflußnahmen anlasten kann.

Damit ist nun nicht gesagt, daß es überhaupt keine wichtigen Personen in der deutschen Industrie gab, die bereit waren, die Wirtschaftskrise im pluralistischen Sinne und mit demokratischen Mitteln zu lösen. Es ist erst jüngst bewiesen worden, daß bestimmte Industrie- und Gewerkschaftsführer sich 1930 bemühten, erneut zu einer Arbeitsgemeinschaft zu gelangen, wobei auf industrieller Seite die ehrliche Absicht bestand, mit den Gewerkschaften zusammenzuarbeiten. Sicher war es kein Zufall, daß hierbei genau dieselben Personen eine Rolle spielten, die ein Jahrzehnt früher auch die ZAG aktiv unterstützt hatten, zum Beispiel der DVP-Abgeordnete und Geschäftsführer des Zentralverbandes der elekrotechnischen Industrie, Hans von Raumer, der Braunkohlenindustrielle Paul Silverberg, der Direktor des Tiefdrucksyndikats, Hans Kraemer, und die beiden Führer der chemischen Industrie, Carl Bosch und Carl Duisberg. Ihr Ziel war es, in Wirtschaftsfragen wieder eine Kooperation zwischen Industrie und Arbeiterschaft zu erreichen und mittels dieser Allianz die Regierung zur Kürzung ihrer Ausgaben zu zwingen, die Bemühungen der Landwirtschaft um eine Preiserhöhung zurückzudrängen und eine Verringerung der Handelsspannen auf Verbrauchsgüter durchzusetzen. Lohnsenkungen wären also kompensiert worden durch Preissenkungen, und dies wiederum hätte zur Erhöhung der Kaufkraft beigetragen.

Der Versuch, zur Lösung wichtiger wirtschaftlicher Fragen die frühere Arbeitsgemeinschaft wiederherzustellen, wurde erstmals im Juni 1930 unternommen und nach den Wahlsiegen der Nazis im September 1930, als die Industriellen aus Furcht vor dem Radikalismus der Nazis in Panik gerieten, mit Nachdruck wiederholt. Auch die Gewerkschaften waren durch die Wahlresultate alarmiert, und in klarer Erkenntnis ihrer eigenen schwachen Stellung bemühten sie sich zusammen mit den Industriellen, in dieser Krise die Regierung Brüning durch gegenseitige Kooperation zu stützen.[39] Das Dilemma mit konzertierten Aktionen dieser Art aber ist damals wie heute, inwieweit sich Kooperation auf allgemeiner politischer Ebene vereinbaren läßt, während in anderen Bereichen die Konflikte fortbestehen. So waren beispielsweise die Arbeitgeber nicht bereit, in den Tarifauseinandersetzungen auf einen Konfrontationskurs zu verzichten, teilweise deshalb nicht, weil sie offensichtlich die Oberhand hatten und Lohnsenkungen durchsetzen wollten. Sicherlich gab es auch verschiedene Industrielle, besonders in der Schwerindustrie, die darauf aus waren, die günstige Gelegenheit zu nutzen und die Gewerkschaften nach Möglichkeit zu schwächen. Ihre Absicht war, die Arbeiter zum Eintritt in ihre Werksgemeinschaften zu bewegen, in denen auf den Streik als Mittel der Auseinandersetzung verzichtet werden sollte. Im großen und ganzen lief eine Wiederherstellung der Arbeitsgemeinschaft den Interessen der Schwerindustrie zuwider, und so velangte sie, als Gegenleistung für eine eventuelle Mitwirkung, die Abschaffung der verbindlichen Schlichtung. Mit guten Gründen bezichtigte daher Brüning die Schwerindustrie der Sabotage und machte sie für das Scheitern des Versuchs, erneut zu einer Arbeitsgemeischaft zu kommen, verantwortlich.[40] Allerdings muß deutlich gesagt werden, daß auch die Gewerkschaftsführer sich einer starken und heftigen Opposition gegenübersahen, die jeden Burgfrieden mit den Arbeitgebern ablehnte. Bei diesem Mangel an Unterstützung für den Arbeitsgemeinschaftsgedanken in den Gewerkschaftsreihen spielte sicherlich noch die frühere Erfahrung mit der ZAG eine entscheidende Rolle. Letzlich machen diese Ereignisse aber vor allem die Isolation und Frustration der Industrieführer sichtbar, welche die deutsche Industrie dazu bewegen wollten, ihre Feindseligkeit gegenüber den Gewerkschaften aufzuheben. Dies war in der Tat das Haupthindernis, das für einen nichtdiktatorischen Ausweg aus der Krise hätte überwunden werden müssen.

Die Alternativen zu einer Politik des Kompromisses mit der Arbeiterschaft und zu den Bemühungen, der Regierung Brüning in der Industrie eine breite Basis der Unterstützung zu sichern, waren der Rückfall in reines Selbstinteresse und die Flucht in alte und neue autoritäre Lösungsversuche – kennzeichnend für die Politik der Industrie Ende 1931 und während des Jahres 1932.[41] Beispielhaft für die Grobschlächtigkeit der reinen Interessenpolitik war im Dezember 1931 die Weigerung der Eisen- und Stahlindustriellen, der von Brüning verfügten Lohnsenkung die geforderte Preissenkung folgen zu lassen. Dies ist um so erstaunlicher, als die Eisen- und Stahlindustrie zuvor stets auf der engen Verbindung von Lohn- und Preissenkung bestanden hatte.[42] Auch die Banken, die einerseits von Brüning eine Rettung aus der Misere verlangten, die sie durch eine verfehlte Kreditpolitik mehr oder minder selbst verschuldet hatten, sahen andererseits in der von Brüning verordneten Zinssenkung eine Form des Staatssozialismus.[43] Nur sehr wenige Industrielle waren so konsequent wie Paul Reusch, der jede staatliche Hilfe ablehnte, weil das der staatlichen Kontrolle Tür und Tor öffnen würde. Über Flicks Verkauf von Gelsenberg-Aktien an das Reich war er mehr als aufgebracht.[44] Selbst die Industriellen, die staatliche Almosen und Hilfsmaßnahmen begrüßten, wollten keineswegs akzeptieren, daß derartige Staatsinterventionen für die Industrie notwendig waren. Diejenigen, die bereit waren, die Interventionen hinzunehmen, so zum Beispiel der Vorsitzende der Metallgesellschaft, Richard Merton, auch Wichard von Moellendorff sowie bedeutende Persönlichkeiten der IG Farben standen 1932 in der Industrie ebenso isoliert da wie schon in den Jahren 1917 bis 1919.[45] Die führenden Industriellen stimmten ihr altes Klagelied von der Freiheit der Wirtschaft und der wichtigen Rolle der Persönlichkeiten in der Wirtschaft um so lauter an, je mehr sie auf den Staat angewiesen waren und je weniger sie das Dilemma lösen konnten, in das sie durch ihre politische Konzeptionslosigkeit und Unfähigkeit geraten waren. Wenn Schacht tatsächlich gesagt hat, es gäbe »kaum etwas mit weniger Intelligenz und Charakter als die deutschen Industriellen in der Politik«, und von der »Schwerfälligkeit« der Schwerindustrie gesprochen hat,[46] so wußte er, was er meinte, wenn er auch kaum der richtige Mann war, über den Charakter anderer zu urteilen.

Wenn man von den Ergebnissen ausgeht, welche die politischen Kontributionen der Schwerindustrie einbrachten, so kann man nur mit Henry Turner darin übereinstimmen, daß sich Geld hier nicht in politische Macht umsetzte. Weder gelang es den Industriellen, eine politische Partei mit breiter bürgerlicher Basis auf die Beine zu stellen, eine Partei, die, wie Industrieführer vom Schlage eines Paul Reusch hofften, der Industrie ein solideres Fundament gegeben hätte als es die Possenspiele Hugenbergs vermochten, noch gewannen sie durch ihre Bemühungen, die Presse zu kaufen, die Gunst der Mehrheit der deutschen Bevölkerung.[47] Die Industrie konnte nicht mit der Politik, aber auch nicht ohne sie leben. So erinnerte Carl Schmitt in einer scharfsinnigen Rede vor dem Langnamverein daran, daß die Industrie versucht habe, ohne die Politik auszukommen, daß dies jedoch völlig fehlgeschlagen sei.

»... Vor etwa zehn Jahren hallte ganz Deutschland und die ganze Erde von dem Rufe wider: Weg mit der Politik! Man hielt es für die Lösung aller Probleme, die Politik zu beseitigen, den Staat zu beseitigen und durch technische und wirtschaftliche Sachverständige nach angeblich rein sachlichen, rein technischen und rein wirtschaftlichen Gesichtspunkten alle Fragen zu entscheiden. (...) Es hat sich herausgestellt, daß eine solche Art der Entpolitisierung ein brauchbares politisches Mittel sein kann, um unangenehme Probleme und notwendige Änderungen zu vertagen und jeden entschiedenen Willen sich leerlaufen zu lassen.«[48]

Wenn das auch nicht gerade den früheren Vorstellungen der Industrie schmeichelte, so wurden doch der Vorwurf und die Kritik durch die These versüßt, nur ein starker Staat könne eine gesunde Wirtschaft garantieren und der Wirtschaft die Freiheit einräumen, die der Pluralismus Weimars unmöglich mache. Diese Haltung vertrat auch ausdrücklich der rührige Geschäftsführer des Langnamvereins, Max Schlenker, den Grotkopp in seinem Buch »Die große Krise« für die Unterstützung der Wirtschaftsreformer lobt, die sich für staatliche Maßnahmen als Ausweg aus der Krise einsetzten.[49]

Schlenkers Lobgesänge auf die Papenschen Reformen setzten die völlig neuen Funktionen, die der Staat übernommen hatte, jedoch schlichtweg in Zusammenhang mit den mittlerweile von den Industriellen idealisierten Vorkriegsvorstellungen vom Verhältnis des Staates zur Wirtschaft:

»Die Wirtschaft kann nur dem Wunsche Ausdruck geben, daß die günstige Stunde, in der wir zweifellos für die Reform heute stehen, von den maßgeblichen Männern genutzt wird. Sie selbst wird beim Fortgang der Reform auch bevorzugt darauf zu achten haben, daß sich die staatliche Bürokratie wieder aus den Stellungen zurückzieht, die sie in der Nachkriegszeit zum Zweck einer weitgehenden Gängelung der Wirtschaft durch Eingriffe aller Art bezogen hat. Wirtschaft und Staat können nur gewinnen, wenn ihre Aufgabenbereiche von der heutigen unorganischen Verschachtelung befreit werden. (...)«.[50]

Schlenker begrüßte Arbeitsbeschaffungsprogramme, solange sie sich ausschließlich nach den Interessen der Privatindustrie richteten. Keineswegs aber war man bereit, jedes Experiment und jeden staatlichen Eingriff zu tolerieren. Der Widerstand der Industrie gegen das Arbeitsbeschaffungsprogramm und die Bemühungen Schleichers, mit den Gewerkschaften zu einer Zusammenarbeit zu kommen, machen dies mehr als deutlich. Obwohl die führenden Industriellen Papen im allgemeinen als ihren Kandidaten betrachteten, in den Wahlen vom November 1932 die ihn unterstützenden Politiker mit großen Geldsummen bedachten und dem neokonservativen Kreis um Papen den Vorzug gegenüber den Nazis gaben,[51] versäumten sie es dennoch nach 1930 nicht, die Beziehungen zu solchen Nazis zu pflegen, von denen sie annahmen, sie könnten sie zu ihrem Standpunkt bekehren. Jakob Herle, der Geschäftsführer des Reichsverbandes, unterzog sich zum Beispiel der Mühe, das wirtschaftliche Sofortprogramm der Nazis vom September 1930 einer ausführlichen Kritik zu unterziehen. Trotz des reichlichen nationalen Pathos enthält diese Kritik die für die Industriellen typischen programmatischen Wünsche:

»Man muß sich ... endlich einmal der Mühe unterziehen, auch der Gesinnung des nationalen Unternehmertums gerecht zu werden und wieder an das Verantwortungsbewußtsein und die Führereigenschaften des deutschen Unternehmers zu appellieren. Das allein wird die notwendigen Voraussetzungen für eine neue Blüte unserer Wirtschaft schaffen und der Verbitterung Einhalt tun, die notwendigerweise seit Jahren aufgrund der wirtschafts- und wirklichkeitsfremden kurzsichtigen Maßnahmen eines menschheitsfremden Bonzentums in weiten Kreisen deutscher Unternehmerschaft entstanden sind. Wir müssen endlich wieder zu der Forderung auf Freiheit der Wirtschaft kommen.«[52]

Natürlich bedienten sich die Nazis geschickt dieser fixen Idee. Als sie nach dem 30. Januar 1933 die Industriellen zu Spenden für die Wahl im März 1933 aufforderten, wies Göring auf die fast leeren Kassen der SS und SA hin und deutete an, »mit dem bevorstehenden letzten Wahlkampf« sei »auch die letzte Chance zur Aufrechterhaltung der Freiheit der Wirtschaft gegeben«.[53] Die rasche Kapitulation der Industriellen vor der »Neuen Ordnung« ensprach Schachts zynischer Beurteilung ihres politischen Scharfsinns und brachte ihm selbst die Führungsstellung ein, nach der er hastig griff.

Unzweideutig hatte Schacht zuerst den richtigen Weg eingeschlagen, und obwohl Henry Turner darin zugestimmt werden kann, daß es unrichtig ist, in ihm schon 1932 den Agenten der Industrie zu sehen[54] – einmal wegen seiner nur unzureichenden formellen Beziehungen, zum anderen wegen der absoluten Hingabe, mit der er sich seinen eigenen Interessen widmete –, so darf wohl gesagt werden, daß er in gewisser Weise doch für die deutsche Industrie repräsentativ war, ebenso wie der Keppler-Kreis oder andere Intriganten, die eine besonders üble Rolle am Ende Weimars spielten. In der Geschichte des deutschen Unternehmertums gab es früher schon untypische Führer, die »den Weg wiesen«, und in dieser Hinsicht unterscheidet sich die Rolle Schachts wenig von der eines Wilhelm von Kardorff oder Hugo Stinnes. Schacht und Konsorten repräsentierten nicht nur den polyvalenten Charakter von Wirtschaftsliberalismus und Kapitalismus, der sich letzlich jedem System – zumindest wenn es auf offene Feindseligkeit verzichtet – anpassen kann, sondern weit mehr die zunehmend dezisionistischen Tendenzen in der industriellen Führungsgruppe während der letzten beiden Jahre der Weimarer Republik, ihr Ablegen jeglicher Überzeugung, ihre politische Rücksichtslosigkeit und ihre soziale Isolation vom Gros der deutschen Gesellschaft. All dies hatten sie mit anderen Institutionen und Gruppen gemein, die für die Schwächung der Weimarer Republik ebenfalls verantwortlich waren – den Junkern, dem Heer und wichtigen Teilen der Bürokratie. Im Falle der Industrie führte die zunehmende staatliche Wirtschaftsintervention schließlich zum Zerfall ihres Staatsverständnisses, das sich im zweiten Kaiserreich entwickelt hatte. Während des Krieges und der Revolution löste sich dieses Staatsverhältnis aus seiner traditionellen Verankerung, war aber nicht fähig, moralisch und politisch mit der Krise in der Endphase der Weimarer Republik fertigzuwerden.

Der Versuch, die Haltung des Unternehmertums 1930 bis 1932 als eine Funktion seiner historischen Erfahrung zu verstehen, soll keineswegs als Apologie verstanden werden. Denn die Verantwortung der Mächtigen für ihre Taten wird dadurch ebensowenig geringer wie die Verantwortung derer, die diesen Handlungen hätten Einhalt gebieten können und es nicht taten. Diese Verantwortung trägt zum Teil die SPD-Führung. Wenn jedoch die historische Erfahrung der Schlüssel zum Verständnis der Rahmenbedingungen ist, innerhalb deren sich die Industriellen bewegten, ist es wohl offensichtlich, daß das heutige Unternehmertum in Deutschland ein ganz anderes Staatsverständnis besitzt. Nach der historischen Erfahrung, was eine Freiheit der Wirtschaft à la Göring und Genossen zu bieten hat, und nach den Erfahrungen seit 1945 ist es nur natürlich, daß das Unternehmertum heute eine ganz andere Position gegenüber den Gewerkschaften einnimmt als in der Zeit von Weimar. In diesem Zusammenhang sei nur an den erheblichen Strukturwandel in der Industrie selbst erinnert, an das rapide Wirtschaftswachstum, das Weimar nie beschert war, und an die positiven Erfahrungen mit einer letzlich doch erfolgreichen parlamentarischen Demokratie. Die Skala der politischen Möglichkeiten, mit denen die Industriellen in Weimar liebäugelten, hat sich durch die Anerkennung bestimmter Regeln im politischen Kräftespiel, welche die Weimarer Industriellen nicht anerkennen wollten, vielleicht aufgrund ihrer spezifischen Erfahrungen nicht anerkennen konnten, verengt. Trotz auffallender Ähnlichkeit der Rhetorik ist es daher wenig wahrscheinlich, daß die Arbeitgeberopposition gegen die Mitbestimmung die Absicht einschließt, die Gewerkschaften zu zerstören, oder daß die gegenwärtige Wirtschaftskrise als Legitimation eines Frontalangriffs auf den Sozialstaat benutzt wird.

Abkürzungsverzeichnis

AEG	Allgemeine Elektrizitätsgesellschaft
AfS	Archiv für Sozialgeschichte
AHR	American Historical Review
ASS	Archiv für Sozialwissenschaften und Sozialpolitik
AVI	Arbeitsgemeinschaft der eisenverarbeitenden Industrien
BA	Bundesarchiv Koblenz
BdI	Bund der Industriellen
BHR	Business History Review
CEH	Central European History
CSSH	Comparative Studies in Society and History
CVDI	Centralverband deutscher Industrieller
DDP	Deutsche Demokratische Partei
DEMAG	Deutsche Maschinenfabrik AG
DNVP	Deutsch-Nationale Volkspartei
DR	Deutsche Rundschau
DVP	Deutsche Volkspartei
EHR	Economic History Review
Fs.	Festschrift
GG	Geschichte und Gesellschaft
GHH	Gutehoffnungshütte
HA/GHH	Historisches Archiv der Gutehoffnungshütte
HZ	Historische Zeitschrift
IWK	Internationale Wissenschaftliche Korrespondenz zur Geschichte der Arbeiterbewegung
JEH	Journal of Economic History
Langnamverein	Verein zur Wahrung der gemeinsamen wirtschaftlichen Interessen in Rheinland und Westfalen
M. A. N.	Maschinenfabrik Augsburg-Nürnberg
OHL	Oberste Heeresleitung
PP	Past and Present
PSQ	Political Science Quarterly
PVS	Politische Vierteljahresschrift
RdI	Reichsverband der Deutschen Industrie
RoP	Review of Politics
RWA	Reichswirtschaftsamt
RWM	Reichswirtschaftsministerium
Sch. VfS	Schriften des Vereins für Sozialpolitik
Tradition	Tradition. Zeitschrift für Firmengeschichte und Unternehmerbiographie
VdESI	Verein deutscher Eisen- und Stahlindustrieller
VdE	Verein deutscher Eisenhüttenleute
VDMA	Verein deutscher Maschinenbauanstalten
VfZ	Vierteljahrshefte für Zeitgeschichte
VSWG	Vierteljahrschrift für Sozial- und Wirtschaftsgeschichte
ZAG	Zentralarbeitsgemeinschaft der industriellen und gewerblichen Arbeitgeber und Arbeitnehmer Deutschlands

Zendei	Zentralverband der deutschen elektrotechnischen Industrie
ZfG	Zeitschrift für Geschichtswissenschaft
ZStA Potsdam	Zentrales Staatsarchiv Potsdam
ZUG	Zeitschrift für Unternehmensgeschichte
ZWS	Zeischrift für Wirtschafts- und Sozialwissenschaften

Verzeichnis der Druckorte

1. Fondements sociaux de la mobilisation économique en Allemagne (1914–1916), in: Annales, E. S. C., Bd. 24, 1969, S. 102–127, u. The Political and Social Foundations of Germany's Economic Mobilization, 1914–1916, in: Armed Forces and Society, Bd. 3, 1976, S. 121–145.
2. Der deutsche Organisierte Kapitalismus während der Kriegs- und Inflationsjahre 1914–1923, in: H. Winkler (Hg.), Organisierter Kapitalismus. Voraussetzungen und Anfänge, Göttingen 1974, S. 150–171.
3. The Historian and the German Inflation, in: N. Schmukler u. E. Marcus (Hg.), Inflation Through the Ages: Economic, Social, Psychological and Historical Aspects, New York 1983, S. 386–399.
4. Socio-Economic Structures in the Industrial Sector and Revolutionary Potentialities, 1917–1922, in: Ch. Bertrand (Hg.), Revolutionary Situations in Europe 1917–1922: Germany, Italy, and Austria-Hungary, Montreál 1976, S. 159–169.
5. Wirtschafts- und sozialpolitische Probleme der deutschen Demobilmachung 1918/19, in: H. Mommsen u. a. (Hg.), Industrielles System und politische Entwicklung in der Weimarer Republik, Düsseldorf 1974, S. 618–636, u. Economic and Social Problems of the German Demobilization, 1918–19, in: Journal of Modern History, Bd. 47, 1975, S. 1–47.
6. German Big Business Between War and Revolution: The Origins of the Stinnes-Legien Agreement, in: G. A. Ritter (Hg.) Entstehung und Entwicklung der Modernen Gesellschaft. Festschrift für Hans Rosenberg, Berlin 1970, S. 312–341.
7. Trade Associations and Economic Power: Interest Group Development in the German Iron and Steel and Machine Building Industries 1900–1933 (with Ulrich Nocken), in: Business History Review, Bd. 49, 1975, S. 413–445. Copyright by the President and Fellows of Harvard College and translated and printed with their permission.
8. The Large Firm in the German Industrial System: The M. A. N. 1900–1925, in: D. Stegmann u. a. (Hg.), Industrielle Gesellschaft und Politisches System. Beiträge zur Politischen Sozialgeschichte. Festschrift für Fritz Fischer, Düsseldorf 1978, S. 241–57.
9. The Social and Economic Policies of German Big Business, 1918–1929, in: American Historical Review, Bd. 75, 1969, S. 47–55.
10. Big Business and the Kapp Putsch, in: Central European History, Bd. 4, 1971, S. 99–130.
11. Aspekte Deutscher Industriepolitik am Ende der Weimarer Republik 1930–1932, in: K. Holl (Hg.), Wirtschaftskrise und liberale Demokratie, Göttingen 1978, S. 103–21.

Anmerkungen

1. Die sozialen und politischen Grundlagen der wirtschaftlichen Mobilmachung Deutschlands 1914–1916

1 Für eine ausgezeichnete Besprechung des ›decisionism‹ während der Kriegszeit s. A. *Mendelssohn-Bartholdy*, The War and German Society: The Testament of a Liberal, New Haven 1937, S. 40–43, 75–88.

2 S. G. *Ritters* monumentales Werk: Staatskunst und Kriegshandwerk. Das Problem des Militarismus in Deutschland, 3 Bde., München 1959–64, bes. Bd. 1, S. 3–24 und Bd. 2, S. 148–170.

3 E. *Kehr*, Der Primat der Innenpolitik. Gesammelte Aufsätze zur preußisch deutschen Sozialgeschichte im 19. und 20. Jahrhundert, hg. von H.-U. *Wehler*, Berlin 1965, S. 87–110.

4 *Kehr*, S. 91.

5 *Reichsarchiv*, Der Weltkrieg 1914–1918. Kriegsrüstung und Kriegswirtschaft, Berlin 1930, S. 326–34. S. auch die wichtige Studie zu den Beschaffungsmethoden des Heeres von Hauptmann Büsselberg aus dem preußischen Kriegsamt im Nachlaß Wilhelm Groener (Mikrofilm, U. S. National Archives), S. 198.

6 W. *Görlitz* (Hg.), Regierte der Kaiser? Kriegstagebücher, Aufzeichnungen und Briefe des Chefs des Marinekabinetts Admiral Georg Alexander von Müller 1914 bis 1918, Göttingen 1959, S. 66.

7 BA, Restnachlaß Reinhold von Sydow, Nr. 265–4, S. 340f–g.

8 *Kehr*, S. 104f., 193f.

9 Deutsche Arbeitgeberzeitung vom 9. und 16. August 1914.

10 F. *Redlich*, German Economic Planning for War and Peace, in: RoP, Bd. 6, 1944, S. 319–26; R. H. *Bowen*, German Theories of the Corporative State: With Special Reference to the Period 1870–1918, New York 1947, S. 164–218.

11 Oberbürgermeister *Peppel*, Die Durchführung von Zusammenlegungen (Stillegungen) in der Industrie während des Krieges 1914–1918: Darstellung und Beurteilung 1. Teil, Records of Headquarters, German Armed Forces, U. S. National Archives, Microcopy T-77, Roll 343, Wi/IF 5.2184.

12 Wild von Hohenborn an Professor Zorn, 1. Januar 1917, BA, Nachlaß Wild von Hohenvorn, Nr. 6. S. auch E. *von Falkenhayn*, Die Oberste Heeresleitung 1914–1916, Berlin 1920, S. 2f. und R. *Schmidt-Bückeburg*, Das Militärkabinett der preußischen Könige und deutschen Kaiser, Berlin 1933, S. 395–98.

13 *Kehr*, S. 107–109; M. *Bauer*, Der große Krieg in Feld und Heimat: Erinnerungen und Betrachtungen, Tübingen 1921, S. 24–26. Ludendorff wurde 1912 von seinem Posten im Generalstab wegen seiner Haltung entlassen; s. General Groener an Feiherr von Reischach, 22. Juni 1925, Nachlaß Groener, 36.

14 *Bauer*, S. 60–62; E. *von Wrisberg*, Wehr und Waffen 1914–1918, Leipzig 1920, S. 73.

15 Für eine ausgezeichnete Untersuchung der technischen Grundlagen der Produktionspolitik des Ministeriums s. L. *Wurtzbacher*, Die Versorgung des Heeres mit Waffen und Munition, in: Der große Krieg 1914–1918, hg. von M. *Schwarte*, 10 Bde., Berlin 1921–33, Bd. 8, S. 79–81.

16 R. *Sichler* u. J. *Tiburtius*, Die Arbeiterfrage, eine Kernfrage des Weltkrieges: Ein Beitrag zur Erklärung des Kriegsausgangs, Berlin 1925, S. 62–65; *Reichsarchiv*, Der Weltkrieg 1914–1918, 14 Bde., Berlin 1925ff., Bd. 2, S. 370–73.

17 Eine ausführliche Darstellung der Sozial-, Produktions- und Arbeitsbeschaffungspolitik des Kriegsministeriums von 1914 bis 1916 befindet sich in G. D. *Feldman*, Army, Industry and Labor in Germany, 1914–1918, Princeton 1966, S. 73–96.

18 In einem Brief an den Verfasser vom 19. November 1962 bestätigte der verstorbene Berliner Senator für Erziehungsfragen, Joachim Tiburtius, der ehemalige Ratgeber des Ministers für Arbeitsfragen, den Einfluß der Gesellschaft auf die Politik des Kriegsministeriums.

19 *Kehr*, S. 108.

20 Zitiert in *Sichler* u. *Tiburtius*, S. 13–14.

21 Büsselberg Studie, Nachlaß Groener, 198. S. auch das aufschlußreiche Memorandum des Bergassessors Alfons Horten von 1917, dessen Befund nach dem Krieg von einem unparteilichen Ausschuß bekräftigt wurde. Beide befinden sich im BA, Nachlaß Mentzel, Nr. 8. Vgl. auch H. *Herzfeld*, Die deutsche Sozialdemokratie und die Auflösung der nationalen Einheitsfront im Weltkrieg, Leipzig 1928, S. 365 f.

22 Horten Memorandum, BA, Nachlaß Mentzel, Nr. 8. S. auch die Diskussion im Walzdraht-Verband vom 4. Oktober 1916 im Historischen Archiv der Gutehoffnungshütte, Nr. 3000034/21.

23 Die Akten des Vereins deutscher Eisen- und Stahlindustrieller (VdESI), besonders die Hauptausschußprotokolle der Sitzungen von 1915 und 1916, sind voll von diesen Beschwerden. Diese Akten befinden sich im BA, Bestand R 13 I/1.

24 Büsselberg Studie, Nachlaß Groener, 198. S. auch *Sichler* u. *Tiburtius*, S. 10 f., 49–61 und: Die Arbeiterfrage im Kriege, insbesondere das Zurückstellungswesen, ein VdESI Memorandum vom 5. November 1915, BA, R 13 I/184.

25 S. besonders die VdESI Hauptausschußsitzungen vom 24. März und 16. November 1916, ebd., R 13 I/148–149, und die Sitzung zwischen Vertretern des Kriegsministeriums und Führern der Schwerindustrie vom 15. Oktober 1916, im BA, Nachlaß Wichard v. Moellendorff, Nr. 58.

26 Aufzeichnung über die Sitzung des Unterausschusses des Kriegsausschusses der deutschen Industrie am 7. November 1914, Nachlaß Gustav Stresemann, 6839, Rahmen H 126925–H 126927 (Mikrofilm, U. S. National Archives).

27 Ansprache von Dr. J. A. Reichert, 16. November 1916, BA, R 13 I/147.

28 Ebd.

29 F. *Federau*, Der Zweite Weltkrieg: Seine Finanzierung in Deutschland, Tübingen 1962, S. 15 f.

30 *Wrisberg*, S. 185–188.

31 K. *Helfferich*, Der Weltkrieg 1914–1918, 2 Bde., Berlin 1922, Bd. 2. S. 277–299.

32 Horten Memorandum, BA, Nachlaß Mentzel, Nr. 8.

33 *Ritter*, Bd. 3, S. 216 ff.

34 Der Führer der Konservativen Partei, Graf Westarp, hatte zum Beispiel, wie General von Wild berichtete, »gemischte Gefühle, Kanzlersieg über Falkenhayn wegen des Siegers unbequem«; Notiz vom 4. September 1916, BA, Nachlaß Wild von Hohenborn, Nr. 2.

35 H. *Cron*, Inventar des Reichsarchivs: Die Kriegseisenwirtschaft, Potsdam 1929. Unveröffentlichtes Manuskript im Bayerischen Hauptstaatsarchiv München, Abt. IV, S. 16–18; H. *Dierkopf*, Vorgeschichte, Entstehung und Auswirkungen des vaterländischen Hilfsdienstgesetzes vom 5. Dezember 1916, Halle 1937, Anlage 7, S. 24; *Helfferich*, Bd. 2, S. 277–279. S. auch K. P. *Reiss*, Von Bassermann zu Stresemann: Die Sitzungen des nationalliberalen Zentralvorstandes 1912–1917 (Quellen zur Geschichte des Parlamentarismus und der politischen Parteien. Erste Reihe, Bd. 5). Düsseldorf 1967, S. 344 f. Eine Kopie des Memorandums vom 23. August befindet sich im Historischen Archiv der Gutehoffnungshütte, Nr. 30019326/29.

36 Bauers Nachlaß im BA ist gefüllt mit Korrespondenz zwischen ihm und bedeutenden Vertretern der Schwerindustrie und zeigt seine äußerst reaktionären Anschauungen und seinen unglaublichen Hang zur Intrige. S. auch E. von *Wrisberg*, Heer und Heimat, 1914–1918, Leipzig

1921, S. 165 f. und Graf von Lerchenfeld, Bayerischer Gesandter in Berlin an Graf von Hertling, 24. März 1917, Bayerisches Hauptstaatsarchiv München, Abt. II, MA 1, Nr. 958.

37 *Bauer*, S. 120; E. *Ludendorff*, Urkunden der Obersten Heeresleitung über ihre Tätigkeit, Berlin 1920, S. 63–65; *ders.*, Meine Kriegserinnerungen 1914–1918, Berlin 1919, S. 267 und *Cron*, S. 35. Die Bedeutung Carl Duisbergs in diesen Angelegenheiten kann aus seiner Korrespondenz mit Ludendorff und Bauer geschlossen werden, die sich in der Sammlung seiner Schriften im Bayer-Archiv in Leverkusen befindet.

38 *Wrisberg*, Wehr, S. 285–88; Anmerkung vom 29. Oktober 1916, BA, Nachlaß Wild von Hohenborn, Nr. 2 und *Cron*, S. 28. Am 16. September 1916 traf sich das Kriegsministerium mit den Industriellen, um die Harmonie wiederherzustellen. Die Industriellen nahmen diese Gelegenheit wahr, um die frühere Politik des Ministeriums in der sarkastischsten und beleidigendsten Weise anzugreifen. Für das Protokoll dieser Sitzung s. Bayerisches Hauptstaatsarchiv München, Abt. IV, MK, K Mob 6, Bd. I, Bl. zu 12.

39 Anmerkung von Stresemann, 16. September 1916, Nachlaß Stresemann, 6872, Rahmen H 130653–H 130656.

40 Randanmerkung in einem Brief des Abgeordneten Roesicke vom 23. April 1917, BA, Nachlaß Wild von Hohenborn, Nr. 7.

41 Anmerkung vom 29. Oktober 1916, ebd., Nr. 2.

42 Ebd.

43 Für einen ausführlichen Bericht über die Entstehung des Hindenburg-Programms, des Kriegsamtes und des Hilfsdienstgesetzes, das weiter unten besprochen wird, s. *Feldman*, Kap. 3–4.

44 Bethmann Hollweg an Hindenburg, 15. Oktober 1916, Deutsches Zentralarchiv Potsdam, Kriegsakten I, Bd. 9, Bl. 160–163.

45 Reichert an Sorge, 18. November 1916, Akten des VdESI, BA, R 13 I/88.

46 Ein kurzer Bericht befindet sich in *Ritter*, Bd. 3, S. 417ff.

47 Memorandum von Helfferich, Mitte September 1916, Deutsches Zentralarchiv Potsdam, Kriegsakten I, Bd. 8, Bl. 254–262 und Groener an das Reichsarchiv, 9. April 1923, Nachlaß Groener, 196.

48 *Feldman*, Kap. 4; Ritter, Bd. 3, S. 431–433.

49 Ebd. Für den Text des Gesetzes siehe *Feldman*, S. 535–41. S. auch die Haushaltsausschußdebatte im Reichstag vom 28. November 1916, Hauptstaatsarchiv Stuttgart, E, 130, V, X^{a}, 30, Bd. II.

50 Anmerkungen vom 25. und 27. November 1916, BA, Nachlaß Moellendorff, Nr. 51 a.

51 Für das Sitzungsprotokoll und die Roedern-Lisco Anträge siehe BA, P 135/1810, Bl. 4a–4b.

52 Für eine ausführliche Besprechung s. *Feldman*, Kap. 5–8.

53 Ebd., Kap. 8 und W. *Groener*, Lebenserinnerungen: Jugend, Generalstab, Weltkrieg, hg. von F. Frh. *von Gaertringen*, Göttingen 1957, S. 367ff. Groeners wichtigster wirtschaftlicher Berater war der Frankfurter Metallindustrielle Richard Merton, und es war Merton, der Groeners Memorandum vom Juli 1917 verfaßte. Groener wurde außerdem auch von dem Berliner Industriellen Ernst von Borsig und dem Bayerischen Industriellen Rieppel unterstützt. *Feldman*, S. 373–404.

54 *Ritter*, Bd. 3, S. 423.

55 Ebd., S. 432f.

56 Dieses Thema ist ausführlich von J. *Kocka*, Klassengesellschaft im Krieg 1914–1918, Göttingen 1973 (1978^{2}), bes. S. 131ff. behandelt worden.

2. Der deutsche Organisierte Kapitalismus während der Kriegs- und Inflationsjahre 1914–1923

Die Forschungen für die vorliegende Arbeit wurden finanziell unterstützt vom American Council of Learned Societies, dem Social Science Research Council und dem Institute of International Studies of the University of California at Berkeley. Die deutsche Übersetzung wurde von Irmgard Steinisch angefertigt.

1 H. *Rosenberg*, Große Depression und Bismarckzeit, Berlin 1967, S. 268.

2 Dieser Begriff wurde von Hans Rosenberg in einer Unterhaltung mit dem Verfasser vorgeschlagen.

3 Diese kritischen Bemerkungen über die Definition und den Gebrauch des Begriffs »Organisierter Kapitalismus« bei H.-U. Wehler und J. Kocka beziehen sich auf ihre in Regensburg auf dem Historikertag gehaltenen Vorträge sowie auf Kockas Thesen »Vorläufige Merkmale des Idealtyps oder Begriffs ›Organisierter Kapitalismus‹«, die den Teilnehmern an der Arbeitsgemeinschaft in Regensburg zur Orientierung vorlagen. Falls inzwischen Veränderungen vorgenommen worden sein sollten, so wurden diese nicht berücksichtigt.

4 Zur Diskussion der Grundregeln für den Gebrauch von »Idealtypen« sowie für die damit verbundenen Probleme und Gefahren vgl. R. *Bendix*, Tradition und Modernity Reconsidered, in: CSSH, Bd. 9, 1967, S. 292–346, bes. 313–17.

5 Dies stimmt überein mit seinem wichtigen Buch: J. *Kocka*, Unternehmensverwaltung und Angestelltenschaft am Beispiel Siemens 1847–1914, Stuttgart 1969, S. 315–19. Eine noch genauere Periodisierung macht *Kocka* in seinem Aufsatz: Theorieprobleme der Sozial- und Wirtschaftsgeschichte, in: H.-U. *Wehler* (Hg.), Geschichte u. Soziologie, Köln 1972, S. 305–30. Auf S. 316 ist zu lesen: »Industrielle Revolution von den 1830er Jahren bis 1873, Große Depression 1873–96, Übergang zum Organisierten Kapitalismus 1894 bis zum 1. Weltkrieg, Organisierter Kapitalismus seitdem.«

6 Obwohl nicht an sich abzulehnen, so weist doch die Disproportionalität auf ein Problem hin, das implizit in der ganzen Diskussion über den »Organisierten Kapitalismus« enthalten ist. Der Begriff soll die vielfältigen Tendenzen der industriellen Gesellschaften erhellen, wogegen sich einwenden ließe, daß der Kapitalismus der Industrialisierung um Jahrhunderte voranging. Es muß nämlich keine notwendige Verbindung zwischen den spezifischen Merkmalen des Kapitalismus und der Industrialisierung bestehen.

7 Vgl. außer dem in Anm. 1 zitierten Werk von H. Rosenberg die sehr einfühlsame und hinsichtlich der Trennung zwischen Kontinuität und Veränderung äußerst differenzierende Arbeit von W. *Fischer*, Konjunkturen und Krisen im Ruhrgebiet seit 1840 und die wirtschaftspolitische Willensbildung der Unternehmer, in: *ders.*, Wirtschaft und Gesellschaft im Zeitalter der Industrialisierung, Göttingen 1972, S. 179–93.

8 »Der Staat ... hat im 19. Jahrhundert eine eigene Konjunkturpolitik noch kaum begonnen. Zwar greift er in Krisen immer wieder zu punktuellen Maßnahmen wie Staatskrediten in der Krise von 1848, Zollerhöhungen oder ähnlichem nach der großen Krise der 1870er Jahre, aber eine bewußte, langfristige staatliche Konjunkturpolitik hat es im 19. Jahrhundert nicht gegeben. Dieses Problem staatlicher Konjunkturpolitik ist in seiner ganzen Schärfe erst in der Weltwirtschaftskrise seit 1929 erkannt worden, und seitdem ist auch erst das wesentliche Instrumentarium entwickelt worden, das Zentralbanken und Finanzministern eine staatliche Konjunkturlenkung erlaubt.« Ebd., S. 192. Obwohl H. *Staudinger*, Die Änderungen in der Führerstellung und der Struktur des organisierten Kapitalismus, in: C. *Böhret* und D. *Grosser* (Hg.), Interdependenzen von Politik und Wirtschaft. Beiträge zur politischen Wirtschaftslehre, Fs. G. v. Eynern, Berlin 1967, S. 341–373, wiederholt in Verbindung mit dem »Organisierten Kapitalismus« zitiert wird, schenkt man seiner bedeutenden Differenzierung zwischen vor-Keynesianischen und nach–Keynesianischen Formen des Kapitalismus und der staatlichen Intervention kaum Beachtung. In diesem Zusammenhang ist es auch interessant, auf R. Hilferdings auch in der Praxis äußerst enge Konzeption der potentiellen Rolle des Staates hinzuweisen: seine

vorgefaßten marxistischen Ansichten über die »Gesetze« der kapitalistischen Wirtschaft veranlaßten ihn, die deflationistische Politik des Reichskanzlers Brüning zu unterstützen. Mit diesem Thema hat sich R. *Gates* in seinem ungedruckten Referat »German Socialism and the Crisis of 1929–1933«, gehalten auf der Tagung der American Historical Association in New Orleans 1972, näher auseinandergesetzt.

9 Bendix' Diskussion der Idealtypen ist hier besonders wertvoll. Vgl. Anm. 4 u. 6.

10 Die folgenden Ausführungen über Krieg und Inflation basieren in beträchtlichem Maß auf eigenen Forschungen des Verf. Einige Ergebnisse dieser Forschungen wurden schon veröffentlicht, vgl. bes. mein Buch: Army, Industry and Labor in Germany, 1914–1918, Princeton 1966, und den Aufsatz: German Business between War and Revolution: the Origins of the Stinnes-Legien-Agreement, dt. in diesem Band S. 100–127. Ein Großteil des Materials und der Ausführungen über die Weimarer Zeit sind der Studie des Verfassers über Iron and Steel in the German Inflation 1916–1924, Princeton 1977 entnommen. In den folgenden Anmerkungen ist kein Versuch unternommen worden, eine große Anzahl von Quellen zu zitieren; vielmehr begrenze ich mich auf wichtige Literaturhinweise, Zitatangaben und Ausführungen zu bestimmten Aspekten dieser Arbeit.

11 W. *Fischer* u. P. *Czada*, Wandlungen in der deutschen Industriestruktur im 20. Jahrhundert, in: G. A. *Ritter* (Hg.), Entstehung und Wandel der modernen Gesellschaft, Fs. H. Rosenberg, Berlin 1970, S. 116–65, bes. 117–21, 126–35.

12 Ebd., S. 117. Dies soll keine Kritik sein, sondern all diejenigen zur Vorsicht mahnen, die über Sozial- und Wirtschaftsgeschichte schreiben. Kurzfristige wirtschaftliche und soziale Entwicklungen können von der Warte langfristiger »Eigengesetzlichkeiten« der wirtschaftlichen Entwicklung aus gesehen jegliche Bedeutung verlieren, trotzdem aber zu kurzfristigen Entwicklungen von wahrhaft horrendem Charakter führen und eine, obwohl quantitativ nicht zu erfassende, bedeutende Wirkung auf spätere Generationen haben. Schließlich muß daran erinnert werden, daß diesen Umständen ein wesentlich menschliches Interesse innewohnt.

13 Eine der düstersten Einschätzungen dieser Zeit gibt: C. *Bresciani-Turroni*, The Economics of Inflation, London 1953^2. Vgl. als gute Ergänzung dazu die impressionistische, aber äußerst stimulierende Arbeit von A. *Mendelssohn-Bartholdy*, The War and German Society, New Haven 1937. Für den Rückgang des industriellen Wachstums während dieser Zeit vgl. S. J. *Patel*, Rates of Industrial Growth in the Last Century, 1860–1958, in: Economic Development and Cultural Change, Bd. 9, 1961, S. 316–30.

14 Ich wurde gebeten, diese Hypothese meiner Arbeit zugrunde zu legen. Es wird allgemein angenommen, daß der Erste Weltkrieg einer der Höhepunkte in der Entwicklung des »Organisierten Kapitalismus« war.

15 Vgl. Th. P. *Hughes*, Technological Momentum in History: Hydrogenation in Germany 1898–1933, in: PP, Nr. 44, 1969, S. 106–32.

16 R. A. *Brady*, The Rationalization Movement in German Industry, Berkeley 1933, bes. S. 3–65, 103–38, 422–26.

17 Über Emil Fischer und die industrielle Unterstützung der Wissenschaft, vgl. G. D. *Feldman*, A German Scientist between Illusion and Reality: Emil Fischer, 1909 to 1919, in: I. *Geiss* u. B. J. *Wendt* (Hg.), Deutschland in der Weltpolitik des 19. und 20. Jahrhunderts. Fs. F. Fischer, Düsseldorf 1973. Vgl. für das Kriegsamt: *ders.*, Army, S. 190–96. Das Problem der industriellen Unterstützung der Wissenschaft wird eingehend von P. *Forman* vom Smithsonian Institute untersucht, und durch seine großzügige Erlaubnis habe ich von der Einsicht in seine noch nicht veröffentlichten Studien profitieren können.

18 Über die »Kleine I. G.« siehe W. *Treue*, C. Duisbergs Denkschrift von 1915 zur Gründung der »Kleinen I. G.«, in: Tradition, Bd. 8, 1963, S. 193–227.

19 C. Duisberg an O. Diehl, 20. März 1919, Autographensammlung C. Duisberg, in: Werksarchiv, Farbenfabriken Bayer, Leverkusen.

20 G. *v. Klass*, Albert Vögler, Tübingen, 1957, S. 68 ff.

21 Werksarchiv Fried. Krupp, WA IV 1263. Wiedfeldt sah seine düsteren Voraussagen 1925 bestätigt. Über die damalige Situation und die Rettung der Firma durch Banken und Regierung s. die Dokumente im Bundesarchiv Koblenz, BA, R 43 I/2173. Eine ausgezeichnete Diskussion der vertikalen Konzentrationsbestrebungen während des Krieges und danach bietet: A. *Tross*, Der Aufbau der Eisen- und eisenverarbeitenden Industriekonzerne Deutschlands, Berlin 1923. In einem Brief an Schulbach vom 19. Juni 1925 äußerte sich Duisberg über den problematischen Charakter vieler der in dieser Zeit entstandenen Konzentrationen: »Die Schwierigkeiten im Hause Stinnes werfen zur Genüge ein Schlaglicht auf die bisherige Entwicklung unserer kranken wirtschaftlichen Verhältnisse und zeigen zu deutlich, auf welcher ungesunden Basis alles beruht. Schuld ist in erster Linie die Illiquidität des deutschen Geldmarktes, wodurch kreditbedürftige Unternehmungen gezwungen sind, sich vielfach mit kurzfristigen Krediten einzudecken und dann am Fälligkeitstermin ihre Verbindlichkeiten nicht ablösen können. Mir zeigt der Fall Stinnes aber auch sehr deutlich, daß bei den Konzentrations- und Zusammenlegungsbestrebungen von Unternehmen feste Gesetze walten und es ein gefahrvolles Spiel ist, wahllos alle nur möglichen Geschäftsgebiete in einem Konzern zusammenzuschweißen, die an sich wesensfremd sind ...« Werksarchiv Farbenfabriken Bayer, Leverkusen, Autographensammlung Duisberg. Zu einem wesentlich erfolgreicheren und länger bestehenden Konzern, der während der Inflationszeit gegründet wurde: E. *Maschke*, Es entsteht ein Konzern, P. Reusch u. die GHH, Tübingen 1969, S. 75–187.

22 *Ders.*, Grundzüge der deutschen Kartellgeschichte bis 1914, Dortmund 1964. Eine andere gründliche und scharfsinnige Analyse bei E. *v. Beckerath*, Der Moderne Industrialismus, Jena 1930.

23 F. *Hauenstein* u.a., Der Weg zum Industriellen Spitzenverband, Frankfurt 1956; *Feldman*, Business; *ders.*, Army, geben eine ausführliche Darstellung und weitere Literaturhinweise zu den verschiedenen Aspekten des Krieges und der Demobilmachung. Weiteres Material und Fragestellungen sind in der Studie von J. *Kocka*, Klassengesellschaft im Krieg, Göttingen 1973 (1978^2) zu finden.

24 E. Fischer an A. von Harnack, 16. August 1916, E. Fischer Papers, Bancroft Library, University of California, Berkeley.

25 *Feldman*, Business, S. 320ff.

26 Direktor Wedemeyer von der Gutehoffnungshütte an Dipl.-Ing. Hellmich von dem Verein deutscher Ingenieure, 6. Januar 1919, Historisches Archiv der Gutehoffnungshütte (HA/GHH), Nr. 3001008/6.

27 O. Diehl an C. Duisberg, 14. Februar 1919, Autographensammlung C. Duisberg.

28 Für die allgemein von den Industriellen während der Weimarer Republik verfolgten Taktiken s. G.D. *Feldman*, The Social and Economic Policies of German Big Business, 1918–1929, in: AHR, Bd. 75, 1969, S. 47–55, dt. in diesem Band S. 182–191 und ders., Big Business and the Kapp Putsch, in: CEH, Bd. 4, 1971, S. 99–130, dt. in diesem Band S. 192–217.

29 *Feldman*, Army, S. 190–96, 253–83, 519–21; *ders.*, Business, S. 327–36. Vgl. dazu auch das immer noch grundlegende Werk von H. *Schieck*, Der Kampf um die deutsche Wirtschaftspolitik nach dem Novemberumsturz 1918, Diss. Heidelberg 1958 (MS), S. 1–45; W. *Elben*, Das Problem der Kontinuität in der deutschen Revolution 1918–1919, Düsseldorf 1965, S. 70ff.

30 Es ist nicht gerade vielversprechend, daß der Begriff »Organisierter Kapitalismus« von Anfang an mit einer Fehlinterpretation der Lage durch seinen Schöpfer belastet ist. Der Krieg trennte die Kräfte des Kapitalismus und des Staates in dem gleichen Maße wie er sie zusammenbrachte, obwohl Hilferding sicherlich nicht Unrecht hatte mit seiner Äußerung, daß der »Kriegssozialismus ... in Wirklichkeit nur eine ungeheure Verstärkung des Kapitalismus durch die Macht seiner Organisierung ...« sei. Vgl. R. *Hilferding*, Arbeitsgemeinschaft der Klassen?, in: Der Kampf, Bd. 8, 1915, bes. S. 321–23.

31 *Schieck*, S. 147–238; J. *Reichert* (Geschäftsführer des Vereins deutscher Eisen- und Stahlindustrieller), Rettung aus der Valutanot, Berlin 1919.

32 *Schieck*, S. 250–69.

33 Vögler an Direktor Gerwin, 24. Juni 1919, Werksarchiv, August-Thyssen-Hütte, Duisburg-Hamborn, Allgemeiner Briefwechsel.

34 Eine kurze, aber ausgezeichnete zeitgenössische Darstellung der damaligen Situation gibt: A. *Schlaghecke*, Die Preissteigerung, Absatzorganisation und Bewirtschaftung des Eisens 1914–1920, Diss. Gießen 1922.

35 Duisberg an Oberst a. D. M. Bauer, 23. Dezember 1919, Autographensammlung C. Duisberg.

36 Auf einer Zusammenkunft der Stahlproduzenten am 16. Juli 1919 erklärte Stinnes, es werde eine Zeit kommen, in der die Welt wieder zu »sparen« beginnen würde, und er wolle die Inflation nur dazu benutzen, Deutschlands frühere wirtschaftliche Stellung wiederherzustellen. Vgl. HA/GHH, Nr. 3000030/12.

37 Direktor Klemme an Direktor Woltmann, 27. Dezember 1923, ebd., Nr. 300000/5.

38 Vgl. die nicht publizierten Memoiren des Kleineisenindustriellen Oskar Funcke im Deutschen Industrieinstitut Köln, Vergangene Zeiten, Buch 4. Diese Memoiren mit den darin enthaltenen Dokumenten sowie der Silverberg-Nachlaß, BA, Nr. 298 u. 313, bilden das beste Material über den Sonderausschuß. Für das Programm von 1925, vgl. Deutsche Wirtschafts- und Finanzpolitik, Veröffentlichungen des Rechtsverbandes der Deutschen Industrie, Heft 29, Berlin 1925.

39 Funcke bemerkte: »Es sind wohl eine Menge Einzelheiten durchgesprochen, aber Stinnes kam immer wieder mit seiner großartigen Konzentration (oder Einseitigkeit) auf die Leistungsfrage zurück ...« Vergangene Zeiten, Buch 4. Silverberg selbst unternahm die Aufgabe, das allgemeine innenpolitische Programm für den Sonderausschuß zu schreiben.

40 Bemerkung von Dr. Bücher, Geschäftsführer des Reichsverbandes der Deutschen Industrie, in einer Diskussion vom 9. August 1922, BA, Nachlaß Silverberg, Nr. 298, Bl. 103.

41 Duisberg an Silverberg, 12. Januar 1923, ebd., Nr. 313, Bl. 87f.

42 Reusch an Silverberg, 30. August 1922, HA/GHH, Nr. 30019320/2. Im Dezember 1925 befand sich Reusch unter denen, die Präsident Hindenburg aufsuchten, um diesen für das Programm des Reichsverbandes zu gewinnen. Hindenburg gegenüber wurde geäußert: »Wirtschaftspolitische Gesetzgebung ist heute sabotiert durch innere Parteipolitik.« Die Industriellen forderten: »Kein neues Linkskabinett, keine große Koalition, sondern Regierung der Mitte mit Ermächtigung durch den Reichstag; sonst Artikel 48 der Reichsverfassung.« Reichert an Reusch, 24. Dezember 1925, ebd., Nr. 400101222/7. Die Differenzen zwischen Reusch und Silverberg über die Frage der Kooperation mit den Gewerkschaften erreichten ihren Höhepunkt in der Attacke Reuschs, die der auf der Tagung des Reichsverbandes in Dresden 1926 gehaltenen Rede Silverbergs folgte. Wichtige Dokumente dazu befinden sich im Reusch-Nachlaß, ebd. Nr. 400101222/9. Die Silverberg-Rede ist abgedruckt in: F. *Mariaux* (Hg.), Paul Silverberg, Reden und Schriften, Köln 1951, S. 47–74.

43 Für diese Fragen s.: *Brady* (Anm. 16); H.-H. *Hartwich*, Arbeitsmarkt, Verbände und Staat 1918–1933, Berlin 1967; H. A. *Winkler*, Mittelstand, Demokratie u. Nationalsozialismus, Köln 1972.

44 Der Begriff wird von Ch. *Maier* in seinem Beitrag, Strukturen kapitalistischer Stabilität in den zwanziger Jahren. Errungenschaften und Defekte, in: H. A. Winkler (Hg.), Organisierter Kapitalismus. Voraussetzungen und Anfänge, Göttingen 1974, S. 195–213 gebraucht, wie ebenso in seiner Studie: Recasting Bourgeois Europe: Stabilization in France, Germany, and Italy in the Decade after World War I, Princeton 1975.

45 Eine brillante Diskussion des Malthusianismus: ebd. Die ganze Frage des Verhältnisses zwischen »alten« und »neuen« Industrien auf der einen Seite und der Entwicklung wirtschaftlicher, sozialer und politischer Institutionen auf der anderen verdient eine ernsthafte Untersuchung. In seinen eigenen Gedanken über die Richtung, die die Wirtschaft nehmen werde, in der Entwicklung des »Organisierten Kapitalismus« und in dem sozialistischen Programm der Wirt-

schaftsdemokratie schenkte Hilferding der zunehmenden Bedeutung der chemischen Industrie als führendem Sektor wachsende Aufmerksamkeit. S. R. *Hilferding*, Die Aufgaben der Sozialdemokratie in der Republik, in: Sozialdemokratischer Parteitag Kiel 1927 (Protokoll), Berlin 1927, S. 165–84. Außerdem scheint Hilferding durch die Rede Silverbergs in Dresden ermutigt worden zu sein und verglich die Haltung Silverbergs mit der der konservativeren Elemente in der Schwerindustrie, während er gleichzeitig die Rolle der jungen chemischen Industrie erneut betonte. S. *ders.* Politische Probleme, in: Die Gesellschaft 3, 1926 Jg. I, Bd. 2, S. 289–302. – Hilferdings Ausführungen blieben auch von den konservativen Industriellen nicht unbeachtet. Am 12. Oktober 1926 schrieb Reichert an Reusch: »Besonders interessieren dürfte Sie wohl der wiederholte Hinweis darauf, daß es nach Hilferding darauf ankommt, das Jahrzehnte alte Zollbündnis zwischen Schwerindustrie und Landwirtschaft zu zerschlagen und die Macht der Schwerindustrie, die durch den Versailler Vertrag stark gelitten hat, noch mehr zu schwächen und denjenigen Industriezweigen Oberwasser zuzuleiten, die, wie die führend gewordene chemische Industrie in der Behandlung der Fragen von Arbeitszeit und Arbeitslohn entgegenkommender sein können, als die Montanindustrien, bei denen der Lohn die Selbstkosten hauptsächlich bestimmt. Herr Hilferding erklärt u.a.: ›Die Personalunion, in der Herr Duisberg den Vorsitz des Aufsichtsrats der IG mit dem des Reichsverbandes verbindet, offenbart die führende Stellung der chemischen Großindustrie.‹« HA/GHH, Nr. 400 101 222/9. Es ist typisch, daß Hilferding versuchte, diese Entwicklungen zu beschleunigen. Allerdings kann man der Meinung sein, daß der eigentliche Triumph erst mit dem Vierjahresplan von 1936 erreicht wurde, obwohl dieser Plan für Hilferding kaum die Erfüllung seiner Absichten war. S. A. *Schweitzer*, Big Business in the Third Reich, Bloomington 1964, S. 537ff. Es ist nicht uninteressant, daß Duisberg Hilferdings Fähigkeiten und Standpunkt geschätzt zu haben scheint. Duisberg lernte Hilferding in den frühen zwanziger Jahren im Reichswirtschaftsrat kennen und äußerte G. Krupp v. Bohlen und Halbach gegenüber, daß Hilferding ein Mann sei, den er »als einen in wirtschaftlichen Fragen recht gut unterrichteten Sachkenner schätze«. S. Duisbergs Brief vom 21. August 1923, Autographensammlung C. Duisberg.

46 »Die Privatwirtschaftler sind heutzutage oft vollblütige Keynesianer geworden (wenn sie auch seinen Namen nicht in den Mund nehmen ...)«; *Staudinger*, S. 359f.

47 H. *Winkler*, Organisierter Kapitalismus? Versuch eines Fazits, in: *ders.*, Liberalismus und Antiliberalismus. Studien zur politischen Sozialgeschichte des 19. und 20. Jahrhunderts, Göttingen 1979, S. 264–71.

48 H. *Mommsen* u. a. (Hg.), Industrielles System und politische Entwicklung in der Weimarer Republik, Düsseldorf 1974, S. 963.

49 Ebd. S. M. *Nussbaum*, Wirtschaft und Staat in Deutschland während der Weimarer Republik, Berlin (Ost) 1978, S. 4, sowie H. *Nussbaum* u. D. *Baudis*, Wirtschaft und Staat in Deutschland. Ende des 19. Jh. bis 1918/19, Berlin (Ost) 1978, S. 47.

50 Ebd.

51 So, z.B. U. *Nocken*, Corporatism and Pluralism in Modern German History, in: D. *Stegmann* u. a. (Hg.), Industrielle Gesellschaft und politisches System. Beiträge zur politischen Sozialgeschichte. Fs. für Fritz Fischer, Bonn 1978, S. 37–56.

3. Der Historiker und die deutsche Inflation

1 G.D. *Feldman*, Gegenwärtiger Forschungsstand und künftige Forschungsprobleme der deutschen Inflation, in: O. *Büsch* u. G.D. *Feldman* (Hg.), Historische Prozese der Deutschen Inflation 1914 bis 1924. Ein Tagungsbericht, Berlin 1978, S. 3–21.

2 K. *Borchardt*, Strukturwirkungen des Inflationsprozesses, Berlin 1972, S. 15f.

3 Das Projekt, an dem über vierzig Personen verschiedener europäischer und amerikanischer Universitäten teilnehmen, begann offiziell im Winter 1979. Ein Lenkungsausschuß, beste-

hend aus den Professoren G. D. Feldman, C.-L. Holtfrerich, G. A. Ritter und P.-Ch. Witt, ist für seine allgemeine Richtung verantwortlich, und Professor O. Büsch, der Direktor der Historischen Kommission zu Berlin, dem Zentrum des Projekts, ist ein regelmäßiger Mitarbeiter. Die folgenden Ausführungen lehnen sich zum Teil an den allgemeinen Rahmenantrag an, der der Volkswagenstiftung vorgelegt worden war.

4 Hier stimme ich jetzt überein mit W. *Abelshauser*, Inflation und Stabilisierung. Zum Problem ihrer makroökonomischen Auswirkungen auf die Rekonstruktion der deutschen Wirtschaft nach dem Ersten Weltkrieg, in: *Büsch* u. *Feldman*, S. 161–174, der überzeugend meine Behauptung kritisierte, die Inflation sei »eine Art von Paradigma für den Gesamtkomplex der sozio-ökonomischen und politischen Verhältnisse..., die die Entwicklung der fortgeschrittenen Industrieländer kennzeichnen.« Siehe *Feldman*, Forschungsstand, in: ebd.,S. 18.

5 Siehe G. D. *Feldman*, Iron and Steel in the German Inflation 1916–1924, Princeton 1977, S. 13ff. und 445ff. für eine Diskussion über die deutsche Schwerindustrie unter diesen verschiedenen Perspektiven.

6 R. *Nurske*, The Course and Control of Inflation. A Review of Monetary Experience in Europe after World War I, Genf 1946, S. 23ff. und H. *Aldcroft*, From Versailles to Wall Stret 1919–1929, London 1977, S. 66ff., 131ff.

7 C.-L. *Holtfrerich*, Die konjunkturanregenden Wirkungen der deutschen Inflation auf die US-Wirtschaft in der Weltwirtschaftskrise 1920/21, in *Feldman* u.a. (Hg.) die Deutsche Inflation. Eine Zwischenbilanz, Berlin 1982, S. 207–34.

8 F. D. *Graham*, Exchange, Prices and Production in Hyperinflation: Germany 1920–1923, Princeton 1930, S. 317–20 sowie K. *Laursen* u. J. *Pedersen*, The German Inflation 1918–1923, Amsterdam 1964, S. 123–27.

9 Siehe meine diesbezügliche Kritik an Laursen und Pedersen in: *Feldman*, Iron, S. 280ff.

10 Zur folgenden Periodisierung s. C. *Bresciani-Turroni*, The Economics of Inflation. A Study of Currency Depreciation in Post-War Germany 1914–1923, London 1932 und F. *Hesse*, Die deutsche Wirtschaftslage von 1914 bis 1923, Jena 1938. Beide Arbeiten gebrauchen im allgemeinen diese Periodisierung. Besonders wichtig: C.-L. *Holtfrerich*, Die deutsche Inflation 1914–1923, Berlin 1980.

11 Siehe C.-L- *Holtfrerich*, Amerikanischer Kapitalexport und Wiederaufbau der deutschen Wirtschaft 1919–1923 im Vergleich zu 1924–1929, in: VSWG, Bd. 64, 1977, S. 497–529.

12 C.-L. *Holtfrerich*, Reichsbankpolitik 1918–1923 zwischen Zahlungsbilanz- und Quantitätstheorie, in: ZWS, Bd. 13, 1977, S. 193–214 und *Feldman*, Iron, S. 312ff. Wie P.-Ch. *Witt* zeigt, war die massive Steuerflucht dank des Steuerveranlagungssystems gerade zu dieser Zeit ein zusätzlicher wichtiger Faktor in der Hyperinflation. Vergl. *ders.*, Tax Policies, Tax Assessment and Inflation: Toward a Sociology of Public Finances in the German Inflation 1914–1923, in: N. *Schmukler* u. E. *Marcus* (Hg.), Inflation Through the Ages: Economic, Social, Psychological and Historical Aspects, New York 1983, S. 450–72.

13 Der treffende Ausdruck stammt von G. A. Ritter in: *Büsch* u. *Feldman*, S. 59.

14 Zur Arbeitsgemeinschafts- und Demobilmachungspolitik siehe G. D. *Feldman*, German Business between War and Revolution: The Origins of the Stinnes-Legien Agreement, dt. in diesem Band, S. 100–127 *ders.*, Wirtschafts- und sozialpolitische Probleme der deutschen Demobilmachung 1918/19, in diesem Band S. 84–99; *ders.*, Die Freien Gewerkschaften und die Zentralarbeitsgemeinschaft 1918–1924, in: H. O. *Vetter* (Hg.), Vom Sozialistengesetz zur Mitbestimmung. Zum 100. Geburtstag von Hans Böckler, Köln 1975, S. 229–52.

15 Zur Sozialpolitik s. L. *Preller*, Sozialpolitik in der Weimarer Republik, Stuttgart 1949; zum Schlichtungssystem s. H.-H. *Hartwich*, Arbeitsmarkt, Verbände und Staat 1918–1933. Die öffentliche Bindung unternehmerischer Funktionen in der Weimarer Republik, Berlin 1967.

16 Zur Exportpolitik und ihrer allgemeinen Wirkung, besonders in bezug auf zwei bedeutende Industriesektoren, die Schwerindustrie und den Maschinenbau, s. *Feldman*, Iron and Steel, S. 81ff., 130ff., 187ff. Ob der Ausdruck ›Boom‹ für diese Jahre in bezug auf Vorkriegsex-

porte oder in absoluten Werten gemessen angebracht ist, muß noch untersucht werden. Es besteht aber kein Zweifel, daß er als solcher von einflußreichen Zeitgenossen aufgefaßt oder interpretiert wurde. Auf jeden Fall manipulierte die deutsche Regierung, wie der Nachlaß des Unterstaatssekretärs des Reichswirtschaftsministeriums, Julius Hirsch, zeigt, bewußt den Wert der Mark während der Zeit der relativen Stabilisierung, um Deutschlands Exportvorsprung zu sichern. Das ist genauer behandelt in *Feldman*, The Political Economy of Germany's Relative Stabilization during the 1920/21 Depression, in: *Feldman* u.a., Inflation, S. 180–206.

17 Siehe S.A. *Schuker*, Finance and Foreign Policy in the Era of the German Inflation: British, French and German Strategies for Economic Reconstruction after the First World War, in: *Büsch* u. *Feldman*, S. 343–61.

18 S. oben Anm. 12.

19 S. *Feldman*, Iron and Steel, S.319ff.; ders., Gewerkschaften, S. 250–252.

20 Einen kurzen Überblick über die sozialen Wirkungen der Inflation gibt *Bresciani-Turroni*, Economics of Inflation, S. 286ff. S. auch F. *Eulenberg*, Die sozialen Wirkungen der Währungsverhältnisse, in: JNS, Bd. 3, 1924, S. 748–94; P.-Ch. *Witt*, Finanzpolitik und sozialer Wandel in Krieg und Inflation 1918–1924, in: H. *Mommsen*, u.a. (Hg.), Industrielles System und politische Entwicklung in der Weimarer Republik, Düsseldorf 1974, S. 394–425. Zur Behandlung der Gläubiger und zur Aufwertungsfrage vgl. M. *Hughes*, Equity and Good Faith. Inflation, Revaluation and the Distribution of Wealth and Power in Weimar Germany, Phil. Diss. Berkeley 1981. Ein eindrucksvolles Forschungsprogramm zur sozialen und politischen Geschichte der Inflation wurde von J. *Flemming* u.a., zusammengestellt: Sozialverhalten und politische Reaktionen von Gruppen und Institutionen im Inflationsprozeß. Anmerkungen zum Forschungsstand, in: *Büsch* u. *Feldman*, S. 239–63.

21 *Feldman*, Iron and Steel, S. 302ff.

22 P.-Ch. *Witt*, Staatliche Wirtschaftspolitik in Deutschland 1918–1923: Entwicklung und Zerstörung einer modernen wirtschaftspolitischen Strategie, in: *Feldman* u.a., Inflation, S. 151–79. Dieses Thema wird weiterentwickelt werden in Witts Studie über Wirtschafts- und Finanzpolitik während der Inflation, die demnächst beendet wird.

23 Es gibt einige Studien über die Wirtschaftspolitik der frühen Weimarer Republik: H. *Schieck*, Der Kampf um die deutsche Wirtschaftspolitik nach dem Novemberumsturz 1918, Diss. Heidelberg 1958; M. *Honhart*, The Incomplete Revolution. The Social Democrats' Failure to Transform the German Economy, 1918–1920. Diss., Duke 1972; D.E. *Barclay*, Rudolf Wissell, Planwirtschaft and the Free Trade Unions 1919 to 1923. Some Tentative Observations, in: *Büsch* u. *Feldman*, S. 295–309; D.E. *Barclay*, A Prussian Socialism? Wichard von Moellendorff and the Dilemmas of Economic Planning in Germany 1918–1919, in: CEH, Bd. 11, 1978, S. 50–82. Systematisches Studium der Schriften des Reichswirtschaftsministeriums, Reichsarbeitsministeriums und Reichswirtschaftsrats wird die Grundlage bilden für die in Kürze erscheinenden längeren Studien von Professor Witt und mir selbst.

24 Zu einer Diskussion dieser Psychologie s. *Feldman*, Iron and Steel, S. 283f.

25 Ebd. Ich habe versucht, diesen unterschiedlichen Lernprozeß in meinem Buch »Iron and Steel« zu analysieren, aber die Analyse könnte und sollte auf das gesamte soziale Spektrum angewandt werden.

26 M. *Pohl*, Die Situation der Banken in der Inflationszeit, in: *Büsch* u. *Feldman*, S. 83–95.

27 S. M. *Schumachers* Kommentare in: *Büsch* u. *Feldman*, S. 215–17 und sein vorzügliches Buch: Land und Politik. Eine Untersuchung über politische Parteien und agrarische Interessen, 1914–1923, Düsseldorf 1978. S. auch R.G. *Moeller*, Winners as Losers in the German Inflation: Peasant Protest over the Controlled Economy 1920–1923 u. J. *Osmond,* German Peasant Farmers in War and Inflation, 1914–1924: Stability or Stagnation?, beide in: *Feldman* u.a., Inflation, S. 255–307, sowie R.G. *Moeller*, Peasants, Politics and Pressure Groups in War and Inflation: A Study of the Rhineland and Westphalia, 1914–1924, Diss. Berkeley 1980.

28 Bei meinen eigenen Forschungen habe ich hierzu eine beträchtliche Menge Beweismaterial im Hamburger Staatsarchiv und den Schriften des preußischen Ministeriums für Handel und Gewerbe (Bestand 120) im Merseburger Archiv gesammelt. S. auch den sehr aufschlußreichen Artikel von L. E. *Jones*, Inflation, Revaluation and the Crisis of Middle-Class Policies: A Study in the Dissolution of the German Party System 1923–1928, in: CEH, Bd. 13, 1979, S. 143–68.

29 Beispiele für diese Spannung in: G.D. *Feldman*, Arbeitskonflikte im Ruhrbergbau 1919–1922. Zur Politik von Zechenverband und Gewerkschaften in der Überschichtenfrage, in: VfZ, Bd. 28, 1980, S. 1–56. Zu den Angestellten s. J. *Kocka*, Zur Problematik der deutschen Angestellten 1914–1933, in: *Mommsen* u. a., Industrielles System, S. 792–811. Zu den Beamten s. A. *Kunz*, Verteilungskampf oder Interessenkonsensus? Zur Entwicklung der Realeinkommen von Beamten, Arbeitern und Angestellten in der Inflationszeit 1914–1924, in: *Feldman* u. a., Inflation, S. 347–84, sowie *ders.*, Civil Servants and the Politics of Inflation and Stabilization in Germany, 1914–1924, Diss. Berkeley 1983.

4. Sozio-ökonomische Strukturen im Industriesektor und revolutionäres Potential 1917–1922

* Die Forschung zu dieser Arbeit wurde zum Teil unterstützt von dem Institute of International Studies an der University of California, Berkeley, dem American Council of Learned Societies und der John Simon Guggenheim Memorial Foundation.

1 G.D. *Feldman*, u. a., Die Massenbewegungen der Arbeiterschaft in Deutschland am Ende des Ersten Weltkrieges (1917–1920), in: PVS, Bd. 13, 1972, S. 84–105.

2 Es gibt eine Unmenge an Literatur für Deutschland, die hier nicht angeführt werden kann, aber es gibt wichtiges neues Material und eine ausgezeichnete Bibliographie in K. *Saul*, Staat, Industrie, Arbeiterbewegung im Kaiserreich. Zur Innen- und Sozialpolitik des Wilhelminischen Deutschlands 1903–1914, Hamburg 1974; zu Österreich s. C. A. *Gulick*, Austria. From Habsburg to Hitler, 2 Bde., Berkeley 1948. Eine nützliche Diskussion zu Arbeitgeber-Arbeitnehmerbeziehungen in Italien findet sich in R.A. *Webster*, Industrial Imperialism in Italy 1908–1915, Berkeley 1975, S. 167–90.

3 Zu den Obleuten in diesen Fabriken s. die Autobiographie einer der deutschen Führer: R. *Müller*, Vom Kaiserreich zur Republik, 2 Bde., Berlin, 1924–1925, und des Ungarn W. *Böhm*, Im Kreuzfeuer zweier Revolutionen, München 1924. Zu Turin s. J. M. *Cammett*, Antonio Gramsci and the Origins of Italian Communism, Stanford 1967, S. 35 ff. und G. A. *Williams*, Proletarian Order. Antonio Gramsci, Factory Councils and the Origins of Italian Communism 1911–1921, London 1975. Die letztere Arbeit macht ausgedehnten Gebrauch von P. *Spriano*, Torino Operaia nella Grande Guerra (1914–1918), Turin 1960, was wichtig für diejenigen ist, die, wie ich selbst, kein italienisch lesen. S. auch die Williams-Übersetzung von P. *Spriano*, The Occupation of the Factories, Italy 1920, London 1975.

4 Zu diesen Problemen s. P. *von Oertzen*, Betriebsräte in der Novemberrevolution. Eine politikwissenschaftliche Untersuchung über Ideengehalt und Struktur der betrieblichen und wirtschaftlichen Arbeiterräte in der deutschen Revolution 1918/19, Düsseldorf 1963, besonders S. 271 ff.

5 Zu Deutschland s. G.D. *Feldman*, Army, Industry and Labor in Germany, 1914–1918, Princeton 1966; J. *Kocka*, Klassengesellschaft im Krieg, 1914–1918, Göttingen 1973 (1978^2). Zu Österreich s. R. *Neck* (Hg.), Arbeiterschaft und Staat im Ersten Weltkrieg 1914–1918, 2 Bde., Wien 1968; zu Italien, *Williams*, Proletarian Order, S. 57f.

6 Die oben genannten Studien dienen hierzu als Beweismaterial. S. auch A. *Lyttleton*, The Seizure of Power. Fascism in Italy 1919–1929, London 1973, S. 49f.

7 S. G.D. *Feldman*, German Business Between War and Revolution: The Origins of the Stinnes-Legien Agreement, dt. in diesem Band S. 100–127; *Gulick*, Bd. 1, S. 151 ff.; G. *Salvemini*, The Origins of Fascism in Italy, New York 1973, S. 162.

8 Reichsarbeitsblatt, Nr. 12, Berlin, 1972, S. 283ff.

9 G.D. *Feldman*, Economic and Social Problems of the German Demobilization, 1918–19, dt. in diesem Band S. 84–99.

10 Zu den Obleuten s. *Oertzen*, S. 71ff. Zur Rolle der Räte bei der Lebensmittelversorgung und ähnlichem, s. die interessanten Fallstudien in R. *Rürup* (Hg.), Arbeiter- und Soldatenräte im rheinisch-westfälischen Industriegebiet. Studien zur Geschichte der Revolution 1918/1919, Wuppertal 1975.

11 Solch ein Mißverständnis deutet sich in den Bemerkungen von R.F. *Wheeler* an; vgl. *ders.*, Die ›21 Bedingungen‹ und die Spaltung der USPD im Herbst 1920. Zur Meinungsbildung der Basis, in: VfZ, Bd. 23, 1975, S. 118–54.

12 Diese Diskussion wurde stark durch meine Teilnahme an der letzten Tagung des International Round Table on Social History beeinflußt, die von dem Maison des Sciences de l'Homme und der University of Pittsburgh vom 19. bis zum 20. Februar 1976 in Pittsburgh veranstaltet wurde. Besonders möchte ich Dieter *Groh* für seine unveröffentlichte Arbeit »Überlegungen zum Verhältnis von Intensivierung der Arbeit und Arbeitskämpfen im organisierten Kapitalismus in Deutschland (1896–1914)« danken. Zum Hinweis auf den Taylorismus in Ungarn s. I. T. *Berend* u. G. *Ranki*, The Development of the Manufacturing Industry in Hungary 1900–1944, in: Studia Historica, Academiae Scientiarum Hungaricae, Nr. 19, Budapest 1960, S. 42. Zur sozialistischen Aufnahme des Taylorismus in Deutschland s. den scharfsinnigen Aufsatz von E. *Lederer*, Die ökonomische und sozialpolitische Bedeutung des Taylorsystems, in: ASS, Bd. 38, 1914, S. 769–84.

13 Zu Korsch s. *Oertzen*, S. 242ff. und S. 306; zu Gramsci s. *Williams*, Order, S. 103ff. und *Cammett*, S. 65ff.

14 Zu den deutschen Betriebsräten s. L. *Preller*, Sozialpolitik in der Weimarer Republik, Stuttgart 1949, S. 249ff.; zu Österreich s. *Gulick*, Bd. 1, S. 137ff.; zu Italien s. *Cammett*, S. 116–122.

15 R. *Michels*, Über die Versuche einer Besetzung der Betriebe durch die Arbeiter in Italien, in: ASS, Bd. 48, 1920/1921, S. 468–503. Der Schluß des Artikels sollte mit dem in der Wiederveröffentlichung verglichen werden: Sozialismus und Faschismus in Italien, München 1925, S. 249–51. S. auch R. *Sarti*, Fascism and the Industrial Leadership in Italy, 1919–1940. A Study in the Expansion of Private Power under Fascism, Berkeley 1971, S. 7ff. Zur Besprechung dieser Frage s. C. *Maier*, Recasting Bourgeois Europe. Stabilization in France, Germany and Italy in the Decade After World War I, Princeton 1975, S. 173ff.

16 Zur österreichischen Inflation s. *Gulick*, Bd. 1, S. 144ff. Zur deutschen Inflation s. P. *Czada*, Ursachen und Folgen der großen Inflation, in: H. *Winkel* (Hg.), Finanz- und wirtschaftspolitische Fragen der Zwischenkriegszeit, Berlin 1973, S. 9–43 und G.D. *Feldman*, Iron and Steel in the German Inflation, 1916–1923, Princeton 1977.

17 S. *Preller*; *Gulick*.

18 S. G. *Otruba*, ›Bauer‹ und ›Arbeiter‹ in der Ersten Republik. Betrachtungen zum Wandel ihres Wirtschafts- und Sozialstatus, in: G. *Botz* u.a. (Hg.), Geschichte und Gesellschaft. Fs. R. Stadler, Linz 1973, S. 57–98 zur wirtschaftlichen Unterlegenheit der österreichischen Arbeiter. *Gulick* und *Preller* geben gute einführende Diskussionen zu den Auseinandersetzungen über soziale Lasten.

5. Wirtschafts- und sozialpolitische Probleme der deutschen Demobilmachung 1918/19

1 Die Forschungsarbeit wurde ermöglicht durch die Hilfe des American Council of Learned Societies, des Social Science Research Council und des Institute of International Studies of the University of California at Berkeley. Die deutsche Übersetzung ist Frau Irmgard Steinisch zu verdanken.

2 Vgl. E. *Kolb*, Arbeiterräte in der deutschen Innenpolitik 1918–1919, Düsseldorf 1962 sowie P. *von Oertzen*, Betriebsräte in der Novemberrevolution, Düsseldorf 1963 und R. *Rürup*, Probleme der Revolution in Deutschland 1918/19, Wiesbaden 1968; vgl. auch PVS, Sonderheft 2 (Probleme der Demokratie heute), Opladen 1971; U. *Kluge*, Soldatenräte u. Revolution. Studien zur Militärpolitik in Deutschland 1918/19, Göttingen 175 und R. *Rürup* (Hg.), Arbeiter- und Soldatenräte im rheinisch-westfälischen Industriegebiet. Studien zur Geschichte der Revolution 1918/19, Wuppertal 1975.

3 Vgl. H. *Muth*, Die Entstehung der Bauern- und Landarbeiterräte im November 1918 und die Politik des Bundes der Landwirte, in: VfZ, Bd. 21, 1973, S. 1–38.

4 Vgl. A. J. *Mayer*, Politics and Diplomacy of Peacemaking. Containment and Counterrevolution at Versailles 1918–1919, New York 1967 sowie S. *Armitage*, The Politics of Decontrol of Industry: Britain and the United States,London 1969.

5 Vgl. R.H. *Tawney*, The Abolition of Economic Controls 1918–1921, in: EHR, Bd. 13, 1943, S. 1–30.

6 »It was the last spasm of ninteenth-century individualism, striving to recapture on its deathbed the crude energies of its vanished youth«, ebd., S. 19.

7 »... and the revival of industry, the Government was assured by most of those who spoke for industry, depended partly on the removal of war-controls«, ebd.

8 Vgl. *Armitage*, S.158 und G.D. *Feldman*, German Business between War and Revolution: The Origin of the Stinnes-Legien Agreement, dt. in diesem Band. S. 100–127.

9 Für die Demobilmachungspläne, entwickelt während der Kriegszeit, vgl. besonders ZStA Potsdam, RWM, Nr. 5805.

10 Vgl. G. D. *Feldman*, u. a., Die Massenbewegungen der Arbeiterschaft in Deutschland am Ende des Ersten Weltkrieges (1917–1920), in: PVS, Bd. 13, 1972, S. 84–105.

11 Diese Pläne sind in dem sogenannten Anhang C des Demobilisierungsplanes für das Heer enthalten. Vgl. ZStA Potsdam RWM, Nr. 7286.

12 Ebd., Nr. 5805.

13 Vgl. Dr. Kurt Sorge an Reichsrat A. von Rieppel, 1. 12. 1917, Werksarchiv M.A.N. Nürnberg, Nr. 03/III.

14 Ebd.

15 *Feldman*, Business.

16 Vgl. J. *Koeth*, Die wirtschaftliche Demobilmachung. Ihre Aufgabe und ihre Organe, in: Handbuch der Politik, Bd. IV, Berlin 1921³, S. 164.

17 Ebd.

18 W. *Elben*, Das Problem der Kontinuität in der deutschen Revolution 1918/19, Düsseldorf 1965, S. 70ff. und H. *Schieck*, Der Kampf um die deutsche Wirtschaftspolitik nach dem Novembersturz 1918, Diss. Heidelberg 1958.

19 Hauptvorstandssitzung des Vereins deutscher Eisen- und Stahlindustrieller, 1. 3. 1919, BA, R 13 I/156.

20 Vgl. besonders die Diskussion im Stahlwerksverband vom 21. 11. 1918, HA/GHH, Nr. 3000030/11, gedruckt in G. D. *Feldman* u. H. *Homburg*, Industrie und Inflation. Studien und Dokumente zur Politik der deutschen Unternehmer 1916–1923, Hamburg 1977, S. 200–206, sowie Kap. 2, wo diese Probleme ausführlich behandelt werden.

21 7. Sitzung des Arbeitsausschusses der Kommission für Demobilmachung der Arbeiterschaft am 29. 10. 1918, Kriegsarchiv München MKr 14413, gedruckt in *Feldman* u. *Homburg*, S. 198f. Diese wichtigen Sitzungsberichte sind ferner im ZStA Potsdam, RWM, Nr. 7287 zu finden.

22 Besprechung im Reichswirtschaftsamt, 8. 11. 1918, BA, R 13 I/189.

23 Ebd.

24 Vgl. die interessante Korrespondenz im Werksarchiv M.A.N.-Nürnberg, Nr. 03.

25 HA GHH, Nr. 3000030/11.

26 Vgl. Aktennotiz, 4.12.1918, Thyssen Archiv, Stahlwerksverband 1903–1925.
27 Aufzeichnung über die Besprechung im Deutschen Industrierat am 19.12.1918, BA, R 13 I/189.
28 Ebd.
29 Dr. Horney an Dr. Carl Duisberg, 4.12.1918, Werksarchiv Bayer-Leverkusen, Autographensammlung Duisburg.
30 Ebd.
31 Vgl. H. *Rosenberg*, Große Depression und Bismarckzeit. Wirtschaftsablauf, Gesellschaft und Politik in Mitteleuropa, Berlin 1967, bes. S. 168ff.
32 HA GHH, Nr. 3000030/11.
33 Werksachiv M.A.N.-Augsburg, Nr. 171.
34 Vgl. dazu *Feldman* u. *Homburg*, Kap. 2, sowie die interessante Arbeit von A. *Schlaghecke*, Die Absatzorganisation und Bewirtschaftung des Eisens 1918–1920, Diss. Gießen 1922.
35 Reichert an Petersen, 9.11.1918, BA, R 13 I/92.
36 Kriegsarchiv München, MKr 14413.
37 13. Demobilmachungs-Besprechung am 20.11.1918, ebd.
38 4. Demobilmachungs-Besprechung am 13.11.1918, ebd., 14412.
39 ZStA Potsdam, RWM, Nr.7291.
40 Über die Hilfskasse, ebd., Nr. 2927 u. 2930.
41 Besprechung, 14.11.1918, Kriegsarchiv, MKr 14412.
42 6. Demobilmachungs-Besprechung am 14.11.1918, ebd.
43 Demobilmachungs-Besprechung am 20.11.1918, ebd., 14413.
44 16. Demobilmachungs-Besprechung am 23.11.1918, ebd.
45 34. Demobilmachungs-Besprechung am 11.1.1919, ebd.
46 18. Demobilmachungs-Besprechung am 25.11.1918, ebd.
47 33. Demobilmachungs-Besprechung am 4.1.1919, ebd.
48 Besprechung am 14.1.1919 und 20.1.1919, ›Menschen an die Arbeit‹, ebd.
49 Sitzung am 6.2.1919 betreffend Siedlung, ebd., 14414.
50 Demobilmachungs-Besprechung am 26.4.1919, ebd., 14412.
51 E. *Kolb* u. R. *Rürup*, Der Zentralrat der Deutschen Sozialistischen Republik, 19.12.1918–8.4.1919, vom Ersten bis zum Zweiten Rätekongreß, Leiden 1968 (Sitzung vom 14.1.1919), S. 366f.
52 Sitzung vom 5.2.1919, ebd., S. 576.
53 Alfred Oppenheim an Carl Duisberg, 15.2.1919, Werksarchiv Bayer-Leverkusen, Autographensammlung Duisberg.
54 Vgl. L. *Preller*, Sozialpolitik in der Weimarer Republik, Stuttgart 1949, S. 229.
55 Demobilmachungs-Besprechung am 10.4.1919, Kriegsarchiv München, MKr 14412.
56 Guggenheimer an Rieppel, 25.11.1918, Werksarchiv M.A.N.-Nürnberg, Nr. 116.1.
57 *Muth*, S. 38.
58 Vgl. *Armitage*, S. 116ff.

6. Das deutsche Unternehmertum zwischen Krieg und Revolution

1 Dieser Aufsatz ist eine erweiterte und revidierte Fassung einer Arbeit, die 1964 bei der American Historical Association vorgetragen wurde. Die Forschung wurde ermöglicht durch Beihilfen des American Council of Learned Societies, des Social Science Research Council und des Institute of International Studies der Universität von Kalifornien, Berkeley. Seit der Veröffentlichung dieses Aufsatzes, haben die weitergehenden Forschungsarbeiten des Verfassers sowie anderer Historiker zu wichtigen Detailfragen beigetragen und ebenso die hier vorgetragenen Argumente ergänzt. Zu erwähnen sind G.D. *Feldman* u. I. *Steinisch*, The Origins of the

Stinnes-Legien Agreement: A Documentation, in: IWK, Nr. 19/20, 1973, S. 45–103; G. D. *Feldman*, Die freien Gewerkschaften und die Zentralarbeitsgemeinschaft, in: H. O. *Vetter* (Hg.), Vom Sozialistengesetz zur Mitbestimmung. Zum 100. Geburtstag von Hans Böckler, Köln 1975, S. 229–52; *ders.*, German Interest Group Alliances in War and Inflation, 1914–1923, in: S. D. *Berger* (Hg.), Organizing Interests in Western Europe. Pluralism, Corporatism, and the Transformation of Politics, Cambridge/Engl. 1981, S. 159–84; F. *Zunkel*, Industrie und Staatssozialismus. Der Kampf um die Wirtschaftsordnung in Deutschland 1914–1918, Düsseldorf 1974; H. *Potthoff*, Gewerkschaften und Politik zwischen Revolution und Inflation, Düsseldorf 1979; H. J. *Bieber*, Gewerkschaften in Krieg und Revolution. Arbeiterbewegung, Industrie, Staat und Militär in Deutschland 1914–1920, 2 Bde., Hamburg 1981.

2 C. *Kerr*, Labor and Management in Industrial Society, New York 1964; s. auch R. *Dahrendorf*, Class and Class Conflict in Industrial Society, Stanford 1959, S. 267ff.

3 S. die kurze aber ausgezeichnete Besprechung des Problems von H. *Rosovsky*, The Take-Off into Sustained Controversy, in: JEH, Bd. 25, 1965, S. 271–75.

4 Die einzige vollständige Studie über die Arbeitsgemeinschaft ist die Dissertation von H. *Kaun*, Die Geschichte der Zentralarbeitsgemeinschaft der industriellen und gewerblichen Arbeitgeber und Arbeitnehmer Deutschlands, Jena 1938; kollektive Tarifverträge und staatliche Einmischung werden besprochen in H. H. *Hartwich*, Arbeitsmarkt, Verbände und Staat 1918–1933, Berlin 1967; Zusammenfassungen dieser Themen sind zu finden in L. *Preller*, Sozialpolitik in der Weimarer Republik, Stuttgart 1949.

5 Die besten Darstellungen der Arbeitgeberseite sind F. *Tänzler*, Die Deutschen Arbeitgeberverbände 1904–1929, Düsseldorf 1929, S. 121ff.; H. *von Raumer*, Unternehmer und Gewerkschaften in der Weimarer Zeit, in: DR, Bd. 80, 1954, S. 425–34; G. *Erdmann*, Die Deutschen Arbeitgeberverbände im sozialgeschichtlichen Wandel der Zeit, Neuwied 1966, S. 97ff. Die kommunistische Darstellung findet sich in W. *Richter*, Gewerkschaften, Monopolkapital und Staat im ersten Weltkrieg und in der Novemberrevolution, Berlin 1959, S. 223ff. Das Abkommen wird positiv bewertet von E. *Eyck*, Geschichte der Weimarer Republik, 2 Bde., Erlenbach-Zürich. 1963, Bd. 2, S. 146f. und verurteilt von P. *von Oertzen*, Betriebsräte in der Novemberrevolution, Düsseldorf 1963, S. 187ff.

6 A. *Rosenberg*, Entstehung und Geschichte der Weimarer Republik, hg. v. U. *Kersten*, Frankfurt 1955, S. 276.

7 Dazu das Material in der Dissertation von I. *Liesebach*, Der Wandel der politischen Führungsschicht der Deutschen Industrie, Hannover 1957, S. 35ff. und die scharfsinnigen Bemerkungen von A. *Mendelssohn-Bartholdy*, The War and German Society. The Testament of a Liberal, New Haven 1937, S. 213ff.

8 W. *Zorn*, Typen und Entwicklungskräfte deutschen Unternehmertums im 19. Jahrhundert, in: VWSG, Bd. 44, 1957, S. 57–77; H. *Jaeger*, Unternehmer in der deutschen Politik 1890–1918, Bonn 1967; H. *Kaelble*, Industrielle Interessenpolitik in der Wilhelminischen Gesellschaft, Berlin 1967; H. *Nussbaum*, Unternehmer gegen Monopole. Über Struktur und Aktionen antimonopolistischer bürgerlicher Gruppen zu Beginn des 20. Jahrhunderts, Berlin/DDR 1966.

9 Dazu die ausgezeichnete Besprechung von E. *Maschke*, Grundzüge der deutschen Kartellgeschichte bis 1914, Dortmund 1964.

10 G. D. *Feldman*, Army, Industry and Labor in Germany, 1914–1918, Princeton 1966, besonders die Kapitel 1–5.

11 F. *Hauenstein*, u. a., Der Weg zum Industriellen Spitzenverband, Frankfurt 1956, S. 74–87.

12 *Feldman*, Army, S. 46–51, 170, 277–80.

13 Diskussion zur Syndikatsbildung in Düsseldorf, am 20. Februar 1917, Historisches Archiv der Gutehoffnungshütte (HA/GHH), Nr. 3000035/2.

14 Georg Arnold an Carl Duisberg, 7. September 1915, Archiv der Firma Bayer Leverkusen, ›Briefe‹.

15 Memorandum von Jacob Herle, Mai 1916, im Nachlaß Gustav Stresemann (Microfilm der U.S. National Archives), Roll 3051, Serial 6818H, Frame H122828.

16 Notizen von Direktor Arndt von Holtzendorff, 26.9.1917, Berichte Holtzendorffs, in: Geheimes Staatsarchiv Berlin-Dahlem, Rep. 300.

17 Ballin an Holtzendorff, 4.10.1916, ebd.

18 Holtzendorff Notizen, 26.9.1917, ebd.

19 W. *Treue*, Carl Duisbergs Denkschrift von 1915 zur Gründung der ›Kleinen I.G.‹, in: Tradition, Bd. 8, 1963, S. 193–227; Vögler an Duisberg, 8.10.1917, Autographensammlung Duisberg, Bayer Archiv; P. *Ufermann* u. C. *Hüglin*, Hugo Stinnes und seine Konzerne, Berlin 1924, S. 31ff.

20 Holtzendorff Notizen, 26.9.1917, Geheimes Staatsarchiv Berlin-Dahlem, Rep. 300.

21 Zitiert in H. *Brinckmeyer*, Hugo Stinnes, München 1921, S. 33. Ein weiteres Beispiel dieses Prozesses in G. *Leckebusch*, Die Beziehungen der deutschen Seeschiffswerften zur Eisenindustrie an der Ruhr in der Zeit von 1850 bis 1930, Köln 1963, S. 101ff.

22 C.F. von Siemens an Dr. O. von Petri, 19.2.1918 und an W. von Siemens, 9.8.1918, Siemens Archiv, Nachlaß C.F. von Siemens, 4/IF/514, Bd. 4, Bl. 128–133, 179–180.

23 C.F. von Siemens an Direktor Burgheim, 26.10.1917, ebd., Bd. 3, Bl. 105–108.

24 Vertrauliches Rundschreiben an die Mitglieder des Centralverbandes, 28.2.1918, HA/GHH, Nr. 3001248/1.

25 Hauptvorstandssitzung des Vereins deutscher Eisen- und Stahlindustrieller (VdESI) im September 1917, BA, R 13I/152

26 Ebd.

27 Mitteilungen des Kriegsausschusses der deutschen Industrie, 19.10.1918.

28 Ebd., 28.9.1918. Selbst das oberflächlichste Lesen dieser Mitteilungen vom Februar bis zum Oktober 1918 macht die enormen Spannungen deutlich, die zwischen den Unternehmern und der Regierung über die Frage der Organisation der Wirtschaft herrschten.

29 Bemerkung des ehemaligen Staatssekretärs des RWA, Schwander, an Ballin, in: Holtzendorff Bericht, 23.6.1918, Geheimes Staatsarchiv Berlin-Dahlem, Rep. 300.

30 *Feldman*, Army, S. 379–383.

31 Ebd., S. 135–36, 429–31; Paul Reusch von der Gutehoffnungshütte war besonders bemüht, die streikfeindlichen Vereine zu vereinigen, s. HA/GHH, Nr. 30019390/24.

32 *Feldman*, Army, S. 459ff. und *Raumer*, S. 428

33 *Kaun*, S. 10–15.

34 Hilger selbst machte 1920 diesen Unterschied in einer Sitzung des Hauptausschusses des VdESI, BA, R 13 I/158.

35 *Kaun*, S. 46f.

36 Ebd.

37 Dazu General Groeners Zeugenaussage in: Der Dolchstoß-Prozeß in München. Eine Ehrenrettung des deutschen Volkes, München 1925, S. 202f.

38 Zit. in H.J. *Varain*, Freie Gewerkschaften, Sozialdemokratie und Staat. Die Politik der Gewerkschaften unter der Führung Carl Legiens 1890–1920, Düsseldorf 1956, S. 115. Zu Beukenbergs Entgegenkommen siehe die Sitzung des VdESI am 24.9.1917, BA, R 13 I/152.

39 *Raumer*, S. 428

40 Raumer an C.F. von Siemens, 8.10.1918, Siemens Archiv, Nachlaß Henrich, 11/Lg 736.

41 Ebd.

42 Raumers älterer Bruder war ein Freund von Stinnes, und Hans von Raumer kannte Stinnes seit 1899 und war dank dieser Verbindung ein Gast in Stinnes' Haus gewesen. In den Jahren 1917/1918 kamen sich Raumer und Stinnes noch näher durch ihre Zusammenarbeit an »einem großen Wirtschaftsprojekt«. In den zwanziger Jahren waren beide Abgeordnete der Deutschen Volkspartei im Reichstag, und es war dem Einfluß von Stinnes zu danken, daß

Raumer im Frühjahr 1920 Reichsschatzminister wurde. S. dazu H. von Raumer an den Oberstaatsanwalt München I, 4. März 1947 im Carl Severing Nachlaß, SPD Archiv, Bonn.

43 Raumer an Siemens, 8.10.1918, Siemens Archiv, Nachlaß Henrich, 11/Lg 736.

44 Ballin an Harden, 16.9.1918, BA, Nachlaß Harden, Nr. 7, Bl. 77–79, S. auch L. *Cecil*, Albert Ballin. Business and Politics in Imperial Germany, 1888–1918, Princeton 1967, S. 339.

45 Stinnes an Kirdorf, 12.10.1918, in: G. *von Klass*, Hugo Stinnes, Tübingen 1958. S. 192f.

46 J. *Reichert*, Enstehung, Bedeutung und Ziel der »Arbeitsgemeinschaft«, Berlin 1919, S. 6. Die Haltung der Industrie unterstützt K. E. *Borns* Bemerkung, daß das Bürgertum seit 1914 nicht mehr als Stand oder soziale Schicht existiert habe: »Es hat sich in einzelne Gruppen zersplittert, für die es keinen gemeinsamen sozialen Nenner mehr gibt. Diese Zersplitterung des alten Bürgertums resultierte aus der starken Differenzierung der wirtschaftlichen, sozialen und politischen Interessen, des wirtschaftlichen, sozialen und politischen Horizonts seit den siebziger Jahren«. K. E. *Born*, Der soziale und wirtschaftliche Strukturwandel Deutschlands am Ende des 19. Jahrhunderts, in: H. U. *Wehler* (Hg.), Moderne Deutsche Sozialgeschichte, Köln 1966, S. 271–86, hier S. 279.

47 *Klass*, S. 193. Zu den Unterlagen dieser Vorbesprechungen siehe die Akten im Phoenix-Rheinrohr Archiv, P/1/25/55/1.

48 Die Einzelheiten der politischen Situation können im einzelnen verfolgt werden in E. *Matthias* und R. *Morsey*, Die Regierung des Prinzen Max von Baden, Düsseldorf 1962.

49 Bayerisches Hauptstaatsarchiv München, Abt. IV, MKr, Nr. 14 412.

50 Ebd.

51 Rathenau an Scheüch, 9.10.1918, in: *ders.*, Politische Briefe, Dresden 1929, S. 188–91.

52 Ebd., und Rathenau an Scheuch, 15.10.1918, S. 193–200.

53 Die schriftliche Zusammenfassung findet sich im Henrich Nachlaß, Siemens Archiv, 11/Lg 736. Bei der Sitzung anwesend waren die Generaldirektoren Rieppel, Borsig und Deutsch, die Professoren Matschoss und Klingenberg und Dr. Gertung, d. h. führende Vertreter der Maschinenbauindustrie und der eletrotechnischen Industrie; Henrich an Stinnes, 21.10.1918, ebd.

54 Henrich an Vögler, 22.10.1918 und Henrichs Notizen zu seinem Treffen mit Stinnes, 22.10.1918, ebd.

55 *Raumer*, S. 428 und *Kaun*, S. 48f. Raumer, im Gegensatz zu Kaun, behauptet irreführenderweise, daß die Arbeitgeber alle gestellten Forderungen erfüllt hätten. Wie gezeigt werden wird, wurde die Frage der wirtschaftsfriedlichen Vereine nicht bis zum 5. November geregelt, und Kollektivvereinbarungen für alle Industriellen wurden erst am 12. November anerkannt. Es ist allerdings gut möglich, daß die Berliner Industriellen in diesen Fragen versöhnlicher gestimmt waren als ihre Kollegen an der Ruhr.

56 Protokoll der Diskussion, HA/GHH, Nr. 3001242/7. Eine weniger ausführliche Niederschrift befindet sich im Phoenix-Rheinrohr Archiv, P/1/25/55/1.

57 Reusch bestand besonders darauf, daß alle Gewerkschaften an den Verhandlungen teilnahmen. S. hierzu seine Korrespondenz mit Beukenberg, Phoenix-Rheinrohr Archiv, P/1/25/55/1.

58 Protokoll im HA/GHH, Nr. 3001242/7.

59 Besprechung in Düsseldorf, 16.7.1919, HA/GHH, Nr. 3000030/12. S. hierzu auch die sehr scharfsinnige Analyse von Stinnes in F. *Pinner*, Deutsche Wirtschaftsführer, Charlottenburg 1924, S. 11–30. Stinnes verdankte sein Prestige in der Wirtschaft, auch unter seinen Kritikern, wohl seinem besonderen Talent, die letzten Konsequenzen aus der politischen und wirtschaftlichen Situation zu ziehen sowie seiner persönlichen wirtschaftlichen Macht. Es wäre vielleicht von Nutzen, Stinnes als einen der selbsternannten Sprecher für die deutsche Wirtschaft zu sehen, die seit 1870 in kritischen Momenten auftauchten: Wilhelm von Kardorff, Baron von Stumm, Hugo Stinnes, Hjalmar Schacht.

60 Besprechung am 26.10.1918, HA/GHH, Nr. 3001242/7.

61 Raumer an Henrich, 24.10.1918, Siemens Archiv, Nachlaß Henrich, 11/Lg 736.

62 *Raumer*, S. 429.

63 Raumer an Siemens, 30.10.1918, Siemens Archiv, Nachlaß Henrich, 11/Lg 736.

64 Hauptvorstandssitzung des VdESI, 1.3.1919, BA, R 13 I/156. Zur Wahl von Koeth statt Stinnes s. den Bericht von Holtzendorff vom 2.11.1918, Geheimes Staatsarchiv Berlin-Dahlem, Rep. 300.

65 Hierzu die ausgezeichnete Besprechung von Koeths Verwaltung in W. *Elben*, Das Problem der Kontinuität in der deutschen Revolution 1918–1919, Düsseldorf 1965, S. 70ff. und H. *Schieck*, Der Kampf um die deutsche Wirtschaftspolitik nach dem Novemberumsturz 1918, Diss. Heidelberg 1958 (MS), S. 110ff.

66 *Raumer*, S. 430.

67 *Kaun*, S. 50. S. auch Legiens Beschreibung in der Niederschrift der Konstituierenden Sitzung des Zentralausschusses der Zentralarbeitsgemeinschaft der industriellen und gewerblichen Arbeitnehmer Deutschlands (12. Dezember 1919), Berlin 1919, und *Matthias* u. *Morsey*, S. 568ff., 586ff.

68 Sitzung des Zentralverbandes der Deutschen Elektrotechnischen Industrie, 22.11.1918, Siemens Archiv, 4/Lf 730.

69 Ebd.

70 Ebd.

71 Hilger in der Hauptvorstandssitzung des VdESI, 14.11.1918, BA, R 13 I/155.

72 *Kaun*, S. 52.

73 Stinnes' Bericht an den VdESI vom 14. November, BA, R 13 I/155.

74 Von Legien seinen Kollegen mitgeteilt im »Protocol der Vertreter der Verbandsvorstände, Dienstag, den 3. Dezember 1918«. Diese Unterlage wurde mir von Dr. Henryk Skrzypczak freundlichst überlassen.

75 Von Bauer berichtet, ebd.

76 *Richter*, Gewerkschaften, S. 250ff. Geheimrat Hilger lobte die Fassung dieser Klauseln als »sehr glücklich« und »außergewöhnlich geschickt«. Sitzung vom 14.11.18, BA, R 13 I/155.

77 Phoenix-Rheinrohr Archiv, P/1/25/55/1.

78 Für den genauen Text siehe *Preller*, S. 53f.

79 *Rosenberg*, S. 278

80 Sitzung am 14.11.1918, BA, R 13 I/155.

81 H.M. *Barth*, Der Demokratische Volksbund. Zu den Anfängen des politischen Engagements der Unternehmer der Berliner Elektrogroßindustrie im November 1918, in: Jahrbuch für die Geschichte Mittel- und Ostdeutschlands, Bd. 15, 1966, S. 31–43.

82 Duisberg an Dr. E.A. Merck, 31.10.1918, Autographensammlung Duisberg, Bayer-Archiv.

83 Duisberg an Professor Fritz Haber, 22.11.1918. Zum Problem der Juristen in der deutschen Politik und Verwaltung s. R. *Dahrendorf*, Gesellschaft u. Demokratie in Deutschland, München 1968 u.ö., S. 248ff.

84 Sitzung vom 1.3.1919, BA, R 13 I/156.

85 *Kaun*, S. 69ff.

86 Rede Generaldirektor Paul Silverbergs, 12.10.1922, BA, Nachlaß Silverberg, Nr. 2, Bl. 5.

87 Zur Besprechung über Exportkontrollen im RWA am 8.11.1918, BA, R 13 I/189, Bl. 49–54 und die Besprechung im Stahlwerksverband über Höchstpreise am 21.11.1918, HA/GHH, Nr. 300030/11.

88 Diese Opposition wurde laut, nachdem die Verfassung für die Zentralarbeitsgemeinschaft im Dezember aufgesetzt worden war und die Vorbereitungen für die Gründung des Reichsverbands der deutschen Industrie begonnen hatten. S. hierzu die Berichte der außerordentlichen Mitgliederversammlung der Vereinigung der Deutschen Arbeitgeberverbände am 18.12.1918, in: Mitteilungen der Vereinigung der Deutschen Arbeitgeberverbände, 2. Januar

1919 und der Eröffnungssitzung des Reichsverbandes am 3.–4. 2. 1919, in: Mitteilungen des Deutschen Industrierates und des Kriegsausschusses der Deutschen Industrie, 8. 2. 1919.

89 Angriff auf Raumer von seiten Dr. Hoffs vom Centralverband deutscher Industrieller, Sächsiches Hauptstaatsarchiv Dresden, Gesandtschaft Berlin, Nr. 776, Bd. 58.

90 Ebd., Bl. 59 und *Raumer*, S. 433.

91 Stresemann an den Bund der Industriellen, 31. 3. 1919, in: Nachlaß Stresemann (vgl. oben Anm. 15), Roll 3051, Serial 6818, Frame H/122938.

92 Zur relativen Bedeutung und zum Wachstum der verschiedenen Industriesektoren s. W. G. *Hoffmann*, Das Wachstum der deutschen Wirtschaft seit der Mitte des 19. Jahrhundert, Berlin 1965, S. 62ff.

7. *Industrieverbände und Wirtschaftsmacht*

* Diese mit Ulrich Nocken gemeinsam verfaßte Arbeit entstand im Research Apprenticeship Program des Institute of International Studies an der University of California, Berkeley, und wurde der Conference on Twentieth Century Capitalism, vom Council for European Studies im September 1974 in Cambridge/Mass. veranstaltet, vorgelegt. Die Arbeit faßt die Ergebnisse längerer Studien zusammen: G. D. *Feldman*, Iron and Steel in the German Inflation 1916–1923, Princeton 1977 und U. *Nocken*, Interindustrial Conflicts and Alliances in the Weimar Republic: Experiments in Societal Corporatism, Diss. Berkeley 1979.

1 R. A. *Brady*, Policies of National Manufacturing: Spitzenverbände I, in: PSQ, Bd. 56, 1941, S. 199. Die umfassendste internationale Bibliographie über ehemalige und gegenwärtige Interessengruppen bieten K. P. u. J. *Tudykas*, Verbände – Geschichte, Theorie und Funktion: Ein bibliographisch-systematischer Versuch, Frankfurt 1973. Repräsentative Untersuchungen über Spitzenverbände liefern A. K. *Steigerwalt*, The National Association of Manufacturers 1895–1914: A Study in Business Leadership, Ann Arbor/Mich. 1964 und H. *Kaelble*, Industrielle Interessenpolitik in der wilhelminischen Gesellschaft: Centralverband deutscher Industrieller 1895–1914, Berlin 1967.

2 Die folgenden Untersuchungen enthalten einige Analysen der Tätigkeit bestimmter Wirtschaftsverbände: I. N. *Lambi*, Free Trade and Protection in Germany, 1868–1879, Wiesbaden 1963; H. *Nussbaum*, Unternehmer gegen Monopole, Berlin/DDR 1966; D. *Stegmann*, Die Erben Bismarcks. Parteien und Verbände in der Spätphase des wilhelminischen Deutschlands, Köln 1970. Zu einem kartellfeindlichen Ansatz eines Volkswirtschaftlers s. S. N. *Whitney*, Trade Associations and Industrial Control: A Critique of the N. R. A., New York 1934. Der neue historische Ansatz wird von L. *Galambos* veranschaulicht: Competition and Cooperation: The Emergence of a National Trade Association, Baltimore/Md. 1966.

3 K. E. *Boulding*, The Organizational Revolution: A Study in the Ethics of Economic Organization, Chicago 1968, S. XIII.

4 D. L. *Burn*, The Economic History of Steelmaking 1867–1939, Cambridge 1940, S. 376.

5 Eine stimulierende Analyse findet sich bei W. *Fischer*, Konjunkturen und Krisen im Ruhrgebiet seit 1840 und die wirtschaftspolitische Willensbildung der Unternehmer; *ders.*, Staatsverwaltung und Interessenverbände im deutschen Reich 1871–1914, in: ders., Wirtschaft und Gesellschaft im Zeitalter der Industrialisierung. Aufsätze, Studien, Vorträge, Göttingen 1972, S. 179–223, sowie auch H. *Rosenberg*, Große Depression und Bismarckzeit. Wirtschaftsablauf, Gesellschaft und Politik in Mitteleuropa, Berlin 1967, S. 154ff.

6 Zum VdESI s. C. *Kleins* unveröffentlichte Geschichte des Vereins Deutscher Eisen- und Stahlindustrieller, im BA, R 13 I/12–13.

7 Ebd. Hierzu auch *Kaelble*, bes. S. 23, 127f.

8 Wir folgen hier weitgehend der ausgezeichneten Darstellung von O. *Wiskott*, Eisenschaffende und eisenverarbeitende Industrie: Eine Untersuchung über die Verschiedenheit ihrer Struktur und über ihr gegenseitiges Verhältnis, Bonn 1929.

9 Zum VDMA siehe O. *Polysius*, Verbandsbestrebungen im Deutschen Maschinenbau, Dessau 1921 und die unveröffentlichte Geschichte des VDMA, Der Deutsche Maschinenbau 1890–1923, im VDMA-Verbandsarchiv, Frankfurt/Main.

10 *Polysius*, S. 82; VDMA Maschinenbau, S. 149ff., 160ff.

11 Ebd., S. 149ff.

12 Ebd., S. 201.

13 Ebd., S. 458.

14 Ebd., S. 202.

15 Es gibt eine informative unveröffentlichte Geschichte des Zendei: M. *Frese*, Annalen zur Geschichte des Zentralverbandes der deutschen elektrotechnischen Industrie und der Wirtschaftsgruppe Elektroindustrie, in: Bibliothek des Zentralverbandes der Elektrotechnischen Industrie e. V., Frankfurt/Main. Zu den Statistiken ebd., S. 32.

16 Eine wichtige allgemeinere Diskussion findet sich bei H. *von Beckerath*, Kräfte, Ziele und Gestaltungen in der deutschen Industrie, Jena 1922. Zur Entwicklung während der Kriegszeit siehe G. D. *Feldmann*, Army, Industry and Labor in Germany 1914–1918, Princeton. 1966, bes. S. 45ff., S. 150ff., S. 253ff.

17 Gute ältere Besprechungen finden sich in A. *Schlaghecke*, Die Preissteigerung, Absatzorganisation und Bewirtschaftung des Eisens 1914–1920, Gießen 1920 und A. *Tross*, Der Aufbau der eisenerzeugenden und eisenverarbeitenden Industriekonzerne Deutschlands, Berlin 1923. S. auch G. D. *Feldman*, The Collapse of the Steel Works Association 1912–1919: A Case Study in the Operation of German ›Collectivist Capitalism‹, in: H.-U. *Wehler* (Hg.), Sozialgeschichte heute: Fs. H. Rosenberg zum 70. Geburtstag, Göttingen 1974, S. 575–93.

18 VDMA, Maschinenbau, S. 224ff.; *Frese*, S. 53ff. Aufschlußreich auch J. *Reichert*, Rettung aus der Valutanot, Berlin 1919 und die verschiedenen Diskussionen im Hauptvorstand des VdESI, in: BA, R 13 I/157–159.

19 Ebd.

20 G. D. *Feldman*, German Business between War and Revolution: The Origins of the Stinnes-Legien Agreement, dt. in diesem Band S. 100–127.

21 G. D. *Feldman*, Wirtschafts- und sozialpolitische Probleme der deutschen Demobilmachung 1918/19, dt. in diesem Band S. 84–99.

22 G. D. *Feldman*, Iron, Kap. 1–4.

23 Direktor Mayer-Etscheit an Direktor Guggenheimer, 2. 2. 1922, M. A. N. Werksarchiv Augsburg, unabgelegte Korrespondenz 1922, Bl. 112.

24 Der Waffenstillstand wurde auf einer Sitzung am 8. 12. 1923 geschlossen. Der Bericht hierzu im BA, R 13 I/202, Bl. 133.

25 M. *Stürmer*, Koalition und Opposition in der Weimarer Republik 1924–1928, Düsseldorf 1967, S. 33–38.

26 Jacob Reichert an Generaldirektor Paul Reusch, 26. 11. 1927, BA R 13 I/64; B. *Weisbrod*, Zur Form schwerindustrieller Interessenvertretung in der zweiten Hälfte der Weimarer Republik, in: H. *Mommsen* u. a. (Hg.), Industrielles System und politische Entwicklung in der Weimarer Republik, Düsseldorf 1974, S. 674–92.

27 Reusch an Reichert, 9. 6. 1928, Historisches Archiv, Gutehoffnungshütte (= HA GHH) 400101222/11.

28 Memorandum Reuschs an die Vorstandsmitglieder, 19. 10. 1926, HA GHH 4000020/1. Reusch untersagte jedem, ein Kartell- oder Syndikatsabkommen ohne seine Zustimmung zu vereinbaren.

29 Hierzu die detaillierten Berichte der Wirtschaftsabteilung der Gutehoffnungshütte, Berichte der Abteilung W, HA GHH 400127/0–9.

30 Zur Vorherrschaft der größeren Firmen innerhalb des VDMA siehe die Protokolle der Vorstandssitzungen im VDMA-Verbandsarchiv, Frankfurt/Main. Zu der Phase des nationalso-

zialistischen Regimes s. A. *Schweitzer*, Big Business in the Third Reich, Bloomington/Ind. 1964, Kap. 3–5.

31 VDMA, Maschinenbau, Bd. 2, S. 463, 754.

32 Zwischen 1924 und 1925 fiel die Mitgliedschaft nur von 1203 auf 1190 Firmen. Ebd., S. 641.

33 U. *Nocken*, Inter-industrial Conflicts and Alliances as Exemplified by the AVI-Agreement, in: *Mommsen* u.a. (Hg.), Industrielles System, S. 693–704.

34 Zu einer Diskussion der weitreichenden Wirkung des Abkommens s. ebd. sowie U. *Nockens* Dissertation, Interindustrial Conflicts. Das Abkommen in seinen Grundzügen wird auch besprochen bei R. *Schmidt*, Das AVI-Abkommen, ein Mittel verbandsmäßiger Exportförderung, Diss. Köln 1930.

35 E. *Diercks*, Das System der Ausfuhrvergütungen in der deutschen Eisenindustrie, Diss. Köln 1933, S. 63.

36 Der Nachlaß Alexander Rüstows im BA enthält wichtiges Material zu seiner Tätigkeit im VDMA. Beispiele zum Gebrauch von Statistiken finden sich im Wirtschaftsteil der VDMA-Zeitschrift ›Maschinenbau‹ oder im Statistischen Handbuch für die deutsche Maschinenindustrie 1930, Berlin 1930. Zu ähnlichen Versuchen in der amerikanischen Maschinenindustrie s. H.D. *Wagoner*, The U.S. Machine Tool Industry from 1900 to 1950, Cambridge/Mass. 1968, S. 159.

37 Zeugenaussage Karl Langes, in: Ausschuß zur Untersuchung der Erzeugungs- und Absatzbedinungen der deutschen Wirtschaft, in: Verhandlungen und Berichte des Unterausschusses für allgemeine Wirtschaftsstruktur, 3. Arbeitsgruppe, Teil 4, Sektion 2, Berlin 1930, S. 167ff.

38 Vgl. hierzu die Sammlung von Reden Karl Langes in der Mappe: Vorträge Lange 1924–1927, VDMA-Verbandsarchiv, Frankfurt/Main.

39 Vgl. hierzu die Korrespondenz mit den Wirtschaftsberichterstattern im Rüstow-Nachlaß, besonders mit Arthur Feiler von der Frankfurter Zeitung, Nachlaß Rüstow, 17, 20.

40 Hierzu die Korrespondenz Rüstows mit den Geschäftsführern Paul Legers vom Remscheider Verband der Werkzeugfabrikanten und Josef Hartmann von den Krefelder Seidenspinnereien, Nachlaß Rüstow, 17, 25, 26.

41 Zu einer Analyse der Eisenerzeuger über Beziehungen des VDMA zur Bürokratie siehe Niebuhrs Memorandum, 6. 8. 1928, BA, R 13 I/314.

42 Die Schriften des VDMA im BA (R 13 I) enthalten eine Fülle von Material über die Beziehungen zur Bürokratie. Zum Kontakt mit dem Staatssekretär siehe Max Schlenker an Generaldirektor Reusch, 21. 1. 1930, HA GHH 400101221/11.

43 Zahlreiche Beispiele dieser Beeinflussung finden sich bei L. *Döhn*, Politik und Interesse: Die Interessenstruktur der Deutschen Volkspartei, Meisenheim/Glan 1970.

44 Vortrag Jakob Reicherts auf der Mitgliederversammlung des VDMA, 4. 12. 1925, BA, R 13 I/208.

45 BA, Nachlaß Rüstow 1.

46 *Galambos*, S. 291.

47 T.C. *Cochran* und W. *Miller*, Age of Enterprise: A Social History of Industrial America, New York 1961, S. 305.

48 H.A. *Turner*, The Ruhrlade, Secret Cabinet of Heavy Industry in the Weimar Republic, in: CEH, Bd. 40, 1970, S. 195–228.

49 L. *Galambos*, The Emerging Organizational Synthesis in Modern American History, in: BHR, Bd. 44, 1970, S. 279–90.

50 W.N. *Parker*, Entrepreneurship, Industrial Organization and Economic Growth: A German Example, in: JEH, Bd. 14, 1954, S. 380–400, S. 381.

8. Das Großunternehmen im deutschen Industriesystem: Die M. A. N. 1900–1925

* Die Forschung und Ausführung dieser Arbeit wurde mit der Unterstützung des Institute of International Studies der University of California in Berkeley ermöglicht. Den Archiven und Archivaren der M. A. N. Augsburg und Nürnberg sowie der Gutehoffnungshütte möchte ich für ihre freundliche Unterstützung meinen Dank aussprechen, wie auch Cornelis Gispen und Irmgard Steinisch für ihre großzügige Hilfe und ihre wertvollen Gedanken, besonders aber Cornelis Gispen, der mir wichtiges M. A. N. Archivmaterial zur Verfügung stellte, was meine Forschung in Nürnberg und Augsburg ergänzte.

1 S. H. A. *Winkler* (Hg.), Organisierter Kapitalismus. Voraussetzungen und Anfänge, Göttingen 1974, bes. S. 9–57.

2 H. *Kaelble*, Industrielle Interessenpolitik in der Wilhelminischen Gesellschaft. Der Centralverband Deutscher Industrieller 1895–1914, Berlin 1967; H.-P. *Ullmann*. Der Bund der Industriellen. Organisation, Einfluß und Politik klein- und mittelbetrieblicher Industrieller im Deutschen Kaiserreich 1895–1914, Göttingen 1976; D. *Stegmann*, Die Erben Bismarcks. Parteien und Verbände in der Spätphase des Wilhelminischen Deutschlands. Sammlungspolitik 1897–1918, Köln 1970; K. *Saul*, Staat, Industrie, Arbeiterbewegung im Kaiserreich. Zur Innen- und Sozialpolitik des Wilhelminischen Deutschland 1903–1914, Düsseldorf 1974, um nur einige der für diese Arbeit wichtigeren Untersuchungen zu nennen.

3 Zur Besprechung dieser Fragen mit Hinweisen auf die entsprechende Literatur s. G. D. *Feldman* u. U. *Nocken*, Industrieverbände und Wirtschaftsmacht: Zur Entwicklung der Interessenverbände in der Eisen-, Stahl- und Maschinenbauindustrie, 1900–1933, in diesem Band s. 131–160.

4 S. hierzu die Statistiken in der unveröffentlichten Geschichte des VDMA in dessen Archiv in Frankfurt/Main: Der Deutsche Maschinenbau 1890–1923.

5 Zur Gründung der M. A. N. wie zu ihrer Geschichte s. G. *Strössner*, Die Fusion der Aktiengesellschaft Maschinenfabrik Augsburg und der Maschinenbau-Actien-Gesellschaft Nürnberg im Jahre 1898, in: Tradition, Jg. 5, 1960, S. 97–115; F. *Büchner*, Hundert Jahre Geschichte der Maschinenfabrik Augsburg-Nürnberg, Frankfurt 1940; Gepräge und Schicksal der M. A. N., in: M. A. N.-Werkszeitung, 11. November 1965.

6 Zu Rieppels Ämtern und organisatorischer Tätigkeit siehe *Kaelble*, S. 209f. Zur Rieppels allgemeiner Biographie kamen mir die verschiedenen Manuskripte seiner unveröffentlichten Biographie von *Brühl* im M. A. N. Werkarchiv Nürnberg zugute.

7 Ebd.

8 Das bedeutet nicht, daß Rieppel sich nicht wegen dieser Tendenzen und ihrer Bedeutung für die M. A. N. Sorgen machte; er war sich der Gefahr, die nicht nur von der Schwerindustrie, sondern auch von den elektrotechnischen Großunternehmen ausging, vollauf bewußt. In einem aufschlußreichen Memorandum vom 10. März 1912 bemerkt er: »Wer die Entwicklung der Industrieverhältnisse in Deutschland während der letzten 10 Jahre mit offenen Augen verfolgte, wird erkannt haben, daß sie über die Syndikate zu Trusts geht. Die Zusammenschlüsse in der chemischen, elektrischen, Hütten- und Berg- und Maschinen-Industrie geben klar das Endziel: Herbeiführung einzelner Gruppen, die allein herrschen. Die Verständigung dieser Gruppen ist dann ohne Syndikate leicht. Die Schwierigkeiten bei der Erneuerung des Stahlwerksverbandes liegen gerade darin, daß die Bildung der einzelnen großen Konzerne schon weit fortgeschritten ist und diese nicht gesonnen sind, den kleinen Firmen Licht an der Sonne zu geben. In der elektrischen Industrie schreitet die gleiche Entwicklung mit Riesenschritten voran. Sind diese großen Konzerne aber fertig, so werden sie sich zwingend dem Maschinenbau zuwenden, bzw. diesen unter ihre Herrschaft zu bringen suchen ...« (M. A. N. Werksarchiv Nürnberg).

9 *Kaelble*, S. 81.

10 *Stegmann*, S. 16, 161f., 171, 215, 240f., 375, 459, 465, 476, 492f., 507f.

11 *Kaelble*, S. 104; Rieppel an Siemens, 26. Januar 1916, M.A.N. Werksarchiv Nürnberg, Nr. 161; *Ullman*, S. 55–58.

12 *Stegmann*, S. 492; G.D. *Feldman*, Army, Industry and Labor in Germany, 1914–1918, Princeton 1966, S. 204, 396.

13 *Kaelble*, S. 84. Hier wie auch sonst in der Kaelble-Stegmann Debatte neige ich dazu, F. *Zunkel*, Industrie und Staatssozialismus. Der Kampf um die Wirtschaftsordnung in Deutschland 1914–1918, Düsseldorf 1974, S. 23, 67, zuzustimmen.

14 Das wird in den Abschlußkapiteln von Ullmanns Untersuchung mehr als deutlich gemacht.

15 Eine ausführliche Diskussion mit entsprechender Dokumentation befindet sich bei G. D. *Feldman*, Iron and Steel in the German Inflation, 1916–1923, Princeton 1977, S. 73ff.

16 Ebd.; s. auch D. *Stegmann*, Hugenberg contra Stresemann. Die Politik der Industrieverbände am Ende des Kaiserreichs, in: VfZ, Jg. 24, 1976, S. 329–78, der auf S. 369f. betont, daß den elektrotechnischen Industriellen daran lag, die Herrschaft Rieppels und der Maschinenbauindustrie in irgendeiner Arbeitsgemeinschaft der verarbeitenden Industrien zu vermeiden. Meines Erachtens machte sich Rieppel keine falschen Vorstellungen bezüglich einer Herrschaft über seine elektrotechnischen Kollegen, was aus Fußnote 8 oben hervorgeht. Mir scheint, Siemens ging es mehr darum, seine eigene Industrie gegen die Schwerindustrie zu organisieren, als sich gegen die Herrschaft der Maschinenbauindustrie zu schützen. S. G. *Siemens*, Carl Friedrich von Siemens. Ein großer Unternehmer, München 1960, S. 117.

17 Zu diesen unterschiedlichen Lobbystilen s. *Ullmann*, S. 53f.

18 Weitere Beispiele bei *Zunkel*, S. 109. Zur moderneren Behandlung des Arbeiterschaftsproblems in Nürnberg siehe K. *Mattheier*, Die Gelben. Nationale Arbeiter zwischen Wirtschaftsfrieden und Streik, Düsseldorf 1973, S. 70. Vgl. jetzt auch J. *Rupieper,* Arbeiter u. Angestellte im Zeitalter der Industrialisierung. Eine sozialgeschichtliche Studie am Beispiel der Maschinenfabriken Augsburg u. Nürnberg (MAN) 1837–1914, Frankfurt/New York 1982.

19 Gertung an Guggenheimer, 30. September 1916, M.A.N. Werksarchiv Nürnberg, Nr. 116.

20 Ebd.

21 Ebd.

22 S. *Zunkel*, S. 105ff.

23 Siehe G. D. *Feldman*, German Business Between War and Revolution: The Origins of the Stinnes-Legien Agreement, dt. in diesem Band S. 100–127; G.D. *Feldman* u. I. *Steinisch*, The Origins of the Stinnes-Legien Agreement: A Documentation, in: IWK, 19/20, 1973, S. 45–103.

24 Guggenheimer an Frölich, 1. Dezember 1918, M.A.N. Werksarchiv Nürnberg, Nr. 03.

25 Telefonanruf Gertungs an Guggenheimer, 1. Dezember 1918, ebd.

26 S. G.D. *Feldman* u. H. *Homburg*, Industrie und Inflation. Studien und Dokumente zur Politik der deutschen Unternehmer 1916–1923, Hamburg 1977, S. 78ff., 237ff.; *Feldman*, Iron, S. 110ff.

27 Memorandum von Gertung, 14. April 1920, M.A.N. Werksarchiv Nürnberg, Nr. 171.

28 Guggenheimer an Rieppel, 20. August 1920, M.A.N. Werksarchiv Augsburg, K 75. Die anderen in dieser Gruppe waren Kurt Sorge, Abraham Frowein, Ewald Hilger, C.F. von Siemens und Hugo Stinnes.

29 O. *Gessler*, Reichswehrpolitik in der Weimarer Zeit. Stuttgart 1958, S. 59; P. *Wulf* (Hg.), Das Kabinett Fehrenbach. 25. Juni 1920 bis 4. Mai 1921, Boppard am Rhein 1972, S. 305f.

30 Guggenheimer an Rieppel, 8. Juni 1919 und Akten-Notiz, Sitzung des Ausschusses für die Satzungen des Reichsverbandes der deutschen Industrie am 2. April 1919, M.A.N. Werksarchiv Augsburg, K 75.

31 Guggenheimer an Rieppel, 6. Juni 1919, ebd.

32 Verstreute Äußerungen in der Korrespondenz, ebd.

33 Rieppel an Guggenheimer, 4. Dezember 1919 und Guggenheimer an Rieppel, 8. Dezember 1919, M. A. N. Werksarchiv Nürnberg, Nr. 03.

34 Rieppel an Guggenheimer, 26. Dezember 1919, ebd.

35 S. die entsprechende Korrespondenz vom März 1920, ebd.

36 Die Geschichte der verschiedenen Verhandlungen, die zu den industriellen Zusammenschlüssen führten, die weiter unten besprochen werden, findet sich im Detail in *Feldman*, Iron, S. 210–79.

37 Besprechung mit Stinnes, 23. Juni 1920 im M. A. N. Werksarchiv Nürnberg, Nr. 171.

38 M. A. N. Aufsichtsratssitzung, 13. November 1920, M. A. N. Werksarchiv Augsburg, Nr. K 56.

39 Rieppel Memorandum vom 5. Juli 1920, M. A. N. Werksarchiv Nürnberg, Nr. 171.

40 Bericht Albert Vöglers an Hugo Stinnes betreffend eine Besprechung mit C. F. von Siemens, 10. September 1920, Hugo Stinnes Nachlaß (Privatbesitz); Siemens an Rieppel, 13. September 1920, Siemens Archiv Akten, 4/Lf 635.

41 Gertung Memorandum, 14. April 1920, M. A. N. Werksarchiv Nürnberg, Nr. 171.

42 *Feldman*, Iron, S. 239–41.

43 M. A. N. an die Handelsabteilung des AA, 23. Juni 1921, HA/GHH, Nr. 3001930/0.

44 *Feldman*, Iron, S. 301.

45 Mayer-Etscheit an Guggenheimer, 2. Februar 1922, M. A. N. Werksarchiv Augsburg, unabgesetzte Korrespondenz 1922, Bl. 112.

46 *Feldman*, Iron, S. 301 f.; *Feldman* u. *Nocken*, Trade Associations, S. 428.

47 Reusch an Buz, 25. Mai 1922, HA/GHH, Nr. 300193010/6.

48 Reusch an Buz, 26. Juni 1922, ebd.

49 Reusch an Endres, 4. November 1923, ebd., Nr. 300193010/14.

50 Reusch an Buz, 22. November 1925, ebd. Nr. 4001012010/5.

51 Reusch an Endres, 10. November 1925, ebd., Nr. 4001012010/58. Zu Reuschs Einstellung gegenüber den Nationalsozialisten und anderen rechtsradikalen Bewegungen s. ebd., Nr. 4001012010/57, 69 und besonders Reusch an Endres, 11. November 1923, ebd., Nr. 300193010/14.

9. Die Sozial- und Wirtschaftspolitik der deutschen Unternehmer 1918–1929

1 Grundlage für diesen Aufsatz sind meine Forschungen in den Wirtschafts- und staatlichen Archiven der Bundesrepublik Deutschlands sowie den staatlichen Archiven in der DDR.

2 Duisberg an Dr. E. A. Merck, 30. Oktober 1918, Autographen-Sammlung von Dr. Carl Duisberg, Werksarchiv, Farbenfabrik Bayer, Leverkusen; Duisberg an Professor Fritz Haber, 22. November 1918, ebd. Die beste Untersuchung der politischen Rolle deutscher Unternehmer während der Vorkriegszeit ist H. *Jaeger*, Unternehmer in der deutschen Politik (1890–1918), Bonn 1967. Für die spätere Zeit ist die Dissertation von I. *Liesebach*, Der Wandel der politischen Führungsschicht der deutschen Industrie von 1918–1945, Hannover 1957, nützlich.

3 Zur Zentralarbeitsgemeinschaft siehe G. D. *Feldman*, German Business between War and Revolution: The Origins of the Stinnes-Legien Agreement, dt. in diesem Band S. 100–127 und die Dissertation von H. *Kaun*, Die Geschichte der Zentralarbeitsgemeinschaft der industriellen und gewerblichen Arbeitgeber und Arbeitnehmer Deutschlands, Jena 1938. Wertvolles Material zur Rolle der Unternehmer bei den Diskussionen über die Sozialisierung befinden sich im Nachlaß Silverberg, BA Nr. 134 ff. Zur Unterstützung der Sozialistischen Monatshefte s. die aufschlußreiche Korrespondenz vom Herbst 1923 zwischen Robert Bosch, der sich für die Unterstützung dieser Zeitschrift einsetzte, und dem wesentlich konservativeren Paul Reusch im Historischen Archiv, Gutehoffnungshütte, HA/GHH, Nr. 400101290/43.

4 S. z. B. die Rede Silverbergs vom 12. Oktober 1922, Nachlaß Silverberg, BA. Nr. 2, Bl. 5.

5 Im März 1924 mußten die Bergwerksbesitzer pro Arbeiter 2,50 Mark bezahlen, um die Kosten für die Unterstützung zu tragen, die der Bergbauverein Essen 40 freundlich gesonnenen Kandidaten aus verschiedenen Parteien gegeben hatte (S. Generaldirektor Eugen Wiskott an die Mitglieder des Bergbauvereins, 18. März 1924, HA/GHH, Nr. 400106/83.). Die Summe belief sich aber nur auf 38 120 Mark der Gesamtsumme von 140 384 Mark, die die Gutehoffnungshütte zu den Reichstags- und Landtagswahlen des Jahres 1924 beitrug. Der Firma wurde außerdem 2,50 Mark pro Arbeiter von der entsprechenden Organisation der Verhüttungsfabriken berechnet, was ihre Beiträge um weitere 36 500 Mark erhöhte. Hinzu kamen noch 20 000 Mark für Alfred Hugenberg (Deutschnationale Volkspartei), 20 000 Mark für Julius Curtius und Johann Becker (Deutsche Volkspartei) und 10 000 Mark für Clemens Lammers (Zentrum), was an die entsprechenden Kandidaten ihrer Parteien zu verteilen war. Zuletzt wurden 15 764 Mark lokalen Parteiorganisationen, hauptsächlich der Deutschen Volkspartei, gegeben. (S. hierzu die ausführliche Korrespondenz, ebd.) Das bedeutet aber nicht, daß die Unternehmer unbedingt diese Parteien kontrollierten oder sich die Ausgabe gelohnt hätte.

6 Zu Krupps Einstellung s. ebd., Nr. 4001059/10; zum Konflikt mit den Gebrüdern Klöckner s. die Korrespondenz zwischen Reusch und Albert Vögler, ebd., Nr. 400101290/37.

7 Zur Bedeutung und zum Wachstum der verschiedenen Industriesektoren siehe W. G. Hoffmann, Das Wachstum der deutschen Wirtschaft seit der Mitte des 19. Jahrhunderts, Berlin 1965, S. 62 ff.

8 S. hierzu die Diskussionen, besonders in *Feldman*, Business.

9 Kommentar von Stinnes bei einer Besprechung der Stahlproduzenten in Düsseldorf, 16. Juli 1919, HA/GHH, Nr. 3000030/12; s. auch die kluge Analyse von Stinnes in F. *Pinner*, Deutsche Wirtschaftsführer, Charlottenburg 1924, S. 11–30.

10 Die beste Untersuchung über die Inflation ist C. *Bresciani-Turroni*, The Economics of Inflation: A Study of Currency Depreciation in Post-War Germany, London 1927.

11 Direktor Heinrich Klemme von der Gutehoffnunghütte in einem Bericht über die Verhandlungen im Stahlwerksverband, 11. September 1922, HA/GHH, Nr. 3000035/3.

12 Hierzu die Besprechung mit den Vertretern der Arbeiter der Gutehoffungshütte, 27. Dezember 1923, *ebd.* Nr. 300141/16.

13 *Bresciani-Turroni*, S. 405–36.

14 Siehe hierzu die Korrespondenz und die Memoranda vom September 1928 in HA/GHH, Nr. 400127/6.

15 Der Paul Reusch Nachlaß, ebd. enthält eine Fülle von Material zu diesen Fragen.

16 S. besonders R. *Brady*, The Rationalization Movement in German Industry: A Study in the Evolution of Economic Planning, Berkeley/Calif. 1933; s. auch W. *Fischer* und P. *Czada*, Wandlungen in der deutschen Industriestruktur im 20. Jahrhundert, in: G. A. *Ritter* (Hg.), Enstehung und Wandel der modernen Gesellschaft. Fs. H. Rosenberg, Berlin 1970, S. 116–165.

17 Das wird in dem Artikel von K. *Rössler* übersehen: Unternehmer in der Weimarer Republik, in: Tradition, Bd. 13, 1968, S. 217–40.

18 S. die Korrespondenz im Jahre 1925 zwischen J. J. Hasslacher und Raumer im Rheinstahl Archiv, Nr. 170.

19 S. hierzu die Diskussion unter den Eisen- und Stahlindustriellen vom 10. September 1931, HA/GHH, Nr. 4001012003/19.

20 Hier sind insbesondere zu erwähnen: G. D. *Feldman* u. I. *Steinisch*, Die Weimarer Republik zwischen Sozial- und Wirtschaftsstaat: Die Entscheidung gegen den Achtstundentag, in: AfS, Bd. 18, 1978, S. 353–439; *dies.*, Notwendigkeit und Grenzen sozialstaatlicher Intervention: Eine vergleichende Fallstudie des Ruhreisenstreits in Deutschland und des Generalstreiks in England, in: AfS, Bd. 20, 1980, S. 57–118; B. *Weisbrod*, Schwerindustrie in der Weimarer Republik. Interessenpolitik zwischen Stabilisierung und Krise, Wuppertal 1978; U. *Nocken*, Interindustrial Conflicts and Alliances in the Weimar Republic: Experiments in Societal Corporatism, Diss. Berkeley 1977; Reinhard *Neebe*, Großindustrie, Staat und NSDAP 1930–1933, Göttingen

1982; P. *Wulf*, Hugo Stinnes. Wirtschaft und Politik 1918–1924, Stuttgart 1979; G. *Schulz*, Politik und Wirtschaft in der Krise 1930–1932. Quellen zur Ära Brüning, Düsseldorf 1980.

21 K. *Borchardt*, Zwangslagen und Handlungsspielräume in der großen Weltwirtschaftskrise der frühen dreißiger Jahre: Zur Revision des überlieferten Geschichtsbildes; Wirtschaftliche Ursachen des Scheiterns der Weimarer Republik; Zur Frage der währungspolitschen Optionen Deutschlands in der Weltwirtschaftskrise, in: ders., Wachstum, Krisen, Handlungsspielräume der Wirtschaftspolitik, Göttingen 1982, S. 165–224.

22 K. *Borchardt*, Die Erfahrung mit Inflationen in Deutschland, in: Ebd., S. 151–61.

23 Über die verhängnisvollen Nachwirkungen der Inflation s. T. *Balderston*, The Origins of Economic Instability in Germany 1924–1930. Market Forces versus Economic Policy, in: VSWG, Bd. 69, 1982, S. 488–514.

24 P.-Ch. *Witt*, Finanzpolitik als Verfassungs- und Gesellschaftspolitik. Überlegungen zur Finanzpolitik des Deutschen Reiches in den Jahren 1930 bis 1932, in: GG, Bd. 8, 1982, S. 386–414; C.-L. *Holtfrerich*, Alternativen zu Brünings Wirtschaftspolitik in der Weltwirtschaftskrise, in: HZ, Bd. 235, 1982, S. 605–31.

10. Die Großindustrie und der Kapp-Putsch

* Die Forschung und Ausführung dieser Arbeit wurde mit der Unterstützung des American Council of Learned Societies, dem Social Science Research Council und dem Institute of International Studies der University of California in Berkeley ermöglicht.

1 Die wichtigste Studie über den Putsch, die auch eine ausgiebige Bibliographie enthält, ist J. *Erger*, Der Kapp-Lüttwitz-Putsch. Ein Beitrag zur deutschen Innenpolitik 1919/20, Düsseldorf 1967. Diese Studie, die die politische und psychologische Bedeutung des Generalstreiks bei der Niederwerfung des Putsches unterschätzt, beschäftigt sich ausschließlich mit den Ereignissen in Berlin.

2 Zur Entstehung des Reichsverbandes und der ZAG siehe G. D. *Feldman*, German Business Between War and Revolution: The Origins of the Stinnes-Legien Agreement, dt. in diesem Band S. 100–127. Außer der ZAG, die sich mit nationalen sozio-ökonomischen Fragen auseinanderzusetzen hatte, entstanden noch separate Arbeitsgemeinschaften für die verschiedenen Industriebranchen. Die einzige vollständige Studie über die ZAG ist H. *Kaun*, Die Geschichte der Zentralarbeitsgemeinschaft der industriellen und gewerblichen Arbeitgeber und Arbeitnehmer Deutschlands, Jena 1938.

3 Der Begriff, der in den Protokollen des Verwaltungsrats der Gelsenkirchener Bergwerks-A. G. gebraucht wird, GBAG Archiv, Essen, Hauptgruppe 1, Aktenzeichen 120.

4 Carl Duisberg an Dr. H. T. von Böttiger, 15. 3. 1920, Autographen-Sammlung von Dr. Carl Duisberg, Werksarchiv, Farbenfabrik Bayern, Leverkusen. Zur Unterstützung, die der Nationalen Vereinigung zugute kam, s. *Erger*, S. 97.

5 Semer an Fritz Thyssen, 2. 4. 1920. Fritz Thyssen Nachlaß, Werksarchiv, August Thyssen-Hütte, Duisburg-Hamborn.

6 Die sozialistischen Gewerkschaften traten im Januar 1924 aus der ZAG aus, da die Industrie eigenmächtig den Arbeitstag verlängert hatte. Zu den Absichten der Industriellen im Jahre 1920 siehe die Bemerkungen Direktor von Bülows während der Sitzung des Aufsichtrats des Vereins Deutscher Eisen- und Stahlindustrieller (VdESI) am 22. 6. 1920, BA, R 13 I/158.

7 Hugenberg an die Vereinigung von Handelskammern des Industriebezirks Essen, 29. 2. 1920, Werksarchiv der Firma Fr. Krupp (Krupp Archiv), Essen, WA IV 2561. S. auch G. D. *Feldman*, The Social and Economic Policies of German Big Business, 1918–1929, dt. in diesem Band S. 182–191.

8 Zu den Konflikten innerhalb des Reichsverbandes s. in diesem Band S. 112–115.

9 Die wichtigste Quelle zur Tätigkeit der Reichsverbandsführer ist eine Aktennotiz, die am 19. März 1920 von Dr. Sorge für den Kruppdirektor Wiedfeldt verfaßt wurde. Diese Notiz wurde mit einem Brief vom 27. März 1920 ergänzt. Beide Dokumente befinden sich im Krupp Archiv, WA III 227. Die fehlenden Präsidiumsmitglieder waren Abraham Frowein, C.F. von Siemens, Robert Bosch, Carl Duisberg, Max Fischer, Hans Kraemer, Otto Moras und Hugo Stinnes.

10 Sorge an Wiedfeldt, 27. März 1920, ebd.

11 Geschäftliche Mitteilungen für die Mitglieder des Reichsverbandes der Deutschen Industrie, II, Nr. 10 (1. April 1920).

12 S. hierzu seine Bemerkungen bei der Sitzung der ZAG-Direktoren am 17. März 1920, Zentrales Staatsarchiv Potsdam (ZStA Potsdam), ZAG, Bd. 29, Bl. 121.

13 Zu den Besprechungen mit Legien s. Sorges Aktennotiz vom 19. März 1920, Krupp Archiv, WA III 227. Der Eindruck, daß industrielles Geld hinter dem Putsch stand, beschränkte sich nicht nur auf Arbeiterkreise. Der zukünftige Verteidungsminister Dr. Gessler, ein Demokrat, war der gleichen Überzeugung, wie der süddeutsche Industrielle Dr. Guggenheimer in einem Brief vom 26. März 1920 an Anton v. Rieppel von der Maschinenfabrik Augsburg-Nürnberg bemerkte, M. A. N. Werksarchiv, Augsburg, Nachlaß Guggenheimer, K 75, Nr. 83. Es ist erstaunlich, daß Guggenheimer trotz seiner bedeutenden Stelle in der Firma von den M. A. N.-Beiträgen an die Nationale Vereinigung (*Erger*, S. 97) keine Ahnung hatte. Obwohl die Industrie zahlreiche zweifelhafte und sogar finstere Personen und Organisationen finanziell unterstützte, wird man doch den Eindruck nicht los, daß das ziellos geschah und daß die Geschäftswelt bedeutend weniger oder, wie in diesem Fall, bedeutend mehr für ihr Geld bekam als erwartet.

14 H. *von Kessel*, Handgranaten und rote Fahnen, Berlin 1933, S. 295 f. E. *Könnemann* mißt dieser Bemerkung, die von dem Polizeibeamten von Kessel berichtet wurde, große Bedeutung bei, vgl. *ders.*, Dokumente zur Haltung der Monopolisten im Kapp-Putsch, in: Beiträge zur Geschichte der Deutschen Arbeiterbewegung, Bd. 9, 1967, S. 1003–23, S. 1007. Es ist möglich, daß Stinnes zu Beginn sich für den Kapp-Putsch begeisterte, im folgenden wird aber gezeigt werden, daß er, als er am 14. März nach Essen kam, sehr vorsichtig geworden war.

15 Akten-Notiz. Sitzung des Vorstandes des Reichsverbandes der Deutschen Industrie, 13.4.1920, M.A,N. Werksarchiv Augsburg, Nachlaß Guggenheimer, K 75, Nr. 85.

16 Ein Neudruck des Textes befindet sich in H. *Spethmann*, Zwölf Jahre Ruhrbergbau, Bd. 2, Aufstand und Ausstand vor und nach dem Kapp-Putsch bis zur Ruhrbesetzung, Berlin 1928, S. 100–102, 343 f.

17 Ebd., S. 102.

18 Verhandlung der Arbeitsgemeinschaft Kohlenbergbau Essen, 14. März 1920, Phoenix-Rheinrohr Archiv, Düsseldorf, P I/25/39. Ich bin Herrn Professor Henry Turner für den Hinweis auf dieses Dokument dankbar.

19 *Spethmann*, Bd. 2, S. 343.

20 Ebd., S. 101, 343 f. Der Reichskommissar für Rheinland-Westfalen, Carl Severing, war am 14. März an den Verhandlungen beteiligt. Es sollte darauf hingewiesen werden, daß der Text zwischen dem 15. und 16. März leicht verändert wurde. Am 15. berief man sich auf die »Kapp-Regierung«, während am 16. »Herr Kapp« benutzt wurde. In den Geschäftlichen Mitteilungen des Reichsverbandes vom 1. April 1920 wurde der Beschluß der Arbeitsgemeinschaft Bergbau falsch datiert auf den 14. März 1920. Es ist anzunehmen, daß diese falsche Datierung absichtlich erfolgte.

21 In ihrem Beschluß erklärten sich die Arbeitgeber der Chemieindustrie »unbedingt und ohne Einschränkung« solidarisch mit den Arbeitern, denn »was heute auf dem Spiel steht, geht weit über jeden politischen Streit hinaus«. Der Streikaufruf wurde als »berechtigt« anerkannt. Zum Text siehe *Könnemann*, S. 1017.

22 Geschäftliche Mitteilungen (1. April 1920).

23 Sorge, Aktennotiz, 19. März 1920, Krupp Archiv, WA III 227.

24 Ebd., zu den Kontakten zwischen Präsidiumsmitgliedern und Putschisten. Zu Rolle von Stauss siehe *Erger*, S. 230.

25 Schiffer an Staatssekretär Albert, 8. April 1920, im Nachlaß Eugen Schiffer, Geheimes Staatsarchiv, Berlin-Dahlem, Nr. 16.

26 Sorge, Aktennotiz, 19. März 1920, Krupp Archiv, WA III 227 und *Erger*, S. 205f. Am Abend des 16. März versuchte Kapp nochmals aus der Angst der Arbeitgeber vor einem linken Aufstand Kapital zu schlagen, um die Berliner Industriellen als Vermittler zu Schiffer zu benutzen. Diesmal wurden Walther Rathenau, Borsig, Pfeil und andere Berliner Industrielle zu Schiffer gesandt. Rathenaus Bemühungen, Schiffer an diesem Abend mit Kapp in Verbindung zu bringen, scheiterten, da irrigerweise angenommen wurde, Kapp sei zurückgetreten und da die Telefonverbindungen zusammenbrachen. S. H. *Pogge von Strandmann* (Hg.), W. Rathenau. Tagebuch 1907–1922, Düsseldorf 1967, S. 231–34.

27 Sorge, Aktennotiz, 19. März 1920, Krupp Archiv, WA III 227.

28 Ebd., für ergänzende Information zum Originalprotokoll, das sich im ZStA Potsdam befindet; ebd., ZAG, Nr. 29, Bl. 117–128 und *Könnemann*, S. 1018–23

29 Es gibt keinen Grund, ein Einverständnis zwischen den Arbeitgebern und Baltrusch vorauszusetzen. Sorges Aktennotiz hätte mit Bestimmtheit darauf hingewiesen. Statt dessen betrachtet Sorge das Programm der christlichen Gewerkschaften als eine mögliche Lösung, die es verdiente, in Betracht gezogen zu werden.

30 Siehe Fußnote 28.

31 Sorge, Aktenotiz, 19. März 1920, Krupp Archiv, WA III 227.

32 Dr. W. de Haen an Carl Duisberg, 1. April 1920, »Autographen-Sammlung von Dr. Carl Duisberg«, Werksarchiv, Farbenfabrik Bayer, Leverkusen. Wichtige indirekte Hinweise, die de Haens Bemerkungen unterstützen, daß Angst vor dem Antisemitismus eine Rolle spielte, sind in der Korrespondenz zwischen dem jüdischen Chemieindustriellen aus Berlin, Generaldirektor Berckemeyer, und Gustav Stresemann während der frühen Apriltage des Jahres 1920 zu finden. Berckemeyer bat darum, die DVP solle etwas gegen den Antisemitismus tun. Stresemann antwortete, daß er das Problem verstehe, daß aber die Rolle der galizischen und anderer Ostjuden bei der radikalen Agitation während des Generalstreiks seines Erachtens antisemitische Gefühle zum Teil berechtige. Diese aufschlußreiche Korrespondenz, die darauf hinweist, daß Stresemann gewiß nicht über die besondere Sorte von Antisemitismus, so verbreitet in »angesehenen« bürgerlichen Kreisen, erhaben war, befindet sich im Nachlaß Gustav Stresemann (Microfilm, U. S. National Archives), Roll 3089, Serial 6928H, Frames H138807–10, H138836–37, H138849–51.

33 Sorge, Aktennotiz, 19. März 1920, Krupp Archiv, WA III 227.

34 Ebd., und Geschäftliche Mitteilungen (1. April 1920).

35 *Erger*, S. 279ff. und H. J. *Varain*, Freie Gewerkschaften, Sozialdemokratie und Staat. Die Politik der Generalkommission unter der Führung Carl Legiens (1890–1920), Düsseldorf 1956, S. 172ff.

36 Beschlüsse der 1. bis 12. Sitzung des Ausschusses des Allgemeinen Deutschen Gewerkschaftsbundes. Auszug aus den ungedruckten Protokollen der Ausschußsitzungen vom Juli 1919 bis März 1921 (Berlin, 1928), 27. März 1920.

37 Geschäftliche Mitteilungen (1. April 1920).

38 Ebd.

39 Ebd. Das Protokoll zur Sitzung im Arbeitsministerium befindet sich in: ZStA Potsdam, Reichsarbeitsministerium, Nr. 2065, Bl. 5–10. Der Ton von Schlickes Bemerkungen während dieser Sitzung deutet darauf hin, daß er unter Umständen Legiens Bemühungen sabotieren wollte, den politischen Streik dazu zu benutzen, politische Veränderungen zu fordern. Das hätte ihm bestimmt die Sympathie der Industriellen eingebracht.

40 Paul Rohde an Schiffer, 20. März 1920, Nachlaß Schiffer, Geheimes Staatsarchiv, Berlin-Dahlem, Nr. 16, und Geschäftliche Mitteilungen (1. April 1920).

41 Sorge an Wiedfeldt, 27. März 1920, Krupp Archiv, WA III 227.

42 Verhandlungen der verfassunggebenden Deutschen Nationalversammlung, Bd. 332, Stenographische Berichte, Berlin 1920, 29. März 1920, S. 4957.

43 Ebd., S. 4966–68.

44 ZStA Potsdam, ZAG, Nr. 29, Bl. 129–140 und *Könnemann*, S. 1018–1023 zum Text des Protokolls.

45 Diese internen Manöver beschreibt Sorge bei der Vorstandssitzung des VdESI am 22. Juni 1920, BA, R 13 I/158.

46 ZStA Potsdam, ZAG, Nr. 29, Bl. 139–140 und *Könnemann*, S. 1023.

47 Ebd. Es scheint, daß die ursprüngliche Fassung des dritten Absatzes von der Fassung, die am 31. März 1920 an die ZAG-Mitglieder verteilt wurde, leicht abwich. Die erste Fassung enthielt eine Bemerkung über »Bezahlung der Streiktage«, was ausgelassen wurde, wahrscheinlich um die Arbeitgeber nicht zu beunruhigen. In der revidierten Fassung wurde der Begriff »öffentliche Mittel« benutzt, wahrscheinlich der Deutlichkeit wegen. S. ZStA Potsdam, ZAG, Nr. 8, Bl. 1167.

48 Der Arbeitgeberverband der Nordwestgruppe des VdESI erhob einen Verlustanspruch von 15 000 000 Mark, während der Bergbauverband von Zwickau und Lugau-Oeslitz in Sachsen eine Entschädigung von 3 000 000 Mark erwartete und die Firma J. E. Reinecker, ein Werkzeugmaschinenhersteller in Chemnitz, 323 600 Mark. S. die Korrespondenz ebd., Nr. 49, Bl. 118, 136f., 355f.

49 Während einer Sitzung am 12. April 1920 zwischen Gewerkschaftsführern und Vertretern der Reichsministerien erwähnte Dr. Löwe vom Wirtschaftsministerium die Preiserhöhungen in der Kohleindustrie und schlug vor, daß diese Lösung anderweitig benutzt werden könnte. Grassmann, ein Arbeiterführer und Vorstandsmitglied der ZAG bestand mit Heftigkeit darauf, daß »daher nicht nur Handel und Industrie belastet werden [dürfen], sondern das ganze Volk«. S. ebd., Reichsarbeitsministerium, Nr. 2065, Bl. 92–99.

50 Zur Besprechung beim Gewerkschaftkongress s. das Protokoll der Verhandlungen des elften Kongresses der Gewerkschaften Deutschlands, Leipzig 1922, S. 478ff. Zum Protestbrief an den Zentralausschuß Leipziger Arbeitgeberverbände vom 13. April 1920 s. ZStA Potsdam, ZAG, Nr. 49, Bl. 92–92a.

51 Allgemeiner Industrie-Verband, Sitz Hamburg, an das Arbeitsministerium, 5. Mai 1920, ZStA Potsdam, Reichsarbeitsministerium, Nr. 2066, Bl. 57, 58.

52 VdESI Sitzung, 22. Juni 1920, BA, R 13 I/158.

53 Ebd. Als Gröbler in der Sitzung vom 22. Juni jene Tatsachen herausfand, verlor er sofort jegliches Interesse an den »Berlinern« und griff Vögler an. Es folgte eine sehr bittere Auseinandersetzung, die zeigt, welch hitzige Gefühle die Frage der Streikbezahlung entfachte.

54 Richard Merton an Wichard von Moellendorff, 8. April 1920, BA Nachlaß Wichard von Moellendorff, Nr. 123. Eine ähnliche Meinung über Sorge taucht in der Korrespondenz anderer Industrieller auf, und es ist eindeutig, daß Sorge seinen Posten an der Spitze des Reichsverbandes nicht wegen seiner Führungsfähigkeit erhielt, sondern weil eine Anzahl von wirtschaftlichen Interessengruppen nichts gegen ihn einzuwenden hatten. Außerdem war sein Gesundheitszustand zu dieser Zeit nicht der beste.

55 Dieser Teil der Besprechung war zu heikel, um in das offizielle Protokoll aufgenommen zu werden, doch Dr. Guggenheimer von der M. A. N. machte einige eigene Notizen (s. Fußnote 15). Weitere Informationen zu dieser Debatte können aus den Bemerkungen während der Sitzung des VdESI am 22. Juni gesammelt werden (s. Fußnote 6).

56 S. hierzu ihre Bemerkungen, die auf die Debatte des vorigen Tages anspielten, in dem Bericht über die erste ordentliche Mitgliederversammlung des Reichsverbandes der Deutschen

Industrie (14. April 1920), Veröffentlichungen des Reichsverbandes der Deutschen Industrie, Nr. 13, Berlin 1920, S. 3–4, 17.

57 Es muß aber auch anerkannt werden, daß es Industrielle mit unterschiedlicher Einstellung gab, die die Republik unterstützten und verteidigen wollten. In diesem Zusammenhang gibt die Korrespondenz zwischen dem sehr konservativen Ruhrindustriellen Generaldirektor Paul Reusch von der Gutehoffnungshütte, einem Mitglied der DVP zu dieser Zeit, und Direktor Philipp Wieland, einem Württemberger Metallindustriellen und DDP-Abgeordneten, reichlich Aufschluß darüber, wie verschieden die Lage von der Geschäftswelt beurteilt werden konnte. Reusch hatte kein Interesse an den Kappisten, aber er war äußerst aufgebracht über die Spartakisten an der Ruhr und die Revolution im November 1918. Er beschuldigte die Regierung, den Spartakisten Amnestie gewährt zu haben, während sie die Kappanhänger verfolge – wohl kaum eine zutreffende Bewertung der Tatsachen. Wieland andererseits machte die nationalistische Agitation gegen die Republik für die Lage verantwortlich und hielt die strafrechtliche Verfolgung der Kappisten für notwendig, obwohl er auch auf Bestrafung der Spartakisten bestand. Die Korrespondenz befindet sich im Historischen Archiv der Gutehoffnungshütte in Oberhausen, HA/GHH, Nr. 30019390/29.

58 Reusch wollte die Beendigung, während Borsig, Sorge und Vögler darauf bestanden, daß der Bruch, wenn er kommen müsse, von den Gewerkschaften kommen sollte; VdESI Sitzung, 22. Juni 1920, BA, R 13 I/158.

59 Kommentar des Abgeordneten Cremer, Nachlaß Stresemann (vgl. Anm. 32), Roll 3090, Serial 6932H, Frames H139558–59.

60 VdESI Sitzung, 22. Juni 1920, BA, R 13 I/158.

61 Professor Rausenberger der Fa. Krupp an Max Bauer, 27. Februar 1921, Nachlaß Max Bauer, BA, Nr. 74.

62 Direktor Beukenberg der Phoenix Werke an von Schaewen, 20. März 1920, Phoenix-Rheinrohr Archiv, Düsseldorf, P I/25/39.

63 VdESI Sitzung, 22. Juni 1920, BA, R 13 I/158.

11. Aspekte deutscher Industriepolitik am Ende der Weimarer Republik 1930–1932

* Ich danke Frau Irmgard Steinisch für die Übersetzung sowie dem Institute of International Studies und dem Committee on Research der University of California, Berkeley, für ihre Unterstützung. Ebenso möchte ich Professor Knut Borchardt für seine kritischen Anregungen danken.

1 M. *Horkheimer*, zit. nach O. *Bauer* u. a., Kapitalismus und Faschismus, Frankfurt, 1968[3], S. 5.

2 Vgl. besonders die Kontroverse zwischen Henry Turner und Dirk Stegmann. H. *Turner*, Faschismus und Kapitalismus in Deutschland, Göttingen 1972; *ders.*, Großunternehmertum und Nationalsozialismus 1930–1933, in: HZ, Bd. 221, 1975, S. 18–68; *ders.*, Das Verhältnis des Großunternehmertums zur NSDAP, in: H. *Mommsen*, u. a. (Hg.), Industrielles System und politische Entwicklung in der Weimarer Republik, Düsseldorf 1974, S. 919–31; *ders.* u. H. *Matzerath*, Die Selbstfinanzierung der NSDAP 1930 bis 1932, in: GG, Jg. 3, 1977, S. 59–92. – D. *Stegmann*, Zum Verhältnis von Großindustrie und Nationalsozialismus 1930–1933. Ein Beitrag zur Geschichte der sog. Machtergreifung, in: AfS, Bd. 13, 1973, S. 399–482; *ders.*, Kapitalismus und Faschismus in Deutschland 1929–1934. Thesen und Materialien zur Restaurierung des Primats der Großindustrie zwischen Weltwirtschaft und beginnender Rüstungskonjunktur, in: Gesellschaft 6, hg. v. E. *Hennig* u. a., Frankfurt 1976, S. 19–91; *ders.*, Antiquierte Personalisierung oder sozial-ökonomische Faschismus-Analyse?, in: AfS, Bd. 17, 1977, S. 275–96. – Über Faschismustheorie vgl. E. *Nolte* (Hg.), Theorien über den Faschismus, Köln 1967; R. *Saage*, Faschismustheorien, München 1976; R. *Kühnl*, Formen bürgerlicher Herrschaft. Liberalismus –

Faschismus, Reinbeck 1971; M. *Clemens*, Gesellschaftliche Ursprünge des Faschismus, Frankfurt 1972. Von der älteren Literatur zu dem Problemkomplex s.: E. *Czichon*, Wer verhalf Hitler zur Macht?, Köln 1967; F. *Klein*, Zur Vorbereitung der faschistischen Diktatur durch die deutsche Großbourgeoisie 1929–1932, in: ZfG, Bd. 1, 1953, S. 872–904; W. *Treue*, Der deutsche Unternehmer in der Weltwirtschaftskrise 1928–1933, in: W. *Conze* u. H. *Raupach* (Hg.), Die Staats- und Wirtschaftskrise des Deutschen Reiches 1929/33, Stuttgart 1967, S. 82–125.

3 M. *Wolfssohn*, Industrie und Handwerk im Konflikt mit staatlicher Wirtschaftspolitik? Studien zur Politik der Arbeitsbeschaffung in Deutschland 1930–1934, Berlin 1977, ein Werk, das einen wichtigen Durchbruch auf diesem Gebiet bedeutet.

4 G.D. *Feldman*, Army, Industry and Labor in Germany, 1914–1918, Princeton 1966; *ders.*, The Social and Economic Policies of German Big Business, 1918–1929, in: AHR, Bd. 75, 1969, S. 47–55, dt. in diesem Band. S. 182–191; *ders.* u. H. *Homburg*, Industrie und Inflation, Studien und Dokumente zur Politik der deutschen Unternehmer 1916 bis 1923, Hamburg 1976.

5 P. *Einzig*, The World Economic Crisis 1929–1931, London 1932[3]; G. *Kroll*, Von der Weltwirtschaftskrise zur Staatskonjunktur, Berlin 1958; Ch. *Kindleberger*, Die Weltwirtschaftskrise, (Geschichte der Weltwirtschaft im 20. Jahrhundert, Bd. 4), München 1973, S. 111 ff.

6 *Czichon*, S. 22 f., und A. *Schweitzer*, Big Business in the Third Reich, Bloomington 1964, S. 94 ff.; *Wolfssohn* zeigt aber, daß dieser Meinungswandel praktisch auf einige Führer der chemischen Industrie und gewisse isolierte Individuen begrenzt blieb (*Wolfssohn*, S. 159 ff., 231 ff., 285 ff., 300 ff.).

7 *Wolfssohn*, S. 39 ff.

8 G.D. *Feldman*, Der deutsche Organisierte Kapitalismus während der Kriegs- und Inflationsjahre 1914–1923, in diesem Band S. 36–54.

9 Vgl. H.A. *Winkler* (Hg.), Die große Krise in Amerika. Vergleichende Studien zur politischen Sozialgeschichte 1929–1939, Göttingen 1973, bes. die Beiträge von E.W. Hawley, J. Kocka, P. Lösche und H.A. Winkler.

10 D. *Petzina*, Hauptprobleme der deutschen Wirtschaftspolitik 1932/33, in: VfZ, Bd. 15, 1967, S. 18–55, und *Kroll*, S. 407 ff.

11 *Turner*, Faschismus, S. 25 ff., 145 ff.; *Stegmann*, Verhältnis, S. 435 ff.

12 *Czichon*, S. 24 ff.

13 Über diese Pläne siehe R. *Gates*, Von der Sozialpolitik zur Wirtschaftspolitik? Das Dilemma der deutschen Sozialdemokratie in der Krise 1929–1933, in: Mommsen (Hg.), Industrielles System, S. 206 ff., und M. *Schneider*, Konjunkturpolitische Vorstellungen der Gewerkschaften in den letzten Jahren der Weimarer Republik. Zur Entwicklung des Arbeitsbeschaffungsplans des ADGB, in: ebd., S. 226 ff.

14 R. *Kühnl*, Probleme der Interpretation des deutschen Faschismus, in: Das Argument, Heft 58, 1970, S. 258–279, bes. 274.

15 Mitteilungen des Langnamvereins, Jg. 1932, Düsseldorf, S. 66–67.

16 M. *Schneider*, Unternehmer und Demokratie. Die freien Gewerkschaften in der unternehmerischen Ideologie der Jahre 1918 bis 1933, Bonn-Bad Godesberg 1975, S. 117.

17 Ebd., S. 27.

18 Ebd., S. 29 und S. 183–185, sowie *ders.*, Unternehmer und soziale Demokratie, in: AfS, Bd. 13, 1973, S. 243–88.

19 *Mommsen* (Hg.), Industrielles System, S. 933.

20 *Feldman*, Organisierter Kapitalismus; C. *Böhret*, Aktionen gegen die »kalte Sozialisierung« 1926–1930. Ein Beitrag zum Wirken ökonomischer Einflußverbände in der Weimarer Republik, Berlin 1966; L. *Preller*, Sozialpolitik in der Weimarer Republik, Stuttgart 1949, S. 336 ff.

21 H. *Köhler*, Zum Verhältnis Friedrich Flicks zur Reichsregierung am Ende der Weimarer Republik, in: *Mommsen* (Hg.), Industrielles System, S. 878–83, und F. *Blaich*, »Garantierter

Kapitalismus.« Subventionspolitik und Wirtschaftsordnung in Deutschland 1925 und 1932, in: ZUG, Jg. 22, 1977, S. 50–70.

22 S. K.E. *Born*, Die deutsche Bankenkrise 1931, Finanzen und Politik, München 1967, S. 162f., 243–47.

23 *Petzina*, S. 23; über die Maßnahmen von 1918/19 und 1926 siehe G.D. *Feldman*, Wirtschafts- und sozialpolitische Probleme der deutschen Demobilmachung 1918/19, in diesem Band S. 84–99, sowie F. *Blaich*, Die Wirtschaftskrise 1925/26 und die Reichsregierung. Von der Erwerbslosenfürsorge zur Konjunkturpolitik, Kallmünz 1977.

24 H. *Kaelble*, Industrielle Interessenpolitik in der Wilhelminischen Gesellschaft. Der Centralverband deutscher Industrieller 1895–1914, Berlin 1967; H.-P. *Ullmann*, Der Bund der Industriellen. Organisation, Einfluß und Politik klein- und mittelbetrieblicher Industrieller im Deutschen Kaiserreich 1895–1914, Göttingen 1976; D. *Stegmann*, Die Erben Bismarcks. Parteien und Verbände in dere Spätphase des Wilhelminischen Deutschlands. Sammlungspolitik 1897–1918, Köln 1970.

25 *Feldman*, Army, bes. Kap. 3, 4 und 9; F. *Zunkel*, Industrie und Staatssozialismus. Der Kampf um die Wirtschaftsordnung in Deutschland 1914–1918, Düsseldorf 1974.

26 Ebd.

27 G.D. *Feldman*, German Big Business between War and Revolution: The Origins of the Stinnes-Legien Agreement, dt. in diesem Band, S. 100–127.

28 Ebd. und *ders.*, Iron, Kap. 5–6.

29 Ebd. und G.D. *Feldman* u. I. *Steinisch*, Die Weimarer Republik zwischen Sozial- und Wirtschaftsstaat. Die Entscheidung gegen den Achstundentag, in: AfS, Bd. 18, 1978, S. 353–438.

30 *Feldman*, Iron, S. 349ff. und 451ff.

31 S. die wichtige Studie von B. *Weisbrod*, Schwerindustrie in der Weimarer Republik. Interessenpolitik zwischen Stabilisierung und Krise, Wuppertal 1978, und D. *Stegmann*, Die Silverberg-Kontroverse 1926. Unternehmerpolitik zwischen Reform und Restauration, in: H.U. *Wehler* (Hg.), Sozialgeschichte Heute, Fs. H. Rosenberg, Göttingen 1974, S. 594–610.

32 Zum AVI-Abkommen siehe U. *Nocken*, Inter-Industrial Conflicts and Alliances as Exemplified by the AVI-Agreement, in: *Mommsen* (Hg.), Industrielles System, S. 693–703, ebenso seine in Kürze erscheinende Dissertation zum gleichen Thema. Zum Verhältnis zwischen Schwerindustrie und weiterverarbeitender Industrie s. auch *Feldman* u. *Nocken*, Trade Associations and Economic-Power: Interest Group Development in the German Iron and Steel and Machine Buildings Industries 1900–1933, dt. in diesem Band S. 131–160, und H. *Pogge von Strandmann*, Widersprüche im Modernisierungsprozeß Deutschlands. Der Kampf der verarbeitenden Industrie gegen die Schwerindustrie, in: D. *Stegmann* u.a. (Hg.) Industrielle Gesellschaft und politisches System. Beiträge zur politischen Sozialgeschichte. Fs. F. Fischer, Bonn 1978, S. 225–40. Zum Ruhreisenstreit s. *Nockens* interessante Beobachtungen in: Corporatism and Pluralism in Modern German History, in: ebd., S. 37–56, bes. S. 52.

33 P. *Reusch*, »Laßt die Wirtschaft einmal in Ruhe.« Rede vor dem Langnamverein. HA/GHH Nr. 400123/0 und 434*.

34 Aufstieg oder Niedergang? Deutsche Wirtschafts- und Finanzreform 1929, Berlin 1929, S. 11. Es muß angemerkt werden, daß solche Ansichten Unterstützung durch einen wesentlichen Teil der gelehrten und öffentlichen Meinung fanden; vgl. C.D. *Krohn*, Autoritärer Kapitalismus. Wirtschaftskonzeptionen im Übergang von der Weimarer Republik zum Nationalsozialismus in: *Mommsen* (Hg.), Industrielle Gesellschaft, S. 113–29, bes. S. 119ff.

35 Dies mag erklären, warum sich Reformer und Modernisierer den Nationalsozialisten zuwenden konnten und, wie Werner Jochmann kürzlich formulierte, es »läßt ahnen, welchen Grad die Demoralisierung der Menschen erreicht haben mußte, die drohende Gefahren von der Weimarer Republik abwenden wollten und dabei auf Unverständnis, Ablehnung und Ächtung stießen. In ihrer Verzweiflung stellten einige endlich ihre Pläne den Gegnern des Staates zur

Verfügung.« W. *Jochmann*, Brünings Deflationspolitik und der Untergang der Weimarer Republik, in: *Mommsen* (Hg.), Industrielle Gesellschaft, S. 97–112, Zitat S. 112.

36 *Nocken*, Conflicts, S. 699 ff.

37 Ebd.

38 Ebd. und H. A. *Winkler*, Unternehmerverbände zwischen Ständeideologie und Nationalsozialismus, in: VfZ, Bd. 17, 1969, S. 341–71.

39 U. *Wengst*, Unternehmerverbände und Gewerkschaften in Deutschland im Jahre 1930, in: VfZ, Bd. 25, 1977, S. 99–119.

40 Ebd., S. 101.

41 Dies ist der einzige Schluß, der trotz aller Meinungsverschiedenheiten aus der Lektüre sowohl von Stegmanns als auch von Turners in Anm. 2 zitierten Publikationen gezogen werden kann.

42 *Nocken*, Conflicts, S. 700.

43 *Born*, S. 165 f.

44 *Turner*, Faschismus, S. 144 f.

45 *Grotkopp*, Die große Krise, Düsseldorf 1954; *Czichon*, S. 47.

46 Zitiert bei *Turner*, Großunternehmertum, S. 33, Anm. 19.

47 *Turner*, Verhältnis, S. 919–931.

48 Mitteilungen des Langnamvereins, Bd. 18, 1932, Düsseldorf. Treffen vom 23. November 1932, »Gesunde Wirtschaft im starken Staat«, S. 15.

49 *Grotkopp*, S. 24 f.

50 M. *Schlenker*, Gesunde Wirtschaft im starken Staat, in: Stahl und Eisen, Jg. 52, Nr. 47, 24. 11. 1932, S. 1168–71, Zitat S. 1171.

51 *Stegmann*, Verhältnis, S. 468–475.

52 Ebd., S. 465.

53 Ebd., S. 479.

54 Turner, Verhältnis, S. 930.

Personenregister